Dino Capovilla
Behindertes Leben in der inklusiven Gesellschaft

Dino Capovilla

Behindertes Leben in der inklusiven Gesellschaft

Ein Plädoyer für Selbstbestimmung

Der Autor

Dino Capovilla, Dr. phil., ist Professor für Pädagogik bei Sehbeeinträchtigungen sowie Allgemeine Heil-, Sonder- und Inklusionspädagogik an der Julius-Maximilians-Universität Würzburg.

Dieses Buch ist erhältlich als:
ISBN 978-3-7799-6412-4 Print
ISBN 978-3-7799-5722-5 E-Book (PDF)

1. Auflage 2021

in der Verlagsgruppe Beltz · Weinheim Basel
Werderstraße 10, 69469 Weinheim

Herstellung und Satz: Ulrike Poppel
Druck und Bindung: Beltz Grafische Betriebe, Bad Langensalza
Printed in Germany

Weitere Informationen zu unseren Autor_innen und Titeln finden Sie unter: www.beltz.de

Für meine Schwester Sonja.

Inhalt

1	**Einleitendes Vorwort**	9
2	**Das Wesen der Menschen und das Anderssein**	13
2.1	Anthropologische Grundlagen	14
2.1.1	Der Mensch als Herdentier	17
2.1.2	Der ideale Mensch	19
2.2	Sozial-konstitutive Grundlagen	23
2.2.1	Die Konstitution der Rechtsordnung	23
2.2.2	Rechtsgüter des Gemeinwohls	26
2.2.3	Regulative des Eigenwohls	30
2.3	Sozial behinderte Teilhabe	36
3	**Begriffe und moderne Mythen**	42
3.1	Inklusion	43
3.2	Exklusion	46
3.3	Vielfalt und Gleichheit	48
3.4	Anerkennung und Chancengleichheit	52
3.5	Normalisierung	56
3.6	Selbstbestimmung und Autonomie	59
4	**Das behinderte Anderssein**	64
4.1	Zeitgeschichtliche Motivationslagen	64
4.2	Behinderung	71
4.2.1	Die Kategorie Behinderung	71
4.2.2	Zuschreibungspraktiken	77
4.3	Behinderte Lebenswirklichkeiten	81
4.4	Hierarchien der Körperlichkeiten	84
5	**Die Grenzen der Behinderung**	87
5.1	Macht, Freiheit und Gewalt	87
5.2	Die Legitimität der partikulären Intervention	93
5.3	Behindernde und enthindernde Interventionssysteme	97
5.3.1	Vom Nutzlosen zum Nützlichen	98
5.3.2	Vom Hilflosen zum Nützlichen	102
5.4	Zeitgemäße Grenzsicherung	105
5.4.1	Die professionelle Aristokratie	106
5.4.2	Habituelle Interventionslogiken	110
5.4.3	Die diagnostische Konstruktion von Behinderung	115
5.4.4	Eigenarten kultivieren und ertragen	118

6 **Bildungsbehinderungen** 123
6.1 Strukturelle Lernarrangements und Behinderung 124
6.2 Die Produktion von Bildung 128
6.2.1 Das kompetenzorientierte Bildungsideal 129
6.2.2 Methodik und Zugänglichkeit von Unterricht 134
6.2.3 Allgemeine und behinderungsspezifische Bildungsinhalte 138
6.2.4 Individuelle Bildungsplanung 146
6.2.5 Die Kultivierung inklusionspädagogischer Expertise 152
6.3 Präadoleszente Sozialisation 157
6.3.1 Anderssein unter Gleichen 160
6.3.2 Soziale Teilhabe am Unterricht 166
6.4 Selektion und Allokation 170
6.4.1 Auslese nach Leistung 170
6.4.2 Verteilung von Chancen 174
6.5 Bildung für alle 178

7 **Behinderte Erwerbsarbeit** 183
7.1 Traditionelle Erwerbsarbeit 187
7.1.1 Behinderte Aneignung beruflicher Rollen 188
7.1.2 Institutionell behinderte Erwerbsarbeit 194
7.1.3 Beruflicher Aufstieg durch Erwerbsarbeit 200
7.2 Berufsbild Karriere 205
7.2.1 Die Berufung zur selbstbestimmten Karriere 207
7.2.2 Institutionell behinderte Karrieren 211
7.3 Inklusive Karrieren 215
7.3.1 Dekonstruktion behinderter Erwerbsarbeit 215
7.3.2 Behinderte Alternativen 219

8 **Das behinderte Ich** 224
8.1 Teilungspraktiken und dysfunktionale Selbstzuschreibungen 225
8.2 Behinderte Beziehungsmotive 229
8.2.1 Anerkennung und Wichtigkeit 230
8.2.2 Verlässlichkeit und Solidarität 233
8.2.3 Autonomie und Territorialität 236
8.3 Epilog 238

Literatur 243

1 Einleitendes Vorwort

Nachdem endlich der Steinbruch gewählt und der ungefähre Weg vorgezeichnet wurde, nachdem auf diesem Weg ausreichend viele Quellen an Neugier und Inspiration ausgemacht wurden und auch ein Ziel erkennbar geworden ist, kann die Reise beginnen. Der Steinbruch ist die reale Welt selbst, in der wir leben, handeln und sind. Während die Erfahrungen in der realen Welt die Richtung vorgeben, markieren die Traditionen, Theorien und Gedanken anderer über die reale Welt, den Weg. Am Ende dieses Weges stehen die vorliegenden Betrachtungen über einen kleinen Teil des Steinbruchs, in dem gefärbt von Vorurteilen Einzelner und der Zeit in der die Einzelnen leben (Postman, 1988, S. 13f.), manches freigelegt, anderes übersehen und wieder anderes verkannt wurde. Dabei haben diese Betrachtungen, wie alle anderen auch, etwas wesentlich Willkürliches, da alle Denkenden an irgendeiner Stelle zu graben beginnen und an einer anderen Stelle das Graben wieder einstellen (Nietzsche, 1886/2005, § 289). Warum wurde genau an jener Stelle gegraben, warum wurde nicht weitergegraben, warum wurde der Spaten an genau dieser Stelle beiseitegelegt? Welche Schätze blieben so verborgen und werden wohl nie gehoben werden? Es bleibt die Hoffnung, dass die reale Welt vor lauter Graben nicht einfach entwischt ist und dass wir vor unserer Reise zornig, neugierig, zynisch oder verzaubert genug waren (Postman, 1988, S. 16), um nach dem Richtigen zu suchen.

Gegenstand meiner Studie sind die Lebensbedingungen behinderter Menschen im Kontext der aktuellen politischen und gesellschaftlichen Diskussionen rund um die Themen Inklusion und Teilhabe. Besondere Beachtung finden hierbei institutionelle Behinderungen, die nach wie vor in die Lebenswirklichkeit behinderter Menschen teilweise autoritär hineinwirken.

Methodisch folgt die Studie einem durchaus eigenwilligen Ansatz, indem sehr unterschiedliche, sozialwissenschaftliche Diskursstränge aus einer Art autoethnografischen Perspektive heraus in der Praxis interpretiert werden. Die Diskursstränge speisen sich aus theoretischen und praktischen Ansätzen und Einsichten anderer unbehinderter und behinderter Forschender und Denkender, die ihre soziale Wirklichkeit interpretieren. Die autoethnografische Perspektive hingegen ergibt sich als Folge meiner kongenitalen, hochgradigen Sehbeeinträchtigung, die mich untrennbar mit dem Forschungsfeld verbindet und von unzähligen, biografisch prägenden, selbst erlebten Beobachtungen, Erfahrungen, Erkenntnissen sowie Sehnsüchten, Versuchungen, Erfolgen und Enttäuschungen geformt wurde.

Fraglich ist nun aber, wie geeignet ein solches methodisches Vorgehen zur

Untersuchung des Forschungsgegenstands überhaupt ist. Der Vorteil eines solchen autoethnografischen Verwobenseins besteht zweifelsohne in einem großen und detailreichen Alltagswissen, das in der Regel von einem existenziellen, sachlichen Engagement getragen wird (Saerberg, 2007). Auf der anderen Seite bewegt sich jedoch die autoethnografische Perspektive immer schon in einer vollkommen vorgedeuteten Lebenswelt, was den Blick auf das ganz andere Unerwartete möglicherweise verstellt.

Im wissenschaftlichen oder politischen Diskurs rund um das Thema Behinderung wird bemerkenswerterweise in aller Regel nachsichtig über diese plakative, methodische Unzulänglichkeit hinweggesehen. Dies zeigen Leitsprüche wie „Nichts über uns – ohne uns!" (Gisela Hermes), welche untrennbar mit der emanzipatorischen Erhebung behinderter Menschen in der Forschung verbunden sind. Tatsächlich scheint Behinderung aber auch jenseits der Forschung, beispielsweise in Ansätzen wie dem Peer Counseling, durch die angeblich geteilte, physische und psychosoziale Situation sogar als besondere Schlüsselqualifikation stilisiert zu werden, die mit einer erhöhten Beratungskompetenz einhergeht. Sonntag (2008, S. 143) sieht in ihrer „eigenen Betroffenheit" das Potenzial, in ihrer Öffentlichkeits-, Beratungs- und Rehabilitationsarbeit authentischer argumentieren und adäquater agieren zu können. Aguayo-Krauthausen (2014, S. 213) schreibt sich selbst eine spezifische Sicht auf Behinderung zu, die ihn als Sozialarbeiter gleich „doppelt qualifiziert".

Bei näherer Betrachtung zeigt sich schnell, dass eine Behinderung genauso wenig wie unbehinderte Lebensbedingungen qualifizierende Merkmale sind, die eine Person in der alltagspraktischen, wissenschaftlichen oder politischen Auseinandersetzung mit dem Thema Behinderung im besonderen Maße befähigen. Menschen wie Jennifer Sonntag oder Raul Aguayo-Krauthausen dürften also nicht durch ihre Behinderung im besonderen Maße qualifiziert sein, sondern durch Mut, Engagement, Empathie und vor allem einem überdurchschnittlich hohen Maß an Begabung. Ohne diese Eigenschaften hätten sie sich sehr wahrscheinlich nicht durchgesetzt und wären an den bestehenden gesellschaftlichen Selektions- und Allokationsmechanismen, wie die meisten anderen behinderten Menschen, gescheitert.

Vor diesem Hintergrund lässt sich sicher großzügig über die methodische Unzulänglichkeit des autoethnografischen Pferdefußes hinwegsehen, da in Wissenschaft und Politik in der Regel nur die behinderten Menschen sprechen, denen es gelungen ist, die soziale Welt durch wiederholte Perspektivwechsel so lange umzudeuten, bis sie endlich auf akzeptable Weise hineingepasst haben.

Konkreter Ausgangspunkt für die Studie war eine kaum überschaubare Sammlung von mit Randnotizen, assoziativen Begriffen versehenen, kategorisierten Verhaltensspuren wie Zitaten, Interviewschnipseln, Zeitungsartikeln, Videoclips etc., die systematisiert und theorieunabhängig verknüpft wurden. Formalisierte Interpretationen der sozialen Wirklichkeit anderer Forschender und Denkender wurden also größtenteils nicht als unmittelbare Evidenz, sondern als individuelle empirische Erkenntnis verwendet, die, genauso wie die Erkenntnisse aus der autoethnografischen Perspektive, meine Argumentation stützen sollen.

Die gewählte Darstellungsform lässt vermutlich am ehesten an Autoren wie Erving Goffman oder Neil Postman denken, die mir nach wie vor Inspiration und Anlass für Leidenschaft sind. Nach Postman (1988, S. 13f.) lassen sich sozialwissenschaftliche Arbeiten als Geschichten charakterisieren, die einer Reihe von menschlichen Ereignissen eine unverwechselbare Deutung geben und durch vielfältige Beispiele erhärtet werden. Die Geschichte bezöge dabei ihren Reiz aus der Kraft ihrer Sprache, aus der Tiefe ihrer Erklärungen, aus der Triftigkeit ihrer Beispiele und aus ihrer Glaubwürdigkeit. Davon fasziniert geleitet wurde die vorliegende Studie mit der klaren Intention geschrieben, dass sie gelesen und verstanden wird und sie hat bereits viel geleistet, wenn sie Lesende dahingehend inspiriert Gedanken zu denken, die sie noch nicht gedacht haben.

In Kap. 2 wird der Versuch unternommen, dem Wesen des Menschen im Umgang mit dem Anderssein nachzuspüren. Nach der Gegenüberstellung einer evolutionsbiologischen und einer kulturalistischen Perspektive werden soziale Rahmungen samt ihrer alltäglichen Rollenspiele auf der Ebene des Gemein- und Eigenwohls untersucht, die Menschen in ihrem Anderssein voreinander schützen. Daran schließt sich Kap. 3 an, welches dem Versuch der Entmythisierung einiger zentraler Begriffe wie Inklusion, Exklusion, Vielfalt, Chancengleichheit, Selbstbestimmung etc. des Inklusionsdiskurses gewidmet ist. Kap. 4 befasst sich detailliert mit einigen bestimmenden Aspekten der sozialen Konstruktion Behinderung und ihrer Wirkung auf die einzelne behinderte Person. In Kap. 5 wird vor einer historischen Kulisse versucht Mechanismen behindernder, institutioneller Interventionen aufzudecken, um ihnen einige Strategien zur Begrenzung von Behinderung entgegenzusetzen. Kap. 6 und Kap. 7 enthalten kritische Positionierungen im Sinne zeitgemäßer Bildung und Erwerbsarbeit für behinderte Menschen, die sich an einem modernen, von selbstbestimmter Autonomie geprägten Verständnis von Behinderung orientieren. Im letzten Kapitel wird schließlich in Form einer Art Ausblick auf weitere Arbeiten die sehr persönliche Frage nach dem behinderten Selbst in einer unbehinderten Gesellschaft gestellt.

Eine besondere Herausforderung stellt die begriffliche Systematik dar. Mehr als zwei Jahre relativ regelmäßige, gedankliche, verschriftlichte Arbeit am selben Gegenstand macht auf erschreckende und verblüffende Weise die Veränderungen der eigenen Überzeugungen und Interpretationsmuster der sozialen Wirklichkeit deutlich, was unter anderem anhand einer langsam reifenden, semantischen Unzufriedenheit bezüglich zentraler Begriffe spürbar wird.

Bei sonderpädagogischen Lehrkräften entstand das Bedürfnis den Begriff

„Sonderpädagogik“ zu entsorgen, ohne dabei Befriedigung bei Begriffen wie „Inklusionspädagogik“ zu finden. „Effektive sonderpädagogische Förderung“ entwickelte sich gegen alle Widerstände der Verfremdung hin zu „behinderungsspezifischer Unterstützung und Assistenz“ und wurde dann teilweise wieder zu „effektiver Unterstützung und Förderung“. Unter Förderung werden nun schließlich gezielte und geplante pädagogische und didaktische Maßnahmen zusammengefasst, die von einer professionellen Fachkraft verantwortet und mit einem konkreten und unmittelbaren Erziehungs- oder Bildungsziel verbunden sind. Unterstützung steht hingegen für alle zur Förderung komplementären Maßnahmen, die der Teilhabe behinderter Menschen zuträglich sind oder sein können. Hierzu gehören beispielsweise Leistungen zur Realisierung von Barrierefreiheit und Zugänglichkeit, Beratung, Assistenzleistungen aller Art oder auch Pflegedienstleistungen.

Als ausgesprochen schwierig erwies sich die Handhabe der unterschiedlichen Begriffe und Konzepte zur Definition und Beschreibung des Menschen als soziales Wesen in der Verbindung der unterschiedlichen Diskurse. Der pragmatische begriffliche Lösungsversuch besteht schließlich darin, dass der Mensch als soziales Wesen durch eine dynamische Identität bestimmt wird, die aus einem introspektiven Anteil – dem „Selbst“ – und seiner interaktiven Wirkung – dem „Sosein“ – besteht. Das „Selbst“ wird dabei als eine der Person eigene Vorstellung von sich und dem eigenen In-der-Welt-Sein verstanden (Glofke-Schulz, 2007, S. 86) und umfasst beispielsweise die Selbstzuschreibungen hinsichtlich Kompetenzen, Bewertungen der eigenen Person, Überzeugungen und Gefühle (Kap. 8.1). Das „Sosein“ hingegen steht stellvertretend für die Gesamtheit der sozialen Rollen, die eine Person im sozialen Verkehr inkorporiert und spielt (Kap. 2.3).

Aus „Menschen mit Behinderung“ wurden irgendwann „behinderte Menschen“ und aus „Menschen ohne Behinderung“ „unbehinderte Menschen“. Gänzlich unbefriedigend bleibt hingegen die Verwendung der Begriffe „Behinderung“ und „Beeinträchtigung“, insbesondere mit Blick auf „Geistige Behinderung“ und „kognitive Beeinträchtigung“ sowie auf „Sehbehinderung“ und „Sehbeeinträchtigung“.

In dieser unbefriedigenden Situation bleibt nur der entlastende Verweis auf Alegre (2019, S. 9), der zurecht anmerkt, dass das Ziel der Verwendung einer „inklusiven“ Sprache nicht darin besteht, die Ungerechtigkeit der sozialen Wirklichkeit durch Neutralisierung zum Verschwinden zu bringen. Das Ziel besteht darin, die Ungerechtigkeit, die sich in der Lebenswirklichkeit mancher Menschen breitmacht, sichtbar werden zu lassen. Vor diesem Hintergrund sollte also der semantische Zweifel an den zentralen Begriffen nicht als systematische Unschärfe verstanden werden, sondern als Ausdruck für die Schwierigkeit das Ungerechte in der sozialen Welt auf eine Art und Weise einzufangen, die allen gerecht wird.

2 Das Wesen der Menschen und das Anderssein

Die Bemühungen und Erfolge der Bürger- und Behindertenrechtsbewegung kulminieren aktuell in den Verabschiedungen der Behindertenrechtskonvention und des Bundesteilhabegesetzes. Ein grundlegendes Umdenken im Umgang mit Behinderungen scheint längst begonnen zu haben. Menschen mit Behinderung dürfen endlich schulisch, beruflich und sozial teilhaben. Die rechtlichen Rahmenbedingungen wurden festgeklopft und nun gilt es auf der Grundlage dieses rechtlichen Fundaments die leider noch vorhandenen praktischen Barrieren im Alltag und in den Köpfen zu erkennen und einzureißen. Endlich geht es um Menschenrechte und Gleichberechtigung, um Würde und das gesellschaftliche Selbstverständnis. Den Widerspenstigen wird öffentlich lautstark und medial wirksam klar gemacht, dass sie als ewig Gestrige auf der falschen Seite der Geschichte stehen.

Es gibt sie natürlich noch, jene, die nie lernen wollten und wollen, die ausgrenzen, die „Ich hab nichts gegen, aber…"-Sagenden, die Meinungslosen; jene, die sich immer gleich belästigt fühlen und die von Ignoranz Erfüllten, deren Denkradius am eigenen Interessenshorizont endet. Es gibt auch noch andere, die sich vor behinderten Menschen ekeln, die sich auffällig abwenden, weil sie nicht starren wollen, und jene, die starren; jene, die behinderte Menschen einfach übersehen oder sich geschickt genug abwenden, dass die behinderte Person glaubt, dass sie übersehen wurde. Dann gibt es noch die Unreflektierten, die behinderten Menschen erklären, dass die pränatale Diagnostik ein Segen ist, dass sie selbst zum Glück nur „gesunde" Kinder haben und dass es irgendwie doch besser sei beim schweren Unfall gleich zu sterben, als dann ein Leben lang behindert zu sein.

Endlich ist es aber soweit und das Umdenken im Umgang mit Behinderungen hat begonnen. Mitmenschen übernehmen Verantwortung und bekennen Farbe. Menschen zeigen Zivilcourage und beschweren sich über sichtbare Ausgrenzung und Diskriminierung im Kindergarten, in der Schule, bei Einstellungsverfahren, im Freizeitpark, in der Straßenbahn – hoffentlich bald überall. Andere schauen dabei zu und lernen. Es braucht ausreichend sichtbares Miteinander, um die Ausgrenzung zu entlarven.

Bei dieser euphorischen Darstellung und Rhetorik mag mancher Mensch mit Behinderung vom aufregenden Gefühl erfasst werden, in einer ganz besonderen Zeit voller Umbrüche und unerwarteter Aufmerksamkeit zu leben. Andere wiederum mögen diesen Text für einen guten oder schlechten überzeichneten Deutungsversuch der gesellschaftlichen Wirklichkeit halten. Das Ironische dürfte hier jedoch weniger der Inhalt sein, da Aussagen dieser Art allgegenwärtig scheinen und somit einfach nur der Zeitgeist eingefangen wird. Komisch wirkt vielmehr der Absolutheitsanspruch, der spürbar wird. Nach 5.000 bis 6.000 Jahren Hochkultur sind genau wir in die Zeit hineingeboren, in der nun alles anders und besser werden wird?

Vielleicht gehört es zum menschlichen Wesen, dass die eigene Lebenszeit als etwas ganz Besonderes erlebt wird? Vielleicht gibt der Mensch seinem Sein dadurch Sinn, dass er sich als Teil bewegender Umbrüche fühlt? Vielleicht dehnt der Mensch seine gefühlte Lebensspanne, indem er sich möglichst viele Vorher-Nachher Geschichten erzählt, auch wenn sich objektiv wenig verändert hat? Fühlt es sich nicht großartig an, die Geburt des World Wide Webs und der mobilen Telefonie miterlebt zu haben? Sicher empfanden aber Menschen vergangener Zeiten die erste Brille, die erste Glühlampe, die sich auf Knopfdruck erhellte, den ersten transatlantischen Flug oder die Landung auf dem Mond nicht weniger aufregend.

Auch bei rein kulturbedingten Ereignissen, zu denen auch der grundlegende Umbau des Bildungssystems gehören würde, scheint es den Menschen immer wieder zu gelingen, den Moment als Zeitenwende zu empfinden. So maßen sicher auch heute einige Menschen der weiblichen Ausnahme im Kanzleramt historische Bedeutung bei, wie dies sicher auch im alten Ägypten bei Hatschepsut oder im russischen Zarenreich bei Katharina II. (https://de.wikipedia.org/wiki/Liste_von_Herrscherinnen_und_Regentinnen (12.08.20)) geschah. Spannend wäre zu beobachten, wie sich die medialen Reaktionen auf den zweiten schwarzen amerikanischen Präsidenten nach dem in den Köpfen noch präsenten Barak Obama und dem dritten schwerbehinderten Präsidenten nach Franklin D. Roosevelt (www.inklusion-als-menschenrecht.de/nationalsozialismus/biografien/franklin-delano-roosevelt/ (28.06.20)) und John F. Kennedy (www.zeit.de/wissen/geschichte/2013-11/john-f-kennedy-krankheit-frauen-karriere (28.06.20)), sofern es keine weiteren gab, unterscheiden würden.

2.1 Anthropologische Grundlagen

Grundlegende und überdauernde Veränderungen des Menschen, die nicht nur dem Zeitgeist oder dem aktualen kulturellen Verständnis geschuldet sind, gehören zum Gegenstand der anthropologischen Forschung, die sich mit dem Wesen des Menschen und seiner Entwicklung befasst (https://de.wikipedia.org/wiki/Anthropologie (12.08.20)). Da der aktuelle Inklusionsjargon mit Begriffen wie „Paradigmenwechsel", „Neuanfang" oder „grundlegendes Umdenken" vielerorts suggeriert, dass es gerade um sehr viel mehr geht als um die Neudefinition des Verständnisses von politischer Korrektheit im Umgang mit dem Anderssein, sollten zunächst die anthropologischen Voraussetzungen konkretisiert werden, die solche Veränderungen begünstigen oder hemmen.

Bezüglich der anthropologischen Voraussetzungen ist die Frage relevant, welche Anteile des menschlichen Erlebens und Verhaltens essenziell zum Wesen des Menschen selbst gehören und welche nachträglich erworben sind. Im Rahmen dieses Abschnitts sollen die Facetten des menschlichen Erlebens und Verhaltens als wesensmäßig begriffen werden, die interkulturell und relativ langfristig wirksam sind. Facetten des Erlebens und Verhaltens, die sich hingegen erst im Rahmen des konkreten Zusammenlebens stabilisieren, sollen als sozial konstruiert gelten.

Mit Blick auf die aktuellen Diskussionen rund um Inklusion und Teilhabe spielt es eine eminente Rolle, ob der Umgang mit Behinderungen primär durch wesensmäßige Faktoren bestimmt oder sozial konstruiert wird. Wenn der Umgang mit Behinderungen das Ergebnis rein wesensmäßiger Faktoren wäre, scheinen paradiesmetaphorische Vorstellungen von Inklusion (karikative Formulierung von Jantzen, 2015) wie die vollständig inklusive Gesellschaft oder die dekategorisierte Gesellschaft der Vielfalt kaum mehr realisierbar. Sie müssten letztlich gegen das wesensmäßige Erleben und Verhalten der Menschen durchgesetzt und dann in diesem Zustand der Unvereinbarkeit aufrechterhalten werden. Wäre hingegen der Umgang mit Behinderungen das Ergebnis reiner sozialer Konstruktion, gäbe es auch kurzfristig weitreichenden Spielraum für Veränderungen, was allerdings beim Blick auf die sozialen Konstruktionen im Umgang mit Behinderungen der vergangenen Jahrtausende ein reichlich dunkles Licht auf die Menschheit werfen würde.

Um der Frage nach den wesensmäßigen und sozial konstruierten Anteilen im Erleben und Verhalten des Menschen im Umgang mit Behinderungen nachzuspüren, sollen im Folgenden entsprechende Befunde aus unterschiedlichen Zeiten und Kontexten zusammengetragen werden. Da der Begriff Behinderung historisch und interkulturell sicher nicht einheitlich bestimmt werden kann, ist für die folgenden Betrachtungen das den Lesenden eigene intuitive Verständnis von Behinderung besser geeignet als eine formale Definition, die aus diesem Grund erst in Kap. 4 folgen wird.

Generell scheint es sinnvoll zu sein, zwischen dem Erleben und dem Verhalten im Umgang mit Behinderung zu unterscheiden. Dies lässt sich auch mit der von Cloerkes (2007, S. 132) vorgeschlagenen Unterscheidung zwischen den Bewertungen und Reaktionen im Umgang mit Behinderungen in Einklang bringen. Bewertungen können als Teil des Erlebens verstanden werden, die erst durch Reaktionen als Teil des Verhaltens für andere sichtbar werden. Dabei wird im Kontext dieser Arbeit davon ausgegangen, dass eine Person beispielsweise aufgrund einer akzeptierten sozialen Konvention trotz wahrgenommener Dissonanz ohne große Anstrengung entgegen ihrem Erleben handeln kann. Die Akzeptanz der sozialen Konventionen, die das Verhalten bestimmt, ist dabei jedoch durchaus fragil und die soziale Konvention selbst gesellschaftlich wandelbar. Das Verhalten im Umgang mit Behinderungen und die damit einhergehenden Prozesse der Ein- und Ausgrenzung sind somit stets das Ergebnis sozialer Konventionen und somit auch sozial konstruiert.

Im historischen Vergleich lassen sich zahlreiche unterschiedliche Muster zum Umgang mit Behinderungen erkennen, die an der charakteristischen allgemeinen Gesinnung und Haltung einer Zeit orientiert sind (Schär, 2014, S. 33). Dies lässt sich beispielsweise anhand des Umgangs mit dem behinderten Nachwuchs skizzieren (Shakespeare, 2018, S. 26). In der griechisch-römischen Kultur stellte der Infantizid eine durchaus gesellschaftlich akzeptierte Reaktion auf den behinderten Nachwuchs dar, der schlicht und einfach als situatives Unglück gewertet wurde. In der jüdisch-christlichen Kultur herrschte lange Zeit die Vorstellung, dass der Teufel das menschliche Kind durch ein behindertes Kind ausgetauscht hatte. Da der Infantizid jedoch als Sünde verboten war, wurde der behinderte Nachwuchs in die Obhut der Kirche gegeben, wo er als Brut des Teufels auf Menschen hoffen musste, die diesen Unsinn nicht glaubten.

Solche Unterschiede sind jedoch nicht nur historisch, sondern auch interkulturell offensichtlich erkennbar (Shakespeare, 2018, S. 24), wie bereits ein Blick auf die rechtlichen Unterschiede zwischen den inklusionspädagogischen Fördersystemen der deutschen Bundesländer oder der Staaten der Europäischen Union deutlich macht.

Eine offenkundige Grundkonstante bezüglich des Verhaltens bei all diesen Längsschnitts- und Querschnittsvergleichen sind die durchschnittlich schlechteren Lebensbedingungen von behinderten Menschen im Vergleich zu den durchschnittlichen Lebensbedingungen von unbehinderten Menschen. Eine weitere Gemeinsamkeit besteht darin, dass vor dem Hintergrund unterschiedlicher behinderungsbedingter Abhängigkeiten die Lebensbedingungen einzelner behinderter Menschen wesentlich von ihrem sozialen, kulturellen oder finanziellen Umfeld abhängen (Jantzen, 1976; Shakespeare, 2018, S. 9). Das bedeutet, dass ein behindertes Kind, das von liebenden, umsichtigen, reichen oder hartnäckigen Menschen umgeben ist, nach wie vor und allerorts auf deutlich bessere Lebensbedingungen hoffen darf, als das Gegenmodell. Tyrion Lannister formuliert hierzu treffend: „Wenn schon ein Krüppel, dann wenigstens ein reicher Krüppel." (Game of Thrones, Staffel 1, Folge 3).

Wie sieht es nun aber mit dem Erleben im Umgang mit Behinderungen und mit den dabei vollzogenen Bewertungen aus, die sich nicht notwendigerweise in beobachtbarem Verhalten manifestieren? Auf den ersten Blick scheint auch diese Frage eindeutig zu beantworten zu sein. Das Erleben allein ist neutral, bis eine Bewertung stattfindet. Eine Bewertung, die über elementare kongenitale Bedeutungskategorien der Wahrnehmung hinausgeht, was die Bewertung menschlicher Eigenarten sicherlich tut, gelingt nur durch den Vergleich (El-Mafaalani, 2018, S. 29): Irgendwann oder irgendwo muss etwas besser, schlechter oder zumindest anders gewesen sein. Für genau diese Vergleiche sind aber soziokulturelle Erfahrungen unumgänglich und damit kann es offensichtlich keine reinen wesensmäßigen Bewertungen geben.

Spannend ist nun aber, dass Cloerkes (2007, S. 129ff.) auf der Grundlage umfassender empirischer Studien zusammenfassend feststellt, dass Behinderungen interkulturell negativ bewertet werden, was auf eine wesensmäßige Universalie schließen lässt. Dafür sprechen eben genau auch die gerade genannten kulturunabhängig durchschnittlich schlechteren Lebensbedingungen von Menschen mit Behinderungen, die sich mit einer interkulturell negativen Bewertung von Behinderungen als gemeinsame Ursache am einfachsten erklären lassen.

2.1.1 Der Mensch als Herdentier

Eine mögliche Erklärung lässt sich aus der evolutionsbiologischen Perspektive herleiten. Aus Sicht der Evolutionstheorie stellt die kategorische, negative Bewertung des offenbaren Andersseins eine durchaus plausible Durchsetzungsstrategie dar. Da vermutlich ein menschlicher „Jäger und Sammler" allein nicht allzu viel ausrichten konnte, kann davon ausgegangen werden, dass jene Exemplare begünstigt waren, die zur Formation von Gruppen neigten, sich mit ihrer Gruppe identifizierten und diese engagiert verteidigten (Wilson, 2014, S. 75). Dabei ist anzunehmen, dass die Gruppenformation entlang von Ähnlichkeiten und nicht von Unterschieden erfolgte, da bis heute eine menschliche Neigung zum Ethnozentrismus, also einer Präferenz für Menschen gleicher Hautfarbe, Herkunft, Religion, Familie etc., beobachtbar ist (Wilson, 2014, S. 79).

Behinderten Menschen, die offensichtlich anders waren, dürfte es vor diesem Hintergrund schwergefallen sein Teil einer starken Gruppe zu werden und zu bleiben, da noch keine schützenden, sozialen Konventionen die Reaktionen reguliert haben dürften. Verschärft wurde dies sicherlich durch den Umstand, dass aus utilitaristischer Perspektive behinderte Menschen durchschnittlich weniger zum Gruppenerfolg beitragen konnten. Während Funde dokumentieren, dass es Neandertaler gab, die mit schweren körperlichen Behinderungen jahrelang als Teil einer Gruppe versorgt wurden und überlebten (Harari, 2013, S. 26), lässt das Fehlen entsprechender Funde bei den direkten menschlichen Ahnen auf einen weitaus raueren Umgang schließen. Zahlreiche archäologische Funde bestätigen eher, dass Toleranz und Nachsicht von Anfang an keine typischen Eigenschaften der menschlichen Art waren, da bereits winzige Unterschiede ausreichten, um ganze Gruppen gegebenenfalls auch rein präventiv auszurotten (Harari, 2013, S. 29).

Nun ist es aber äußerst kritisch aus evolutionsbiologischer Perspektive zu argumentieren, da sich das für bestimmte Phasen der Menschheitsgeschichte typische Erleben und Verhalten nicht ahistorisch auf die gegenwärtige Zeit übertragen lässt und schon gar nicht generalisiert werden kann. Wenn die menschliche Adaption und Transformation auch nur sehr träge erfolgen, ist die Veränderung doch wesentlich für das Wesen des Menschen. Daher stellt sich die Frage, ob ähnliche Ein- und Ausgrenzungsprozesse bei der Gruppenformation auch in der gegenwärtigen Zeit beobachtet werden können, die trotz kultureller Färbung mit vorzeitlichen Denkmustern in Einklang zu bringen sind.

Eine spannende ethnografische Studie zu Ein- und Ausgrenzungsprozessen führten Elias und Scotson (1965/2016) durch, indem sie über drei Jahre das soziale Gefüge in Winston Parva beobachteten und beschrieben. Die Ergebnisse lassen darauf schließen, dass sich Menschen ihrem Wesen nach zu Gruppen formieren, sich durch spezifische und unspezifische Furcht abgrenzen und sich zwischen den Gruppen ein Machtgefälle ausbildet (Elias & Scotson, 1965/2016, S. 309). Dabei halten sich die Mitglieder der mächtigeren Gruppe für bessere Menschen mit starkem Charisma und besonderen Qualitäten, an dem ihre sämtlichen Mitglieder teilhaben, während genau diese Eigenschaften den Mitgliedern der anderen Gruppen abgesprochen werden (Elias & Scotson, 1965/2016, S. 8). Während durch die Interaktionen die Etablierten immer weiter zusammenrücken und sich in ihren Qualitäten gegenseitig bestätigen und aufwerten, sinkt die Kohäsion der Außenseiter. Die Merkmale, entlang derer die Gruppenformation erfolgt, können vielfältig sein, solange ein gemeinsames Identifikationsmoment erkennbar ist. Beispiele hierfür sind der soziale Status, die Hautfarbe, die Religion, das Geschlecht oder die Konstellation wie in Winston Parva, wo eine Gruppe Alteingesessener den Zugezogenen in einem neuen Wohngebiet gegenüberstand (Elias & Scotson, 1965/2016, S. 8).

Interessant sind in diesem Zusammenhang auch die zahlreichen Ergebnisse aus der populären Sozialpsychologie zur gesteuerten Gruppenformation, zu denen auch das berühmte Robbers-Cave Experiment (Sherif, White, & Harvey, 1955) gehört. Bei diesem Experiment wurden Mitte der 1950er-Jahre zwei Jungengruppen zufällig durch räumliche Nähe formiert. Die Gruppen identifizierten sich durch eigene Markierungen und Rituale und traten dann in Wettkämpfen gegeneinander an. Die Folgen waren eine rasant wachsende Gruppenidentifikation mit einem starken Anstieg des Konflikt- und Gewaltpotenzials auf beiden Seiten. Zusammenfassend heißt dies, dass es selbst bei willkürlich eingeteilten und erkennbar markierten Gruppen zur Bevorzugung der Mitglieder der eigenen und der Diskriminierung der Mitglieder der anderen Gruppen kommt (Sherif, White, & Harvey, 1955; Wilson, 2014, S. 77).

Demnach scheint es tatsächlich ein Wesenszug des Menschen zu sein, Gruppen zu bilden und sich und seiner Gruppe die eigene Überlegenheit durch Abwertung von Außenstehenden zu bestätigen und auszubauen. Der Ausschluss und die Diskriminierung der anderen wirken als sozialer Kitt und festigen die Sozialstruktur der eigenen Gruppe.

2.1.2 Der ideale Mensch

Eine alternative, kulturalistisch-orientierte Erklärung für die interkulturelle, negative Bewertung von Behinderungen ist die Annahme eines gattungsspezifischen, sozial konstruierten, fiktiven, idealen Menschen. Universell ist dabei nicht die Vorstellung des idealen Menschen selbst, die sich kulturbedingt deutlich unterscheiden kann, sondern der Prozess eine solche Vorstellung zu entwickeln.

Zum einen könnte die Entwicklung einer solchen subjektiven Vorstellung eines idealen Menschen im Sinne eines inneren Maßstabs dem Schutz der eigenen physischen und funktionalen Integrität und damit auch dem Schutz der eigenen sozialen Funktionalität dienen. Auf der anderen Seite entwickeln offenbar alle Menschen einen allgemeinen Begriff „Mensch", der es ermöglicht, andere Lebewesen als Mensch zu erkennen. Dieser Begriffs- und Klassenbildungsprozess bleibt dabei nicht nur auf den Begriff „Mensch" beschränkt, sondern ordnet auch alle anderen erkannten Phänomene nach Ähnlichkeiten und Unterschieden, was auf ein grundlegendes, kognitives Reaktionsmuster schließen lässt. Für die Details und die zahlreichen unterschiedlichen Perspektiven und Denkrichtungen zu diesem Begriffs- und Klassenbildungsprozess sei auf den seit der Antike geführten Universalien-Streit verwiesen (https://de.wikipedia.org/wiki/Universalienproblem (12.08.20)).

Im Kontext dieser Ideal-Mensch-These eignet sich vor allem eine nominalistische, neopositivistische Perspektive, in der Allgemeinbegriffe wie der Mensch nur im Bewusstsein existieren und durch wahrgenommene Einzeldinge sukzessive konstruiert wurden. Eine solche Vorstellung eines idealen Menschen könnte sich also fortlaufend anhand der wahrgenommenen anderen menschlichen Exemplare verfeinern, die in Relation zum Selbstbild gesetzt und überhöht werden. Ethnozentrische Tendenzen und kulturspezifische ästhetische Ideale ließen sich durch die situative höhere Exposition erklären. Je weiter dann aber ein menschliches Exemplar vom sozial konstruierten Ideal abweicht, desto negativer würde die Bewertung ausfallen. Da nun insbesondere auffällige Behinderungen wie fehlende Körperteile, eindeutige sensorische oder kognitive Funktionsabweichungen, Entstellungen etc. als kategorische Abweichungen von gattungsspezifischen Merkmalen (Cloerkes, 2007, S. 133) wahrgenommen werden, scheint eine interkulturelle negative Bewertung durchaus plausibel. Je stärker also die wahrnehmbare Erscheinung der behinderten Person die ideal empfundenen Erwartungen verletzt, desto negativer dürfte die Bewertung ausfallen.

Ein ähnlicher Denkansatz findet sich auch in den Disability Studies und wird dort unter dem Begriff Ableismus geführt. Ableismus ist nach der Definition von Kumari Campbell ein Netzwerk von Überzeugungen, Prozessen und Praktiken, das eine besondere Art von Selbst und Körper (physischer Standard) erzeugt und als perfekt, arttypisch und daher wesentlich und komplett menschlich projiziert. Behinderung ist dann ein minderwertiger Zustand des Menschseins (https://de. wikipedia.org/wiki/Ableism (12.08.20)). Die hier beschriebene Ideal-Mensch-These unterscheidet sich aber dahingehend vom Ableismus-Ansatz, dass die Vorstellung nicht als Kontrastierung zur beobachtbaren Abweichung konstruiert wird. Die Vorstellung des idealen Menschen ist, auch wenn sie durch reale Vergleiche zwischen Individuen konstruiert wird, eben genau im Sinne einer ultimativen Idee mit realen Individuen nicht vergleichbar und dient somit vor allem als ordnendes und motivierendes Regulativ.

Indizien für diese These lassen sich jedoch weniger in der Vergangenheit als viel mehr in der Zukunft finden. Während vor allem im letzten Jahrhundert ein zentrales Ziel der wissenschaftlichen Forschung und des technischen Fortschritts darin bestand, möglichst viele Krankheiten zu heilen und die Folgen von Krankheiten zu lindern, scheint sich nunmehr ein Trend in Richtung physische und psychische Verbesserung des Menschen abzuzeichnen. Es geht also nicht mehr primär darum krankheits- und behinderungsbedingtes Leid zu vermeiden und zu lindern, was nicht unbedingt eine ideale Vorstellung des Menschen voraussetzen würde, sondern darum, bewusst positive Abweichungen zu schaffen, was ohne eine ideale Zielvorstellung kaum begründbar ist. Da der Mensch nun aber möglichkeitsbedingt erst am Anfang dieser Selbstoptimierungsphase steht, stellt sich die Frage, ob das gegenwärtige menschliche Exemplar in Zukunft tatsächlich in einen unübertroffen klugen, stets konzentrierten und fokussierten, umwerfend gut aussehenden, atemberaubend wohlgeformten, vollständigen, unbehinderten, sensorisch voll funktionsfähigen und damit in den vollendeten Menschen konvergiert.

Da nun ein Blick in die Zukunft in Ermangelung einer Glaskugel mit entsprechender Funktion nicht möglich ist, müssen Gedankenspiele oder Vorstellungen genügen, die sich andere von der Zukunft machen und die beispielsweise in Science-Fiction Kulturgütern wie Büchern, Serien und Filmen abgebildet sind.

Exemplarisch bietet die Fernsehserie Star Trek für diesen Zweck ein hervorragendes Forschungsfeld. Zum einen zeichnet sich Star Trek durch die hohe intentionale und inhaltliche Kontinuität aus, mit der seit den 1960er-Jahren der Zeitgeist immer wieder neu eingefangen wurde (Klinkhammer, 2016, S. 18). Beispielsweise nutzt Klinkhammer (2016) diese Eigenschaften der Serie, um den Transformationsprozess von „exklusiven zu inklusiven" Gesellschaftsstrukturen im Zeitraum von 1966-1999 nachzuzeichnen, indem er aus den Interaktionsmustern, der Kameraführung und den Settings Rückschlüsse auf den zeitgebundenen Umgang mit Behinderung zieht. Zum anderen ist Star Trek für einen leidenschaftlichen Trekkie selbstverständlich immer ein hervorragendes Forschungsfeld.

Welche Antworten hat also die Autorenschaft von Star Trek auf die Fragen nach dem vollendeten Menschen gefunden und wie begründet sie das Paradox, dass es trotz ganz erheblicher medizinischer und technischer Fortschritte und damit umfassender Optimierungsmöglichkeiten doch noch Unterschiede zwischen den Menschen gibt? Rein gefühlsmäßig würde bei freier Verfügbarkeit für alle vermutlich kaum ein Mensch auf Optimierung verzichten, vor allem nicht dann, wenn alle anderen diese Möglichkeiten nutzen.

Defizitäre Abweichungen vom voll funktionsfähigen Menschen werden in Star Trek mit allen verfügbaren Technologien und medizinischen Therapien soweit wie möglich kompensiert oder überwunden. Die vollständige Ausschöpfung aller technischen und medizinischen Möglichkeiten wird dabei als selbstverständlich und moralisch geboten angesehen. Als sich z. B. General Martok weigert sein in der Schlacht verlorenes Auge durch ein Okularimplantat ersetzen zu lassen, stößt er damit bei Dr. Bashir auf erhebliches Unverständnis (DS9-5x21).

Die Verbesserung und Erweiterung von Fähigkeiten und Fertigkeiten über die Behebung von Defiziten hinaus scheinen zulässig, wenn diese das Ergebnis technischer Hilfsmittel sind. Ein Beispiel hierfür ist Geordi La Forge, der seine kongenitale Blindheit mithilfe eines speziellen Visors kompensiert. Dieser Visor bereitet neben allen relevanten visuellen Informationen, die auch unbehinderten Menschen zugänglich sind, Informationen zur Struktur von Objekten und Strahlungsverhältnissen auf. Der Preis für diese Kompensation sind ständige Kopfschmerzen, die er in Kauf nimmt (TNG-5x11).

Im Unterschied zu technischen Verbesserungen sind genetische Interventionen nur zur Verhinderung und Behebung von Behinderungen und Erkrankungen erlaubt und selbstverständlich. Als beispielsweise das medizinisch-holografische Notfallprogramm bei B'Elannas Fötus eine genetisch bedingte Deformation der Wirbelsäule diagnostiziert, wird diese von ihm kurzerhand behoben (VOY-7x12).

Genetische Verbesserungen, die über die pränatalen Defizitkorrekturen hinausgehen, sind hingegen strengstens verboten, unter Strafe gestellt und genetisch aufgewertete Menschen, die sogenannten „Augments", werden interniert. Ursache für diese drastischen Maßnahmen sind die Eugenischen Kriege, während derer eine Gruppe von „Augments" versucht hatte die Weltherrschaft an sich zu reißen. Den Folgen dieser offenbar weithin tolerierten institutionellen Diskriminierung des Andersseins, die dem Schutz des natürlich geformten voll funktionsfähigen Menschen dient, sind zahlreiche Episoden gewidmet (TOS-1x23, ENT-4x04, DS9-5x16,...).

Daraus lässt sich zusammenfassend schließen, dass es auch im Star Trek Universum eine Vorstellung eines idealen Menschen gibt und Behinderungen sowie funktionale Defizite weiterhin negativ bewertet werden. Abweichende Fähigkeiten und Fertigkeiten dürfen und sollen durch Technik und Therapie bis zur vollen Funktionsfähigkeit kompensiert werden. Die technische Erweiterung scheint tolerabel, was daran liegen dürfte, dass diese Möglichkeiten grundsätzlich allen Menschen zur Verfügung stehen und reversibel sind. Genetische Manipulationen sind zur Verhinderung von Behinderung und Heilung von

Krankheiten geboten. Schließlich scheint die Schaffung von Menschen mit nicht reversiblen erweiterten Fähigkeiten und Fertigkeiten, die sich der idealen Vorstellung über die volle Funktionsfähigkeit hinaus annähern als existenzielle Bedrohung für die Menschheit empfunden zu werden.

Nach diesem Ausflug in die Vergangenheit und die Zukunft spricht einiges dafür, dass die negative Bewertung von Abweichungen von gattungsspezifischen Normalitätserwartungen auch langfristig kaum zu beeinflussen sein wird (vgl. Cloerkes, 2007, S. 136). Daran würde vermutlich auch eine neue, humanere Wertorientierung einer weniger leistungsorientierten Gesellschaft, wie sie vielerorts im medialen Inklusionsdiskurs als Bedingung genannt wird, wenig ändern (vgl. Cloerkes, 2007, S. 136). Gewisse Spielräume zur Verhaltensänderung ergeben sich jedoch im Bereich der Reaktionen auf Behinderungen.

Cloerkes (2007, S. 113) gibt allerdings zu bedenken, dass die Diskrepanz zwischen den realen Lebensbedingungen behinderter Menschen und den Ergebnissen der Einstellungsforschung vermutlich auf eine öffentliche Reaktionsadaption im Sinne der politischen Korrektheit zurückzuführen ist. Behindertenfeindliches Denken, das bis hin zu Euthanasie-Bestrebungen reicht, sei kein Relikt vergangener Zeiten. Es führe nach wie vor hinter vorgehaltener Hand und an Stammtischen ein Eigenleben und wird aktuell durch eine ganze Reihe von gesellschaftlichen Konventionen in Zaum gehalten (Cloerkes, 2007, S. 113).

Spuren dieser provokanten Vermutung finden sich vielerorts im Alltag. Das Adjektiv „behindert“ ist mittlerweile als beleidigender Ausdruck fehlender oder schlechter Funktionalität nicht nur auf Schulhöfen heimisch geworden (https://blog.zeit.de/stufenlos/2015/06/15/behindert-als-schimpfwort/ (28.06.20)) und das ironischerweise während der gefühlten Omnipräsenz inklusiver Bemühungen. Dabei wird die gesellschaftliche Konvention als solche entlarvt, sobald das Adjektiv in Gegenwart einer behinderten Person versehentlich abwertend eingesetzt wird. Während oder kurz danach gerät der Redefluss in der Regel ins Holpern und eine Art Entschuldigung folgt. Kreative Kreise hingegen versuchen, die Lebensbedingungen von behinderten Menschen durch Wortentsorgung und -neuschöpfung zu verbessern (https://leidmedien.de/ (28.06.20)), was natürlich sympathisch, aber gleichzeitig der plakative Ausdruck der bewussten Schaffung von kontraintuitiven sozialen Konventionen ist. Deutlich berührender und erschütternder, dafür aber sehr viel subjektiver, lassen sich die Spuren solcher Ressentiments in biografischen Erzählungen behinderter Menschen nachzeichnen. Exemplarisch sei hier auf das Buch von Laura Gehlhaar (2016) verwiesen, die „Geschichten aus dem Alltag einer Rollstuhlfahrerin“ erzählt. Dabei berichtet sie von Szenen in der Berliner U-Bahn mit Sätzen wie „So was wie dich hätte man vor 70 Jahren noch vergast.“ (Gehlhaar, 2016, S. 208) oder von einem spontanen verbalen Angriff in einem Bistro mit Ausdrücken wie „Spasti“, „behinderte Fotze“ oder „Krüppel DNA gehört ausgerottet.“ (Gehlhaar, 2016, S. 211f.).

Zusammenfassend lässt sich festhalten, dass sich unabhängig von der anthropologischen Ursachenbetrachtung eine interkulturelle, negative Bewertung von Behinderungen historisch und empirisch nachzeichnen lässt und dadurch eine Wirklichkeit geschaffen wird, in der behinderte Menschen mit den Folgen dieser negativen Bewertung leben müssen.

2.2 Sozial-konstitutive Grundlagen

Im vorangegangenen Abschnitt wurde argumentativ dargestellt, dass mit einem grundlegenden Umdenken im Umgang mit Behinderung zumindest in naher Zukunft nicht zu rechnen ist. Eine Gesellschaft der Vielfalt, in der „jeder Mensch als selbstverständliches Mitglied der Gemeinschaft anerkannt" wird (ernst gemeinte Formulierung von Hinz, Inklusion, 2006, S. 97f.), scheint daher eine optimistische Utopie zu sein. Vor allem erkennbare Behinderungen werden auch weiterhin negativ bewertet und die daraus resultierenden Ablehnungshandlungen nur bis zu einem bestimmten Grad durch soziale Konventionen maskiert werden.

Ausgehend von diesem ernüchternden Befund soll nun geklärt werden, auf welches Fundament das Zusammenleben von behinderten und unbehinderten Menschen gebaut werden kann. Fraglich ist, welche interkulturellen und längerfristigen Erlebens- und Verhaltensweisen der negativen Bewertung von Behinderungen und ihren Folgen entgegenwirken und welche sozialen Konventionen daraus ableitbar sind. Durch die Konkretisierung dieser begünstigenden Faktoren soll dazu beigetragen werden, dass nicht versehentlich im tosenden Fanfarenzug von Inklusion und Teilhabe Strukturen zertrümmert werden, die für bestimmte Menschen auch weiterhin wertvoll und notwendig sind.

2.2.1 Die Konstitution der Rechtsordnung

Der gesellschaftliche Schutzschild, der unbehinderte und behinderte Menschen voreinander schützt, ist eine feststehende Rechtsordnung, der sich alle Menschen als Teil einer Gesellschaft unterwerfen. Nun ist eine Rechtsordnung offensichtlich ein künstlich geschaffenes und auf gegenseitigem Vertrauen beruhendes System, was impliziert, dass es eine Zeit vor der Rechtsordnung gegeben haben muss. Um die Einführung einer Rechtsordnung zu begründen und zu legitimieren, hat die Rechtsphilosophie das theoretische Konstrukt des Naturzustands ersonnen, welches das menschliche Zusammenleben vor einer Rechtsordnung beschreiben soll und damit erwartungsgemäß viel mit den Vorstellungen vom urigen Menschen als „Jäger und Sammler" zu tun hat (https://de.wikipedia.org/wiki/Naturzustand (12.08.20)).

Die Ausprägungen des Naturzustands sind durchaus bizarr und reichen beispielsweise von brutalen Vorstellungen eines „Kriegs aller gegen alle“, in der sich die von Gier getriebenen Stärkeren durchsetzen (Thomas Hobbes), bis hin zu romantischen Vorstellungen von Menschen, die autark im Einklang mit der Natur, in Freiheit und Selbstgenügsamkeit leben (Jean-Jacques Rousseau) (https:// de.wikipedia.org/wiki/Naturzustand (12.08.20)).

Bei dem bereits vorgezeichneten Hintergrund im vergangenen Abschnitt wäre es um das Wohl behinderter Menschen in beiden vorgestellten Lebenswelten nicht gut bestellt. In Hobbes' Konzeption, im erfolgreichen Kampf gegen alle anderen, wären Menschen, die in relevanten Funktionen und Fähigkeiten behindert sind, zum einen sehr wahrscheinlich praktisch unterlegen und zum anderen aufgrund von zugeschriebener Schwäche und Wehrlosigkeit auch noch ein besonders einladendes Ziel. In Rousseaus Konzeption wäre vermutlich die Realisierung von Autarkie für behinderte Menschen schwierig, da Behinderungen vor allem in freier Wildbahn durchaus Abhängigkeiten oder Hilflosigkeit implizieren.

Im Naturzustand leben also Menschen erst einmal ohne jede Rechtsordnung und ohne übergeordnete soziale Strukturen allein oder in Gruppen zusammen. Das Moment, welches den Sand im Getriebe dieses Zustands darstellt und somit den Naturzustand konterkariert, ist die unstillbare menschliche Begehrlichkeit und das Bestreben mehr zu besitzen als tatsächlich benötigt wird (Siep, 2007, S. 236). Mit der steigenden Konzentration der Besitztümer wachsen die Schwierigkeiten, diese unmittelbar selbst schützen zu können und die berechtigten Ängste, in einem Moment der Schwäche oder der Fehleinschätzung kurzerhand beseitigt und ersetzt zu werden.

In dieser Situation schlagen die Privilegierten den weniger Privilegierten eine Rechtsordnung vor, die allen Menschen gleichermaßen ein Recht auf Leben, auf Freiheit und auf Eigentum gewährt und auf dessen Grundlage diese Rechte durch eine handlungsfähige Exekutive und eine unparteiische Judikative durchgesetzt werden (Locke, 1690/2007, S. 14). Die weniger Privilegierten nehmen diesen Vorschlag an, da sie in dieser Rechtsordnung vor systematischer oder willkürlicher Ausbeutung und Gewalt durch die Privilegierten oder auch die weniger Privilegierten besser geschützt werden. Neben dem Vorteil, dass nunmehr mit staatlicher Gewalt die bereits vorher verteilten Besitztümer geschützt werden, können die Privilegierten zudem davon ausgehen, dass die persönlichen Eigenschaften, die vor der Konstitution der Rechtsordnung zum Wohlstand geführt haben, auch weiterhin ihre Besitztümer mehren werden. Dieser Denkart nach, die einen am Eigennutz orientierten Menschen voraussetzt, wäre die Errichtung einer Rechtsordnung früher oder später eine logische Implikation, da sie für beide Seiten Vorteile mit sich bringen würde.

Würden nun aber durch die Rechtsordnung nur die privaten Rechtsgüter des Lebens, der Freiheit und des Eigentums der einzelnen Menschen vor dem

Zugriff anderer durch die Androhung und Durchsetzung von Verletzungen genau dieser Rechtsgüter geschützt, würden die Stärkeren noch stärker und die Schwächeren weiter schwächer werden, was erfahrungsgemäß irgendwann in einem bürgerkriegerischen Akt sein Ende findet. Auch wenn dann die Gruppe der weniger Privilegierten überwunden würde, kann davon ausgegangen werden, dass sich innerhalb der übrigen Privilegierten erneute Hierarchien etablieren, bis sich endlich die gesamte Menschheit selbst überwunden hätte.

Aus diesem Grund werden neben dem privaten Recht weitere Gesetzesarten notwendig, welche die Rechtsgüter des Gemeinwohls schützen und damit für einen Ausgleich im Machtverhältnis zwischen Privilegierten und weniger Privilegierten sorgen. Dem Nutzen der Gemeinschaft im Sinne aller Menschen ist somit der private Nutzen des Einzelnen nachzuordnen (Leibniz, 1667/2003, S. 47). Praktisch bedeutet das, dass Privilegien, solange von Privilegierten zu weniger Privilegierten umverteilt werden müssen, bis die weniger Privilegierten zufrieden sind und die Lebensverhältnisse als erträglich gerecht empfinden.

Ein simpler Blick in die heutige Lebenswirklichkeit macht nun aber deutlich, dass sich dieses Gleichgewicht zwischen Privilegierten und weniger Privilegierten an einer bemerkenswerten Stelle stabilisiert hat, was zumindest mit einem natürlichen Empfinden von Gerechtigkeit nicht zu vereinbaren ist. Privilegierten Menschen ist es qua Geburt möglich, in vornehmeren Stadtteilen auf deutlich mehr Wohnraum zu leben, ihre Kinder auf bessere Schulen zu schicken, eine höherwertige medizinische Versorgung in Anspruch zu nehmen (Harari, 2013, S. 171) und nach eigenem Ermessen auf die Geißel der Erwerbsarbeit und der selbsttätigen Haushaltsführung zu verzichten.

Offensichtlich spielt es für die Organisation des menschlichen Zusammenlebens eine nachgeordnete Rolle, ob die Regeln, die dieses Zusammenleben ordnen, tatsächlich gerecht sind. Wesentlich scheint zu sein, ob die Regeln von einer Mehrheit für gerecht gehalten werden (Harari, 2013, S. 140). Um ein solches Gefühl von erträglicher Gerechtigkeit, innerhalb einer Rechtsordnung, an einer offensichtlich ungerechten Stelle zu stabilisieren, muss eine Begründung erschaffen werden, welche die Mehrheit der Menschen im Wirkungskreis der Rechtsordnung hinsichtlich des Gerechtigkeitsempfindens zufriedenstellt.

Wenn nun der bitteren Wahrheit ins Auge gesehen wird, dass es schlicht und einfach keine natürlich, sondern nur gesellschaftlich geschaffenen Rechte gibt (Harari, 2013, S. 141), wird die zentrale Bedeutung der Rechtsgüter des Gemeinwohls für behinderte Menschen deutlich, da mithilfe dieser Gesetze behinderungsbedingte Nachteile ausgeglichen und erträgliche Lebensbedingungen geschaffen werden sollen. Damit finden sich in der Begründung und Legitimation genau dieser gemeinwohlorientierten Rechtsgüter auch die Argumente für den besonderen Schutz und den Ausgleich der Nachteile von behinderten Menschen und ferner aller Menschen, die benachteiligt sind.

2.2.2 Rechtsgüter des Gemeinwohls

Im Folgenden sollen exemplarisch zwei mögliche Begründungsansätze vorgestellt werden, mit welchen die Rechtsgüter des Gemeinwohls innerhalb einer Rechtsordnung legitimiert werden können. Der erste Begründungsansatz wird anhand der Überlegungen von John Locke dargestellt, der die Rechtsgüter des Gemeinwohls im Willen einer höheren göttlichen Instanz begründet sieht, der den Menschen durch die Offenbarung in Form des Schriftstücks Heilige Schrift mitgeteilt wurde. Der zweite Begründungsansatz wird anhand der Überlegungen von Gottfried W. Leibniz veranschaulicht, der versucht, die Rechtsgüter des Gemeinwohls vernunft-orientiert und vor allem ohne Gott herzuleiten.

Als Locke im 17. Jahrhundert die Rechtsgüter des Gemeinwohls begründete, konnte er beruhigt davon ausgehen, dass die Mehrheit der Menschen auf irgendeine Weise an eine göttliche Instanz glaubte und dieser Instanz die nötige Legitimationsautorität zuschrieb. Da sich diese göttliche Instanz in Form der Heiligen Schrift einst auch tatsächlich offenbart hatte, war damit ein vollständig externes Erkenntnismedium geschaffen, welches die Mehrheit der Menschen für glaubhaft und gerecht hielt (Locke, 1690/2007, S. 50). Locks wesentliche Aufgabe bestand also darin, die Heilige Schrift so zu interpretieren, dass sie seine Gemeinwohltheorie stützen würde.

John Locke (1690/2007, S. 29, 13) begründet die Gleichheit aller Menschen damit, dass Gott, wie in der Heiligen Schrift dargelegt, die Erde allen Menschen gemeinsam gegeben hätte, woraus folge, dass alle Geschöpfe der Gattung Mensch ohne Unterordnung und Unterwerfung einander gleichgestellt leben sollen. Nach Locke (1690/2007, S. 15) verwalten die Menschen lediglich die Schöpfung Gottes und seien zu deren Erhaltung verpflichtet. Da alle Menschen Teil dieser Schöpfung seien, haben alle Menschen die Verpflichtung auch den Rest der Menschheit zu erhalten und ferner natürlich auch alle anderen Bestandteile der Schöpfung.

Realisiert wird dies auf der Ebene des Eigenwohls mit Gesetzen zum Schutz der Rechtsgüter des Lebens, der Freiheit und des Eigentums (Locke, 1690/2007, S. 14). Der Schutz dieser Rechtsgüter ist im Sinne der Offenbarung, da hierdurch in Frieden gelebt werden könne und kriegerische Handlungen Teile der Schöpfung zerstörten (Locke, 1690/2007, S. 15). Da nun aber der Schutz des Lebens, der Freiheit und des Eigentums allein für bestimmte Teile der Menschheit nicht ausreichen, um diese zu erhalten, seien durch die Heilige Schrift Gesetze zur Förderung des Gemeinwohls geboten. Mithilfe dieser am Gemeinwohl orientierten Gesetze sollen die Rechtsgüter geschützt werden, die den Erhalt eines möglichst großen Teils der Menschheit sicherstellen.

Konkret bedeutet dies, dass die privaten Rechte Einzelner beschnitten werden dürfen, wenn sie dem Wohle all derer dienen, die Teil der Schöpfung sind (Locke, 1690/2007, S. 51). Auf der anderen Seite heißt dies aber auch, dass Alter, Tüchtigkeit, hervorragende Talente oder Verdienste manchen Menschen einen gerechten Vorrang einräumen können (Locke, 1690/2007, S. 49). Gerechten Vorrang hätten auch Menschen, die sich andere durch Geburt, Verwandtschaft oder Wohltaten zur Dankbarkeit verpflichtet haben.

Locke kreiert also einen Gattungsbegriff Mensch, der notwendigerweise auch alle Menschen mit Behinderungen einschließt, die als Teil der Schöpfung bewahrt werden müssen. Religiös motivierte „Behindertenhilfe" ist damit in erster Linie sachlich und unpersönlich. Sie dient unmittelbar einem höheren Zweck und erst mittelbar dem Menschen mit Behinderung selbst. Der behinderte Mensch ist durch die erhaltene Hilfe zur Dankbarkeit und Nachordnung verpflichtet. Die Helfenden können den erworbenen Vorrang durch ihre guten oder gut gemeinten geleisteten Wohltaten auch einfordern. Etwas überspitzt könnte also gefolgert werden, dass in Lockes Weltbild der Gottesglaube nicht nur die Behinderung selbst, als gottgewollte Eigenart, mit Sinn erfüllt, sondern auch die Menschen, die an diese gottgewollte Sinn-Befüllung glauben.

Leibniz (1667/2003, S. 29) hingegen hält keinen Rekurs auf ein äußeres natürliches Gesetz in Form der Heiligen Schrift für notwendig. Er begründet die Rechtsgüter des Gemeinwohls ausschließlich vernunftorientiert und ohne eine unmittelbare göttliche Beteiligung (Leibniz, 1667/2003, S. 79). Damit folgt er im Grundsatz der Idee des römischen Rechts, welches auch die Grundlage der heutigen Rechtsordnung darstellt. Im Unterschied zu den römischen Rechtsgelehrten unternimmt jedoch Leibniz das aus heutiger Sicht bizarr-wirkende Unterfangen, das menschliche Gerechtigkeitsgefühl und das moralische Empfinden a priori, also unabhängig von der Erfahrung und Wahrnehmung, zu begründen.

Diese Aufgabe ist deutlich komplexer als die von Locke durchgeführte, schlichte Anbindung an die Heilige Schrift. Leibniz musste ohne die Erkenntnisse der Evolutionstheorie ein glaubhaftes Menschenbild erschaffen, welches a priori hinsichtlich der inneren Absichten und moralischen Wertungen weitgehend einheitlich war. Fraglich dabei ist, warum alle Menschen, trotz ihrer intersubjektiven Unterschiede, vernunftgeleitet die gleichen Schlüsse ziehen sollten. Im Unterschied zum geschriebenen Wort der Heiligen Schrift als äußeres Referenzsystem, muss in der rein vernunftorientierten Ableitung ein ewiges und einheitliches inneres Referenzsystem existieren, über das alle Menschen gleichermaßen verfügen. Leibniz (1671/2003, S. 223) gewährleistet die Ewigkeit und Einheit dieses inneren Referenzsystems durch die Annahme einer Vorstellung von Gerechtigkeit, die vergleichbar mit einer platonischen Idee allen Menschen innewohnt (Busche, 2003, S. LXII). Aus dieser inneren Vorstellung von Gerechtigkeit leitete Leibniz (1671/2003, S. 109) seine Klugheitsmoral ab, welche im Kern in der unmittelbaren und mittelbaren Suche nach dem Eigennutz besteht.

Ohne den Dogmatismus des 17. Jahrhunderts und mit Blick auf die Suche nach Argumenten für den besonderen Schutz der Rechtsgüter des Gemeinwohls zum Ausgleich von Nachteilen von behinderten Menschen geht es letztlich lediglich darum, wie Leibniz die Rechtsordnung vernunftorientiert und ohne Gott, vor dem Hintergrund eines an Eigennutz orientierten Menschen, begründet.

Auch Leibniz (1671/2003, S. 137) definiert eine Gattung Mensch, innerhalb derer alle mit gleichen Rechten ausgestattet sind. Im Unterschied zu Locke, der von einem durch Gott zugeschriebenen Wert ausgeht, geht Leibniz von einem fiktiven Selbstwert aus, nach dem angenommen werden muss, dass „der Bauer sich selbst gleichermaßen lieb und wert ist wie der Philosoph". Unter diesen Umständen gebe es keinen Grund, warum „du dein Heil dem meinigen nachordnest" oder von irgendjemandem verlangt werde, „dass er mein Heil dem eines anderen vorziehe" (Leibniz, 1671/2003, S. 137). Schließlich finde es kein Mensch gerecht, „wenn jemand einen eigenen Vorteil, der nichts beiträgt zum öffentlichen Ganzen, für wichtiger hält als das Elend oder das Glück der Anderen" (Leibniz, 1671/2003, S. 227).

Damit steht es ausdrücklich keinem Menschen zu, über die Wertigkeit von fremdem Erleben zu urteilen und schon gar nicht durch bestimmtes Verhalten fremdes Leben, Freiheit oder Eigentum zu verletzen. Leibniz trägt auch dem menschlichen Wesenszug Rechnung, dass die Ungerechtigkeit zu eigenen Gunsten den Menschen sehr viel seltener den Schlaf raubt, als die Ungerechtigkeit zu eigenen Ungunsten: Beides ist gleichermaßen ungerecht. Weiter folgert Leibniz, dass der Schutz der Rechte auf Leben, Freiheit und Eigentum nicht zuletzt deshalb vernünftig sei, weil er indirekt der Erhaltung des Friedens und der Vermeidung von Elend diene (Busche, 2003, S. LXXIII), was wiederum das Leben, die Freiheit und das Eigentum anderer bedrohe.

Auf der Stufe des Gemeinwohls erkennt Leibniz zwei vernünftige Argumente, die eine Verletzung der Rechtsgüter des Eigenwohls rechtfertigen. Nach Leibniz ist es im Interesse aller, „dass jedem das zuerteilt werde, was er braucht, um den öffentlichen Nutzen zu befördern" (Busche, 2003, S. LXXIX), was als frühe Variante des Mottos des aktivierenden Staates gelesen werden kann: Fördern und Fordern (https://de.wikipedia.org/wiki/Fördern_und_Fordern (12.08.20)). Leibniz' zweites Argument ist schlichter, aber dafür umso prägnanter. Die Beförderung des Gemeinwohls ist im Interesse aller Einzelnen, da „niemand mühelos glücklich sein kann mitten unter unglücklichen Menschen" (Leibniz, 1671/2003, S. 219).

Nun stellt sich die Frage, was diese unterschiedlichen Begründungsansätze mit dem laufenden Diskurs rund um Inklusion und Teilhabe zu tun haben und genau dieser Zusammenhang soll im Folgenden abschließend konkretisiert werden.

Lockes Begründung und Legitimation der Rechtsgüter des Gemeinwohls erscheint mit einem simplen Rekurs auf ein rein dogmatisches Schriftstück im Vergleich zu Leibniz' vernunftorientiertem Vorgehen unterkomplex und kritisch. Der Inhalt eines solchen Schriftstücks lässt sich mit ganz unterschiedlichen ideologischen Färbungen immer wieder neu interpretieren, durch Übersetzungen verändern oder in der Unvereinbarkeit der Gegensätze sinnentleeren. Um diese unterschiedlichen Denkrichtungen zu kanalisieren, muss letztlich eine Interpretation des Schriftstücks gefunden werden, an deren Wahrheit der Großteil der Menschen freiwillig oder unfreiwillig glaubt. Dies wird noch deutlicher, wenn bedacht wird, dass es in Lockes Begründungsansatz letztlich keine Rolle spielt, ob es einen Gott tatsächlich gibt oder nicht, solange die Heilige Schrift als Offenbarung anerkannt wird. Lockes eigentliche Leistung bestand also in der passenden Interpretation und Auslegung. Wäre Locke in die gegenwärtige Zeit hineingeboren worden, hätte er vermutlich die Rechtsgüter des Gemeinwohls entlang der allgemeinen Menschenrechtserklärung oder des Grundgesetzes genauso erfolgreich begründen können.

Ironischerweise lässt sich in der laufenden Diskussion zur Umsetzung der Behindertenrechtskonvention, vor allem beim Blick in die beinahe religiös anmutende Präambel, eine klare Analogie erkennen. Der laufende Diskurs ist geprägt von Interpretationen, fabelhaften Auslegungen, Wortspielereien, Verkürzungen, Überladungen, definitorischen Feinheiten etc., die häufig in der Unvereinbarkeit der Gegensätze enden. Wie würde sich eigentlich die Wirkung des Grundgesetzes verändern, wenn es kein allgemein anerkanntes Bundesverfassungsgericht oder vielleicht sogar eine ganze Reihe konkurrierender Verfassungsgerichte geben würde, die dasselbe interpretieren?

Genau wie das Grundgesetz kann auch die Behindertenrechtskonvention ihre Wirkung in der Lebenswirklichkeit nur entfalten, wenn ausreichend viele Menschen an dieselbe Interpretation glauben. Hierfür müsste aber die angebotene Interpretation jenseits des Diskurses überzeugend darlegen, wie sie das menschliche Zusammenleben tatsächlich verbessern kann. Eine solche Interpretation gibt es aber bisher nicht.

Ganz im Gegenteil werden vor allem im Kontext der schulischen Inklusion radikale Einzelmeinungen aufgegriffen und medienwirksam plakatiert, bis auf der anderen Seite reflexmäßig eine genauso radikale Gegenmeinung plakatiert werden kann. Der Inklusionsaktivist Raúl Aguayo-Krauthausen fordert beispielsweise seit Jahren, dass zuerst durch die Schließung der Förderschulen Fakten geschaffen werden müssen und dann letztlich alles irgendwie gut wird (https://deutsches-schulportal.de/schulkultur/raul-krauthausen-inklusions-aktivist-fordert-ausstieg-aus-den-foerderschulen/ (28.06.20)). Auf der anderen Seite zeichnet der radikale Gymnasiallobbyist Michael Felten in Michael-Moore-Manier ein geradezu phantasmagorisches, dystopisches Bild einer post-Förderschulwelt (http://inklusion-als-problem.de/ (28.06.20)). Beide Perspektiven eignen sich offensichtlich vor allem dafür, unkontrollierte, destruktive und überspitzte Argumentationsreflexe auszulösen, durch welche konsensfähige Interpretationsansätze erst gar nicht entstehen können.

Nun kann sich ein Individuum erfahrungsgemäß nur schwer von seiner Einzelmeinung lösen, die es argumentativ zu stützen sucht und genau an dieser Stelle kommt der vernunftorientierte Ansatz von Leibniz ins Spiel. Leibniz errichtet sein argumentatives Gedankengebäude auf wenigen und durchaus kritisierbaren Grundannahmen zum Menschenbild und zur Gerechtigkeit, versucht aber im Unterschied zu Locke nicht einfach seine Einzelmeinung mit einem Schriftstück in Einklang zu bringen, sondern seine Einzelmeinung so zu begründen, dass ihr die Fähigkeit zugeschrieben wird, das Zusammenleben tatsächlich verbessern zu können. Rechtsgüter des Gemeinwohls sind nach Leibniz konklusiv im Interesse aller Menschen, weil sie das menschliche Zusammenleben verbessern, indem durch diese Rechtsgüter möglichst alle das erhalten, was sie brauchen, um von öffentlichem Nutzen zu sein, was wiederum dazu führt, dass möglichst alle ein gutes Leben führen können.

Dies würde beispielsweise im Kontext der Diskussion um ein inklusives Schulsystem oder der beruflichen Teilhabe zur zwingenden Frage führen, wie ein Bildungssystem oder der Arbeitsmarkt gestaltet sein muss, damit alle Lernenden und Arbeitenden von öffentlichem Nutzen sein können. Eine Interpretation der Behindertenrechtskonvention, die eine solche Vision glaubhaft stützen kann, wäre vermutlich deutlich konsensfähiger und hätte auch bessere Chancen, positiv im Leben von behinderten Menschen zu wirken.

Dass nach dieser Denkart eine Vereinfachung, im Sinne der Reduktion der Möglichkeiten, wie sie beispielsweise im Bildungssystem gefordert wird, die Lösung sein sollte, erscheint grotesk, da sich die tatsächliche Komplexität der Herausforderungen in der Praxis durch die Ratifizierung der Behindertenrechtskonvention ja keineswegs verringert hat. Aus politischer Perspektive wäre es doch sehr viel zweckmäßiger die wunderbaren Spielräume, die sich durch die Behindertenrechtskonvention ergeben haben, sinnvoll mit den bestehenden Systemen zu kombinieren, um so die Möglichkeiten den Einzelfällen gerecht zu werden, zu erhöhen. Da eine solche Interpretation aktuell noch in weiter Ferne liegt, wird die Behindertenrechtskonvention auf der Umsetzungsebene vorerst leider eines von vielen Schriftstücken mit gesamtgesellschaftlich geringer Priorität bleiben.

2.2.3 Regulative des Eigenwohls

Gesamtgesellschaftliche Ansätze und rechtsphilosophische Erklärungsmodelle sind aus politischer Sicht mit ihrer allgemeinen Legitimations- und Begründungsfunktion hochrelevant. In der konkreten Praxis des alltäglichen Lebens bleiben sie jedoch in ihrer abstrakten Eigenart und Trägheit häufig ohne Bedeutung. Dies liegt vor allem daran, dass sich das tatsächliche Leben eines Menschen in einer überschaubaren Basisgruppe mit maximal ein paar Dutzend

Mitgliedern abspielt (Harari, 2013, S. 132). Zu dieser Basisgruppe gehören aber nicht nur Menschen, zu denen relativ stabile, soziale Beziehungen gepflegt werden, sondern auch Menschen, zu denen ein- oder mehrmalige, lose, zufällige oder intentionale Beziehungen aufgebaut werden. Wesentlich ist, dass die Mitglieder der Basisgruppe bidirektional Vorstellungen voneinander entwickeln, sich gegenseitig beeinflussen und damit spezifische Rahmenbedingungen schaffen, welche die Basisgruppe strukturieren und ordnen.

Wie groß nun diese Basisgruppe tatsächlich ist, spielt letztlich keine Rolle. Entscheidend ist, dass innerhalb großer, anonymer Gruppen andere Wirkmechanismen das Zusammenleben strukturieren und beeinflussen als in Basisgruppen. Während also im vorangegangenen Abschnitt einige spezifische Wirkmechanismen in großen, anonymen Gruppen betrachtet wurden, sollen im Folgenden einige mögliche Wirkmechanismen innerhalb einer Basisgruppe näher betrachtet werden. Konkreter soll es also um die Erlebens- und Verhaltensweisen gehen, welche Individuen innerhalb einer Basisgruppe dazu bewegen können, in der direkten Interaktion entgegen dem Eigenwohl zu Gunsten von anderen behinderten oder unbehinderten Menschen zu handeln. Näher betrachtet werden sollen dabei einfache Motive wie die Angst vor Bestrafung und die Erwartung von Belohnung, Ansätze altruistischer und moralischer Ökonomien sowie die Motive des Mitleids, des Mitgefühls und der Selbstwirksamkeit.

Bei Leibniz (1671/2003, S. 109) war bereits das am Eigennutz orientierte Menschenbild beschrieben worden, bei welchem axiomatisch angenommen wird, dass es vernünftig, logisch und allen Menschen gemein sei, den eigenen Vorteil zu suchen. Dieses Menschenbild findet sich auch in einigen biologischen Theorien, z. B. bei Richard Dawkins (2007, S. 356f.), der von einer genetischen Prädisposition zum Egoismus ausgeht. Weithin bekannt sind auch die ökonomischen Theorien dieser Art, allen voran jene von Adam Smith, der in der Eigenliebe des Bäckers den Wohlstand der Nation begründet sah (www.faz.net/aktuell/wirtschaft/wirtschaftswissen/die-weltverbesserer/adam-smith-der-segen-des -egoismus-12536505.html (28.06.20)). Modernere Ansätze sprachen nicht mehr vom Bäcker, sondern vom am eigenen Vorteil orientierten Homo oeconomicus, der mit seinen rationalen Entscheidungen (rational-choices) stets den eigenen Vorteil sucht. Dabei ist entscheidend, dass der eigene Vorteil nicht nur durch naives, situativ-gieriges und gedächtnisloses Handeln gesucht wird, sondern dass Handlungen in ihren unmittelbaren und mittelbaren Konsequenzen, mit dem konkreten Ziel das Eigenwohl zu mehren, rational durchdacht und genutzt werden. Da es nun jedoch nicht rational wäre nur die Basisgruppe in die eigenen Überlegungen einzubeziehen, muss der Motivator kurioserweise nicht unbedingt aus dem Inneren der Basisgruppe kommen, um dort wirksam zu werden.

Zwei dieser Motivatoren sind die Angst vor Bestrafung und die Erwartung von konkreter Belohnung (Leibniz, 1671/2003, S. 109). Bei der Entscheidungsfindung, die im Ergebnis einer anderen Person schaden oder nutzen würde, wägt die am Eigennutz orientierte Person zwischen der tatsächlich zu erwartenden Sanktion, dem zu erwartenden Nachteil und der zu erwartenden Belohnung rational ab. Zweifelsohne gibt es Entscheidungen und Verhaltensweisen, die sich am besten mit der Orientierung am Eigennutz und somit auf der Grundlage des dahinterliegenden engen Menschenbilds erklären lassen. Als generelles Erklärungsmodell für menschliches Verhalten sind jedoch solche rationalen Entscheidungstheorien längst kolossal an der Komplexität des menschlichen Verhaltens gescheitert.

Eine zweite Art von Theorien geht davon aus, dass der Mensch sich selbst in seiner Eigenart als soziales Wesen, als Teil einer Basisgruppe begreift, in der er versucht, seine Position zu festigen oder auszubauen. Nun lassen sich altruistische Ökonomien grundsätzlich auch mit einer Orientierung am Eigennutz erklären, wie dies beispielsweise Dawkins (2007, S. 358) tut. Im Unterschied zu den bereits besprochenen Ansätzen wird eine Entscheidung jedoch nicht als Folge einer rationalen Abwägung getroffen, sondern als Folge einer sozial konstruierten Haltung. Altruistische Ökonomien entstehen, da sowohl in den Bedürfnissen als auch in der Fähigkeit zu ihrer Befriedigung eine Asymmetrie besteht (Dawkins, 2007, S. 358). Da nun jedoch ein unmittelbarer passender Tausch von Gefälligkeiten zur Befriedigung von Bedürfnissen nicht immer möglich sei, vertrauen Menschen innerhalb überschaubarer Gruppen auf eine Art fiktives Guthaben, welches z. B. guter Ruf genannt werden kann. Je mehr Gefälligkeiten eine Person geleistet hat und je höher ihr guter Ruf dadurch gewachsen ist, desto eher kann sie Gefälligkeiten, Bewunderung oder Anerkennung anderer Gruppenmitglieder erwarten.

Der Kitt, der dieses wechselseitige System am Laufen hält, ist der Tratsch und Klatsch, den der Mensch wie kein anderes Lebewesen beherrscht (Harari, 2013, S. 35f.; Dawkins, 2007, S. 360). Eine Person kann beispielsweise im Ruf stehen freundlich, großzügig und ein wenig naiv zu sein, über eine andere wird berichtet, dass sie Hinterlist gnadenlos bestraft und sexuellen Avancen relativ offen gegenübersteht, während eine dritte Person entsprechend der Erzählungen unzuverlässig oder gar betrügerisch zu sein scheint. Diese menschliche Fähigkeit ist weit faszinierender, als dies auf den ersten Blick erscheinen mag. Menschen sind durch Tratsch und Klatsch in der Lage fiktive Bilder anderer Personen zu erschaffen und zu teilen, die nichts Wesentliches mehr mit der abgebildeten Person zu tun haben. Genau diese fiktiven Bilder können dann in die reale Welt vorstoßen und durch konkrete Handlungen Fakten schaffen. Es lohnt durchaus, seine eigenen Interaktionen hinsichtlich dieser engagierten Kreation fiktiver Bilder zu beobachten und sich ein wenig über sich selbst zu wundern.

Zu den konkreten Folgen gehört, dass Personen, die im Rufe stehen, direkt oder indirekt über begehrte Fähigkeiten, Kenntnisse, Güter etc. zu verfügen, eine positivere Grundhaltung und mehr Unterstützung erwarten können als

Personen ohne solche Zuschreibungen. Dies dürfte insbesondere für behinderte Menschen kritisch sein, da genau durch die Zuschreibung der Behinderung diverse negative Vorurteile wie eingeschränkte Fähigkeiten, begrenzte Güterverfügung etc. wirksam werden. Verschärft wird dies, wenn sich solche Vorurteile zu Recht oder zu Unrecht dann auch noch effektiv oder in den Vorstellungen des Umfelds bestätigen.

Innerhalb der Basisgruppe, die als altruistische Ökonomie verstanden werden kann, gibt es noch deutlich enger gefasste Gruppen, die zusätzlichen Regulativen gehorchen. Mit wechselseitigem Altruismus ließe sich beispielsweise nicht erklären, warum einige Eltern bereit sind, ihrem Kind eine Niere zu überlassen oder sogar ihr eigenes Leben zu Gunsten ihres Kindes aufzugeben. Eine evolutionsbiologische Argumentation, die dem Erhalt und der Weitergabe des Erbguts dient (Dawkins, 2007, S. 356f.), scheitert an der Frage, warum Menschen diesen bedingungslosen Altruismus, zumindest zeitweilig, auch sowohl innerhalb einer Partnerschaft als auch gegenüber Adoptions- und Pflegekindern empfinden können, da diese ja genau nicht durch eine Blutsbande mit genetischer Ähnlichkeit verbunden sind.

Wilson (2014, S. 75), der auch evolutionsbiologisch argumentiert, sieht im Streben nach familiärer Verbundenheit eine absolute genetische Universalie, die durch die Identifikation mit der eigenen Gruppe und durch die Abgrenzung von anderen Gruppen eine Quelle tiefster Zufriedenheit und Stolz darstellt. Leibniz (1671/2003, S. 97, 125, 225) poetisiert, dass die Familie durch ein feines Gefühl von Wesenseinheit aneinandergebunden ist, in welchem sich eine Art regulierender Trieb zur Liebe entwickelt. Geführt von diesem Trieb zur Liebe strebt der Mensch nach dem Wohl der Geliebten, um sich an der Freude und dem Glück der Geliebten zu erfreuen, sich durch das Gefühl zu erheben für diese Freude und das Glück ursächlich zu sein und schließlich sich selbst in der empfangenen Liebe der Geliebten zu suhlen.

Da sich die Mitglieder solcher engen Gruppen wie Familien oder engen Freundeskreisen in der Regel voraussetzungsfreier und weit weniger berechnend unterstützen und wie beschrieben auch eine wesentliche Quelle für Zufriedenheit und Glück sind, ist die Zugehörigkeit zu einer solchen Gruppe für Menschen mit und ohne Behinderung gleichermaßen wichtig.

Wie nun aber die alltägliche Erfahrung zeigt, gibt es auch innerhalb der Basisgruppe Verhaltensweisen, die sich nicht durch die Annahme altruistischer Ökonomien erklären lassen, was am folgenden Beispiel verdeutlicht werden soll. Enna wurde in einem klassischen mittelitalienischen Dorf geboren und sie ist hochgradig sehbehindert. Ihre Eltern sind Landwirte und eng in die lokale landwirtschaftliche Genossenschaft eingebunden. Schon früh ist sie in die Gemeinschaft der Genossenschaft hineingewachsen und immer noch mitten drin. Agrigento ist in der Genossenschaft für die Verwaltung zuständig und ein Computerfreak. Er hat sich im Internet und durch Wochenendkurse in die unterschiedlichen Arbeitstechniken und Hilfsmittel eingearbeitet, die für Enna relevant sein könnten und hält sich auf diesem Weg auch weiterhin auf dem Laufenden. Enna erledigte nachmittags ihre Hausaufgaben bei Agrigento im Büro, der sie nach wie vor unterstützt und ihr das Nützliche von dem beibringt, was er in den Kursen und im Internet gelernt hat und auch weiterhin lernt. Abends hilft sie beim Kochen und Backen. Meistens sitzen viele Menschen am Tisch und man freut sich gemeinsam. In der Schule waren die Lehrkräfte von Anfang an überfordert. Ihre Leistungen waren unterdurchschnittlich, weil sie ihre Handschrift nicht lesen konnte, sie aus schulischer Perspektive eher durchschnittlich begabt ist und sie ohnehin lieber mit Agrigento lernt. Alle haben sich irgendwie arrangiert und schließlich hat Enna einen ganz normalen Schulabschluss erhalten, wenn auch aus bildungsbürgerlicher Perspektive sicher nicht ganz verdient. Bis heute arbeitet sie in Teilzeit als festangestellte Mitarbeiterin in der Genossenschaft und backt noch besser. Für Diskussionen rund um Themen wie „Inklusion" interessiert sich weder Enna noch sonst jemand in der Genossenschaft.

Menschen verhalten sich offenbar in bestimmten Situationen entgegen aller Logik und Vernunft altruistisch, während sie in anderen Situationen bedingungslos egoistisch und höchst kalkuliert handeln (Welzer, 2013, S. 79). Wie das Beispiel zeigt, kann sich bedingungsloses altruistisches Verhalten auch in losen Cliquen, Sportvereinen, Selbsthilfegruppen, Bürgerinitiativen oder eben in landwirtschaftlichen Genossenschaften entwickeln, die als moralische Ökonomien bezeichnet werden können (Welzer, 2013, S. 178). Diese Gemeinschaften bauen auf Vertrauen, Solidarität, Kooperation, Empathie, Reziprozität, Kameradschaft etc. und funktionieren besonders gut, wenn ein gemeinsames Ziel ins Auge gefasst wird, das Identifikation bietet und einen auf der richtigen Seite in der Geschichte stehen lässt (vgl. Kap. 2.1.1).

Wie noch gezeigt wird, spielt die organisierte Selbsthilfe, die ein Beispiel für eine solche moralische Ökonomie sein kann, im Leben vieler behinderter Menschen als Interessensvertretung, als Arbeitsplatz oder auch als zentraler Lebensraum eine eminente Rolle. Innerhalb dieser Strukturen leisten sich viele Menschen gemeinschaftliche Unterstützung, stehen füreinander ein, lieben und hassen sich und zeigen sich bedingungslos solidarisch. Allerdings bieten sie als moralische Ökonomien naturgemäß viel Raum für Egomanie, Bevormundung, Bigotterie und ganz viel Pathos und damit auch wiederum Solidarität und Verbundenheit unter den Dissidentinnen und Dissidenten.

Nun mag es verwundern, dass bisher Mitgefühl und Mitleid als Motivatoren für altruistisches Handeln nicht genannt wurden, obwohl genau ein zentrales Stereotyp behinderter Menschen, in Form eines zerlumpten, einsamen, bettelnden, gebrochenen Wesens, diese Gefühle involviert.

Die Eigenarten von Mitgefühl und Mitleid als Motivatoren für altruistisches Verhalten bestehen darin, dass sie kaum systematisierbar und an feste Bedingungen geknüpft werden können. Deutlich wird dies durch die Frage, warum Menschen unzählige obdachlose Personen tagtäglich ignorieren können, während es dann irgendwann genau einer obdachlosen Person gelingt, ihr Mitgefühl zu aktivieren und altruistisches Verhalten auszulösen. Die tatsächlichen situativen Bedingungen, unter welchen Umständen Mitgefühl oder Mitleid empfunden wird und eine konkrete Handlung nach sich zieht, scheinen demnach hoch individuell zu sein.

Oft genannte egoistische Motive, wie die Freude an der Dankbarkeit (Leibniz, 1671/2003, S. 225) oder der Gewissensapell, mit dem die zahlreichen Werbespots mit großen Kinderaugen oder auch die sich möglichst deformiert gebarenden Bettlerinnen und Bettler in den Fußgängerzonen operieren, spielen sicher bei der Begründung von altruistischem Handeln aus Mitgefühl oder Mitleid eine Rolle. Sie scheitern aber spätestens an der Erklärung von Verhalten, bei dem ein spürbarer Nachteil oder gar ein Risiko für Leib und Leben in Kauf genommen wird. Aufgrund dieser hohen individuellen Färbung sollten Mitgefühl und Mitleid eher als Verstärker anderer Motivatoren verstanden werden, die eben genau nur unter ganz bestimmten Voraussetzungen wirksam werden.

Dies lässt sich mit einem bemerkenswerten Beispiel von Harald Welzer (2013, S. 183) verdeutlichen. Von 1942 bis 1943 versteckten die Ortsansässigen der italienischen Kleinstadt Nonantola rund 70 jüdische Kinder und Jugendliche vor der deutschen Besatzungsmacht und ermöglichten ihnen schließlich die Flucht in die Schweiz. Mitgefühl und Mitleid spielte in der Motivation der einzelnen Personen sicher eine bedeutende Rolle, allerdings lässt sich mit diesen Gefühlen nicht erklären, warum die Menschen in Nonantola kollektiv ein so großes Risiko eingegangen sind und warum auf der anderen Seite so viele Menschen anderenorts, trotz Mitgefühl und Mitleid, weggeschaut haben. Nach Welzer (2013, S. 183) war dies möglich, da sich hinreichend viele Menschen in den unterschiedlichsten Schichten und Funktionen fanden, um die Rettung zu organisieren. Hierdurch entstand eine große Gemeinschaft mit einem konkreten Ziel, welches moralischen Ansprüchen genügte. Durch die hinreichende Zahl an Unterstützenden in allen Schichten und Funktionen wurde das Vorhaben auch auf allen Ebenen begründet und vertreten. Mitgefühl und Mitleid waren damit bei einem Großteil der Menschen in Nonantola sicher notwendig, aber eben keinesfalls hinreichend für die konkreten Hilfeleistungen.

Schließlich sei noch auf das Bedürfnis nach Wirksamkeit als Motivator für altruistisches Verhalten eingegangen, das in der Selbstbestimmungstheorie als angeboren betrachtet wird (Deci & Ryan, 1993, S. 228). Es wird beispielhaft beim Gedanken an den Protagonisten Neo im Film Matrix deutlich, der sich zwischen einem Weiterleben in einer künstlichen, aber als vollständig real empfundenen wohlgestalteten Welt (blaue Pille) und dem anfangs aussichtslosen Krieg gegen die künstliche Intelligenz in der realen Welt (rote Pille) entscheiden sollte. Vermutlich lässt sich Neos irrwitzige Entscheidung für die rote Pille, die von einem durchaus breiten Publikum nachvollzogen werden kann, mit dem Bedürfnis nach Wirksamkeit erklären. Das Bedürfnis nach Wirksamkeit besteht in etwa darin, dass Menschen gerne zeigen was sie können und sich daran erfreuen, wenn das was sie tun, Wirkung zeigt und Dinge und Situationen verändert.

Wirksamkeit als Motiv kann auch greifen, wenn es Orientierungsmaßstäbe gibt, die überboten werden können. Offensichtlich gibt es Menschen, die sich dabei gefallen, wenn sie durch ihr Handeln etwas nachweislich besser machen können als andere (Dawkins, 2007, S. 361ff.). Der seinerzeit reichste Geschäftsmann und Banker Jakob Fugger hat angeblich einst auf die Frage, warum er sich nicht längst zur Ruhe gesetzt habe und immer weiterarbeite geantwortet: „Weil ich es kann". Wenn Menschen also glauben, etwas gut zu können, ist die Wahrscheinlichkeit vermutlich höher, dass sie dieses Können altruistisch leisten.

Zusammenfassend lässt sich also festhalten, dass Nachteilsausgleiche für behinderte Menschen nicht den Eigennutz unbehinderter Menschen tangieren, sondern eher an diesen gekoppelt werden sollten. Familiäre Blutsbande und durch Gewohnheit gewachsene familienähnliche Strukturen stellen häufig eine solide Grundlage für eine altruistisch organisierte, für alle Seiten bereichernde Gemeinschaft dar, in der Behinderung eine nachgeordnete Rolle spielt. Sinnvoll ist es außerdem, Teil einer moralischen Ökonomie zu sein, die einem gemeinsamen, als wertvoll erlebten, Ziel folgt und den teilhabenden Individuen genug Raum lässt, sich selbst gut zu finden.

2.3 Sozial behinderte Teilhabe

Nach dem kurzen Streifzug durch die Menschheitsgeschichte auf der Suche nach Ursachen für die erschwerten Lebensbedingungen behinderter Menschen und Schutzschilden, die behinderte Menschen von anderen behinderten und unbehinderten Menschen schützen, soll nun der Blick auf die Wirkung von Behinderungen in konkreten Interaktionen und sozialen Situationen gerichtet werden. Soziale Situationen und Interaktionen sind der Aushandlungsort, an dem soziale Teilhabe angebahnt oder verhindert wird und ist somit Ausgangspunkt für die dauerhafte Teilhabe in der Mitte der Gesellschaft zwischen anderen behinderten und unbehinderten Menschen.

Dies lässt sich auch bei Sasse (2013) nachzeichnen, die „Inklusion" mit der Verankerung in der eigenen Generation charakterisiert und damit der sozialen Teilhabe eine zentrale Bedeutung zuschreibt. Das trägt auch der Tatsache Rechnung, dass die überwältigende Mehrheit der Menschen Liebe, Vertrautheit und soziale Bindungen noch vor Wohlstand, Berühmtheit und sogar körperlicher Gesundheit als maßgeblich für das persönliche Wohlbefinden betrachten (Cacioppo & Patrick, 2011, S. 5).

Was nun aber soziale Teilhabe oder die Verankerung in der eigenen Generation ist, lässt sich kaum fassen. Mit Bedacht kann im Anschluss an die bereits geführte Argumentation (Kap. 2.2.3, S. 30) verallgemeinert werden, dass die meisten Menschen Teil einer Basisgruppe sein möchten, in der sie das Gefühl von Zugehörigkeit zu einem Kollektiv erleben können und empfindlich auf negative soziale Beurteilungen reagieren, die in diese Kreise hineinwirken. Außerdem scheinen Menschen das Bedürfnis zu haben darüber hinaus Teil eines engen Kreises innerhalb der Basisgruppe zu sein, in dem sie Bestätigung und persönlichen Rückhalt finden (Cacioppo & Patrick, 2011, S. 11, 102).

Soziale Teilhabe sollte aber nicht nur als interpersonelle Bedingung im Sinne einer physischen Verankerung in der Mitte der Gesellschaft, sondern auch als ganz konkrete intrapersonelle Bedingung der Identitätsbildung verstanden werden. Dies liegt zum einen daran, dass sich Menschen hinsichtlich ihrer sozialen Ansprüche und Bedürfnisse wesentlich unterscheiden können (Cacioppo & Patrick, 2011, S. 5, 17, 119). Zum anderen hängt das Gefühl der sozialen Teilhabe nicht vom tatsächlichen körperlichen Alleinsein ab, sondern vom individuellen Erleben von sozialer Einbindung. Soziale Teilhabe ist also ein individuelles Erleben, das sich einstellt, wenn die individuellen Ansprüche und Bedürfnisse an sozialer Einbindung befriedigt sind. Das bedeutet, dass es weniger auf die Anzahl der tatsächlichen sozialen Interaktionen, der Zahl der regelmäßigen Sozialkontakte oder die Menge der mit anderen Menschen verbrachten Zeit ankommt, sondern auf das tatsächliche Erleben der eigenen sozialen Situation und der damit verbundenen prognostischen Erwartungen oder Ängste (Cacioppo & Patrick, 2011, S. 52f.).

Aufgrund dieser hohen Unschärfe lässt sich soziale Teilhabe sicher nicht als Ganzes untersuchen, sondern wenn überhaupt anhand der konstitutiven, interaktiven, sozialen Aushandlungsprozesse, was im Folgenden unternommen werden soll. Menschliche Interaktionen und soziale Situationen werden durch die Übernahme bestimmter Rollen gestaltet, die mehr oder weniger gut gespielt werden und mit ganz unterschiedlichen Zuschreibungs- und Interpretationsprozessen verbunden sind. Die soziale Praxis des Rollenspiels dient der Komplexitätsreduktion in sozialen Situationen, indem beispielsweise Interaktionsstrukturen, bestimmte Umgangsformen, Rituale etc. aus dem Repertoire des rollentypischen Verhaltens übernommen werden können. Dadurch werden Interaktionsverläufe innerhalb der sozialen Situation antizipierbar und müssen nicht immer wieder neu ausgehandelt werden. Die Aufmerksamkeit wird hierdurch auf Unerwartetes, Neues, Unbekanntes, Gefährliches etc. gelenkt, wo in der Regel auch die in der Interaktion relevanten oder interessanten Inhalte und Gegenstände verortet sind. Gleichzeitig bietet das Rollenspiel der einzelnen Person die Möglichkeit, sich durch rollenkonformes Verhalten der Aufmerksamkeit anderer Menschen intendiert oder unbewusst zu entziehen, indem sie sich in den Mantel der „Normalität“ hüllt.

Rollendeviantes Verhalten ist dementsprechend ein geeignetes Mittel, um sich in die Aufmerksamkeit einer anderen Person hineinzudrängen und bei ausreichender Außergewöhnlichkeit diesen Weg durch verblüffende Erzählungen in die Aufmerksamkeit anderer Menschen fortzusetzen. Darüber hinaus ist das Rollenspiel in der Öffentlichkeit, das Richard Sennett auch als das Tragen von Masken beschrieben hat, nicht nur die notwendige Bedingung von Normalität, sondern außerdem die Essenz der Zivilität (Brinkmann, 2018, S. 88f.).

Das Bedürfnis nach rollenkonformem Verhalten ergibt sich aus der weitreichenden Bedeutung der damit verbundenen Folgen. Rollenkonformes Verhalten wird im sozialen Verkehr aktiv durch das Gefühl von Zugehörigkeit und Zeichen der Anerkennung belohnt, die letztendlich auch den Zugang zu unterschiedlichen Bezugsgruppen regulieren, mit dem zahlreiche Privilegien wie die Abgrenzung nach außen, gegenseitige Unterstützung, Schutz oder Lobklatsch verbunden sind (Elias & Scotson, 1965/2016, S. 9). Rollenkonformes Verhalten ist zudem ein mächtiges Instrument, um Autonomie in das Gefühl von Selbstbestimmung zu transformieren. Verhüllt im Mantel der „Normalität" wächst das Gefühl selbst entscheiden zu können wann und wie der Mantel abgelegt wird, auch wenn diese Freiheit durch ein Stück Autonomie erkauft wird, um Rollenkonformität zu erreichen. Rollendeviantes Verhalten wird hingegen mit der Verwehrung der genannten Belohnungen, durch plakative oder symbolische Zeichen und Handlungen der Ablehnung, Diskriminierung, Ausgrenzung oder Diskreditierung sanktioniert (Cloerkes, 2007, S. 163).

Welches Verhalten nun aber genau als rollenkonform oder rollendeviant gewertet wird, hängt maßgeblich von den geteilten Erwartungen in der sozialen Bezugsgruppe ab, in der es stattfindet (Cloerkes, 2007, S. 164). Daher ist es durchaus üblich, dass dasselbe Verhalten von einer Bezugsgruppe als rollenkonform und von einer anderen als rollendeviant gewertet wird. Schließlich agiert das Individuum hinsichtlich der Erwartungen im Versuch, sich rollenkonform zu verhalten, im hohen Maße konstruktiv, indem es die eigenen Rollen engagiert fortschreibt oder neu entwirft und hierdurch gesellschaftliche Rollenbilder stützt oder infrage stellt (vgl. Winkler & Degele, 2009, S. 27).

Behinderte Menschen stehen hier vor prekären Schwierigkeiten, da zum einen Behinderungen interkulturell negativ bewertet werden und das daraus resultierende Verhalten im hohen Maße als rollendeviant interpretiert und sanktioniert wird (Kap. 2.1). Zum anderen stören Behinderungen häufig ganz konkret die erwarteten und antizipierten Interaktionsstrukturen, Umgangsformen und Rituale und werden dadurch selbst zum Unerwarteten, Neuen, Unbekannten, Gefährlichen etc., was zumindest in der Regel nicht im Interesse der behinderten Person sein dürfte (Kap 4.2.2, S. 77).

Belastet durch dieses wortwörtliche „Handicap" sehen sich behinderte Menschen nun mit den gleichen gesellschaftlichen Ansprüchen wie unbehinderte Menschen konfrontiert den zahllosen und raffinierten, geschriebenen und ungeschriebenen gesellschaftlichen Normen gerecht zu werden, um durch deren Erfüllung die eigene soziale Teilhabe positiv zu beeinflussen (Capovilla, Gebhardt, & Hastall, 2018). Nicht nur bei behinderten Menschen kann dies zu erheblichen Bemühungen führen, sich selbst und anderen die eigene „Normalität“ zu beweisen (Capovilla, 2015, S. 25), was mit dem kulturellen Anspruch, als individuell und einzigartig wahrgenommen zu werden, in Konflikt gerät. Bei dieser demütigen Konkurrenz um soziale Wertschätzung (Köhler, 2015) können die nicht Normalen letztlich aber nur scheitern, da ja genau erst ihr Anderssein zu diesen ressourcenintensiven Bemühungen führt.

Bei ausreichend abstrakter Betrachtung ergeben sich für die behinderte Person vor diesem unbefriedigenden Hintergrund zwei mögliche Handlungsweisen im Streben nach sozialer Teilhabe, zwischen denen jedoch nicht voraussetzungsfrei gewählt werden kann (Kap. 7.3).

Die behinderte Person kann sich damit abfinden, dass die von ihr gespielten Rollen die Behinderungen als festen Bestandteil inkorporieren und sich mit den daraus folgenden Zuschreibungen und Ausgrenzungsprozessen arrangieren. Hierdurch würde sie eine gewisse Rollenkonformität in einem devianten Rollenspektrum erreichen, welche im sozialen Gefüge auf weniger Ablehnung stoßen dürfte (Cloerkes, 2007, S. 164).

Sofern die wahrnehmbare Abweichung von den üblichen unbehinderten Erscheinungsbildern die behinderte Person nicht zum Spielen von Rollen mit inkorporierter Behinderung zwingt, eröffnet sich die Möglichkeit zur vollständigen oder teilweisen Täuschung und Verleugnung hinsichtlich der Behinderung im sozialen Gefüge (Sierck, 2011, S. 8). Wie die Begriffe Täuschung und Verleugnung bereits andeuten, handelt es sich um zwei ineinandergreifende Strategien, die kaum voneinander zu trennen sind (Goffman, 1963/2010, S. 56). Bei der Täuschung versucht die behinderte Person, durch bewusste Informationskontrolle, die Aufmerksamkeit aller Beteiligten von der Behinderung abzulenken, wie dies auch aus Aushandlungsprozessen der sexuellen Orientierung vor dem „Coming Out“ zu beobachten ist. Beim Verleugnen hingegen sucht sich die behinderte Person selbst davon zu überzeugen, dass die Behinderung weit weniger im eigenen Leben präsent sei, als sie das tatsächlich ist. Hier wird bereits deutlich, dass das behinderte Spielen von Rollen unbehinderter Menschen ein mühsames Geschäft ist, häufig überfordert und letztlich meistens nur unzureichend gelingt (Glofke-Schulz, 2007, S. 125).

Vor diesem Hintergrund stellt sich nun die beunruhigende Frage, was die behinderte Person überhaupt im erfolgreichen oder erfolglosen Rollenspiel behinderter oder unbehinderter Rollen erwarten kann. Um sich einer solchen Antwort zu nähern, wurden einige Beobachtungen verschiedener Forschender zusammengetragen, die in der Zusammenschau die bizarre Situation behinderter Menschen pointieren soll und definitiv keinen Anspruch auf Generalisierbarkeit erhebt.

Das soziale Umfeld erwartet im Allgemeinen, dass sich eine behinderte Person, soweit es ihr mit vertretbarer Anstrengung und beharrlichem Selbsttraining möglich ist, „normal" benimmt (Cloerkes, 2007, S. 175; Goffman, 1963/2010, S. 144). Dafür werde sie dann auch situativ wie eine „normale" Person behandelt. Der behinderten Person wird aber gleichzeitig das Recht abgesprochen, intendiert hinsichtlich ihrer Behinderung zu täuschen oder gar negative behinderungsspezifische Verhaltensweisen bewusst nachzuspielen oder zu karikieren (Goffman, 1963/2010, S. 137). Leistungsbereitschaft und Anstrengung beim Rollenspiel wird in der Regel von unbehinderten Menschen durch äußerliche, schulterklopfende Anerkennung honoriert (Sierck, 1989, S. 16). Diese Scheinakzeptanz muss die behinderte Person aber stets als Scheinakzeptanz erkennen und darf sich nicht dazu verleiten lassen mehr Raum in sozialen Situationen zu beanspruchen, als ihr behinderungsbedingt zugedacht ist (Goffman, 1963/2010, S. 149). Einer behinderten Person ist es beispielsweise strengstens untersagt, sich selbst auf „Normalität" zu berufen, da sie als behinderte Person genügsam anerkennen müsse, dass sie nun mal behindert und nicht normal sei (Cloerkes, 2007, S. 137).

Die behinderte Person kann in den meisten sozialen Situationen oder Interaktionen darauf hoffen, dass die Behinderung nicht bewusst zum Gegenstand gemacht und soweit wie möglich von allen Beteiligten ignoriert wird (Goffman, 1963/2010, S. 149; Glofke-Schulz, 2007, S. 75). Sofern dann doch die Behinderung unaufgefordert zum Gegenstand wird, ist dies in der Regel mit impliziter Abwertung, übergriffiger Neugier oder Dankbarkeitserwartungen verbunden (Cloerkes, 2007, S. 107).

Schließlich kann eine behinderte Person bei Rollenkonformität in einer Rolle mit inkorporierter Behinderung auf das gesellschaftlich positiv sanktionierte Gefühl des Mitleids hoffen (Thimm, 2006, S. 122) und dieses häufig, vergleichsweise einfach, auch aktiv provozieren. Auch wenn Mitleid offenkundig in vielerlei Hinsicht nützlich sein kann, stiftet es dennoch soziale Distanz und trägt zur Entsolidarisierung und Abwertung bei. Zudem steht es der behinderten Person nicht zu die durch Mitleid initiierten Hilfsangebote, gleich welcher Art diese auch sein mögen, abzulehnen. Sofort würde die mühsam errichtete, fragile Rolle, die mutig genug ist Hilfsangebote abzulehnen, auf das von Traurigkeit und Leiderfahrung geprägte, klischeehafte Bild des gramgebeugten behinderten Einfaltspinsels zusammenfallen (vgl. Sierck, 1989, S. 16).

Mit Blick auf diese eher düsteren Erwartungen gewinnt die Strategie der Täuschung und Verleugnung, sofern sie überhaupt möglich ist, erheblich an Kraft und wird um einiges besser nachvollziehbar, insbesondere dann, wenn sie gute Aussichten auf Erfolg hat. Ein solcher Perspektivwechsel ist vor allem dann sinnvoll, wenn sich die pädagogische Professionalität mit ihren offenkundig zielführenden und erprobten Lösungen an den renitenten und irrational wirkenden Widerständen behinderter Menschen abarbeitet oder abarbeiten will. Das behinderte Rollenspiel von behinderten oder unbehinderten Rollen ist gleichermaßen ein mühsames Geschäft und wenn beides nicht zufriedenstellend gelingt, ist letztlich nur die eigene Entscheidung über die Wahl der zu spielenden Rolle der fragile Faden, der das Selbst aufrecht hält.

3 Begriffe und moderne Mythen

> „Nur solches Denken ist hart genug, die Mythen zu zerbrechen, das sich selbst Gewalt antut." (Horkheimer & Adorno, 1969/1988, S. 10)

Wie bereits die Unschärfe im Umgang mit dem Begriff Behinderung im vorangegangenen Kapitel andeutet, sind Begriffsbestimmungen im Inklusionsdiskurs komplex. Nach den teilweise verblüffenden Wortgefechten der vergangenen Jahre, die Otto Speck (2011, S. 7) den Inklusionsdiskurs sogar als ein „ideologisches Minenfeld" charakterisieren ließ, herrscht der blanke Schrecken vor dem Zorn der lauernden Wutkatapulte in den Schützengräben. Aus diesem Grund dürfte die bemerkenswert uninteressante Feststellung, dass es keine allgemein anerkannte und konsensfähige Definition von Inklusion gibt, einer der am häufigsten zu lesenden Sätze in wissenschaftlichen Publikationen zum Thema Inklusion sein.

Um die reale, gesamtgesellschaftliche Bedeutung des Inklusionsdiskurses nicht unnötig zu überhöhen, und im Bewusstsein, dass Ideologien nicht unideologisch kritisiert werden können, soll der Inklusionsdiskurs im Folgenden als moderner Mythos nach dem Verständnis von Hans Blumenberg (1979/2006) interpretiert werden, der als Widerstand gegen die gesellschaftliche Hilflosigkeit im Umgang mit Behinderung erschaffen wurde. Dies macht die vorliegende Interpretation natürlich nicht weniger ideologisch, relativiert sie aber dahingehend, dass sie keinen Anspruch erhebt, eine weitere und noch bessere Ideologie zu sein, sondern lediglich ein weiterer Versuch, die Begriffe auf zufriedenstellende Art und Weise zu ordnen.

Vereinfacht ausgedrückt leidet nach dem Verständnis von Hans Blumenberg (1979/2006, S. 9ff.) der moderne Mensch am „Absolutismus der Wirklichkeit" und der daraus resultierenden Angst vor Kontrollverlust. Dieser quälenden „Intentionalität ohne Gegenstand" versucht er mit Prävention und Vorgriff zu begegnen, indem er unaufhörlich immer wieder neue, mögliche Szenarien der Zukunft denkt, deren Durchleben er sich erzählt. Um dieses „Grübeln" zu unterbrechen, erschafft er Mythen, welche die Wirklichkeit dahingehend vereinfachen, dass Ruhe einkehrt. Reale Einzelfälle und Erlebnisse werden in Geschichten gekleidet und zugespitzt sowie passende Zusammenhänge erfunden. Ein komplexer Einzelfall verbindet sich dadurch zu vielen Geschichten, die sich Menschen erzählen und welche in ihren Nuancen die Kraft entfalten, selektiv immer wieder genau das zu bestätigen, was bestätigt werden soll. Je differenzierter einzelne Mythen werden, desto näher rücken sie an den Absolutismus der Wirklichkeit heran, vor genau dem die Mythen Entlastung hätten bieten sollen. Während dann für die kritischen Geister die Schwächen des Mythos immer deutlicher und unerträglicher werden, erhöht sich auf der anderen Seite die konfirmatorische Selektion, um das Gedankengebäude möglichst vor dem Einsturz zu bewahren. Die so geschaffenen Mythen können nicht widerlegt werden, da sie letztlich nur erzählen und nichts belegen (Blumenberg, 1979/2006, S. 9ff.).

Beim Vergleich der wesentlichen Perspektiven im Inklusionsdiskurs wird deutlich, dass alle Ansätze dieselbe grundlegende Weltanschauung teilen. Auch hinsichtlich der unmittelbaren Ziele scheint es einen weitgehenden Konsens zu geben: Ausgehend von den durch die Behindertenrechtskonvention begründeten und bekräftigten Menschenrechte, sollen Benachteiligungen behinderter Menschen abgebaut und deren Lebenssituation verbessert werden. Methodisch zeigt sich die Gemeinsamkeit, dass zahlreiche Agierende, wie auch ich (Capovilla, 2012), durchaus in guter Absicht ihre eigenen Erfahrungen und Interpretationen im Praxisfeld generalisieren und etwas voreilig zur Evidenz erheben.

Dieses gemeinsame Fundament bietet einen idealen Rahmen, um sich all die generalisierten Einzelfälle zu erzählen, denen dann wiederum andere generalisierte Einzelfälle entgegengehalten werden. Mythen sind die Antwort auf anhaltend Unbegreifliches und Unvertrautes, auf die gescheiterten Versuche zu generalisieren, was verdeutlicht, dass der Mensch dort Mythen erschafft, wo ihn die Komplexität der Wirklichkeit überfordert. Die Tatsache, dass im Inklusionsdiskurs, statt ersehntem Konsens, vielerorts Resignation und Sinnentleerung in der Unvereinbarkeit der Gegensätze zu beobachten ist, spricht durchaus für eine solche erhebliche Komplexität. Fraglich ist jedoch, ob sich die für Mythen typischen, narrativ-gewachsenen Vereinfachungen, Färbungen und konstruierten Zusammenhänge auffinden lassen. Dieser Suche sind die folgenden Abschnitte gewidmet.

3.1 Inklusion

Die allgegenwärtige mediale Präsenz von Schlagwörtern rund um Inklusion suggeriert, dass dieses neue gesellschaftliche Selbstverständnis bereits vielerorts Wirklichkeit ist. Wie eine Recherche im Web leicht zeigt, wird heute in inklusiven Kindergärten und Schulen gespielt und gelernt sowie auf einem inklusiven Arbeitsmarkt oder in inklusiven Behindertenwerkstätten gearbeitet. Für die Freizeit empfiehlt sich inklusives Klettern oder inklusives Reiten oder der Besuch einer inklusiven Theatergruppe. Die Kleinen können beim „Fasching inklusiv" beim gemeinsamen Schminken und Masken basteln feiern, während die Großen beim inklusiven Straßenfest ein inklusives Kochbuch gewinnen und dann in der inklusiven Disco bis zum Morgengrauen tanzen können. Hierzu passt der Slogan des DBS Projekts MIA: „Mehr Inklusion für alle!".

Was hat sich nun aber in den vergangenen Jahren durch die Inklusionsbewegung für behinderte Menschen im Alltag verändert? Wie wird dieser Wandel im Umgang mit dem Anderssein spürbar? Hat sich der Abstand zwischen dem tatsächlichen Bildungs- und Kompetenzniveau zwischen behinderten und unbehinderten Menschen verringert? Hat sich die Erwerbsquote von behinderten Menschen jener von unbehinderten Menschen angenähert? Haben sich mehr behinderte Menschen die Menschen, mit denen sie zusammenwohnen, selbst aussuchen können und gibt es auf der anderen Seite mehr Menschen, die das dann auch wollen?

Als hochgradig sehbehindertes Kind besuchte ich bereits in den 1980er-Jahren einen Regelkindergarten und anschließend eine Regelschule. Zur Sinnhaftigkeit der Einzelintegration hatten bereits damals alle Seiten eine Meinung und vertraten diese vehement. In der Freizeit war ich mit Freunden und Bekannten mit und ohne Behinderung öfter Reiten als Klettern, da mir Ersteres ohne fremde Hilfe deutlich besser gelang. Das gemeinsame Schminken endete auch damals in einem farbenprächtigen Chaos und in der Disco war es für mich schon damals viel zu laut. Selbstverständlich handelt es sich hierbei lediglich um eine der üblichen Einzelmeinungen, die alle Paradigmenwechsel im Schlepptau haben und von Untergang, Verheißung oder alten Hüten reden.

Objektiver betrachtet sind deutliche Veränderungen erkennbar: Die Welt ist heute spürbar weniger hungrig, krank und gewalttätig, als sie es vor 100 Jahren war (Harari, 2016, S. 36) und davon profitieren selbstverständlich auch behinderte Menschen. Bezogen auf die relativen Lebensbedingungen im Vergleich zu unbehinderten Menschen scheint sich jedoch bemerkenswerterweise, trotz der medialen Omnipräsenz von Inklusion, die Situation von behinderten Menschen in den vergangenen Jahren eher verschlechtert als verbessert zu haben (Felder & Schneiders, 2016, S. 79).

Radikal verändert und hinsichtlich der Möglichkeiten verbessert haben sich in den letzten Jahren die alltäglichen Interaktionsmuster vieler behinderter Menschen. Ursache dürfte hier aber weniger ein grundlegendes gesellschaftliches Umdenken im Umgang mit dem Anderssein sein, sondern vielmehr die Verfügbarkeit zugänglicher Medien und Technologien, die in allen Lebensbereichen wirksam werden. Besonders deutlich wird dies am Beispiel von sehbeeinträchtigten Menschen. Mithilfe dieser Medien und Technologien sind mittlerweile u. a. Beipackzettel, Straßenschilder, Kurznachrichten, Tafelbilder, Bücher, Kochrezepte, Zeitungen, Bankkonten, Lexika und Speisekarten zugänglich. Neben diesem verbesserten Zugang zu Informationen können sehbeeinträchtigte Menschen mithilfe dieser Medien und Technologien E-Mail-Programme, Textverarbeitungssysteme, Webshops, Tabellenkalkulationssysteme, soziale Netzwerke, Online-Buchungssysteme etc. vom Funktionsumfang her auf vergleichbare Weise einsetzen wie unbehinderte Menschen (Capovilla & Hubwieser, 2013).

Sind nun aber diese neuen Medien und Technologien Früchte vom Baum der Inklusionsbewegung oder sind sie schlicht eine Begleiterscheinung der allgemeinen technischen Entwicklung, deren Wirkung öffentlichkeitswirksam durch die Inklusionsbewegung maskiert wird? Noch provokanter formuliert würde das bedeuten, dass der technische Fortschritt die Welt verändert, indem er die sozialen Praktiken reorganisiert und die Politik die Kulisse schafft, vor der die adaptiven Veränderungsprozesse von den unterschiedlichen Interessensvertretungen gefeiert werden.

Auch wenn digitale Medien, rechtliche Neuerungen und andere wirksame Innovationen die Lebensbedingungen von behinderten Menschen sukzessive verbessert haben, ist mit diesem Ansatz eben genau nicht eine historische Stufenfolge von „Exklusion“ zu „Inklusion“ (Hoffmann, 2018) realisiert, wie beispielsweise von Sander (2004, S. 243) vorgeschlagen wurde. Der Maßstab bleiben unbehinderte Menschen, die durch den technischen Fortschritt und die sich verändernden sozialen Praktiken ihre Handlungsmöglichkeiten kontinuierlich erweitern und damit auch dem gesamtgesellschaftlichen Meinungsbildungsprozess unterworfen sind. Durch die Erhöhung der Zugänglichkeit dieser Medien und Technologien und die begleitende Entwicklung von spezieller assistiver Technologie können sich jedoch behinderte Menschen an die allgemeinen Handlungsmöglichkeiten annähern. Das bedeutet also, dass hinsichtlich der Handlungsmöglichkeiten auch weiterhin unbehinderte Menschen gegenüber behinderten Menschen im Vorteil sein werden, auch wenn sich im Idealfall, vor allem für die mit Kapital und Ressourcen ausgestatteten unter ihnen, der Abstand verkürzt.

Vor dieser Annahme wären die laufenden und medial präsenten Diskussionen in Politik und Wissenschaft über Inklusion und Teilhabe lediglich öffentliche Scheindebatten, bei denen die sich durch die technische Fortentwicklung, mit all ihren gesellschaftlichen Folgen, ergebenden Spielräume im Idealfall gefüllt werden. Bemerkenswert ist zudem, dass Medien und Technologien, trotz dieser zentralen Bedeutung, in genau diesen Debatten kaum Beachtung finden (Capovilla & Gebhardt, 2016).

Entscheidend ist, dass solche Scheindebatten auch als solche erkannt und entlarvt werden, insbesondere dann, wenn auf der Grundlage dieser Debatten gewachsene Strukturen wie Förderzentren, Werkstätten, Förderschulen oder Wohnheime planiert oder auch ganze Berufsfelder wie Inklusionslehrkräfte, Regellehrkräfte oder Werkstätten-Mitarbeitende diskreditiert werden.

Zusammenfassend wäre Inklusion diesem Verständnis nach nichts anderes als ein Sammelbegriff für vielfältiges und unterschiedlich motiviertes politisches Streben und Handeln, welches orientiert an der Verbesserung der Lebensbedingungen von behinderten Menschen überholte rechtliche Rahmenbedingungen an die sozialen, kulturellen und technischen Möglichkeiten anpasst und schließlich in der praktischen Umsetzung immer wieder aufs Neue an der

Komplexität der Einzelfälle scheitert. Inklusion ist diesem Verständnis nach kein definitorisch fassbares Ideal, ganz im Sinne eines Mythos, mit all ihren „Heiligen und Märtyrern" (Formulierung von Franz Kafka), sondern vielmehr eine moralische Hülse, die argumentativ über alles Mögliche und Beliebige gestülpt werden kann.

Mit dieser Sichtweise würde auch deutlich, warum der Antrieb für die Auseinandersetzung mit Inklusion nicht eigentlich Inklusion ist, sondern im Gegenteil die lebensweltlichen Erfahrungen von Ausschluss oder Ablehnung, die behinderte Menschen und ihr Umfeld zum Gegenstand haben (Felder, 2012, S. 21). Ähnlich wie beim Begriff der Freiheit (https://de.wikipedia.org/wiki/Negative_und_positive_Freiheit (12.08.20)) haben vermutlich alle Menschen eine Vorstellung, was das Fehlen von Freiheit bedeutet und könnten dies durch zahlreiche Erzählungen unterfüttern. Der Begriff der Freiheit selbst verbleibt jedoch im Unkonkreten und stellt ebenso eine moralische Hülse dar, mit der sich allerlei Streben und Handeln garnieren lässt.

Durch ein solches Verständnis von Inklusion würden hoffentlich auch die Debatten über die Unterschiede zwischen Integration, Inklusion, Teilhabe etc. obsolet werden. Während mit der Behindertenrechtskonvention der Begriff der Integration durch den Begriff der Inklusion ersetzt wurde, scheint sich nunmehr abzuzeichnen, dass Inklusion wiederum durch Teilhabe ersetzt und als etwas Neues verkauft wird (Feuser, 2011). Ein erstes Anzeichen für diese anstehende Begriffserneuerung scheint das sich noch etwas unbeholfen gebarende Wort Teilhabeforschung zu sein, welches in Präsentationen und Flyern immer mehr an Raum gewinnt.

3.2 Exklusion

Am öffentlichen Meinungsbildungsprozess zum Thema Inklusion sind eine bemerkenswert große Zahl von unterschiedlichen Agierenden mit teilweise ganz unterschiedlichen Interessen und Motivationslagen beteiligt (Capovilla, 2015, S. 16ff.). Viele der wahrnehmbaren Agierenden sind in Interessenverbänden organisiert: Elternvereinigungen, Berufsverbände der sonder- und regelpädagogischen Lehrkräfte, Arbeitgebende, die organisierte Selbsthilfe, Kirchen, Wohlfahrtsverbände, Wissenschaftsverbände etc. Weitere Perspektiven finden sich in politischen Programmatiken und Beschlüssen sowie in Verlautbarungen von durch Gesetz konstituierten Vertretungsorganen. Medienwirksam verfeinert wird dieses bunte Meinungspotpourri mit intentional gewählten Stellungnahmen und O-Tönen von Eltern, Mitlernenden, Mitarbeitenden, Mitsportbetreibenden, Mitmenschen etc. Zwischen all diesen interessengeleiteten Perspektiven mit teilweise sehr unterschiedlichen Forderungen lassen sich zwei Beobachtungen festhalten.

Zum einen scheinen es sich überraschend viele Menschen zuzutrauen einen dezidierten und praxistauglichen Ansatz zum Umgang mit Behinderungen zu formulieren, der dann in der Regel anhand von kleinen, erfahrungsbezogenen Erzählungen konkretisiert wird. Dies ist insofern kurios, da hierdurch eine behinderte Person mit überdurchschnittlich vielen, sehr unterschiedlichen und teils unangenehm invasiven, fremden Vorstellungen zum eigenen Leben konfrontiert ist.

Zum anderen scheint die Annahme voraussetzungsfrei zu gelten, dass alle behinderten Menschen mehr Inklusion wollen und all das befürworten, was gemeinhin und partikulär unter dem Begriff der Inklusion subsumierbar ist. Für die Mehrheit der behinderten Menschen wird diese Annahme vermutlich zutreffen, allerdings gibt es eine ganze Reihe von kritischen Stimmen, auch aus der organisierten Selbsthilfe (Felder & Schneiders, 2016, S. 23). Deren Argumente sind rein schon deswegen spannend, weil sie sich trotzig dem Mainstream entgegenstellen und stark genug sein müssen, um unter den dezidierten und vorgeblich praxistauglichen Meinungen und den Hieben der Moralkeulen nicht zusammenzubrechen.

Der Kern der Kritik bezieht sich natürlich nicht darauf, dass es Bestrebungen gibt die Lebensbedingungen behinderter Menschen zu verbessern. Die Kritik bezieht sich vor allem auf die Verallgemeinerungen von Vorstellungen, die in der Regel von unbehinderten Menschen stammen, wie diese Verbesserungen aussehen und durchgesetzt werden sollen.

Köbsell (2007, S. 42f.) kritisiert, dass Inklusion als fremdbestimmter, passiver Prozess begriffen wird, was sich bereits in der Sprache zeige: Kinder „werden“ inkludiert, Lernende werden „inklusiv beschult“, bekommen Lerninhalte „vermittelt“ und werden von den Schulbegleitungen hoffentlich gut „betreut“ und „gefördert“. Ein fremdbestimmter passiver Prozess hemme jedoch die Stärkung der Selbstbestimmung, die am Ende eines aktiven Emanzipationsprozesses stehen sollte. Von diesem Vorwurf kann sich offensichtlich auch die aus der Behindertenrechtskonvention abgeleitete Forderung nach umfassender Inklusion nicht frei machen.

Ein eher klassischer Kritikpunkt besteht darin, dass alte Ressentiments nach wie vor greifen und die Lebenssituation vieler Menschen mit Behinderung unverändert prekär sei. Während die Behinderungsfeindlichkeit früher jedoch plakativ sichtbar wurde, wie beispielsweise beim Frankfurter „Behinderten-Urteil“ von 1980 (www.spiegel.de/spiegel/print/d-14318872.html (29.06.20)), hüllt sie sich heute in den Mantel einer Behinderungsfreundlichkeit, die behinderten Menschen in all ihrem Zynismus sogar noch Dankbarkeit abnötigt.

Eine interessante Parallele lässt sich zu Foucaults Überlegungen zur Modernisierung der Disziplinarmacht ziehen (vgl. Lorenz & Ruffing, 2012, S. 47). Im frühen Mittelalter wurden Leprakranke von der Gemeinschaft exkludiert und jenseits der Stadtmauern interniert. Im späteren Mittelalter wurden Pestkranke, die ständig überwacht werden sollten, nicht mehr exkludiert, sondern innerhalb der Stadtmauern in Pesthäusern inkludiert. Nach Foucault funktioniert die moderne Disziplinarmacht nach dem Modell der Pestbekämpfung: Sie schließt nicht aus, sondern ein (Kap. 5.3).

Bei einem solchen dichotomen Bild von Drinnen und Draußen stellt sich die Frage, ob das Drinnen tatsächlich so gastfreundlich und attraktiv ist, dass der Einladung gerne gefolgt wird (Becker, 2016, S. 13). Zweifel sind zumindest schon deswegen angebracht, da die behinderte Person von genau der Gemeinschaft eingeschlossen werden soll, die sie zuvor ausgeschlossen hat. Wenn dann auch noch nur der dazugehört, der sich so verhält, wie es vorgezeichnet und erwartet wird, ist das sicher kein erstrebenswerter Zustand (Sierck, 1989, S. 12). Schließlich sollte bedacht werden, dass viele gesellschaftliche Normen von behinderten Menschen gar nicht erfüllt werden können (Glofke-Schulz, 1999, S. 60) und dass lebenslanges Bemühen und Scheitern solche Normen zu erfüllen das Leben sehr anstrengend machen kann (Krug, 1999, S. 90). Aus diesem Grund gibt es behinderte Menschen, die vor dem Hintergrund ihrer Erlebnisse, Wünsche und Lebenskonzepte irgendwann ihre Bemühungen gesellschaftliche Normen zu erfüllen einstellen und sich lieber in Ruhe zurückziehen. Die Diffamierung solcher Lebenskonzepte als „Schonraum“ oder „Schutzraum“ ist schlicht und einfach respektlos und sarkastisch und offenbart gleichzeitig den bevormundenden und blasierten Unterton, dem behinderte Menschen teilweise ausgesetzt sind.

Um dieser Kritik zu begegnen, muss das Dazugehören und eingeschlossen werden nicht als Pflicht, sondern als Recht verstanden werden. Das bedeutet, dass nicht die Einschließenden und Eingeschlossenen über den Sinn und Zweck des Dazugehörens befinden und entscheiden, sondern alle behinderten Menschen ganz für sich allein. Im Interesse der Ausgeschlossenen und Eingeschlossenen bleibt zu hoffen, dass bestehende, passende soziale Räume für selbst gewählte Lebenskonzepte nicht dem Feuer der inklusiven Euphorie zum Opfer fallen und vielleicht sogar zusätzliche, spannende soziale Räume geschaffen werden, die allen Menschen offen stehen.

3.3 Vielfalt und Gleichheit

Menschen sind weder gleich geschaffen noch gleich entwickelt (Harari, 2013, S. 139). Zum einen unterscheiden sie sich in ihren genetischen Anlagen, denn Evolution beruht auf Unterschieden und nicht auf Gleichheit. Zum anderen unterscheiden sie sich in ihren Erfahrungen und damit, ausgehend von ihren genetischen Anlagen, in ihrer gesamten Entwicklung. Darüber hinaus können Menschen an modifizierbare oder unveränderliche organische Bedingungen gebunden sein, die vom gelungenen oder misslungenen Einsatz technischer

Hilfsmittel abhängen oder durch äußere Barrieren beeinflusst werden (Ahrbeck, 2011, S. 7). Im Verhalten des Menschen können sich aber beispielsweise auch die Folgen eines geringen sozio-kulturellen Anregungsmilieus oder einer ungelösten inneren Problematik spiegeln. Schließlich unterscheiden sich Menschen in ihren Erlebnissen und ihren Möglichkeiten, diese zu verarbeiten, die beispielsweise bezogen auf die Kindheit von elterlicher Fürsorge und bedingungslosem Rückhalt bis zu Gewalt und Missbrauch reichen können (Ahrbeck, 2016, S. 35).

Bezogen auf behinderte Menschen gibt es selbstverständlich Unterschiede, die das Leben bereichern und bunter machen. Es gibt aber auch Unterschiede, die nur einseitig als Bereicherung empfunden werden, wenn beispielsweise Menschen nach Lourdes fahren, um sich dort selbst über das noch größere Leid der anderen zu erhöhen. Schließlich gibt es Unterschiede, die verstanden als Bereicherung höchstens als Zynismus begriffen werden können: Psychische Erkrankungen können das Leben zur Qual machen und eine freie Entfaltung der Identität verhindern, körperliche Erkrankungen können eine große Last sein und zu einem frühen Tod führen (Ahrbeck, 2016, S. 35). Behinderungen können mit unerträglichen Schmerzen verbunden sein, mit einer zermürbenden Einsamkeit einhergehen oder den Alltag mit immer wieder neuen und altbekannten Formen von Scham, Scheitern und erzwungener Demut durchdringen.

Diese und zahlreiche andere Aspekte führen zu Ungleichheit. Ungleichheit scheint vor allem im Kontext von behinderten Menschen negativ konnotiert zu sein und gemeinhin als unerledigte politische Aufgabe begriffen zu werden. Hierbei lassen sich in den vergangenen Jahren unter anderem zwei wesentliche Bemühungen identifizieren: Zum einen wurde mit Strategien der sprachlichen Sensibilisierung versucht, die negative Konnotation vom Begriff „Ungleichheit“ zu lösen und „Ungleichheit“ in etwas Positives zu transformieren. Zum anderen gab es Ansätze, kategoriale Behinderungsbegriffe zu überwinden und die konstitutiven Bedingungen dieser überwundenen Kategorien als ambivalenten Ausdruck der menschlichen Vielfalt zu begreifen.

Bezüglich der Strategien zur sprachlichen Sensibilisierung steht außer Frage, dass die Sprache wesentlichen Einfluss auf das Denken nimmt, da Menschen in Sprache denken und somit die Sprache auch die Grenzen des Denkbaren absteckt (Wittgenstein, 1921/2003, Satz 5.6). Ändert sich also die Sprache, ändert sich auch die Art und Weise, wie Menschen über das Leben nachdenken und somit auch das Leben selbst (Bourdieu, 1992/2015, S. 20).

Mittlerweile gibt es eine ganze Reihe systematischer Ansätze, um durch sprachliche Veränderungen auf das Denken Einfluss zu nehmen. Am bekanntesten dürften die umfassenden Bemühungen für eine geschlechtergerechte Sprache im Kontext des Gender-Mainstreamings sein (https://de.wikipedia.org/wiki/Geschlechtergerechte_Sprache (12.08.20)). Während es aber bei der geschlechtergerechten Sprache vor allem um die Sichtbarmachung aller Geschlechter und die Neutralisierung unnötiger Geschlechterfokussierung geht, wird im Kontext von Behinderungen versucht, negativ konnotierte Begriffe und Ausdrucksformen zu überwinden, um den damit verbundenen Denkmustern entgegenzuwirken.

Im einfachsten Fall wird versucht, diese Begriffe und Ausdrucksformen in das öffentlich Unsagbare zu verdrängen: „Imbezillität“, „Krüppel“, „Idiotie“, „Mongo“, „Deppenschule“, „Downi“, „Missgeburt“, „Spasti“, „genetischer Müll“, „Zwerg“, „Behindertencamp“, „Spack“, „Wasserkopf“, „Honk“ etc. Eine zweite Strategie besteht darin, die Begriffe oder Ausdrucksformen von ihrer negativen Konnotation zu lösen und in neutraler Form in die Alltagssprache zu integrieren: „blind“, „taub“, „psychisch“, „Schädigung“, „Asperger-Autismus“, „Beeinträchtigung“ etc. Da dies naturgemäß nicht bei allen Begriffen möglich ist, besteht eine dritte Strategie darin, negativ konnotierte Begriffe und Ausdrucksformen durch andere Begriffe und Ausdrucksformen zu ersetzen, die zumindest neutral oder sogar positiv besetzt sind. Udo Sierck (2017, S. 7f.) liefert hier eine ganze Reihe von beispielhaften „Schönrederein“. Aus einer „Heimeinweisung“ wird das „Wohnen im stationären Bereich“, die „Krücke“ wird zur „Gehhilfe“, der „Mensch mit einer geistigen Behinderung“ wird eine „Person mit besonderen Fähigkeiten“ und die „Rollstuhlfahrerin“ zur „Frau mit eigenen Mobilitätsvoraussetzungen“.

Eine entsprechende Transformation hat nun auch der Begriff „Ungleichheit“ durchlebt, der gleich durch eine ganze Reihe von Begriffen ersetzt wurde: „Vielfalt“, „Diversität“ oder „Heterogenität“, die ganz bewusst und medial wirksam als etwas Positives begriffen werden sollten. Wesentlich trägt hierzu das gegenwärtige Verständnis einer globalen, kreativitäts- und innovationsgetriebenen Wirtschaft mit stetig wachsendem Wettbewerbsdruck bei, indem vielfältige, diverse und heterogene Teams und Belegschaften besser funktionieren, als homogene (Schadendorf, 2019, S. 230).

Hierfür gibt es inzwischen auch eine ganze Reihe von wissenschaftlichen Belegen, von denen Schadendorf (2019, S. 231f.) einige zusammengetragen hat: Beispielsweise urteilen diverse Gerichtsjurys fairer als homogene, insbesondere hinsichtlich der selbst verkörperten sozialen Kategorien. Teams bestehend aus Etablierten und Neulingen treffen bessere Entscheidungen als homogene Gruppen nach Erfahrungsstatus. Die Absatzmärkte von Unternehmen wachsen durch die Diversifizierung der Belegschaft oder unterschiedliche Bildungsabschlüsse und Arbeitshintergründe fördern das Innovationspotenzial. Allen diesen Studien ist jedoch gemein, dass Vielfalt und Diversität nicht für Behinderung steht, sondern vor allem für Geschlecht, sexuelle Orientierung, Ethnie und den sozialen und kulturellen Hintergrund.

Die Schwierigkeit besteht darin, dass im konkreten Fall der „Ungleichheit“ durch Behinderung die Konnotationen dieses Begriffs nicht an sozialen Kategorien wie Geschlecht, sexuelle Orientierung, Ethnie etc. hängen, die intersubjektiv umgedeutet oder überwunden werden können, sondern an der ganz realen, gelebten Ungleichheit als Folge von Anlagen und Entwicklung, die auch nach der intersubjektiven Umdeutung oder Überwindung der entsprechenden sozialen Kategorie bestehen bleibt.

Die eigentliche Frage ist also vielmehr, ob die reale Ungleichheit jenseits der sozialen Kategorie an sich etwas Positives ist und inwiefern sie einen Gewinn für das Zusammenleben darstellen sollte, was unter anderem Felder (2012, S. 149) resümierend ausdrücklich verneint. Vielfalt ist eine Tatsache und mit den Folgen dieser Tatsache müssen alle Menschen leben.

Der mit einem göttlichen Körper ausgestattete Beau, die aus schulischer Perspektive brillante Streberin, der mit einem unbezwingbar-einnehmenden Lächeln ausgestattete Charmeur oder auch die in einen superreichen Haushalt hineingeborene nicht allzu helle Kerze auf dem Weihnachtsbaum können sich an der für sich günstigen Vielfalt erfreuen, während alle anderen die Folgen dieser Vielfalt ertragen müssen.

Eine Person muss aber nicht nur die Folgen der Vielfalt anderer ertragen, sondern auch die Folgen des Ausdrucks von Vielfalt, den sie verkörpert. Hier bieten Behinderungen eine ganze Reihe von Facetten, die sicher nicht grundsätzlich als positiv gewertet werden können. Zu ertragen gilt es außerdem nicht nur die situative Form des Ausdrucks von Vielfalt, den die behinderte Person für sich und andere darstellt, sondern auch die immer wieder neuen Formen, die sich beispielsweise durch progrediente klinische Verschlechterungen, aus sich verändernden Rahmenbedingungen oder durch das Älterwerden ergeben. Behinderte Menschen müssen aber auch immer wieder die Facetten des Ausdrucks der Vielfalt der anderen unbehinderten und behinderten Menschen aushalten, was bei etwas weniger Vielfalt mit den erprobten Strategien vermutlich häufiger gelänge.

Intentional sind die Strategien zur sprachlichen Sensibilisierung eng mit den Ansätzen zur Überwindung der kategorialen Behinderungsbegriffe verbunden. Durch das Überwinden gedanklicher Schubladen, zu denen ohne Zweifel auch die Behinderungskategorien gehören, sollen die konstitutiven Bedingungen dieser überwundenen Kategorien als ambivalenter Ausdruck der menschlichen Vielfalt begriffen werden.

Die spezifische Motivation zur Überwindung der Kategorien leitet sich von der Vorstellung ab, dass die zahlreichen negativen Zuschreibungen erst eine Folge der Schubladen sind und somit durch die Zerstörung der Schubladen auch die Zuschreibungen verschwinden würden. Dies mag für künstlich geschaffene Kategorien tatsächlich stimmen und diese sollten sicher auch überwunden werden. Für Schubladen, die allerdings nicht durch reine konstitutive Beschlüsse erzeugt wurden, sondern in ihrer Eigenschaft die Lebenswirklichkeit einer identifizierbaren Gruppe einfangen, erscheint der Ansatz der Dekategorisierung grotesk. An diese Behinderungskategorien sind spezifische Unterstützungsmaßnahmen gebunden, mit denen versucht werden soll kategoriespezifische Nachteile auszugleichen und damit insgesamt mehr Gleichheit herzustellen. Wenn alle Menschen in ihren Eigenarten ohne jede Kategorie Ausdruck von Vielfalt sind, schüfe das eine Spur von Egalität, die jedoch mit unzureichender egalitärer Gleichbehandlung bezahlt werden würde (Becker, 2016, S. 67). Nachteilsausgleiche wären dann höchst individuell, dafür aber unspezifisch und willkürlich.

Es ist zudem fraglich, wie genau diese letztlich sozial gewachsenen Kategorien überwunden werden sollen. Selbst wenn diese Kategorien durch einen rechtlichen Beschluss auf dem Papier oder beispielsweise durch eine vollständige Durchmischung der Bevölkerung im sozialen Raum nicht länger wahrnehmbar wären, würden sie sich dennoch schnell wieder formieren. Die Kategorien existieren in der Wirklichkeit und in den Köpfen der Menschen und stabilisieren sich durch Beobachtung und Projektion gegenseitig (Bourdieu, 2015, S. 20).

An dieser Stelle wird plakativ deutlich, wie versöhnend das Konzept der modernen Mythenbildung zur Begründung bestimmter Annahmen ist. Ansonsten müsste tatsächlich akzeptiert werden, dass die Vorstellung, dass die faktische Ungleichheit von Menschen durch positiv attribuierte Wortschöpfungen oder rechtliche Beschlüsse überwunden werden könnte, etwas zu weit hergeholt ist.

Sobald also die Erkenntnis gereift ist, dass Behinderungen als Ausdruck von Vielfalt nichts Positives sind und dass Menschen an Behinderungen nicht wachsen, sondern es ihnen hoffentlich irgendwann gelingt, sich mit ihnen zu arrangieren, beginnt sich der Nebel zu lichten, der die Frage verhüllt, wie mit den realen Folgen von Ungleichheit aufgrund von Behinderungen umgegangen werden soll.

3.4 Anerkennung und Chancengleichheit

Auf die Frage, wie mit der faktischen Ungleichheit als Folge von Behinderungen umgegangen werden soll, gibt es verschiedene Antworten. Im Folgenden soll der Fokus auf Antworten liegen, die in engem Zusammenhang mit den Begriffen Anerkennung und Chancengleichheit stehen. Auch diese beiden Begriffe wurden in den letzten Jahren von einer mythischen Patina überzogen, die abgetragen werden soll.

Bezogen auf Anerkennung dürfte das auch daran liegen, dass zwischen dem Begriff der Anerkennung als Ausdruck der gegenseitigen Akzeptanz in einer Gruppe und dem Begriff der Anerkennung im rechtlichen und politischen Sinne nicht im ausreichenden Maße unterschieden wird.

Anerkennung verstanden als Ausdruck der gegenseitigen Akzeptanz, die auch häufig als soziale Anerkennung bezeichnet wird (Capovilla, Gebhardt, & Hastall, 2018), ist hingegen alles andere als einfach zu bestimmen. Soziale Anerkennung bedeutet mehr, als für diese eine ganz besondere Person einen eigenen Stuhl zu bauen und den Stuhl dann bei passender Gelegenheit mit an den Tisch zu stellen. Sie bedeutet auch mehr, als einen Stuhl zu erfinden, der für alle passt, wodurch dann auch alle jederzeit am Tisch Platz nehmen können, wenn sie dann überhaupt wollen. Bei sozialer Anerkennung geht es eher darum, dass sich zuerst die Menschen zusammenfinden, die sich gemeinsam an den Tisch setzen wollen, vielleicht weil sie sich durch äußere Umstände aneinander gewöhnt haben, sich interessant finden oder sich einfach mögen, um sich dann, wenn nötig, gemeinsam um die Sitzgelegenheiten zu kümmern. Damit einher geht, dass alle Beteiligten das Beisammensein in irgendeiner Form als Bereicherung erleben, was auch bedeutet, dass abhängig von der Gruppe die erfrischende Frohnatur oder das sympathische Küken möglicherweise öfter dabei sein wird als das dauerlästernde Gänseblümchen oder das egomanische Wiesel. Es bedeutet auch, dass niemand am Tisch das kleinste Kuchenstück möchte und der, der sich mehrmals das größte Stück nimmt, irgendwann nicht mehr willkommen ist. Dieser Bestimmungsversuch von sozialer Anerkennung kann natürlich auch analog auf eine Gruppe unbehinderter Menschen übertragen werden, in der die behinderte Person die ganz besondere Person ist und um Anerkennung ringt.

Mit diesem Bestimmungsversuch ist aber leider die hässliche Wahrheit verbunden, dass es auch unter behinderten Menschen, genauso wie unter unbehinderten Menschen, einzelne Exemplare gibt, die es deutlich schwerer haben soziale Anerkennung zu finden als andere. Diese Tatsache lässt sich auch nicht mit einem Sonderstatus für behinderte Personen überwinden. Manchmal kann es durchaus sinnvoll sein, den besonderen Stuhl als Türöffner dazuzustellen, um die Entwicklung von sozialer Anerkennung überhaupt erst zu ermöglichen. Allerdings sollte das stets im Bewusstsein geschehen, dass die bloße physische Anwesenheit im selben sozialen Raum noch lange keine tatsächliche Entwicklung von sozialer Anerkennung impliziert (Felder, 2012, S. 129).

Bei der Anerkennung im rechtlichen und politischen Sinne geht es hingegen um das Erkennen und Würdigen bestimmter Voraussetzungen, welche in der Regel mit der Zuschreibung von Rechten und Pflichten verbunden sind. Einfache Beispiele sind hier die Anerkennung im Asylrecht, die Anerkennung der im Ausland geschlossenen Lebenspartnerschaft oder die Anerkennung einer Schwerbehinderung.

Damit ist Anerkennung naturgemäß eine zentrale Voraussetzung für ein bewusstes Umdenken oder Handeln, welches soziale und machtpolitische Verhältnisse verändern soll. Es bedeutet aber auch, dass mit solcher Anerkennung allein noch nichts gewonnen ist, wenn die dadurch zugeschriebenen Rechte und Pflichten die konkrete Lebenssituation nicht verbessern. Anerkennung im rechtlichen und politischen Sinne wird somit nur dann wirksam, wenn hierdurch Entwicklungen, die das Leben ungerechter machen, konkret bekämpft und Strategien, die es gerechter machen, tatkräftig unterstützt und ausgebaut werden (Welzer, 2016, S. 212). Der Kern dieses modernen Mythos der Anerkennung liegt also darin, dass Anerkennung nicht mehr nur die Voraussetzung, sondern bereits die Lösungsstrategie selbst zu sein scheint, die für eine Milderung oder Aufhebung von ungleichen und ungerechten Verhältnissen sorgen soll (Welzer, 2016, S. 209). Unter anderen sind hier zwei Ausprägungen dieses „Lösung-statt-Voraussetzung"-Mythos erkennbar.

Bei der ersten, besonders zynischen Variante wird die bewusste Anerkennung dazu verwendet, um die eigene Passivität als Reaktion auf einen erkannten Missstand nicht nur in ein legitimes, sondern durch die Erhebung über andere auch noch in ein entlastendes Verhalten zu verklären. Das hier zugrunde liegende Denkmuster lässt sich am besten an zwei konkreten Beispielen aufzeigen. Aus dem Entscheidungsgespräch eines Auswahlverfahrens stammt sinngemäß der folgende Satz der Gesprächsführung: „Natürlich ist das ganz schön hart, dass Herr Matera den Job nicht kriegt, obgleich er auf dem Papier und so insgesamt besser qualifiziert scheint. Lieber stelle ich dann, für das gleiche Geld, doch jemanden ohne Rollstuhl ein. Der hat sich ja schließlich auch beworben, weil er einen Job sucht.".

Ein weiteres Beispiel stammt aus einem Strandcafé, indem Malve von einer Dame angesprochen wurde, die beobachtet hatte, wie nahe Malve die Speisekarte an ihre Nase heranführte, um darin zu lesen. Die Dame verspürte das Bedürfnis Malve von der Mitschülerin ihrer Tochter zu erzählen, die so sei wie sie. Das Gespräch lässt sich in etwa so auf den Punkt bringen: „Also der Mitschülerin meiner Tochter wird ja echt übel mitgespielt und die hat es ja sicher so schon nicht leicht, weil sie ja nicht so gut sieht. Ich sag ihr immer halt dich bloß da raus, nicht, dass du da auch noch unter die Räder kommst.".

Die zweite Variante ist in ihrer unverbindlichen Unaufdringlichkeit deutlich komplexer und perfider und vor allem Teil des sozialpolitischen Instrumentariums. Das Individuum ist bildlich gesprochen des eigenen Glückes Schmied und Totengräber, weshalb es auch keinen unmittelbaren Grund gibt, dem Individuum zwischenmenschlich beim Hämmern oder Graben zu helfen. Dieser Vorstellung nach reicht es aus, wenn die Gesellschaft allen Menschen die gleichen aktiven Freiheiten im Denken und Handeln einräumt. Wer diese Freiheiten dann nicht nutzt oder scheitert, ist selbst schuld (Becker, 2016, S. 59f.).

Reichlich kurios ist nun, dass sich für das mit dieser Variante des Mythos „Lösung-statt-Voraussetzung" verbundene politische Ziel gleicher aktiver Freiheiten für alle der Begriff Chancengleichheit eingebürgert hat. Als Chance wird eine günstige Gelegenheit oder ein Glücksfall bezeichnet, aber auch die Aussicht bei jemandem durch Sympathie Erfolg zu haben. In der Statistik ist das

Wort ein Synonym für die Wahrscheinlichkeit, mit der ein günstiges Ereignis eintritt (https://de.wikipedia.org/wiki/Chance (12.08.20)). Chancengleichheit als politisches Programm würde bedeuten, dass durch staatliche Interventionen dafür gesorgt wird, dass alle Menschen, mit der gleichen Wahrscheinlichkeit auf Erfolg, hoffen sollen können.

Was wäre nun aber mit einer solchen Gleichheit gewonnen? Wenn durch Interventionen die Gleichheit in den Chancen erst hergestellt wird, dann folgt daraus offensichtlich immer eine Ungleichheit im Prozess (Drepper & Tacke, 2010, S. 272): Behinderte Menschen unterscheiden sich in der Regel von unbehinderten Menschen nicht zuletzt dadurch, dass sie in bestimmten Fähigkeiten und Fertigkeiten beeinträchtigt sind, die nur bis zu einem gewissen Grad kompensiert werden können. Ungleichheit im Prozess entsteht somit durch die nicht kompensierbaren fehlenden Fähigkeiten und Fertigkeiten und durch die Formen der Kompensation, die in der Regel den originären Fähigkeiten und Fertigkeiten funktionsmäßig unterlegen sind.

In der Praxis bedeutet dies, dass Potenza mit dem Wunsch ein Flugzeug zu führen behinderungsbedingt, trotz gleicher Chancen im Bewerbungsverfahren, in absehbarer Zeit keinen Airbus landen wird, da bestimmte, fehlende Fähigkeiten nicht ausreichend kompensiert werden können. Basilicata, eine durchschnittliche, behinderte Lehrkraft, wird trotz Nachteilsausgleich mit Arbeitsassistenz in der Schulaufgabenkorrektur kein vergleichbares Arbeitspensum wie der Großteil des Kollegiums schaffen. Melfi besucht inzwischen genauso wie Policoro die inklusive Schule. Trotz gleicher Chancen werden sie vermutlich unterschiedlich vom Bildungsangebot profitieren, obgleich die beiden keine Behinderung haben.

Gleiche Chancen für alle schaffen noch lange keine gerechteren Verhältnisse, da Menschen schlicht und einfach bereits in ihren individuellen Startbedingungen und in ihren Fähigkeiten und Fertigkeiten zu unterschiedlich sind. Selbst wenn Menschen exakt dieselben Fähigkeiten und Fertigkeiten entwickelt hätten, würden Faktoren wie Schichtzugehörigkeit, „gläserne Decken", Vorurteile und persönliche Präferenzen und Interessen der Entscheidenden das Blatt hinsichtlich der Aussicht auf Erfolg immer wieder neu mischen (Harari, 2013, S. 172f.). Rawls (1971, S. 74f.) prägte in diesem Zusammenhang die Idee des Menschen als Ergebnis einer biologischen und einer sozialen Lotterie, in der die Potenziale verteilt werden. Chancengleichheit sollte vor diesem Hintergrund als mythisches Produkt der politischen Floskel- und Phrasen-Jukebox erkannt und überwunden werden, denn Ungerechtigkeit entsteht aus der Ungleichbehandlung des Gleichen, aber eben auch aus der Gleichbehandlung des Unterschiedlichen. Was also benötigt wird, ist die Ungleichbehandlung des Unterschiedlichen, was auf den ersten Blick dem gesellschaftlichen Verständnis von Gerechtigkeit widerspricht.

Das gesellschaftliche Verständnis von Gerechtigkeit ist keine kulturelle Universalie, sondern eine von den Menschen selbst geschaffene Ordnung, die auf den etablierten Normen und Werten fußt (Thimm, 2006, S. 108). Diese etablierten Normen und Werte sind seit jeher weder neutral noch gerecht (Harari, 2013, S. 168). Menschen stellen Hierarchien auf und ordnen sich Gruppen und Schichten zu, von denen einige Privilegien und Macht genießen, während andere benachteiligt und unterdrückt werden. Gerechtere Verhältnisse entstehen vor diesem Hintergrund nicht durch das Einräumen von gleichen Chancen, sondern durch bewusst und mutig gestaltete Veränderungen, die Benachteiligten einen Vorrang in Verteilungssituationen einräumen und Privilegien umverteilen und neu ordnen (Thimm, 2006, S. 236).

3.5 Normalisierung

Seit den 1950er-Jahren wird Normalisierung als eine zentrale Maxime im Umgang mit erwachsenen Menschen mit geistiger Behinderung postuliert (https://de.wikipedia.org/wiki/Normalisierungsprinzip (12.08.20)). Ursprünglich wurde durch das Normalisierungsprinzip gefordert, dass erwachsene Menschen mit geistiger Behinderung so normal wie möglich leben können sollen. In den letzten Jahren hat das Normalisierungsprinzip jedoch ein spürbares Upcycling erfahren und prosperiert seither in neuem Gewand, was die folgende aktuelle Definition verdeutlich. Normalisierung bedeutet, dass behinderte Menschen ein weitgehend uneingeschränktes Leben mit so vielen Freiheitsgraden und Entscheidungsoptionen wie möglich führen sollen, befreit von gesellschaftlichen Beschränkungen und Barrieren, die einer Teilhabe am normalen Leben im Wege stehen (Ahrbeck, 2016, S. 37).

Das Normalisierungsprinzip scheint nicht mehr als eines von vielen Prinzipien begriffen zu werden, welches im Kontext von Behinderungen Orientierung geben kann. Normalisierung stellt nunmehr offenbar durch die Bindung an Freiheit, Autonomie und Selbstbestimmung ein nicht näher zu begründendes Ziel und Argument dar, welches nicht nur erwachsene Menschen mit geistiger Behinderung, sondern gleich alle Menschen mit Behinderungen erfasst. Was genau ist nun aber verkehrt am Ziel ein möglichst „normales“ Leben führen zu wollen?

Wie es die obenstehenden Anführungszeichen oder das häufig zu beobachtende verbale Stocken bei diesem Begriff bereits andeuteten, gibt es ein Problem mit dem „Normalen“. Wenn Normalisierung den Versuch darstellt, es behinderten Menschen zu ermöglichen ein möglichst „normales“ Leben entlang der Prinzipien des normalen Lebens zu führen, stellt sich die Frage, was genau die Prinzipien des normalen Lebens überhaupt sind und wie diese zustande kommen.

Prinzipien des normalen Lebens können beispielsweise anhand der am häufigsten praktizierten Handlungsmuster in einer klar umrissenen Situation verstanden werden (vgl. Link, 2006). Normalisierung wäre dann der Versuch, in möglichst vielen Situationen so zu leben, wie die Mehrheit der Menschen in vergleichbaren Situationen lebt. Eine zweite Möglichkeit bestünde darin, die Prinzipien des normalen Lebens vom realen Leben zu entkoppeln und sie schlicht anhand der vermuteten, konsensfähigen, gesellschaftlichen Vorstellungen zu einem normalen Leben auszurichten. In diesem Fall wäre Normalisierung der Versuch, in möglichst vielen Situationen so zu leben, wie sich eine noch näher zu bestimmende Gruppe von Personen ein gutes Leben vorstellt.

Wie brüchig und mythisch verklärt das Normalisierungsprinzip im Umgang mit Behinderungen ist, lässt sich am Beispiel der Normalisierung der Wohnbedingungen von behinderten Menschen aufzeigen. Behinderte Menschen, die nicht bei ihren Eltern leben und deren Wohnbedingungen reguliert werden, wohnen häufig in Wohnheimen oder sogenannten familienähnlichen oder familienanalogen Wohngemeinschaften. Statistisch gesehen lebten jedoch im Jahr 2017 91 % der alleinstehenden, erwachsenen Deutschen in einem Single-Haushalt (www.deutschlandinzahlen.de/tab/deutschland/demografie/bevoelkerung-nach-haushaltsformen-deutschland (29.06.20)), was also den Single-Haushalt zur mit Abstand am häufigsten gewählten Wohnform dieser spezifischen Gruppe macht, die offensichtlich der Wohnform Wohnheim oder Wohngemeinschaft diametral entgegensteht.

Offenbar entsprechen hier die Prinzipien des normalen Lebens nicht der statischen Norm unbehinderter Menschen, was mit Sicherheit auch auf die angewandten Ideale des Tagesablaufs oder der ökonomischen Handlungsmuster im Leben von behinderten Menschen zutrifft. Daher scheint es sich bemerkenswerterweise tatsächlich um moralisch gewachsene Vorstellungen von einem guten Leben zu handeln. Hier stellt sich dann die Frage, wer eigentlich das Recht und die Weisheit besitzt solche Prinzipien zu erschaffen, sie in das Leben von anderen Menschen hineinzutragen und dann auch noch mit der Behauptung zu verknüpfen, dass sich ihr Leben durch die Verfolgung dieser Prinzipien an ein normales Leben annähern würde, was zumindest statistisch überhaupt nicht stimmt.

Im Alltag ist diese theoretische Fragestellung nach der Entstehung der Prinzipien des normalen Lebens eher nebensächlich, da es wesentlich um die konkrete Umsetzung geht. Hier ist die zu beobachtende Entwicklung hin zu einem Behinderungskategorie-übergreifenden Normalisierungsprinzip beunruhigend, da es zu ungerechtfertigten Generalisierungen und Vereinfachungen kommen kann.

Die Herausforderungen, die Möglichkeiten und der Aufwand, um ein den gewachsenen Vorstellungen von unbehinderten Menschen entsprechendes, möglichst normales Leben zu führen, können sich abhängig von den Behinderungen ganz erheblich unterscheiden. Was Menschen als normale Lebensumstände empfinden, ist etwas sehr Subjektives und zwischen Menschen mit und ohne Behinderung nicht notwendigerweise deckungsgleich.

Ein ganz normaler Einkauf im Supermarkt kann für behinderte Menschen mit einem Vielfachen an Zeitaufwand verbunden sein und immer wieder auf altbekannte und neue Art und Weise die eigene Behinderung spürbar machen. Die einen mögen dies als spannende Herausforderung begreifen, während die anderen sich lieber mit Dingen befassen, die sie besser können und weit weniger normal sind. Eine ganz normale Haushaltsführung kann durch eine Behinderung deutlich erschwert sein, was bei Reinigungsarbeiten oder der Wäschepflege speziell zu erlernende oder zu entwickelnde Kompensationsstrategien erforderlich macht. Einige finden diese gefühlte Normalität selbstwertfördernd, andere frustrierend und unverhältnismäßig und wohnen lieber in einem Pensionat mit Rundumversorgung.

Auf der anderen Seite gibt es zahlreiche behinderte Menschen, die bereits am „normalen" Leben entsprechend ihren Möglichkeiten teilhaben und sich wohlfühlen. Andere möchten vielleicht privat nichts mit anderen behinderten Menschen zu tun haben, was es selbstverständlich auch zu ertragen gilt. Für wieder andere deckt sich das Ziel ein möglichst normales Leben zu führen einfach grundsätzlich mit den eigenen Ansprüchen. Diese Sichtweisen und Einstellungen können sich zudem durch bestimmte Ereignisse oder einfach mit der Zeit ändern.

All diese Lebenskonzepte können Menschen für sich als normal empfinden und genau deshalb sollte aus pädagogischer Perspektive der normative Charakter des Normalisierungsprinzips zugunsten von Unterstützungs- und Förderangeboten bei der individuellen Suche der einzelnen behinderten Person nach als normal empfundenen Handlungsmustern überwunden werden. Nur so kann sichergestellt werden, dass aus den Angeboten keine Bedrängnis wird und aus der Möglichkeit keine Kultur der Pflicht (Becker, 2016, S. 121).

Auf etwas abstrakterer Ebene sollte bedacht werden, dass die Ausrichtung von Angeboten an Prinzipien des normalen Lebens aus pädagogischer Sicht durchaus bedenklich ist. Behinderte Personen, die mit ihrem Verhalten gefragten Normen nahekommen oder sie erfüllen, die also entsprechend den Vorstellungen von unbehinderten Menschen ein ziemlich „normales" Leben führen, können mit Varianten von dem rechnen, was gemeinhin unter Inklusion, Teilhabe oder Partizipation verstanden wird (Sierck, 2017, S. 9). Das bedeutet, dass vor allem der situative Erfolg und eben genau nicht die zahlreichen Versuche normal zu sein in der gegenwärtigen Gesellschaft belohnt werden. Der rein situative Erfolg beim Erfüllen der Maßstäbe von unbehinderten Menschen bezüglich eines „normalen" Lebens ändert schließlich nichts am Anderssein der behinderten Person selbst, wodurch ein „normales" Leben letztlich kein erreichbares Ziel, sondern ein unerreichbarer Traum ist. Eine Annäherung an normale Lebensumstände kann die Wirkung der individuellen Beeinträchtigungen oder das subjektive Erleben derselben durchaus positiv, aber eben auch negativ beeinflussen. Deshalb sollten alle Beteiligten immer wieder abwägen, ob sich der Aufwand möglichst „normal" zu leben überhaupt lohnt und vor allem, ob die Lebensqualität durch die Normalisierung auch tatsächlich steigt.

Nach langer Planung ist Toni nach Indien aufgebrochen, um dort nach dem verschollenen Flaschengeist zu suchen. Kaum zu glauben, aber tatsächlich findet Toni die Flasche und als sich schließlich der Geist, von Alter und Gicht sichtlich geplagt, erhebt, hat Toni nach der gewünschten Gichtheilung und der Verjüngung für den Geist noch genau einen Wunsch frei. Wenn Toni nun behindert wäre, würde sie sich ein möglichst normales Leben wünschen? Das ist tatsächlich schwer vorstellbar. Die meisten Menschen haben durchaus konkrete Vorstellungen, wie sich ihr Leben über das „Normale" hinaus verbessern ließe und wenn diese Ideen zu unkonkret wären, würden sie sich zumindest ein möglichst gutes und nicht ein möglichst normales Leben wünschen. Der Wunsch nach einem möglichst normalen Leben klingt nach einem advokatorischen Wunsch einer Person, die sich nicht vorstellen kann, wie ein gutes Leben der vertretenen Person aussehen könnte. Genau deshalb dürfte das Normalisierungsprinzip auch im Kontext der Menschen mit geistiger Behinderung erdacht worden sein, wo die advokatorische Vertretung besonders stark ist.

3.6 Selbstbestimmung und Autonomie

Die beiden letzten hier genannten Gedankengüter sind Selbstbestimmung und Autonomie. Bei diesen beiden Begriffen hat die inflationäre Verwendung in den letzten Jahren jedoch weniger zu einer Mythenbildung, als vielmehr zu einer semantischen Entleerung geführt. Zudem scheinen sich die beiden Begriffe inhaltlich immer weiter angenähert zu haben und werden an einigen Stellen bereits synonym verwendet. Dies soll folgendes Beispiel verdeutlichen.

Da es hier um keine faktische Kritik von Wohnheimkonzepten für behinderte Menschen geht, sondern um die Auslegungen der Begriffe Selbstbestimmung und Autonomie, sei es den Lesenden überlassen, praktische Abbildungen des folgenden fiktiven Wohnheimbeispiels zu denken. Das fiktive Wohnheim Universum bietet drei Wohnformen für behinderte Menschen an, die mit unterschiedlichen Verpflegungsformen verknüpft sind. Es gibt Essen von fremdgekochten Mahlzeiten zu praktisch festen Zeiten im Gemeinschaftsspeisesaal oder durch Zustellung auf das Zimmer mit Unterstützung beim Essen nach Bedarf. In den familienähnlichen Wohngemeinschaften wird sozialpädagogisch-assistiert gekocht und gegessen. Schließlich gibt es kleine Dauer- und Trainingswohnungen, in denen sich Bewohnende selbst versorgen und bei Bedarf regelmäßige oder situative Unterstützungsangebote in Anspruch nehmen können. Das Wohnheim Universum schreibt sich nun selbst zu, dass es für die Bewohnenden ein höchstes Maß an Selbstbestimmung und Autonomie verwirklicht, da es mit seinem Angebot einem derart breiten Spektrum unterschiedlicher Lebensentwürfe und Bedürfnisse gerecht wird. Im ersten Fall sei die Möglichkeit zur freien Wahl zwischen unterschiedlichen Angeboten und der tatsächlichen Essenszeit im Zeitrahmen Ausdruck von Selbstbestimmung und Autonomie. Im zweiten Fall wird kollektiv selbstbestimmt entschieden was und wie gekocht wird und alle, bis auf die Assistenzkraft, können tun, was sie wollen. In den Dauer- oder Trainingswohnungen ist alles selbstbestimmt, aber natürlich nur im Rahmen der körperlichen, kognitiven, seelischen, finanziellen, kulturellen etc. Möglichkeiten. Alles unter dem Motto: „Selbstbestimmung und Autonomie". Was ist hier nun aber verkehrt im fiktiven Wohnheim Universum? Das Konzept klingt vernünftig, die praktische Umsetzung gibt vermutlich überschaubaren Anlass zur Kritik und fast alle Bewohnenden fühlen sich pudelwohl.

Im ersten Schritt soll der Begriff Selbstbestimmung näher betrachtet werden, um ihn dann mit dem Begriff Autonomie zu verbinden. Wie die begriffliche Übereinstimmung bereits verdeutlicht, steht der Begriff Selbstbestimmung in unmittelbarem Zusammenhang mit der Selbstbestimmt-Leben Bewegung, die sich in der zweiten Hälfte des letzten Jahrhunderts formierte und begann, Selbstbestimmung, Menschenwürde, Handlungs- und Entscheidungsfreiheit etc. einzufordern. Medial besonders bekannt wurde die hoch politische Krüppelbewegung aus den Reihen der Menschen mit körperlichen und motorischen Beeinträchtigungen, die beispielsweise mit Slogans zur bewussten Selbststigmatisierung wie „Jedem Krüppel seinen Knüppel" und diversen coolen Provokationen Anfang der 1980er-Jahre für viel Bewegung sorgten.

Auch wenn die Selbstbestimmt-Leben Bewegung von einer zahlenmäßig kleinen Gruppe von kreativen und charismatischen Menschen mit Behinderungen ausging, machten sie sich für alle behinderten Menschen stark. Anders – im Stillen und vor allem in bewusster egozentrischer Abgrenzung – entwickelte sich beispielsweise die Bewegung für Selbstbestimmung im Kreise der sehbeeinträchtigten Menschen. Das Ziel Selbstbestimmung als Emanzipation von christlicher Fürsorge und Wohlfahrt wurde hier oft mit dem karitativen Slogan „Hilfe zur Selbsthilfe" verbunden, wodurch bis heute ein nicht zu übersehender larmoyanter Touch konserviert wurde.

Den Bewegungen für Selbstbestimmung ist gemein, dass behinderte Menschen selbst für ihre Belange eintreten und die dafür notwendige Expertise vorhalten. Damit verbunden ist die Abkehr von der Betreuungs- und Versorgungsorientierung und die Hinwendung zur Assistenzorientierung und aktiven Lebensgestaltung, die Abkehr von der diagnostisch-beratenden und advokatorischen Vertretung hin zur Selbstvertretung.

Inhaltlich ist der Begriff der Selbstbestimmung im Kontext von behinderten Menschen aufgrund der unterschiedlichen Motivationslagen genauso schwierig einzufangen wie zahlreiche andere konstituierende Begriffe der laufenden Inklusionsdebatte. Eine weitere Schwierigkeit besteht darin, dass die farbenfrohen Definitionsansätze von Selbstbestimmung bei genauerem Hinsehen irgendwann in Widersprüchen enden. Allgemein wird Selbstbestimmung in Zusammenhang mit dem unabhängigen Handeln nach eigenen Wünschen, Überzeugungen, Trieben oder Vorstellungen verbunden, ohne dabei von äußeren Faktoren beeinflusst zu werden (www.duden.de/rechtschreibung/Selbst bestimmung (29.06.20)). Negativ formuliert ist Selbstbestimmung nicht mit Fremdbestimmung, Entmündigung, Gewalt und Entrechtung vereinbar (Weber, 2010, S. 12). Eine Person würde demnach selbstbestimmt handeln, wenn sie in voller Mündigkeit, im Rahmen aller Menschen- und Bürgerrechte, deren Durchsetzbarkeit sichergestellt ist, und frei von Angst und erlebten oder realen Formen von institutioneller und persönlicher Gewalt selbst entscheidet und bestimmt, was sie denken, tun oder nicht tun will. Damit gilt es drei Aspekte näher zu betrachten: die rechtliche Gleichstellung, den Begriff der Mündigkeit als Ausdruck von Autonomie und die Unabhängigkeit von äußeren Einflussfaktoren.

Unmittelbar einleuchtend ist, dass die soziale und rechtliche Gleichstellung und der barrierefreie Zugang notwendige Voraussetzungen für Selbstbestimmung sind (Ahrbeck, 2016, S. 38). Dies ist nicht nur für das Aufspannen des Möglichkeitsraums notwendig, sondern auch für die Festschreibung der Grenzen desselben, die auch von behinderten Menschen selbstbestimmt übertreten werden können müssen. Das klassische Beispiel hierfür ist der leichte Krückenhieb an das Schienbein des damaligen Bundespräsidenten Carstens durch Franz Christoph, der anstatt einer Strafanzeige ein Hausverbot erhalten hatte (www.zeit.de/1989/03/ein-zorniger-krueppel/seite-3 (20.09.20)).

Wesentlich komplizierter ist die Frage nach der Mündigkeit und den eigenen Wünschen und Einstellungen, ohne die es keine Selbstbestimmung geben kann. Genau hier kommt der Begriff der Autonomie ins Spiel. Autonomie bedeutet, dass eine Person nach ihren eigenen Prinzipien handelt, und zwar auch dann, wenn sie dabei Widerstände überwinden oder Gefahren in Kauf nehmen muss (Pauen & Welzer, 2015, S. 21f.). Heteronomes Handeln hingegen ist genauso zielgerichtet wie autonomes Handeln, im Unterschied zur Autonomie sind hier aber nicht die eigenen Wünsche und Überzeugungen der handelnden Person relevant, sondern externe Einflüsse (Pauen & Welzer, 2015, S. 31). Dabei könne es sich um Einflüsse aus der Umwelt handeln, um die Gepflogenheiten einer Gruppe, aber auch um die Wünsche und Überzeugungen anderer. Schließlich gibt es noch Anomie, von der gesprochen werden kann, wenn eine Person nicht selbstbestimmt zu handeln vermag, weil eigene Wünsche und Überzeugungen entweder ganz fehlen oder nicht handlungswirksam werden können (Pauen & Welzer, 2015, S. 30f.). Selbstbestimmt Handeln kann also nur eine autonome Person und um zu entscheiden, ob eine Person autonom ist, muss beurteilt werden können, ob die Person tatsächlich nach eigenen Wünschen und Einstellungen handelt, was alles andere als einfach ist (Pauen & Welzer, 2015, S. 22).

Daraus lassen sich einige durchaus bemerkenswerte Schlussfolgerungen ableiten, die exemplifiziert werden sollen. Handeln Dritter, auf der Grundlage der Interpretation von Verhaltensweisen behinderter Personen als Äußerung deren Willens, ist nicht notwendigerweise Förderung und Realisierung von Selbstbestimmung. Wenn Narzisse auch schon seit Jahren im Schulunterricht stets freundlich und dankbar die von A4 auf A3 vergrößerten Kopien annimmt und mit ihnen arbeitet, handelt sie hinsichtlich der Annahme und Verwendung der Kopien noch lange nicht selbstbestimmt. Vielleicht möchte Narzisse auch einfach nur nicht unnötig auffallen und der bemühten Lehrkraft lästig sein, was in diesem Zusammenhang für eine ausgeprägte Autonomie sprechen würde. Das Einräumen von Freiheiten und Entscheidungsspielräumen ist nicht notwendigerweise ein Instrument zur Förderung oder Realisierung von Selbstbestimmung und die Nutzung der Spielräume noch lange kein Ausdruck von Autonomie. Wenn Lilie Menü II mit zwei Sonderwünschen bestellt und die Essenszeiten zum Ärger des Saalpersonals immer bis auf die letzte Minute ausreizt, handelt sie noch lange nicht selbstbestimmt oder autonom. Vielleicht mag Lilie keines der Gerichte, befürchtet aber später nichts Kostenloses mehr zu bekommen und möchte mit dem Ausreizen der Zeiten den hübschen Koch Orchidee ärgern, der ihr einen Korb gegeben hat. Zu viel Autonomie und Selbstbestimmung kann auch eine Zumutung sein und das Zusammenleben erheblich erschweren. Hyazinthe setzt sich leidenschaftlich und selbstbestimmt für die Behandlung ihres Blindenführhunds als Mensch ein, während der fundamentalistisch-evangelikale Buchsbaum selbstbestimmt für Zucht und Ordnung sorgen will und die vegane Geranie selbstbestimmt für das erste fleischlose Wohnheim für behinderte Menschen kämpft.

Schließlich soll noch kurz der dritte Aspekt zur Unabhängigkeit von äußeren Einflüssen beleuchtet werden. Entscheidungen unabhängig von äußeren Einflüssen gibt es schlicht und einfach nicht, da individuelle Wünsche und Einstellungen Früchte individueller Erfahrungen und Erlebnisse sind (Pauen & Welzer, 2015, S. 30). Zudem sind der individuellen Selbstbestimmung klare ökonomische, soziale und kulturelle Grenzen gesetzt, die das Denken und Handeln wesentlich beeinflussen und Abhängigkeiten aufzwingen (Stinkes, 2000, S. 176).

Die Förderung und Realisierung von Selbstbestimmung und Autonomie sind starke Prinzipien, die im Kontext von behinderten Menschen Orientierung geben können. Auf der Ebene der praktischen Umsetzung und in der Beurteilung der einzelnen konkreten Handlung sollten sie jedoch nicht idealisiert und moralisch überzeichnet werden. Beispielsweise kann autonomes Denken in den fremdbestimmenden Fesseln der Normativitätsbestrebungen sehr ermüdend sein und letztlich müssen sich auch nicht alle Menschen selbstbestimmt in jedes offene Messer stürzen. Empathie und Respekt gewürzt mit echtem Interesse sind zauberhafte Ingredienzien für einen Trank, der bei allen Beteiligten, vielerlei Durst zu löschen vermag.

4 Das behinderte Anderssein

Bei meiner amtsärztlichen Einstellungsuntersuchung fragt mich die Ärztin „Beeinflusst Ihre Behinderung Ihre Arbeit?", „Ja.". Überrascht fragt die Ärztin „Öhm, bei was genau?", „Wie bei was? Na bei allem. Ich bin behindert mit Grad der Behinderung 100.". Verwundert darauf die Ärztin „Äh ja, aber wie arbeiten sie denn dann? Ich soll ja auch ihre Leistungsfähigkeit beurteilen.", „Na anders als andere Menschen, mit geeigneten Kompensationsstrategien und Hilfsmitteln.". Schließlich die Ärztin „Ja und das klappt?", „Ja, manchmal besser, manchmal schlechter, wie bei allen anderen auch?".

In Kap. 3.1 wurde Inklusion als ein Sammelbegriff für vielfältiges und unterschiedlich motiviertes politisches Streben und Handeln definiert, welches, orientiert an der Verbesserung der Lebensbedingungen von behinderten Menschen, überholte rechtliche Rahmenbedingungen an die sozialen, kulturellen und technischen Möglichkeiten anpasst. Diese Sichtweise bietet den Vorzug, dass sich mit ihr der stete Wandel in den Zielen und auch der Zielgruppe inklusiver Bemühungen in den vergangenen 70 Jahren erklären lässt. Offensichtlich wurden und werden die beiden Variablen „Menschen mit Behinderungen" und „Verbesserung der Lebensumstände" immer wieder mit neuen Inhalten gefüllt, was es im Folgenden zu zeigen gilt.

4.1 Zeitgeschichtliche Motivationslagen

Bereits kurz nach den Wirrungen des Zweiten Weltkriegs bahnten sich erste inklusive Rinnsale ihre Wege in den hinterlassenen Kraterfeldern. Der Motivator dieser Bemühungen war aber weniger das Leid und Unrecht, welches behinderten Menschen, die weithin als lebensunwertes Leben betrachtet wurden, bereits vor und während des Krieges zugefügt wurde, sondern die sichtbaren Langzeitfolgen der Kriegshandlungen, denen sich aufgrund der allgegenwärtigen fehlenden Gliedmaßen und anderer Körperteile oder der durch Strahlung, Verbrennung oder Vergiftung entstellten Kinderkörper niemand entziehen konnte.

Auf der einen Seite verfolgten Forschungseinrichtungen und Hilfsmittelfirmen das Ziel die Folgen beeinträchtigter Körper- und Sinnesfunktionen durch prothetische und orthopädische Hilfsmittel zu kompensieren (Story, Mueller, & Mace, 1998), während sich auf der anderen Seite Kriegsopferverbände formierten, die Entschädigungen forderten, und die bestehenden Strukturen der Behindertenhilfe, der Fürsorge und der Wohlfahrt versuchten, sich moralisch verträglich neu zu erfinden.

Um im Bilde der Fließgewässer zu bleiben, vereinigten sich diverse Rinnsale in den 1970er-Jahren zu ersten Bächen, die zart ein paar neue Wege in die Landschaft gruben. In zahlreichen Ländern führte die Antipsychiatriebewegung zu öffentlicher Empörung und Widerstand gegen den Umgang mit psychisch beeinträchtigten Menschen. In Italien wurde nicht nur aus Kostengründen die schulische Segregation behinderter Menschen abgeschafft (Capovilla, 2012). In der Bundesrepublik Deutschland wurden schließlich behinderte Menschen auf ihrem Weg zu vollwertigen Bürgerinnen und Bürgern immerhin schon mal zu „Mit-Bürgern" erklärt (Weihnachtsansprache des Bundespräsidenten. Appell an Solidarität und Bürgermut, in: Bulletin des Presse- und Informationsamts der Bundesregierung, 28.12.1971, S. 2090), während in einigen Bundesländern die ersten „begabten", behinderten Kinder eine Regelschule besuchten. In den 1970er-Jahren schienen solche Bemühungen an einer hochspezifischen Zielgruppe ausgerichtet gewesen zu sein, die keinesfalls in einem gesellschaftlichen, paritätischen Selbstverständnis von behinderten und unbehinderten Menschen ihren Anfang nahmen. Sie fußten vielmehr auf den partikulären Interessen, Nöten und Leidenschaften Einzelner und lebten von deren innovativen Ideen und deren berückender Hartnäckigkeit.

In den späten 1970er- und 1980er-Jahren kanalisierten sich zahlreiche Einzelinteressen und läuteten mit den Selbsthilfe- und Selbstbestimmungsbewegungen einen spürbaren Emanzipationsprozess ein (Kap. 3.6). Dies war durchaus ein bemerkenswerter Schritt, da historisch betrachtet die Annahme einer geschlossenen Kategorie „Menschen mit Behinderung", welche alle Formen physischer und psychischer Beeinträchtigungen erfasst, eine verhältnismäßig neue Idee ist (Shakespeare, 2018, S. 4).

Der Emanzipationsprozess war unter anderem davon geprägt, dass der bis dahin übliche „klinische Blick" (Formulierung von Michel Foucault) auf Behinderung in die Kritik geriet. Nach dem damals vorherrschenden Verständnis wurde Behinderung als individuell zu bewältigendes, schicksalhaftes, persönliches Unglück gedeutet, das umstandslos mit körperlicher Schädigung und funktionalen Beeinträchtigungen gleichgesetzt wurde (Waldschmidt, 2005, S. 17; Shakespeare, 2018, S. 1f.). Verstanden als individuelles Unglück implizierte Behinderung konsequenterweise maßgeschneiderte medizinisch-therapeutische und pädagogisch-fördernde Behandlungs- und Arbeitsprogramme, welche die behinderte Person in ihrer gesellschaftlichen Funktionsfähigkeit möglichst reibungslos (wieder)eingliedern und an seine Umwelt anpassen sollte. Vor allem in vielen westlichen Industriestaaten führte das zu einem massiven Ausbau der Rehabilitationssysteme und der heilpädagogischen Einrichtungen mit beratend-diagnostischer und medizinisch-therapeutischer Ausrichtung (Waldschmidt, 2005, S. 15).

Ausgehend vom angloamerikanischen Raum wurde diesem individuellen Modell von Behinderung entgegengehalten, dass Behinderung ein Produkt sozialer, historischer und kultureller Ausschließungs- und Unterdrückungsmechanismen und eben kein einfacher Ausdruck medizinischer Pathologie mit mehr oder weniger passenden Therapieansätzen sei (Waldschmidt, 2011, S. 91).

Demnach seien Menschen nicht aufgrund ihrer eigenen physischen und psychischen Voraussetzungen behindert, sondern durch das soziale System, das Barrieren gegen ihre Partizipation errichtet (Waldschmidt, 2005, S. 18; Shakespeare, 2018, S. 13). In der radikalsten Variante des sozialen Modells wird Behinderung nicht mehr als naturwüchsig entstandenes Phänomen verstanden, sondern als eine reine soziale Konstruktion, die das Ergebnis gesellschaftlicher Einstellungen und Haltungen, vorhandener äußerer Barrieren sowie institutioneller und struktureller Rahmenbedingungen ist (Jantzen, 1992, S. 18). Entsprechend wurde und wird nach dem Verständnis des sozialen Modells von Behinderung in erster Linie gesellschaftliche, soziale Verantwortlichkeit postuliert und die Erwartung erhoben, dass sich nicht der Einzelne, sondern die Gesellschaft ändern müsse (Waldschmidt, 2005, S. 18).

Während sich die Bewegung rund um das soziale Modell von Behinderung in akademischen Kreisen unter dem Dach der „Disability Studies" zaghaft zu etablieren begann, wurde die Wirkung dieses Umdenkens an anderen Stellen deutlich sichtbarer. Auf kommunaler Ebene entstand beispielsweise vielerorts ein breites Bewusstsein für die Sinnhaftigkeit von architektonischer Barrierefreiheit (Story, Mueller, & Mace, 1998). Gleichzeitig entstand die Bewegung für ein universelles Design mit dem Ziel, Produkte und Lebensräume von vornherein so zu gestalten, dass sie von einer möglichst großen Zahl von Menschen jeden Alters und unterschiedlicher Fähigkeiten benutzbar sind. Inklusive Bemühungen wurden auf die politischen Agenden gesetzt und das Thema, interpretiert als soziale Herausforderung, fand allmählich ihren Weg in die Mitte der Gesellschaft.

Im deutschen Sprachraum dürfte Anfang der 1980er-Jahre die mediale Präsenz der Agierenden der Krüppelbewegung und die lebhaften Erinnerungen an die Geschädigten des Contergan-Skandals zu einer sehr uniformen gesellschaftlichen Vorstellung von behinderten Menschen geführt haben. Viele Menschen, die ihre aus diesen Vorstellungen konstruierten Vorurteile auf ihre Familienmitglieder, auf Bekannte oder auch auf sich selbst richten mussten, erfasste sehr wahrscheinlich ein großes Unbehagen und starkes Abgrenzungsverlangen.

Diese Zeit war nicht nur eine Zeit des Aufbruchs, sondern auch eine Zeit der Widersprüche. Das Gefühl, dass endlich etwas in Bewegung kam, entfesselte aber auch Angst, Schrecken und Abgrenzungsverhalten, das verletzend und öffentlich zur Schau gestellt wurde und erst durch neu zu gestaltende soziale Konventionen eingefangen werden musste. Genau diese nicht in die Zeit passende „Behindertenfeindlichkeit" dürfte einer der Motoren gewesen sein, der die Verbesserung der Lebensumstände von behinderten Menschen von einem praxisfernen, theoretischen, moralischen Gebot, zu einer praktischen, politischen Aufgabe gemacht hat. Die politische Aufgabe bestand darin, die Einhaltung und Durchsetzung der Menschenrechte behinderter Menschen sicherzustellen und sie mit gleichen Rechten und dem Anspruch auf die Pflicht, einen gesellschaftlichen Beitrag zu leisten, anzuerkennen (Shakespeare, 2018, S. 1f.).

Aus rechtlicher Perspektive war dieses gegen Mitte der 1980er-Jahre begonnene Vorhaben in vielen westlichen Ländern bemerkenswert erfolgreich, weshalb die 1990er- und 2000er-Jahre als die Jahre der rechtlichen Gleichstellung gefeiert oder zumindest gewertet werden können. 1994 wurde beispielsweise das Benachteiligungsverbot in das deutsche Grundgesetz aufgenommen. Im gleichen Jahr wurde mit der Salamanca Erklärung ein globaler Bildungsanspruch für behinderte Kinder postuliert. Es folgten das symbolträchtige Allgemeine Gleichstellungsgesetz 2006 und schließlich die frenetisch besungene Behindertenrechtskonvention 2009, die 2006 von den Vereinten Nationen proklamiert wurde. Damit stellt sich die Frage, für welche Entwicklung die 2010er-Jahre standen und welches Modell von Behinderung mittlerweile am besten zum gegenwärtigen Zeitgeist passt.

Aus der theoriegeleiteten Perspektive hat das soziale Modell mittlerweile erheblich an Zuspruch eingebüßt, da bei zunehmender rechtlicher Gleichstellung und Barrierefreiheit, vom ursprünglichen sozialen Problem Behinderung, die störende und individuelle Komponente übrig bleibt, die in der radikalen Auslegung des sozialen Modells verleugnet wird. Im Ergebnis bedeutet dies, dass dann wiederum operative Strategien und Arbeitsprogramme notwendig werden, um das individuelle Problem Behinderung zu beheben (Waldschmidt, 2005, S. 23). Ob diese Konzepte dann im Jargon des individuellen Modells als Therapieprogramme oder Versorgungssysteme oder im Jargon des sozialen Modells als Sozialleistungen oder Nachteilsausgleiche bezeichnet werden, spiele letztlich keine wesentliche Rolle.

Eine konsequente Antwort aus dem Kreise der Agierenden der Disability Studies auf die dadurch entstandene Lücke ist das kulturelle Modell von Behinderung (Waldschmidt, 2005, S. 25). Dieses Modell bildet auch die Grundlage für die bereits in Kap. 3.3 erwähnten, radikalen Interpretationen der inklusiven Gesellschaft, zu denen auch das Konzept der Gesellschaft der Vielfalt gehört, in der Behinderung als eine von vielen möglichen, gegebenen, gleichwertigen und bereichernden Formen der menschlichen Eigenarten begriffen wird.

Behinderung wird nach diesem Verständnis nicht länger als ein unmittelbar oder mittelbar in einer Person verkörpertes Problem begriffen, welches letztlich mit der Person auch verschwinden würde, sondern als eine Realität, die ein Ergebnis von Ausgrenzungs- und Stigmatisierungsprozessen darstellt (Waldschmidt, 2005, S. 25). Damit ist Behinderung im kulturellen Modell eine historisch gewachsene und sich ständig weiterentwickelnde Gegebenheit, die es durch die Entlarvung und Aufdeckung der zugrunde liegenden, unhinterfragten Annahmen und Einstellungen, zu dekonstruieren gilt (Homann & Bruhn,

2016). Besser nachvollziehbar wird dieser Denkansatz, wenn er in einem passenden Theoriegebäude verankert und didaktisch reduziert wird, wie folgende Ausführungen zeigen.

Das kulturelle Modell kann mithilfe des symbolischen Interaktionismus begründet und beschrieben werden. Der symbolische Interaktionismus folgt dem Grundgedanken, dass die Bedeutung von Dingen, Situationen und Beziehungen erst im symbolisch vermittelten Prozess der Interaktion hervorgebracht wird (https://de.wikipedia.org/wiki/Symbolischer_Interaktionismus (12.08.20)). Wie die Dinge, Situationen und Beziehungen tatsächlich sind, spielt also letztlich keine Rolle. Wesentlich ist, welche Bedeutung dem beigemessen wird, was in der Interaktion über die Dinge, Situationen und Beziehungen wahrgenommen wurde. In einer mündlichen Prüfung spielt es beispielsweise keine Rolle, ob die zu prüfende Person tatsächlich etwas kann. Entscheidend ist, ob die prüfende Person der Prüfungsinteraktion die Bedeutung beimisst, dass die zu prüfende Person etwas konnte.

Vor dem Hintergrund des symbolischen Interaktionismus wird die an eine Person gebundene Behinderung stets nur in Interaktionen auf relevante Weise wirksam und in seiner Bedeutung erst durch die Interpretation, der an der Interaktion Beteiligten konstituiert, aktualisiert und verhandelt. Dabei werden die Merkmale und Merkmalskomplexe einer Person immer wieder durch die soziale Interaktion und Kommunikation zu den jeweiligen gesellschaftlichen Minimalvorstellungen über individuelle und soziale Fähigkeiten in Bezug gesetzt. Erst indem festgestellt wird, dass ein Individuum aufgrund seiner Merkmalsausprägung den normativen Vorstellungen nicht entspricht, wird Behinderung zur sozialen Gegebenheit (vgl. Jantzen, 1976, S. 432). Die Behinderung einer Person gerät somit in den Fluss und verliert an Kontur, da sie in allen Interaktionen durch Selbst- und Fremdzuschreibungen und durch intentionale und weniger intentionale Rollenübernahmen neu ausgehandelt wird, was im englischsprachigen Raum als „doing disability“ oder „disability formation“ bezeichnet wird (Brown, Hamner, Foley, & Woodring, 2009).

Genauso wäre in der Denkart des symbolischen Interaktionismus eine Definition des Begriffs Behinderung selbst letztlich nicht mehr möglich, da im poststrukturalistischen Sinne, mit allen Interaktionen, die Bedeutung desselben verändert und aktualisiert wird (Homann & Bruhn, 2016). Schließlich bedeutet das nun aber natürlich nicht, dass sich Behinderung durch geschickte Denkarbeit aufheben lässt. Es bedeutet, dass der Adressatenbezug zugunsten eines interaktionsstrukturellen Verständnisses überwunden wird, wodurch Behinderungen nicht länger in Personen, sondern in Interaktionen zu verorten sind (Sturm, 2014). Es bedeutet auch, dass Behinderung als dauerhafte, verkörperte Eigenschaft einer Person und als Definition ihre Relevanz verliert, da sie stets nur situativ in Interaktionen wirksam wird und somit auch nur situativ ihre Wirkung entfaltet.

Fraglich ist nun aber, was das kulturelle Modell nun aber für die alltägliche soziale Praxis bedeutet, da es fast schon ostentativ das Fluidum des Elfenbeinturms versprüht. Zum einen ist es sinnvoll, die kulturellen Ausgrenzungs- und Stigmatisierungsprozesse selbst zum Analysegegenstand zu machen, um diese zu begreifen und Denk- und Handlungsspielräume zu öffnen. Es geht also darum, die Ursachen für Barrieren zu verstehen, um an Strategien zu arbeiten, dass diese in Zukunft erst gar nicht mehr entstehen. Zum anderen ist die Vorstellung sehr sympathisch, dass eine behinderte Person gefühlt ein Stück weit mehr Kontrolle über ihre Behinderung gewinnt, wenn nicht mehr die möglicherweise, unhinterfragte Zuschreibung, sondern die konkrete Interaktion die Bedeutung der Behinderung konstituiert. Diese Vorstellung brachte bereits Forrest Gump 1994 in seiner simplen Logik auf den Punkt: „Dumm ist der, der Dummes tut!".

Die konkrete, praktische Wirkung des kulturellen Modells im Kontext von Behinderung wird jedoch nicht unmittelbar und abgrenzbar sichtbar. Als kulturell und historisch gewachsene Eigenart ist Behinderung im kulturellen Modell nicht länger eine isoliert zu betrachtende Kategorie, sondern eine Kategorie von vielen möglichen Ursachen für Ausgrenzung- und Stigmatisierungsprozesse, die z. B. in der Intersektionalitätsforschung in ihren Wechselwirkungen untersucht werden. Damit sind mittlerweile unter dem Diktat des kulturellen Modells die Konturen von Behinderung verschwommen und eine isolierte Betrachtungsweise dieser Heterogenitätskategorie scheint längst viel zu unterkomplex und obsolet zu sein.

Zurück beim Bild der Fließgewässer vor der mächtigen Kulisse des kulturellen Modells wird klar, dass sich mittlerweile viele der unterschiedlichen Flüsse im Kontext von Behinderung zu einem reißenden Strom vereint haben. Dieser zeichnet sich aber weniger dadurch als reißend aus, dass er ein neues Flussbett gräbt, veraltete Strukturen einreist und fruchtbares Land zurücklässt. Ganz im Gegenteil scheint der Strom inzwischen in den Weichen des kulturellen Modells in einen Kanal umgeleitet und eingefangen worden zu sein, der für weit mehr als die Verbesserung der Lebensumstände von behinderten Menschen instrumentalisiert wird. Als reißend kann der inklusive Strom daher vor allem charakterisiert werden, da er alles erfasst und mit sich fortführt, was sich nicht schnell genug abgegrenzt, entfremdet oder auf das reaktionäre Ufer rettet. Dies soll am folgenden Beispiel verdeutlicht werden.

Seit der Proklamation der Behindertenrechtskonvention werden Bemühungen zur Verbesserung der Lebensumstände von behinderten Menschen unter dem Begriff der Inklusion als unteilbares Menschenrecht verstanden. Inklusive Bemühungen erfassen seither nicht mehr nur behinderte Menschen, sondern eine ganze Reihe weiterer Personengruppen wie Kinder und Jugendliche mit Migrationshintergrund, Menschen unterschiedlicher sozialer oder religiöser Herkunft, Hautfarbe oder auch sexueller Orientierung (Ahrbeck, 2016, S. 88f.) sowie junge und alte Menschen, Frauen und Männer, Menschen mit und ohne

Kinder (Doose, 2011, S. 11). Außerdem soll offenbar die Behindertenrechtskonvention prinzipiell auch für alle Menschen gelten, die von Gewalt, Diskriminierung, Ausgrenzung, Marginalisierung, Unterdrückung oder Ausbeutung betroffen sind (Hoffmann, 2018). Inklusion scheint den Anspruch zu haben, alle Formen der Ausgrenzung zu beseitigen und die Teilhabe aller Menschen an der Gesellschaft zu sichern (Alicke & Linz-Dinchel, 2012, S. 1).

Hier stellt sich nun die Frage, warum genau die Behindertenrechtskonvention als Ausgangspunkt für diese hehren Ziele bemüht wird. Die Beseitigung von Ausgrenzung und die gleichberechtigte Teilhabe aller Menschen waren bereits Gegenstand der Allgemeinen Erklärung der Menschenrechte am 10.12.1948. Dem Namen entsprechend sollten mit der Behindertenrechtskonvention die Rechte von Menschen mit Behinderungen gestärkt werden, die trotz der Erklärung von 1948 in vielen Teilen der Welt weiterhin nicht geschützt werden und in Leid, Elend und Ausgrenzung leben.

Für die Gruppe behinderter Menschen bedeutet diese Zielgruppenexpansion zu Menschen „mit besonderen Bedürfnissen“, mit „Unterstützungsbedarf“, „in besonderen Lebenslagen“, mit Schwierigkeiten irgendwelcher Art oder bunten Beeinträchtigungen, dass ihre durch die Behindertenrechtskonvention intentional festgeschriebenen Rechte aufgeweicht und zur Unbrauchbarkeit abstrahiert werden, was auch zur Folge haben kann, dass sich ihre konkreten Lebensumstände verschlechtern und nicht verbessern.

Ein plakatives Beispiel hierfür ist die inhaltliche Fokussierung inklusiver Bemühungen auf die Schaffung eines inklusiven Bildungssystems. Obgleich die Behindertenrechtskonvention aus 50 Artikeln besteht, erfährt gefühlt ausschließlich Artikel 24, der sich auf die Bildung von behinderten Menschen bezieht, politische Aufmerksamkeit (Brodkorb, 2013). Wie Preuss-Lausitz (2016) beschreibt, erfasst dabei der laufende Diskurs ganz unterschiedliche Stereotype von Lernenden, die Gegenstand inklusiver Bemühungen im Bildungssystem sind. Es gibt den schwer gestörten Jungen, der über Tische und Bänke springt und alle am Lernen hindert; die kluge Rollstuhlfahrerin, die barrierefreie Räume und Gebäude braucht; den Schüler mit Downsyndrom, für den eine Einzelfallhilfe erforderlich ist oder Kinder, die einfach zu viel Zeit bräuchten, um voranzukommen. Sind nun alle diese Kinder und Jugendlichen tatsächlich Menschen mit Behinderungen und damit Gegenstand der Behindertenrechtskonvention?

Nun wäre es selbstverständlich zu begrüßen, wenn Maßnahmen zur Verbesserung der Lebensumstände von behinderten Menschen auch positiv im Leben von unbehinderten Menschen wirken. Skurril ist allerdings, dass behinderte Lernende im Kreise der Lernenden mit Förderbedarf mit etwa 30 % (Klemm, 2013) in der Minderheit sind. Die Mehrheit stellen mit den restlichen 70 % (Klemm, 2013) Lernende mit sogenannten „weichen“ Förderbedarfen, zu denen nach Preuss-Lausitz (2016) Lernende mit den Förderbedarfen Lernen, Emotionale und soziale Entwicklung und Sprache gehören. Dies hat zur Folge, dass entsprechend den Mehrheitsverhältnissen innerhalb des Fachdiskurses Forschende federführend sind, die unter der Fahne der Behindertenrechtskonvention Bildungskonzepte erarbeiten, die eben nicht an der Minderheit der Lernenden mit Behinderungen orientiert sind, sondern an der Mehrheit der unbehinderten Lernenden mit „weichen" Förderbedarfen.

Für die akademische Praxis heißt dies beispielsweise, dass sich die Bildungskonzepte an der immer weiter wachsenden Gruppe der Lernenden mit moderaten Förderbedarfen orientieren, die als eine bevorzugt zu integrierende bzw. nicht mehr aus den Regelschulen in Sonderschulen auszusondernde Personengruppe verstanden wird (Markowetz, 2007, S. 276). Für alle Kinder und Jugendlichen, die es in der Regelschule leistungsmäßig nicht schaffen oder für die eine Förderschule einfach der bessere Lernort ist, also auch für alle „Gescheiterten" oder „Verweigerer", steige der Druck und die Zuschreibungen verschlechterten sich spürbar.

Der Treppenwitz der inklusiven Bildungsdebatte ist, dass die Mehrheit der Menschen, in deren Leben die Behindertenrechtskonvention wirksam wird, gar nicht zur originären Zielgruppe gehört. Vor diesem Hintergrund bedeutet inklusives Engagement eben nicht nur das Nutzen neuer Möglichkeiten und das Ausschöpfen weiterer Spielräume, sondern auch das Abwehren unpassender Ansätze und das Verteidigen passender und etablierter Strukturen.

4.2 Behinderung

> „Den Körper lähmt die physische Verletzung, den Geist der Schrecken. Beides ist im Ursprung nicht zu trennen." (Horkheimer & Adorno, 1969/1988, S. 274)

Nachdem der Begriff Behinderung bisher rein intuitiv nach einem recht traditionellen Verständnis verwendet wurde, soll er nun konkretisiert werden. Wie die inzwischen populär gewordene Formulierung „Menschen mit Behinderung" impliziert, scheint es mittlerweile Konsens darüber zu geben, dass Behinderung als Kategorie begriffen wird, die Individuen zugeschrieben werden kann. Damit gilt es zu klären, wie Behinderung als Kategorie definiert und was mit ihr verbunden wird und wie die Zuschreibung zur Kategorie Behinderung erfolgt.

4.2.1 Die Kategorie Behinderung

Das Sozialgesetzbuch IX definiert in seiner aktuellen Fassung in § 2 Abs. 1 Menschen mit Behinderungen wie folgt: „Menschen mit Behinderungen sind Menschen, die körperliche, seelische, geistige oder Sinnesbeeinträchtigungen haben, die sie in Wechselwirkung mit einstellungs- und umweltbedingten Barrieren an der gleichberechtigten Teilhabe an der Gesellschaft mit hoher Wahrscheinlichkeit länger als sechs Monate hindern können. Eine Beeinträchtigung nach Satz 1 liegt vor, wenn der Körper- und Gesundheitszustand von dem für das Lebensalter typischen Zustand abweicht. Menschen sind von Behinderung bedroht, wenn eine Beeinträchtigung nach Satz 1 zu erwarten ist.". Die Zuordnung zur Kategorie Behinderung erfolgt nach dieser Legaldefinition also anhand des Ausmaßes der Abweichungen von alterstypischen Normvorstellungen (Kap. 2.1.2), schafft formal eine dichotome Aufteilung in behinderte und unbehinderte Menschen und inkorporiert die Kategorie Behinderung durch die Bedingung eines längerfristigen Zustands.

Offensichtlich fußt diese Definition auch weiterhin auf dem bereits beschriebenen individuellen Modell von Behinderung (Kap. 4.1), auch wenn inzwischen durch die Neudefinition des Behinderungsbegriffs, im Rahmen des Bundesteilhabegesetzes, auf die Wechselwirkung mit einstellungs- und umweltbedingten Barrieren verwiesen wird. Zudem bleibt in der Definition offen, welche alterstypischen Normvorstellungen zugrunde gelegt werden sollen, was genau die Teilhabe am Leben in der Gesellschaft ist und ab wann diese als beeinträchtigt bewertet werden kann.

Diese beiden Schwächen der begrifflichen Bestimmung von Behinderung, sind jedoch kein Spezifikum der deutschen sozialrechtlichen Definition, sondern eine generelle Schwierigkeit. Daher hat die WHO (Weltgesundheitsorganisation) bereits 1980 mit der ICIDH (Internationale Klassifikation der Schädigungen, Fähigkeitsstörungen und Beeinträchtigungen) den Versuch unternommen, die Unschärfe der behindernden Faktoren mit Bezug zur Teilhabe zu überwinden (Zimmermann-Acklin, 2010, S. 150). Seit der ICIDH unterscheidet die WHO bei der Beschreibung von Behinderungen zwischen der körperlichen Schädigung, eingeschränkten Fähigkeiten und durch äußere Faktoren bedingte Beeinträchtigungen. 2001 stellte dann die WHO die ICF (Klassifikation der Funktionsfähigkeit, Behinderung und Gesundheit) vor, die nunmehr positiv formuliert zwischen den Bereichen „Körperliche Aspekte" (vorher Schädigungen), „Aktivitäten und Teilhabe" (vorher Fähigkeitsstörungen oder Beeinträchtigungen) und „Umweltfaktoren" (vorher Beeinträchtigungen oder Behinderungen) unterscheidet und somit anstelle von ausgesprochenen Defiziten entlang von nicht erfüllten Normen klassifiziert.

Im ersten Teil der ICF wird zwischen Körperfunktionen und -strukturen unterschieden, die nach Körpersystemen gegliedert sind. Das Ausmaß der Schädigung der Körperfunktionen und -strukturen wird in fünf Schweregraden beurteilt. Zudem können die Körperstrukturen entsprechend der Art der Veränderung mit sieben weiteren Kategorien näher beschrieben werden. Im Bereich Aktivitäten und Teilhabe werden die individuellen und gesellschaftlichen Funktionsfähigkeiten angeführt, deren Beeinträchtigung entsprechend dem Ausmaß ebenfalls in fünf Stufen beurteilt wird. Kontext- und Umweltfaktoren werden in einer fünfstufigen Skala in ihrer behindernden Wirkung und in einer fünfstufigen Skala in den potenziellen Möglichkeiten zur Überwindung anderer behindernder Wirkungen auf die Person beurteilt. Beispielsweise könnte der Umweltfaktor Tiere (e2201) für eine blinde Person eine Beeinträchtigung bedeuten, wenn Allergien oder Ekel bestehen, während sich in genau diesem Faktor, durch den Einsatz von Begleit- oder Führhunden, Möglichkeiten zur Überwindung anderer Beeinträchtigungen ergeben.

Dieses trialistische, bio-psycho-soziale Modell hat sich mittlerweile offenbar unverrückbar im Kontext von Behinderung verankert und erfährt nach wie vor eine bemerkenswert positive Rezeption. Beispielsweise sieht Hollenweger (2003, S. 158, 161) in diesem Klassifikationssystem, mit seinen insgesamt mehr als 1.400 Einzelfaktoren, die in den beschriebenen Ausprägungsgraden beurteilt werden können, einen ganzheitlichen Ansatz, mit dem die medizinische und die soziale Seite von Behinderung versöhnt und die wissenschaftliche Auseinandersetzung mit Behinderung von ihren „ideologischen Trübungen“ befreit wird.

Andererseits gibt es jedoch auch Kritik, da die ICF nur als ein weiterer Versuch verstanden werden kann, Behinderungen objektiv einzufangen, um sie mit dem „klinischen Blick“ (Foucault) zu sezieren. Tatsächlich müssen sich solche umfassenden Klassifizierungssysteme wie die ICF den Vorwurf gefallen lassen, dass sie einen Menschen als Verzeichnis von Unzulänglichkeiten zurücklassen. Eine von Riegler (2011, S. 25) zitierte Frau brachte dies nach der ärztlichen Begutachtung im Antragsverfahren für einen Schwerbehindertenausweis pointiert auf den Punkt, indem sie feststellte, dass ihr bis zur Untersuchung gar nicht aufgefallen wäre, dass an ihr überhaupt nichts stimme.

Bezogen auf die ICF selbst wird kritisiert, dass weiterhin von primär medizinischen Definitionen und einem einseitigen biophysischen Begriff von Normalität ausgegangen werde (Waldschmidt, 2005, S. 16). Die behinderte Person stehe auch weiterhin als möglichst klug zu modifizierendes Objekt im Mittelpunkt der Bemühungen, während die Rolle der Gesellschaft auf die Begünstigung dieses Prozesses reduziert werde. Tatsächlich kurios an der ICF ist die Annahme, dass sich mit einer Liste von Aktivitäten und Umweltfaktoren Teilhabe operationalisieren lassen würde und außerdem, dass durch die Erweiterung des Aktivitätsspielraums und die Nutzung und Schaffung begünstigender Umweltfaktoren Teilhabe zunimmt. Auch wenn diese beiden Annahmen auf den ersten Blick schlüssig erscheinen mögen, haben sie mit der Lebenswirklichkeit behinderter Menschen verblüffend wenig zu tun.

Da sich der unantastbare Nimbus solcher detaillierten Klassifikationssysteme zumindest diskursiv nicht erklären lässt, muss sich der Blick auf die Anwendung der ICF in der Alltagspraxis richten, wo sie beispielsweise in der Standardisierung der Planung von Unterstützungs- und Fördermaßnahmen zunehmend an Bedeutung gewinnt (Kap. 5.4.3).

Hier erweist sich die ICF durchaus in vielerlei Hinsicht als hilfreich. Die

Bindung der Unterstützungs- und Fördermaßnahmen an konkrete und standardisierte Aktivitätsziele erleichtert die inhaltliche Begründung und die Strukturierung, während sie präferenzgeleitete Weglassungen oder Übergewichtungen hemmt. Durch die Arbeit entlang von standardisierten Schemata entstehen vergleichbare Leistungsspektren, Kostenschätzungen und Erfolgskontrollen, was gleichzeitig Möglichkeiten für epidemiologische, soziologische, psychologische oder auch pädagogische nationale und internationale Vergleiche eröffnet. Davon abgesehen sollte auch bedacht werden, dass der Umgang mit solchen umfassenden Klassifikationssystemen eine beachtliche Menge administrativer Arbeitsleistung bindet, was sich durchaus positiv auf die Erwerbsquote in der Regel unbehinderter Fachkräfte auswirkt.

Mit der Annahme, dass die sozialrechtliche Definition und das Klassifikationssystem ICF lediglich Varianten des individuellen Modells von Behinderung, mit medizinischem Charakter und einem einseitigen biophysischen Begriff von Normalität, in neuem Gewand sind, erscheint es sinnvoll und notwendig, die Kategorie Behinderung an sich, also unabhängig von den Menschen, denen sie zugeschrieben wird, zu beschreiben. Hierdurch wird Behinderung als abstraktes, dynamisches Konstrukt begriffen, welches evidenzbasiert, physische und soziale, hypothetische Implikationen zusammenfasst und gleichzeitig den Menschen an sich unberührt lässt.

Vor diesem Hintergrund kann die Kategorie Behinderung als ein hierarchisches System begriffen werden, welches sich absteigend weiter spezifiziert (z. B. in geistige Behinderung, Sehbeeinträchtigung, Hörbeeinträchtigung). Untergeordnete Kategorien übernehmen dabei die Implikationen der übergeordneten Kategorien, die sie wiederum um spezifischere Implikationen erweitern. Die Kategorie „Blind“ würde beispielsweise die Implikationen der übergeordneten Kategorien „Sehbeeinträchtigung“, „Wahrnehmungsbeeinträchtigung“ und schließlich „Behinderung“ und die blindenspezifischen Implikationen enthalten, die in der Lebenswirklichkeit einer Person, der die Kategorie zugeschrieben wird, grundsätzlich wirksam werden könnten.

Mit diesen Überlegungen soll nun aber keineswegs ein weiteres Klassifizierungssystem geschaffen werden. Es soll verdeutlicht werden, dass Begriffe wie „Behinderung“, „Menschen mit Behinderung“ oder „sehbeeinträchtigte Menschen“ schlicht und einfach abstrakte Konstrukte sind, die Kategorie-spezifische oder von übergeordneten Kategorien ererbte, hypothetische Implikationen zusammenfassen. Anders formuliert, gibt es keine reale Gruppe von Menschen mit Behinderungen, keinen blinden Menschen und genauso wenig eine Entität Behinderung, sondern lediglich eine Reihe von realen Individuen, in deren Lebenswirklichkeit einige der in der zugeschriebenen Kategorie versammelten hypothetischen Implikationen wirksam werden.

Im Folgenden werden nun einige dieser hypothetischen Implikationen zusammengetragen, die sich explizit auf die abstrakte Kategorie Behinderung beziehen und damit nach erfolgter Zuschreibung in der Lebenswirklichkeit eines Individuums wirksam werden können, aber sicher nicht müssen.

Behinderung erzwingt dauerhafte und kulturübergreifende Normabweichungen im Verhalten, die von anderen Menschen faktisch oder zumindest potenziell erkennbar sind. Die resultierenden Normabweichungen können sich in ihrer konkreten Ausprägung auch deutlich unterscheiden, sind ihrer Art nach insgesamt aber relativ typisch für die jeweilige Kategorie. Diese Normabweichungen führen dazu, dass behinderte Menschen im Vergleich zu unbehinderten Menschen bestimmte Dinge dauerhaft überhaupt nicht, nur auf andere Art und Weise oder mit deutlich mehr Zeitaufwand tun können.

Behinderung hat einen verkörperten Faktor im Sinne einer Schädigung von Körperfunktionen oder -strukturen, der innerhalb einer Person liegt (Shakespeare, 2013, S. 49) und der sie in der Regel dauerhaft einer der Kategorien zuordnet. Dieser verkörperte Faktor ist entgegen der Vorstellung des sozialen Modells von Behinderung durchaus wesentlich, wie in zahlreichen Autobiografien behinderter Menschen durch ihre intensive Auseinandersetzung mit dem Körper oder auch durch die zentrale Rolle des Körpers in den Bemühungen um Selbstbestimmung deutlich wird (Waldschmidt, 2005, S. 22).

Diese Verkörperung ist aber keineswegs ein Alleinstellungsmerkmal der Kategorie Behinderung, da sie diese mit anderen Differenzkategorien wie Geschlecht, Sexualität und Ethnizität teilt (Waldschmidt, 2011, S. 90). Im Unterschied zu anderen verkörperten Differenzkategorien führt aber Behinderung zu deutlich mehr individuell belastenden und herausfordernden Situationen, die sich unabhängig vom sozialen Umfeld ergeben und die mit ihrer Endgültigkeit brutal entwaffnen und kaum durch individuelle oder kollektive Schuldzuweisung in bearbeitbare Emotionen transformiert werden können. Beispielsweise ist auf absehbare Zeit eine Welt, in der Treppen, vergessene oder überraschende Baustellen sowie kaputte Ampeln (vgl. Sierck, 2013, S. 100f.) keine vollendeten Tatsachen schaffen, kaum vorstellbar. Genauso bleibt die Frage offen, wer nun eigentlich für die mit Behinderung verbundenen Schmerzen und Demütigungen, die erlebte Scham oder die Einsamkeit anzuklagen ist.

Dies wird häufig auch noch dadurch verschärft, dass keine echten Peers zur Verfügung stehen, die im Bedarfsfall mit Verständnis und Ermutigung Trost spenden können. Behinderte Menschen wachsen in der Regel in unbehinderten Familien auf und verfügen daher auch nicht über vergleichbare Erfahrungskontexte (Glofke-Schulz, 2007, S. 119), wie dies beispielsweise bei der Differenzkategorie Ethnizität typisch ist.

Auch wenn andere behinderte Menschen untereinander nicht zwangsläufig über eine gemeinsame Struktur von Einstellungen, Gewohnheiten und Überlieferungen verfügen, scheint es doch eine subtile Verbindung zwischen behinderten Menschen zu geben, die am ehesten der Verbindung zweier verlorener Menschen gleicher Sprache und Herkunft im Ausland ähnelt und von Andrew

Solomon (2013; zit. nach Shakespeare, 2018, S. 55f.) als „horizontale Verwandtschaft“ bezeichnet wurde.

Angeborene Behinderung entfaltet sich als Teil der Identität, was bedeutet, dass ein Leben ohne Behinderung kaum vorstellbar und „Heilungsvisionen“ als fremdartig oder unerwünscht empfunden werden (Shakespeare, 2018, S. 45). Behinderung kann aber auch unerwartet und mit aller Macht in das Leben treten oder sich hinterrücks anschleichen und heimlich das ganze Leben umgraben, bis kein Stein mehr auf dem anderen steht. Behinderung beginnt nicht mit einem Arztbesuch, einem Schuleintritt oder mit dem Feststellungsbescheid und wird auch nicht durch einen negativen ärztlichen Befund oder mit einer Abschlussprüfung am Ende der Schulzeit beendet. Behinderung endet in aller Regel mit dem Tod.

Behinderung ist bezüglich der funktionalen Normabweichungen in hohem Maße altersabhängig. Während sich bei behinderten und unbehinderten Babys kaum funktionale Unterschiede erkennen lassen, werden Normabweichungen mit zunehmendem Alter immer sichtbarer (Shakespeare, 2018, S. 51). Dieser Prozess beginnt bereits mit dem Laufen-Lernen und der Entwicklung der Sprache. Im Verlauf der Schulzeit werden die Normabweichungen durch den allgegenwärtigen Vergleich immer deutlicher und die zu bewältigenden Herausforderungen werden spezifischer. Nach der Schulzeit bestimmen die Normabweichungen die Berufswahl oder verschließen den Weg auf den Arbeitsmarkt vollständig. Altersbedingte körperliche Abbauprozesse wirken sich nicht nur bei sich progredient verschlechternden verkörperten Faktoren negativ aus, sondern auch bei stabilen Verläufen, da generell viele erlernte Kompensationsstrategien mit dem Abbauprozess nicht vereinbar sind.

Behinderung ist mit Diskriminierung, Prekarisierung, einem erhöhten Verarmungsrisiko, mit Partizipationseinschränkung, Stigmatisierung und Isolation verbunden (Waldschmidt, 2011, S. 99). Jantzen (1976, S. 430) geht hier noch weiter und verbindet mit Behinderung die Verhinderung von Sozialisation und Individuation im Rahmen der gesamtgesellschaftlich gegebenen Möglichkeiten.

Behinderung ist eng mit den Feldern der Gesundheit, Bildung und Arbeit verbunden, in denen sie als soziales Problem, Rehabilitationserfordernis, inklusionspädagogischer Förderbedarf oder Erwerbsminderung bearbeitet wird (Waldschmidt, 2011, S. 90). Demgemäß prägt Behinderung nicht nur in ihrer funktionalen Wirkung die gesamte Bildungs- und Erwerbsbiografie, indem sie Bildungs- und Berufsperspektiven einengt oder bei erworbener Behinderung zu einer abrupten Neuorientierung oder einem Rückzug zwingt, sondern sie aktiviert auch Bildbarkeits- und Einstellungsvorbehalte, was genauso Bildungs- und Berufsperspektiven torpediert (Wansing, 2007, S. 286).

Behinderung verhindert mittelbar die Aufnahme im gewöhnlichen sozialen Verkehr (Goffman, 1963/2010, S. 13), ist unerwünscht, provoziert Vermeidungstendenzen (Cloerkes, 2007, S. 142) und führt zu einem erheblichen Anpassungsdruck (Cloerkes, 2007, S. 166). Als besonders negativ und vor allem auch kulturunabhängig wird Behinderung mit deutlicher Sichtbarkeit oder starken Funktionseinschränkungen bewertet, wie sie beispielsweise extreme körperliche Deformationen oder Blindheit darstellen (Cloerkes, 2007, S. 129). Allein der Anblick von ungewöhnlichen Körperhaltungen und Körperbewegungen kann Abwehr und Furcht auslösen (Sierck, 2013, S. 5). Weniger deutliche Andersartigkeiten (z. B. zusätzliche Finger oder Zehen, ungewöhnliche Kopfformen, Narben) werden dagegen interkulturell variabel bewertet (Cloerkes, 2007, S. 129).

Behinderung wird als niedriges, diskreditierbares Statusmerkmal wahrgenommen, welchem alle anderen Statusmerkmale des Individuums nachgeordnet werden (Cloerkes, 2007, S. 108; Goffman, 1963/2010, S. 13). Konkret bedeutet dies beispielsweise, dass eine blinde Frau, die als Lehrerin arbeitet, verheiratet und Mutter eines Sohnes ist, in ihrer Freizeit Geige spielt und skilangläuft, ausschließlich als die „Blinde" charakterisiert wird (Glofke-Schulz, 2007, S. 74). Durch das sozialpsychologische Phänomen des Halo-Effekts, durch den von erkannten auf unbekannte Merkmale und Eigenschaften geschlossen wird, kann die Zuschreibung von Behinderung die gesamte Identität erfassen (Thimm, 2006, S. 96). Diese identitätserfassende Reduktion kann so weit gehen, dass sogar Formen von Auflehnung und Aggressivität, als Folge misslingender Bindung und Gewalt, als Ausdruck der Behinderung aufgefasst werden und nicht als Bewältigungsversuch in einer Situation struktureller Gewalt (Jantzen, 2002).

Behinderung ist nichts Positives (Cloerkes, 2007, S. 142), nichts Bereicherndes und auch nichts Inspirierendes. Behinderung ist auch nicht neutral, was dadurch deutlich wird, dass sich abgesehen von wenigen Ausnahmen (z. B. Körperintegritätsidentitätsstörungen (BIID) www.biid-dach.org/ (11.07.20)) autonome Menschen selbstbestimmt keine Behinderung zufügen, sondern sich mit aufwendigen und kostspieligen Maßnahmen vor ihnen schützen (Shakespeare, 2013, S. 86). Behinderung ist meistens lästig, furchtbar unpraktisch, erzeugt ungewollte Abhängigkeiten und Angst, beschränkt die individuellen Möglichkeiten der Entfaltung und wird zudem nicht nur durch zahlreiche äußere emotionale, institutionelle, zwischenmenschliche, architektonische, technische oder schlicht und einfach sinnfreie Faktoren verschärft.

4.2.2 Zuschreibungspraktiken

> „Pedanterie in Methodenfragen bricht immer dann aus, wenn jemand keine Geschichte zu erzählen hat." (Postman, 1988, S. 15)

Bezüglich der Zuschreibung der Kategorie Behinderung können mindestens drei Zuschreibungsformen unterschieden werden: die Selbstetikettierung, die passive Zuschreibung und die sozialrechtliche Zuschreibung.

Selbstetikettierung erfolgt in allen Interaktionen nach bereits bekannten oder unbekannten Mustern, intentional oder ungewollt, als Entscheidung oder als Ergebung. Selbstetikettierung erfolgt immer wieder aufs Neue in der Auseinandersetzung mit sich selbst, insbesondere in den Hochphasen der Identitätsbildung, im Bewältigungsprozess oder in der Erkenntnis der durch Behinderung eingezogenen Grenzen. Auch wenn irgendwann der Schrecken verflogen ist, bleibt Behinderung eine immer wieder neu zu verhandelnde Herausforderung, der es sich unfreiwillig zu stellen gilt. Die Komplexität der Selbstetikettierung macht Shakespeare (2018, S. 54f.) an seinen eigenen Erfahrungen deutlich, die er mit vielen Menschen mit Kleinwuchs teilt. Als angeborene Behinderung stellte der Kleinwuchs einen festen Bestandteil seiner Identität dar, weshalb er die Zuschreibung der Kategorie Behinderung anderer zwar zur Kenntnis nahm und damit lebte, sich selbst aber Behinderung nicht zuschrieb. Als sich dann schließlich in seinen Zwanzigern die für Kleinwuchs typischen schmerzbedingten, motorischen Einschränkungen verstärkten, änderte sich dies und die Selbstetikettierung mit der Kategorie Behinderung drängte sich in sein Leben.

Mit Blick auf Shakespeares Ausführungen lassen sich erfahrungsgemäß durchaus einige Regelmäßigkeiten im Selbstetikettierungsverhalten behinderter Menschen beobachten, die jedoch eher als Möglichkeitsräume und definitiv nicht als feststehendes Verlaufsmuster begriffen werden sollten.

Die ersten Jahre des bewussten Lebens einer behinderten Person, sind häufig von Verwunderung und Befremdung über die andauernden Fremdzuschreibungen und merkwürdigen Verhaltensweisen des Umfelds geprägt. Die Person selbst erlebt sich dabei nicht notwendigerweise als behindert, sondern fügt sich vielmehr den Vorstellungen des Umfelds. Selbstetikettierungen sind in dieser Lebensphase also eher selten.

Sobald dann Entscheidungen mit weitreichender biografischer Wirkung, wie die weiterführende Schul- und Berufswahl, anstehen, sobald also die eigenen Fantasien über die Zukunft mit den Fantasien anderer in Konflikt geraten, drängt sich die Erkenntnis des Andersseins unangenehm in das Leben. Diese Zeit ist häufig von Widerstand geprägt, der sich beispielsweise durch überdurchschnittliche schulische Leistungsbereitschaft, ausgeprägte Größenfantasien, sportlichen Übermut oder auch extrovertierte subkulturelle Identifikationsmuster manifestiert, um sich der Selbstetikettierung mit Behinderung durch noch mächtigere Zuschreibungen möglichst zu entziehen.

Dieses zehrende Bemühen endet häufig erst nach diversen Misserfolgen und Grenzerfahrungen, sobald die Einsicht gereift ist, dass die Behinderung zwar selten plakativ kausal das eigene Leben bestimmt, aber dennoch stets mächtig mitredet. Metaphorisch ausgedrückt lässt sich diese Einsicht in etwa wie folgt fassen: Dort wo unbehinderte Menschen in den Ring steigen können, um sich nicht kampflos ergeben zu müssen, finden behinderte Menschen häufig überhaupt keinen Ring vor, da es ungehörig ist, sich mit behinderten Menschen zu prügeln. Um diese Erkenntnis überhaupt auszuhalten, bleibt der behinderten Person letztlich nur die Selbstetikettierung mit Behinderung übrig, um die erlebten Grenzen in der institutionalisierten Hilflosigkeit zu rechtfertigen, ohne das eigene Selbst noch weiter zu beschädigen (Kap. 8).

Die zweite Zuschreibungsform ist die passive Zuschreibung, die in Interaktionen immer dann erfolgt, wenn die beobachteten Verhaltensabweichungen mit den hypothetischen Verhaltensimplikationen der Kategorie Behinderung in Einklang gebracht werden (vgl. Cloerkes, 2007, S. 160). Die passive Zuschreibung hängt damit aufgrund der Individualität der beteiligten Personen und der variablen Bedingungen von Interaktionen von einer ganzen Reihe von Faktoren ab (Kap. 2.3).

Wesentlicher Faktor ist die Aufdringlichkeit der Verhaltensabweichungen, die insbesondere durch die effektive Beeinträchtigung des Interaktionsablaufs sichtbar wird (Goffman, 1963/2010, S. 65). Außerdem schafft Verhaltenskontrolle, Vermeidungsverhalten oder Täuschung der behinderten Person einen bestimmten, intentionalen Spielraum zur Beeinflussung des Zuschreibungsprozesses.

Die effektive Zuschreibung hängt aber auch entschieden von der Aufmerksamkeit, dem Interesse, dem Vorwissen und weiteren situationsbestimmenden Faktoren der zuschreibenden Person ab, die unmittelbar kaum von der behinderten Person beeinflusst werden können, ohne die Zuschreibung sachfremder Kategorien auszulösen.

Aus diesem Grund gelingt es in einer U-Bahn voller Menschen, die in Smartphone-Displays starren und ihre Ohren mit Ohrsteckern verstöpselt haben, deutlich einfacher, sich im wärmenden Mantel der Normalität zu verhüllen als auf einer Showbühne. Auch gibt es am Anderssein in einer Stadt wie Berlin, mit der ihr innewohnenden unersättlichen Ungezwungenheit, verhältnismäßig weniger Interesse, als in einem kleinen Dörfchen, indem Ausschmückungen die alten Dorfgeschichten längst nicht mehr spannender machen, sondern nur mehr verfälschen. Schließlich hängt die tatsächliche Zuschreibung auch vom Vorwissen, der Vertrautheit mit den Implikationen der Kategorie Behinderung und den ergänzenden Privattheorien zum Thema Behinderung der zuschreibenden Person ab, was also bedeutet, dass in Förderschulen mit deutlich mehr passiven Zuschreibungen gerechnet werden muss als in Regelschulen.

Im Unterschied dazu erfolgt die sozialrechtliche Zuschreibung von Behinderung als Folge einer Willenserklärung intentional und folgt im Zuschreibungsprozess einem festgelegten Verfahren. Diese Formalisierung ist notwendig, da das Ergebnis, im Unterschied zu Selbstetikettierungen oder passiven Zuschreibungen, als objektiv gültig betrachtet wird und vor diesem Hintergrund nicht nur mit sozialen, sondern auch mit weitreichenden und nur schwer beeinflussbaren institutionellen und materiellen Folgen verbunden ist. Fraglich ist nun aber, ob die angewandten Verfahren überhaupt ausreichend sensitiv und spezifisch[1] sind, um innerhalb der Gruppe Antragstellender, behinderte Menschen von unbehinderten Menschen exakt zu trennen. Dies ist angezeigt, da mit der sozialrechtlichen Zuschreibung weitreichende soziale, rechtliche oder auch finanzielle Folgen verbunden sein können, die letztendlich alle, aber eben auch nur alle behinderten Menschen erhalten sollen, sofern sie dies überhaupt wollen.

Die hiermit verbundenen Herausforderungen lassen sich besonders treffend anhand des amtlichen Feststellungsverfahrens von Blindheit zeigen. Zum einen ist das Verfahren im hohen Maße formalisiert und erhebt einen weitreichenden Anspruch auf Sensitivität und Spezifität. Zum anderen sind vom Ergebnis des Feststellungsverfahrens und der damit verbundenen Zuschreibung eine ganze Reihe von Entscheidungen abhängig, beispielsweise über die Auszahlung eines einkommensunabhängigen Blindengelds oder auch die Übertragung einer ganzen Reihe von im alltäglichen Leben durchaus relevanten Privilegien.

Das amtliche Feststellungsverfahren von Blindheit folgt in Deutschland inhaltlich weitgehend den Überlegungen der Deutschen Ophthalmologischen Gesellschaft (BMAS, 2009, S. 128f.). Maßgeblich für die Feststellung von Blindheit ist der Fernvisus[2]. Unter dem Fernvisus wird die Sehschärfe im Abstand von mindestens einem Meter verstanden, die mit beiden (dem besseren) Augen und unter Verwendung der bestmöglichen Korrektur durch eine Sehhilfe (Brille oder Kontaktlinsen) erzielt wird.

Die erste Schwierigkeit besteht nun darin, eine Marke festzulegen, welche die Gruppen blinder Menschen von der Gruppe nicht blinder Menschen abgrenzt. Ohne messbare Beeinträchtigungen des Gesichtsfelds liegt diese Grenze in Deutschland bei 1/50=0,02 der normalen Sehschärfe. Allerdings stellt sich die Frage, warum die Grenze nicht bei 1/40=0,025 oder auch bei 1/80=0,0125 liegen sollte. Dies erscheint vor allem deshalb fragwürdig, da die Sehschärfe deutlich, aber nicht linear vom Alter abhängt (Bach & Kommerell, 2002). Bei normgerechter Prüfung erreichten junge Menschen Fernvisus-Werte um 2,0, während bei älteren Menschen 0,5 einen durchaus üblichen Wert für den Fernvisus darstellte.

---

1 Die Sensitivität gibt in diesem Zusammenhang an, wie viele tatsächlich behinderte Menschen durch das Testverfahren auch tatsächlich als behindert erkannt werden. Die Spezifität gibt an, wie viele unbehinderte Menschen mit dem Testverfahren als unbehindert erkannt werden.

2 Berücksichtigt werden ggf. auch Einschränkungen des Gesichtsfelds, also Einschränkungen des Sichtfelds, das bei ruhig stehenden Augen erfasst werden kann. In Verbindung mit bestimmten Einschränkungen des Gesichtsfelds, kann der Schwellwert des Fernvisus zur Feststellung von Blindheit auch höher liegen. Davon abgesehen, kann Blindheit sozialrechtlich beispielsweise auch aufgrund von Schädigungen der primären Sehrinde (kortikale Blindheit), bei intakten Augen und Sehnerven festgestellt werden.

Dadurch wird deutlich, dass die normale Sehschärfe in ihrer Abhängigkeit von einer ganz bestimmten Normgruppe, ein im hohen Maße willkürlicher Wert ist, der folglich auch die von ihm abgeleiteten Werte, wie die Grenze für Blindheit, ins Willkürliche zieht. Mit Blick auf die Legaldefinition von Behinderung (§ 2, SGB IX), mit der explizit ein Altersbezug hergestellt wird, erscheint dies durchaus kurios, da konsequenterweise die Grenze für Blindheit abhängig vom Lebensalter variieren müsste.

Die zweite Schwierigkeit ergibt sich im Grenzbereich und der dort zu treffenden „Alles-oder-Nichts“ Entscheidung. Kann tatsächlich angenommen werden, dass sich die Beeinträchtigungen und Behinderungen einer Person mit einem Fernvisus von 0,02 derart von denen einer Person mit einem Fernvisus von 0,025 unterscheiden, dass sich dadurch die gewichtige Ungleichbehandlung valide rechtfertigen lässt, die sich durch das einkommensunabhängige Blindengeld und andere Nachteilsausgleiche ergibt?

Schließlich muss bedacht werden, dass es aufgrund von fehlender Präzision wohl kein Messverfahren mit absoluter Reproduzierbarkeit (Reliabilität) gibt. Deutlich wird dies in der Untersuchung von Pause (2014). In den Jahren 2003 bis 2008 wurden in Bayern insgesamt 357 Anträge auf Blindengeld gestellt, mit denen nach Aktenlage, entsprechend den beigefügten augenärztlichen Befunden, die formalen Voraussetzungen für die sozialrechtliche Zuschreibung von Blindheit erfüllt wurden.

Im Rahmen der sich daran anschließenden amtsärztlichen Untersuchung ist es jedoch lediglich 282 (79 %) Personen gelungen, die begutachtende Person von Blindheit zu überzeugen, während 75 Anträge (21 %) abgelehnt wurden. Offenbar wird hier die Reproduzierbarkeit in jedem fünften Fall verletzt, was auf systematische Schwächen des Messverfahrens schließen lässt, da ansonsten die zahlreichen falsch positiven Antragsatteste im Vorfeld kaum zu rechtfertigen wären. Das bedeutet letztlich, dass das Ergebnis dieser Klassifizierungsversuche überdeutlich von der gestellten Frage und der damit verbundenen Motivation abhängt (vgl. Shakespeare, 2018, S. 8f.), was erhebliche Zweifel an der Objektivität und Reliabilität des Verfahrens aufkommen lässt.

4.3 Behinderte Lebenswirklichkeiten

> „They all come with an impressive amount of methodology, often involving sophisticated machinery, and at the same time their results are trivial at best, and mostly useless in a practical context.“ (Velden, 2016, S. 30)

Wenn nun Behinderung tatsächlich mit der Lebenswirklichkeit einzelner Menschen verbunden werden soll und somit nicht über eine fiktive Person mit der Zuschreibung Behinderung, sondern über eine reale, behinderte Person gesprochen wird, bedarf es der demütigen Einsicht der eigenen Erkenntnisgrenzen, einer gehörigen Portion respektvoller Zurückhaltung und einer bewussten Relativierung der Aussagekraft aller diagnostischen Instrumente.

Unabhängig von den bereits beschriebenen technischen Schwierigkeiten besteht die entscheidende, praktische Schwäche aller Diagnostik im Kontext von Behinderung darin, dass Mess- und Klassifizierungsversuche Artefakte sind, die lediglich einen bestimmten Aspekt der beobachtbaren, individuellen Lebenssituation in ein künstliches Raster zwängen. Solche Artefakte in Verbindung mit kategoriespezifischen Beschreibungen mögen zwar ein bestimmtes Maß an Vorhersagbarkeit zukünftigen Verhaltens der Person selbst oder deren Umfelds erlauben und sind damit für die Erhöhung der Passung von pädagogischen, rehabilitativen oder sozialstaatlichen Interventionen hoch relevant, lassen aber die tatsächliche Lebenssituation der einzelnen Person vollständig im Dunkeln.

Messbare und klassifizierbare physische, psychische oder soziale Normabweichungen werden erst im Erleben einer Person zu Beeinträchtigungen und für das Erleben spielt ihre manifeste und beobachtbare Seite keine Rolle. Damit nun aber überhaupt äußere oder innere Reize in das Erleben einer Person vordringen, bedarf es eines epistemischen Instrumentariums, welches beispielsweise durch die verfügbaren, kognitiven Funktionen wie Intelligenz; Rezeptionsfähigkeit; Sprachkompetenz und Gedächtnis; durch Einstellungen und Überzeugungen; durch Bedürfnisse, Leidenschaften und Wünsche; durch die erfahrungsbezogenen Strategien zur Adaption, Kompensation und Bewältigung von Herausforderungen; durch den Willen und eine nicht abgeschlossene Reihe weiterer Faktoren bestimmt wird. Dieses epistemische Instrumentarium ist nicht nur interpersonell, sondern auch in seiner jeweils situativen Konstitution stets einzigartig, da es seit dem ersten Aktionspotenzial umgebaut und reorganisiert wird, was letztlich bedeutet, dass nicht einmal dieselbe Person etwas konsekutiv identisch erleben kann.

Da nun dieses epistemische Instrumentarium nicht operationalisierbar ist (Velden, 2016, S. 83) und sich die Instrumentarien zweier Personen stets unterscheiden, kann das tatsächliche Erleben von Beeinträchtigung weder sinnvoll gemessen oder beschrieben und schon gar nicht nachempfunden werden (vgl. Capovilla, 2015, S. 18ff.).

Damit lässt sich also festhalten, dass zwischen den diagnostisch erfassbaren und objektiv messbaren Faktoren auf der einen öffentlichen Seite und dem tatsächlichen Erleben auf der anderen privaten Seite klar unterschieden werden muss. Für einen verantwortungs- und respektvollen Umgang mit Behinderung gilt es sicherzustellen, dass die Person mit seiner Identität soweit wie möglich unbeschädigt bleibt und nicht auf der Grundlage von Privattheorien und Annahmen über fremdes Erleben, die aufgrund objektiv gemessener Faktoren aufgestellt wurden, bevormundet, genötigt oder in unerwünschte Lebenswirklichkeiten gedrängt wird. Alle Versuche, dennoch in dieses Erleben anderer

Personen vorzudringen, die beispielsweise mit Behinderungssimulationen beginnen und mit partikulären oder sogar allgemeinen Aussagen mit Wahrheitsanspruch enden, sind unangenehm invasiv und vor allem unhöflich.

Wie kann dann aber deutlich weniger invasiv und respektvoll mit dem individuellen Erleben von Behinderung umgegangen werden und wie könnte vor diesem Hintergrund ein zwar noch lange nicht perfektes, aber dennoch zeitgemäßes, inklusives Bild von Behinderung aussehen? Das Erleben von Behinderung lässt sich mit einer vielschichtigen und facettenreichen Situation charakterisieren, welche die Denk- und Handlungsspielräume in ein Kontinuum zwischen den Extremen „Nichts ist möglich" und „Alles ist möglich" abbildet (Shakespeare, 2018, S. 5). Die Extreme des Kontinuums werden dabei notgedrungen von lebenden, menschlichen Wesen nicht erreicht, was weit mehr als eine pädagogische Prämisse ist. Mit anderen Worten bedeutet dies erfreulicherweise, dass irgendetwas immer „geht" und auf der anderen Seite die menschliche Perfektion ein Mythos bleibt. Eine Dichotomie zwischen behinderten und unbehinderten Personen bezogen auf die einzelne Person ist damit erkenntnistheoretisch nicht länger haltbar.

Allen Menschen ist gemein, dass ihre individuellen Denk- und Handlungsspielräume durch ihre Körper, ihr epistemisches Instrumentarium, ihre zugeschriebenen Kategorien und ihre situativen Umgebungsfaktoren, immer wieder neu begrenzt werden. Vor diesem Hintergrund durchleben behinderte Menschen im Vergleich zu unbehinderten Menschen durchschnittlich mehr Situationen, die von Implikationen bestimmt werden, die in Verbindung mit der Kategorie Behinderung stehen. Über die einzelne Person ist damit aber noch längst nichts ausgesagt, was also heißt, dass es Personen gibt, denen die Kategorie Behinderung zugeschrieben wurde, die jedoch überhaupt keine kategoriespezifischen Beeinträchtigungen erleben, während es genauso Personen gibt, die fernab aller Zuschreibung, klug und formvollendet, die Implikationen der Kategorie Behinderung abarbeiten.

Die Lebensbedingungen von behinderten Menschen lassen sich genauso wie die Lebensbedingungen von unbehinderten Menschen verbessern, indem die schulische, berufliche und allgemeine gesellschaftliche Teilhabe bedarfs- und bedürfnisorientiert realisiert wird. Entscheidend ist also, ob die hierfür notwendige Unterstützung situativ zur Verfügung steht, die abbaubaren Barrieren abgebaut wurden, die notwendigen Maßnahmen für die Einrichtung und Unterhaltung von spezifischen Arbeitsplätzen bei Bedarf unkompliziert abgerufen werden können, finanzielle Nachteile finanziell ausgeglichen werden, Diskriminierung und Diskreditierung unter Kontrolle gehalten wird etc. (Shakespeare, 2018, S. 48f.).

Die Konsequenz ist somit einfach und weitreichend: Alle Versuche, Behinderungen mit objektiven Maßstäben und Klassifikationssystemen zu beschreiben und einzufangen, wie dies auch mit der ICF versucht wird, sind unzureichend. Unzureichend deshalb, weil die private Seite von Behinderung nicht objektiv erfasst werden kann, aber eben genau diese private Seite, also das Erleben der innerhalb und außerhalb des Körpers erzeugten Reize, der wirksame Kern von Behinderung ist.

Dies bedeutet nun keineswegs, dass alle Klassifizierungssysteme aufgrund ihrer Unzulänglichkeit überwunden werden sollten, was letztlich in Ermangelung der Zuschreibungsmöglichkeiten auch die Auflösung aller Kategorien mit sich bringen würde. Es bedeutet, dass Diagnostik ohne medizinische Indikation oder ohne Therapieoptionen vermieden werden soll, wenn sie nicht der spürbaren Erhöhung der Passung erwünschter pädagogischer, rehabilitativer oder sozialstaatlicher Interventionen dient (Kap. 5). Es bedeutet, dass die Kriterien der Zugehörigkeit zu einzelnen Kategorien nicht medizinisch, sondern lebenspraktisch festgelegt werden sollen, was natürlich die starren sozialrechtlichen Grenzen aufweicht und elastifiziert. Entscheidend ist, ob eine Person mit den Restriktionen als Folge der Implikationen der Kategorie Behinderung lebt und nicht, ob sie eine Reihe Landolt-Ringe weiter oben oder unten lesen kann.

4.4 Hierarchien der Körperlichkeiten

Kurz nachdem Rhodos seinen Sitzplatz in der Bahn gefunden hat, seinen Langstock zusammengeklappt und der erste Schluck des mitgebrachten Piccolos über seinen Gaumen fließt, spricht ihn Santorin laut und deutlich an: „Hallo und Prosit.“, worauf Rhodos antwortet „Danke“. Darauf Santorin „Fahren Sie öfter allein mit der Bahn?“, „Ja.“. Santorin fragt weiter „Und warum haben Sie denn einen Anzug an, was arbeiten Sie denn?“, „Ich bin Rechtsanwalt und ich lege Wert auf ausgesuchte Kleidung“. Santorin erwidert „Ah und das geht? Ich kannte mal eine Blinde, die hat aber nicht gearbeitet und mein Sohn ist mit einem Rollstuhlfahrer in der Klasse. Gibt es eigentlich auch Anzüge für Rollstuhlfahrer?“.

In den vorangegangenen Abschnitten wurde auf der einen Seite versucht, die Unzulänglichkeit von Diagnostik und die damit verbundenen Klassifizierungssysteme als konstitutive Instrumente von Kategorien im besonderen Maße zu betonen, während auf der anderen Seite durch das Zusammentragen von kategoriespezifischen Charakteristika eine Abgrenzung und Kategorisierung versucht wurde.

Diese Unvereinbarkeit ruht daher, dass es nach dem gegenwärtigen menschenrechtlichen Verständnis eine klare gesellschaftliche Aufgabe ist, Angebote und Rechte zum solidarischen Ausgleich von Nachteilen zu schaffen, um allen Menschen gesellschaftliche Teilhabe zu ermöglichen. Solche Nachteilsausgleiche und Rechte lassen sich naturgemäß sehr viel passender und ökonomischer realisieren, wenn Menschen aufgrund bestimmter geteilter Lebensbedingungen zu abstrakten Kategorien zusammengefügt werden, da die Maßnahmen ansonsten zwar hochindividualisiert, dafür aber unspezifisch und willkürlich wären (Capovilla, 2015, S. 15). Anderseits können aber mit der Zuschreibung der Kategorie selbst wiederum Nachteile verbunden sein, die letztlich kaskadisch nach weiteren Ausgleichen verlangen.

Mit Blick auf den evolutionsbiologischen (Kap. 2.1.1) und den kulturalistisch-orientierten (Kap. 2.1.1) Erklärungsversuch sind Abgrenzungsversuche unbehinderter Menschen in Richtung von behinderten Menschen durch passive Zuschreibungen durchaus nachvollziehbar. Auch Abgrenzungsversuche gegenüber unbehinderten Menschen durch Selbstetikettierungen sind in Erwartung von Nachteilsausgleichen als Akt der anschließenden Identitätsstiftung denkbar.

Allerdings stellt sich die Frage, ob und wie sich das Abgrenzungs- und Zuschreibungsverhalten behinderter Menschen untereinander manifestiert. Unter sehbeeinträchtigten Menschen scheint es beispielsweise als besonders „statushoch" zu gelten, sich mit bestimmten Freizeitaktivitäten von anderen sehbeeinträchtigten Menschen abzusetzen: Menschen ohne Sehvermögen gehen in den Chor, sehbeeinträchtigte Menschen mit Sehvermögen spielen Kicker, Billard oder Computer (Länger, 2002, S. 138). Fraglich ist, wie sich Abwertungen, gegenseitige Vorurteile, besonders deutliche Distanzierungen oder Stigmatisierungen (Cloerkes, 2007, S. 115) oder sogar Nachäffen im Kreise behinderter Menschen erklären lassen, die offensichtlich keinen Nutzen haben, sondern nach Innen verletzen und nach Außen lächerlich wirken.

Wie bereits verdeutlicht wurde, stellen behinderte Menschen keine geschlossene, solidarische Gruppe mit vergleichbarer Sozialisation und kulturellem Kontext dar. Fehlt dann auch noch das verbindende Moment vergleichbarer behinderungsspezifischer Bedürfnisse, bleiben kaum Gemeinsamkeiten übrig. Behinderte Menschen erleben daher behinderte Menschen mindestens genauso anders und fremd, wie das auch unbehinderte Menschen tun (Cloerkes, 2007, S. 115). Der Gast, der auf dem Podium zwischen Fachleuten körperlich aus dem Rahmen fällt, versetzt alle Menschen gleichermaßen in Aufruhr, wie die Person mit Sprachschwierigkeiten in der Schlange beim Brötchenkauf (Sierck, 1989, S. 10). Die zahlreichen schwer erträglichen alltäglichen Erlebnisse der Identitätsverkürzungen und ungerechtfertigten Verallgemeinerungen, wie sie am Beispiel von Rhodos und Santorin dargestellt wurden, befeuern zudem das Schutzverhalten des eigenen fragilen Selbst. Abgrenzung kann aber auch explizit als Akt der Profilierung und Integration wirken (vgl. Bsp. Migration bei Wiesböck, 2018, S. 8, 73). Wenn das von anderen praktizierte Abgrenzungsverhalten lautstark übernommen wird, steigt die Erwartung, selbst der Zuschreibung der unerwünschten Kategorie zu entgehen.

Vermutlich alle Menschen greifen auf Vorurteile zurück, um die Komplexität der Wirklichkeit in einen erträglichen Rahmen zu zwängen und konstruieren dabei Hackordnungen, in denen sie sich möglichst günstig platzieren. Im Kontext von Behinderungen gibt es hierfür den besonders treffenden Begriff der Hierarchie der Körperlichkeiten (Sierck, 1989, S. 10; Glofke-Schulz, 2007, S. 10). Naturgemäß finden es manchmal auch behinderte Menschen erbauend und selbstwertfördernd, wenn die unten kräftig getreten und die oben neidvoll verachtet werden können. Innerhalb dieser Hierarchie der Körperlichkeiten zeigen sich erwartungsgemäß auch die üblichen Kategorien unbehinderter Menschen. Behinderte Frauen werden genauso von behinderten Männern unterdrückt (Cloerkes, 2007, S. 196), behinderte Menschen mit Migrationshintergrund dürfen ohne Fügsamkeit und Dankbarkeit genauso wenig auf Unterstützung hoffen und die sexuelle Orientierung wird genauso besser verschwiegen, wenn es nicht die Passende ist.

Die Erkenntnis, dass behinderte Menschen genauso leidenschaftlich oder unbeabsichtigt andere ausgrenzen und sich abgrenzen, macht die soziale Welt natürlich nicht zu einem besseren Ort. Sie trägt vielmehr zum Schluss bei, dass Menschsein, zumindest in dieser Hinsicht für alle Menschen gleichermaßen, ein mühsames und in hohem Maße unbefriedigendes Geschäft ist.

5 Die Grenzen der Behinderung

„Gewalt ist der verborgene Kern von Behinderung“ (Jantzen, 2002). Jantzens Satz ist in seiner Kraft und Prägnanz wie ein geschliffenes Linsenglas. Wurde es erst einmal in die Hand genommen, ist es kaum mehr möglich, sich dem Verlangen zu entziehen, Behinderung durch es hindurch zu sehen und zu fühlen.

In Art. 3 der UN-BRK (2006) werden die allgemeinen Grundsätze formuliert, die als Richtschnur und Maßgabe bei der Auslegung aller weiteren Vorschriften anzuwenden sind. Der erstgenannte Eintrag dieser Aufzählung fällt der „Achtung der dem Menschen innewohnenden Würde, seiner individuellen Autonomie, einschließlich der Freiheit, eigene Entscheidungen zu treffen, sowie seiner Unabhängigkeit“ zu. Daraus lässt sich schließen, dass das Bemühen um die bereits beschriebenen Ideale der „Selbstbestimmung“ und „Autonomie“ (Kap. 3.6) ein zentraler Motivator und Maßstab im politischen Engagement für behinderte Menschen ist. Vor diesem Hintergrund lässt sich die Geschichte des Umgangs mit Behinderung auch als eine Geschichte der Fremdbestimmung über behindertes Leben und der Heteronomie behinderter Menschen nachzeichnen, was der Freilegung des in der Heil-, Sonder- und Inklusionspädagogik weitverbreiteten Sarkasmus dient, der in der erfahrungsbasierten Selbstbestätigung und im hochgehaltenen Traditionsbewusstsein begraben liegt.

5.1 Macht, Freiheit und Gewalt

Die Selbstbestimmung und die Autonomie einer Person werden beeinträchtigt, wenn ihr mögliches Handlungsfeld durch Interventionen anderer strukturiert wird (in Anlehnung an die Definition des Regierens von Foucault, 1994, S. 255), was in einer mittelbaren oder unmittelbaren Verletzung oder Einschränkung ihrer Freiheits- und Gleichheitsrechte wirksam werden kann.

Solche Interventionen setzen Macht voraus und können ohne diese nicht effektiv werden. Macht kann nach Elias (1986, S. 77, 97) als Struktureigentümlichkeit aller menschlichen Beziehungen begriffen werden, die sich durch ein Ungleichgewicht in gegenseitigen Abhängigkeiten ergibt. Die Ursachen für das Ungleichgewicht in den gegenseitigen Abhängigkeiten sind vielfältig und multifaktoriell und werden durch die menschlichen Bedürfnisse nach Liebe, Geld, Gesundheit, Status, Karriere, Abwechslung, Sicherheit etc. bestimmt. Daraus lassen sich diverse Schlussfolgerungen ziehen.

Macht wirkt immer nur situativ auf das mögliche oder wirkliche, künftige oder gegenwärtige Handeln einer Person, auch wenn sie sich auf permanente Strukturen stützen kann (Foucault, 1994, S. 254). Macht in menschlichen Beziehungen ist niemals vollständig einseitig verteilt, solange beide Seiten eigenen Bedürfnissen folgen, wovon letztendlich ausgegangen werden kann.

Damit hängt die Macht der einzelnen Person nicht nur von stützenden permanenten Machtstrukturen ab, sondern auch von den individuellen Möglichkeiten der einzelnen Person, die Bedürfnisse der anderen Person zu adressieren und zu befriedigen: Ein Kind, das als witzig, charmant und anrührend erlebt wird, hat sehr wahrscheinlich im Vergleich zu Kindern mit weniger positiven Zuschreibungen mehr Möglichkeiten sich gegen die Fremdbestimmung durch eine betreuende Person durchzusetzen (Wolf, 2000). Die Macht des Kindes kann beispielsweise darin bestehen, durch die belohnende Zuwendung oder den strafenden Entzug von Aufmerksamkeit Einfluss auf das Handeln der betreuenden Person nehmen zu können, die sich um die Befriedigung ihrer eigenen emotionalen Bedürfnisse bemüht.

Solche Machtmechanismen können jedoch auch deutlich filigraner sein. Mariano wurden aufgrund seines kafkaesken, ruhigen und etwas unheimlichen Wesens vom Großteil seiner Lehrkräfte sehr unübliche Privilegien wie Beine auf den Tisch legen, Ohrstecker in den Ohren, Schlafen etc. eingeräumt. In Konferenzen kam das Thema kurioserweise nie zur Sprache, da offenbar alle Beteiligten, vermutlich aus Verwunderung über sich selbst und einem bestimmten Maß an Peinlichkeit und Faszination, konsequent Stillschweigen bewahrten. Erst Jahre später tauchte dieser Jugendliche dann in den lockeren, kollegialen Erzählungen zu den beeindruckenden Momenten der eigenen Berufsbiografie als Lehrkraft auf und alle wussten, um wen es ging.

Macht wird schließlich wesentlich dadurch charakterisiert, dass sie nicht in einem Ausschließungsverhältnis zur Freiheit steht (Foucault, 1994, S. 254). Das hier zugrunde gelegte Verständnis von Freiheit versteht sich aber nicht als eine absolute Freiheit im Denken und Handeln, da der Mensch, abgesehen von plakativen physischen Grenzen ganz im Sinne Bourdieus, offenkundig in ein soziales Bedingungsgefüge eingeflochten ist, in dem Freiheit eher als erstrebenswertes und motivierendes Gut, also als regulatives Prinzip fungiert. Es versteht sich an dieser Stelle als ein an Sartres Freiheitsbegriff orientiertes Verständnis von grundsätzlicher und dauerhafter Autonomiefähigkeit, durch welche der Mensch, zumindest vor sich selbst, als für sein Handeln und Denken uneingeschränkt verantwortlich konstituiert wird (Sartre, 1943/1991, zit. Bakewell, 2018, S. 50).

Auch wenn dem Menschen ein Denken und Handeln im Rahmen der individuellen, physischen und psychischen Möglichkeiten aufgezwungen wird, wird das kulturelle, historische und soziale Bedingungsgefüge nur bis zu einem begrenzten Umfang als zwingend erachtet, indem zumindest die Möglichkeit zur Autonomie bestehen bleibt, wenn auch die Selbstbestimmung längst verloren ist. Demgemäß kann eine Person immer wieder frei entscheiden, ob sie aufsteht oder liegen bleibt, wenn der Wecker klingelt; ob sie zur Arbeit fährt, geht oder die Arbeit bleiben lässt; ob sie den Anruf entgegennimmt oder das Smartphone wegwirft. Sie entscheidet, mit wem sie Essen geht, wem sie Schaden zufügt und ob sie ihre Hausaufgaben macht. Sartre geht hier mit Rekurs auf Seneca sogar so weit, dass der Mensch selbst im Moment des unausweichlichen Todes noch frei ist, da er immer noch frei bewerten könne, wie er dem Ende entgegensehe (Sartre 1943/1991 zit. nach Bakewell, 2018, S. 183f.). Freiheit im hier verwandten Sinne ist also nicht als absoluter Handlungsspielraum zu verstehen, sondern als autonome Möglichkeit sich selbst, ausgehend von der eigenen Festlegung als Person, innerhalb der sozialen Ordnung, immer wieder neu zu formulieren (Eribon, 2019, S. 164).

So sympathisch Sartres radikale Auslegung von Freiheit auch sein mag, so wenig taugt sie für die Lebenswirklichkeit behinderter Menschen. Deshalb soll hier aus pragmatischen Gründen die zusätzliche Grenze eingezogen werden, dass die Freiheit in Situationen längst verschwunden ist, wo sie lediglich dazu eingesetzt wird, um das Fehlen von Freiheit dahingehend umzudeuten, dass dieses Fehlen von Freiheit wieder als Freiheit erlebt werden kann. Dieses Phänomen der Umdeutung findet sich auch in einer Fabel „Der Fuchs und die Trauben“ beschrieben: Ein Fuchs zeigt sich verächtlich über die Trauben, die er nicht erreichen kann, und stellt fest, dass er sie ohnehin nicht haben wollte, da sie unreif und viel zu sauer seien (https://de.wikipedia.org/wiki/Der_Fuchs_ und_die_ Trauben (12.08.20)).

Mit diesem begrenzt existenzialistischen Verständnis von Freiheit kann nun auch der Begriff der Gewalt definiert werden. Wie beschrieben, kann sich Macht nur dort entfalten und bestehen, wo es Freiheit gibt, weshalb Macht nicht im Ausschließungsverhältnis zur Freiheit steht (Foucault, 1994, S. 254). Das macht Freiheit nicht nur zur Existenzbedingung von Macht, sondern auch zu ihrem Träger, denn Macht ohne Freiheit ist schlicht und einfach Gewalt.

Vor diesem Hintergrund ist es nun aber alles andere als einfach Gewalt von Macht abzugrenzen, da letztlich der Nachweis erbracht werden muss, dass es nach wie vor Freiheit gibt, um Handlungen nicht in die bloße Gewalt abgleiten zu lassen. Dieser marginal erscheinende und dennoch im höchsten Maße relevante Unterschied zwischen Macht und Gewalt soll anhand eines mehrschichtigen Beispiels herausgearbeitet werden.

Valletta lebt mit schweren Beeinträchtigungen als Folge einer Multiplen Sklerose in einem Pflegeheim und raucht nach wie vor leidenschaftlich. Auch wenn sie nicht einsieht, dass ihr das Rauchen in ihrem Einzelzimmer untersagt wurde, konnte sie sich damit abfinden, da sie bei Rauchverlangen in ihrem Rollstuhl auf die außen liegende Feuertreppe unweit ihrer Zimmertür fahren konnte, um ihr Verlangen zu stillen. Wenn auch anfangs etwas widerwillig, arrangierte sie sich mit den unaufgeforderten und mahnenden Kommentaren einiger Pflegekräfte zu den Gesundheitsrisiken ihres Lasters und der von einigen offenbar rein ideologisch motivierten Weigerung, sie beim Anzünden der Zigarette zu unterstützen, was ihr aufgrund der Sensibilitätsstörungen in ihren Händen zunehmend schwerfiel. Als sich dann aber einige andere Mitwohnende mehrfach über den angeblich permanenten Rauchgeruch im Flur beschwert und sich mit den kritischen Pflegekräften verbündet hatten, wurde ihr die Benutzung der Feuertreppe untersagt. Da sie den Heimgarten nur mit zunehmender Mühe erreichen konnte und sie, wie andere Rauchende auch, einfach nur gerne rauchte, ohne daraus eine feierliche Zeremonie mit An- und Abreise machen zu wollen, beschloss sie trotz Verbot in ihrem Zimmer zu rauchen. Schließlich fand sie sich in der Situation wieder, dass ihre Zigaretten fortan in der Portierloge im Eingangsbereich verwaltet wurden, wo sie jedes Mal einzeln um eine Zigarette bitten musste, die es dann, bei ausreichendem Abstand zu den Sitzgelegenheiten anderer, sofort im Heimgarten zu rauchen galt.

Hier lässt sich durchgehend unterstellen, dass Valletta ihre Autonomie und somit auch ihre Freiheit bewahrt und sich damit der ausgeübten Macht in den verschiedenen Eskalationsstufen zuerst widersetzt und dann beugt. Als ihr jedoch die Verfügungsgewalt über ihre Zigaretten entzogen wird, die sie sich offenbar selbst nicht beschaffen kann, beginnt die Grenze zwischen Macht und Gewalt zu verschwimmen, da sie aufgrund der Rahmenbedingungen nicht mehr entsprechend ihren autonomen Wünschen beispielsweise im Zimmer rauchen kann und sich fügen muss. In einem System plakativer Gewalt würde Valletta sich wiederfinden, wenn sie keine Möglichkeit hätte, ihre Unterbringung in diesem Pflegeheim zu beenden, um anderenorts eine weniger dogmatisch durchzogene Wohnsituation zu realisieren.

Gewalt hat eine ganze Reihe von Gesichtern, die sich wesentlich dadurch definieren, dass sich der situative Denk- oder Handlungsspielraum einer Person auf eine heteronome, fremdbestimmte, deterministische Handlungsfolge verengt. Hierbei können zwei Arten von Gewalt unterschieden werden.

Nach Foucault (1994, S. 254f.) kann von nackter Gewalt gesprochen werden, wenn durch bloße körperliche, emotionale oder institutionelle Überlegenheit Körper oder Dinge gezwungen, gebeugt, gebrochen oder zerstört, wenn sämtliche Alternativen ausgeschlossen oder Widerstände kurzerhand niedergeschlagen werden.

In Abgrenzung zur nackten Gewalt beschreibt Bourdieu die symbolische Gewalt, die nicht weniger relevant ist. Symbolische Gewalt vollzieht sich alltäglich in stiller Übereinkunft, erscheint in Einklang mit dem „gesunden Menschenverstand“ und wird daher häufig gar nicht als Gewalt erlebt (Schmidt, 2014). Sie findet sich in allen sozialen Praktiken verborgen, mit denen sie ganz selbstverständlich in die menschliche Kultur eingeschrieben wird und den Zeitgeist mitprägt (vgl. Wiesböck, 2018, S. 94; Schmidt, 2014). Im Unterschied zur nackten Gewalt verschwindet bei symbolischer Gewalt die Freiheit nicht durch die Entfremdung der Macht, durch den Ausschluss sämtlicher Alternativen, sondern durch die Maskierung der Freiheit durch kulturelle, historische und soziale Gegebenheiten. Interventionen in Form von symbolischer Gewalt erscheinen allen Beteiligten als Teil des gesellschaftlichen Selbstverständnisses und sind in dieser Form auch nicht mehr Gegenstand von Abwägungen im Handlungsspielraum der Freiheit.

Ein bemerkenswertes Konzept zur Gewalt im Kontext von Behinderung geht auf Jantzen (2002) zurück, der in der Gewalt den Kern von Behinderung sieht. Den Kern dieser Gewalt, die Behinderung prägt, sieht Jantzen (2002) im verborgenen Bemühen und Streben, „bürgerliches und politisches Leben in nacktes Leben zu transformieren".

Der Gedanke des nackten Lebens im Sinne eines Menschen, dessen bürgerliche und politische Facetten zusammen mit seiner Autonomie verblasst sind und der somit vollständig heteronom und fremdbestimmt ist, findet sich beispielsweise auch als eines der Grundmotive bei Franz Kafka. Viele seiner Werke (z. B. „Das Urteil" (1913), „Die Verwandlung" (1915), „Eine kaiserliche Botschaft" (1919) und „Das Schloß" (1926). Alle zu finden im Projekt Gutenberg: www.projekt-gutenberg.org/autoren/namen/kafka.html (03.07.20)) beschreiben eine Hauptfigur, die genau einen solchen Reduktionsprozess vom bürgerlichen und politischen Leben hin zum nackten Leben durchlebt. Ausgehend von einer dispositiven äußerlichen Fremdheit, die sich durch das Scheitern im sozialen Anschluss und der Anerkennung sukzessive verstärkt, wird ein innerer Selbstentfremdungsprozess induziert, der schließlich mit dem Scheitern bei der Suche nach dem Selbst und einem Sinn vollendet wird. Was dann bleibt, ist der Mensch als nacktes Leben, als unlösbare Aufgabe (Eine kaiserliche Botschaft), in vollständiger Fremdbestimmung ohne Anspruch auf Gefühle (Das Schloß) und ohne Verantwortung, um schließlich zu verschwinden (Das Urteil; Die Verwandlung).

Was nun aber in Jantzens und Kafkas pessimistischer Perspektive fehlt, ist die Freiheit und die sich daraus ergebenden Handlungsspielräume. Solange es noch Spuren von bürgerlichem und politischem Leben gibt, und davon wird bei beiden Motiven zumindest am Anfang ausgegangen, gibt es Autonomie und somit auch Freiheit. Diese Freiheit schafft die notwendigen Freiräume für Widerstand und hat das Potenzial, Gewalt in Macht zu transformieren. Offenkundig ist dies vor allem mit Blick auf die symbolische Gewalt von Nöten, da sich diese geschickt in der sozialen Welt verdeckt und dennoch wirkt. Aus diesem Grund gilt es den symbolischen Selbstverständlichkeiten nachzujagen, sie zu entdecken, mit dem Finger auf sie zu zeigen, Widerstand zu leisten und sie dadurch als Machtinstrument und als nackte Gewalt zu entlarven.

Dabei muss bedacht werden, dass Freiheit und die damit verbundene Verantwortung den meisten Menschen Angst macht. Wie Sartre ausführlich dargelegt hat, errichten Menschen unaufhörlich „Geländer der Angst", die sie vor dieser Freiheit schützen sollen, indem sie diese willentlich begrenzen oder Teile von ihr einfach aufgeben (Sartre 1943/1991 zit. nach Bakewell, 2018, S. 183f.). Dies kann für eine behinderte Person ganz besonders verlockend sein, wenn sie zwischen der ganzen selbstbewussten Kompetenzen, der Überforderung des Umfelds und zwischen den zahlreichen pädagogischen, beratenden und medizinisch-therapeutischen Interventionsangeboten nach Halt sucht und keinen findet.

Entscheidend ist also, dass eine behinderte Person nicht als bloßes passives Objekt begriffen wird, sondern möglicherweise auch gegen die eigenen Vorstellungen und Vorurteile als aktives, autonomes und machtfähiges Individuum, das nach Selbstbestimmung strebt. Auf dieser Grundlage lassen sich soziale Interaktionen und Beziehungen auf Augenhöhe realisieren, die von Machtverhältnissen strukturiert werden, in denen beiden Seiten Handlungsspielräume und Verantwortung zugeschrieben und zugestanden werden und in denen auf beiden Seiten das Interesse wächst, die Freiheit der jeweils anderen Seite zu kultivieren, um ausreichend Macht fühlen zu können, um die eigenen Bedürfnisse zu befriedigen.

Fraglich ist nun aber, welchen Nutzen dieses etwas theoretisch anmutende Konstrukt überhaupt hat, welches kritisch betrachtet einer behinderten Person, die sich mit der heteronomen Fremdbestimmung arrangiert hat, eine klare Mitverantwortung für den Verlust ihrer autonomen Selbstbestimmung auflädt. Das Konstrukt ist deshalb von Bedeutung, da der Zugang zum behinderungsbedingten Interventionssystem vor allem über die Zuschreibung fehlender Verantwortungsreife und Machtunfähigkeit reguliert wird, während sich dann das Interventionssystem mit einer geradezu bombastischen Übermacht im Leben der behinderten Person entfaltet, der kaum widerstanden werden kann.

Es geht also um die Fragen, wie sich überhaupt behinderungsbedingte Interventionen innerhalb eines solchen drastischen Machtungleichgewichts jenseits von Gewalt legitimieren lassen und wo die Grenzlinie liegt, die Intervention in individuelle Behinderungen und effektive „Enthinderung" aufteilt. Ohne Interventionen würden sich die Handlungsspielräume vieler behinderter Menschen entscheidend verengen, da die individuellen physischen oder psychischen Voraussetzungen und die kulturellen, historischen und sozialen Gegebenheiten mit der ihr innewohnenden symbolischen Gewalt naturgemäß vor allem für behinderte Menschen enge Grenzen ziehen. Auf der anderen Seite können aber genau diese Interventionen barbarische Zumutungen sein, die behinderte Menschen behindern oder Freiheits- und Gleichheitsrechte unverhältnismäßig verletzen oder einschränken.

5.2 Die Legitimität der partikulären Intervention

Vor diesem Hintergrund soll nun geklärt werden, wie gegenwärtig pädagogische, beratende und medizinisch-therapeutische Interventionen legitimiert werden. Im Anschluss daran soll die Unterscheidung zwischen der partikulären und der pauschalen Legitimation von Interventionen näher betrachtet und im Besonderen auf den Kontext Behinderung bezogen werden.

Wie bereits vorweggenommen, bedürfen pädagogische, beratende und medizinisch-therapeutische Interventionen der Legitimation, da sie mittelbar oder unmittelbar die Freiheits- und Gleichheitsrechte anderer verletzen oder einschränken können. Mit der Legitimation wird zum einen eine Person zur Durchführung der Intervention ermächtigt und zum anderen die mit der Intervention einhergehende Verletzung oder Einschränkung der Freiheits- und Gleichheitsrechte abgewogen und gerechtfertigt.

Besonders einfach ist dies anhand von medizinisch-therapeutischen Interventionen nachvollziehbar. Medizinisch-therapeutische Interventionen sind per se eine Körperverletzung (§§ 223 ff. StGB) und verletzen somit das Recht auf körperliche Unversehrtheit (Art. 2, Abs. 2 GG). Ihre Legitimation erhalten solche Körperverletzungen durch die persönliche, die stellvertretende oder die mutmaßliche Einwilligung.

Im einfachsten Fall erfolgt die Einwilligung durch die mündige Person persönlich. Ist jedoch eine informierte Willensbildung nicht unmittelbar möglich, kann die Einwilligung stellvertretend erfolgen. Stellvertretend kann beispielsweise die Einwilligung durch Angehörige erteilt werden, wenn anzunehmen ist, dass eine ausreichende Vertrautheit mit den für die Willensbildung relevanten Einstellungen und Haltungen der vertretenen Person gegeben ist und kein Interessenkonflikt besteht. Unter bestimmten Umständen müssen bei der stellvertretenden Einwilligung auch schriftliche Verfügungen herangezogen werden, sofern die vertretene Person hierdurch im Vorfeld versucht hat, die Willensbildung bei der stellvertretenden Einwilligung zu bestimmen oder zu erleichtern. Keine Einwilligung ist bei unmittelbarer Gefahr für das eigene Leben oder das Leben anderer erforderlich, da hier gemutmaßt wird, dass es im Interesse der Person sei das eigene Leben zu erhalten, während es natürlich geboten ist die körperliche Unversehrtheit der anderen soweit wie möglich zu schützen (Kap. 2.2.2).

Diese drei Formen der Einwilligung finden sich auch bei der Legitimation von pädagogischen und beratenden Interventionen, obgleich hier in der Regel nicht von Einwilligung, sondern von Aufträgen oder Mandaten (Beratungsauftrag, staatlicher Erziehungs- und Bildungsauftrag etc.) bzw. von „advokatorischem Handeln ohne unmittelbaren Auftrag“ gesprochen wird (Wolf, 2015, S. 69).

Kritisch anzumerken ist hier allerdings, dass pädagogische und beratende Interventionen sehr viel häufiger als medizinisch-therapeutische Interventionen gegen den offensichtlichen Willen der betroffenen Person in Form von Macht oder Gewalt durchgesetzt werden. Verhältnismäßig einfach lassen sich Interventionen ohne Einwilligung legitimieren, die dem unmittelbaren Schutz von Leib und Leben der Person selbst dienen. Verhindert beispielsweise eine Person durch den Einsatz körperlicher Gewalt gegen offensichtliche Widerstände, dass das Kind auf die befahrene Straße läuft, kann dies als Intervention gewertet werden, die mit dem mittelbaren Willen des Kindes vereinbar und somit legitim ist (Wolf, 2000). Deutlich schwieriger ist die Legitimation, wenn die Eignung einer Intervention zur Erreichung eines Zieles infrage steht oder Unklarheit über die Ziele selbst herrscht. Zudem darf angenommen werden, dass die advokatorische Vertretung nicht immer in der Lage ist, den Willen und das Interesse der vertretenen Person zu rekonstruieren, insbesondere dann, wenn in der Praxis die hierfür notwendige Zeit, die Vertrautheit oder schlicht die Kompetenz fehlt. Schließlich ist auch nicht sichergestellt, dass die advokatorisch handelnde Person frei von äußeren Einflüssen ist und somit intentional oder unabsichtlich genau nicht advokatorisch, sondern zugunsten Dritter oder zum eigenen Vorteil handelt (Angst vor Sanktionen, freie Schulplätze, Mechanismen der kollegialen Kontrolle, Machtmissbrauch, Überarbeitung etc.).

Wolf (2000; 2015, S. 72) arbeitete angelehnt an Friedrich Schleiermacher ein Legitimationskriterium für pädagogische und beratende Interventionen heraus, welches bei diesen ganzen Dilemmata zumindest einen grundsätzlichen Orientierungsrahmen bieten kann. Interventionen seien dann zumutbar, wenn davon ausgegangen werden kann, dass eine Zustimmung zu einem späteren Zeitpunkt erfolgen würde und bei unterlassener Intervention dem Vorwurf entgegengetreten werden müsste, dass durch die Unterlassung realistische Möglichkeiten und Chancen aufs Lebensglück verbaut worden sind. Die bemerkenswerte Finesse dieses Verständnisses der legitimationspflichtigen Zumutung mit dem Ziel der Schaffung von „Lebensglück“ besteht darin, dass unterlassene und durchgeführte Interventionen gleichermaßen hinsichtlich ihrer Wirkung in der Gegenwart und in der Zukunft abgewogen werden müssen.

Vor dem Hintergrund dieses durchaus tauglichen partikulären Legitimationskriteriums muss jedoch festgestellt werden, dass es in sozialen Alltagsroutinen nur eine begrenzte Rolle spielt. Systematisch über einen längeren Zeitraum hinweg ausgeübte Interventionen tendieren dazu, sich als symbolische Gewalt im gesellschaftlichen Selbstverständnis zu verankern, indem sie allgemeine Anerkennung erfahren und ihre Willkürlichkeit zunehmend verkannt wird (Schmidt, 2014).

Das Phänomen lässt sich beispielsweise anhand der Schulpflicht aufzeigen, mit der ein beachtlicher Kanon an Interventionen verbunden ist, der in seiner Gesamtheit bereits pauschal und ohne Rekurs auf den Einzelfall legitim zu sein scheint. Kurioserweise reicht es offenbar innerhalb solcher pauschal legitimierter Interventionssysteme ganz selbstverständlich aus, dass Veränderungen lediglich auf der Ebene des Interventionskanons begründet und durch die Negation oder Überarbeitung einer für obsolet gehaltenen Praxis legitimiert werden.

In den meisten europäischen Schulen erschien es vor nicht allzu langer Zeit durchaus legitim, Lernende, bei Bedarf auch mit emotionalem oder körperlichem Missbrauch, zur Erkenntnis zu führen. Ein prominentes und gleichzeitig skurriles Exempel hierfür ist Ludwig Wittgenstein, der nach sechs Jahren als Grundschullehrer 1926 sein Entlassungsgesuch eingereicht hatte, um seinem Rauswurf zuvorzukommen, nachdem er einem elfjährigen Schüler, angetrieben durch seinen Lehreifer, derart auf den Kopf geschlagen hatte, dass dieser bewusstlos zusammenbrach (www.philoclopedia.de/blogeintr%C3%A4ge/ludwig-wittgenstein/ (03.07.20)).

Mittlerweile ist davon auszugehen, dass die meisten Lehrkräfte ein solches Vorgehen nicht mehr für eine sinnvolle und legitime pädagogische Intervention halten. Verändert hat sich die hierfür wesentliche Haltung aber nicht als Folge von wiederholten Einzelfallprüfungen, die zum Schluss geführt haben, dass nach Abwägung der damit verbundenen Zumutung und des erwarteten Nutzens diese Form der Intervention nicht zu rechtfertigen sei, sondern als Folge der gewachsenen Überzeugung, dass die emotionale und körperliche Misshandlung von Kindern nicht mehr zeitgemäß ist, schon gar nicht, wenn sie von einer Person außerhalb des Familienverbunds vollzogen wird. Legitim hingegen bleiben auch weiterhin klassische Formen der absolut vergleichenden Leistungsbeurteilung in Form von schriftlichen Prüfungen, auch wenn diese lediglich pauschal aus dem Interventionskanon heraus, aber eben kaum im Einzelfall zu rechtfertigen sind. Vor allem dann nicht, wenn Lernende ganze Salven von negativen Bewertungen und Urteilen über sich ergehen lassen müssen, obgleich sie längst begriffen haben, dass es beachtlichen Raum nach oben gibt.

Ein vergleichbares Muster lässt sich im Rahmen der Legitimation von Interventionen im Umgang mit Behinderung beobachten, die häufiger pauschal und seltener partikulär legitimiert werden. Da nach wie vor das Phänomen „Behinderung“ als behandelbares Problem konstituiert und in der Regel das moderne Krankheitsverständnis darauf angewandt wird (Waldschmidt, 2007, S. 9f.), wird Behinderung als individuelles Defizit mit einem verallgemeinerbaren, kategorialen Unterstützungsbedarf gleichgesetzt (Powell, 2007, S. 331).

Die Legitimation von Interventionen im Kontext von Behinderung erfolgt somit nicht durch die gebotene individuelle Begründung, sondern ergibt sich pauschal als Folge der Zuschreibung der Kategorie Behinderung, die mit einem habilitativen und rehabilitativen Diagnostik- und Unterstützungsregime verbunden ist (Powell, 2007, S. 331). Mit anderen Worten bedeutet dies, dass das volle Spektrum behinderungsbedingter Interventionen gegenwärtig bereits dadurch legitimiert wird, dass eine Behinderung zugeschrieben wurde, auch wenn nur einzelne oder möglicherweise keine Interventionen individuell begründbar wären.

Verschärft wird die Problematik durch den ungeklärten ontologischen Status des Phänomens Behinderung (Kap. 4, S. 64). Wenn Behinderung eine soziale Konstruktion ist, müsste die Gesellschaft und eben genau nicht die behinderte Person durch Interventionen angepasst werden. Fraglich ist außerdem, wie sich die teilweise deutlichen regionalen, nationalen und globalen Unterschiede in den Mechanismen der Feststellung und Bemessung von Förderbedarf und die damit verbundenen Unterstützungsregime (Powell, 2007, S. 331) begründen lassen. Solche Unterschiede wären lediglich durch klare geografisch eingrenzbare, sozio-kulturelle Unterschiede zwischen behinderten Menschen mit vergleichbaren sozialen Zuschreibungen begründbar, um dem Vorwurf der Willkür und Beliebigkeit oder der rein traditionsorientierten Legitimation entgegentreten zu können.

Das Phänomen Behinderung verändert und erfasst stets die einzelne Person und wird erst mit ihr wirksam. Nicht zuletzt deshalb muss auch jede Intervention im Einzelfall und mit Bezug zur einzelnen Person begründet werden. Im Unterschied zu den in Kap. 4 beschriebenen gesellschaftlichen Mechanismen der Zuschreibung von Behinderung (selbstevozierte, sozialrechtliche Zuschreibung, Fremdzuschreibung und Selbstetikettierung), die häufig situativ kaum zu beeinflussen sind, eröffnet das Handlungsfeld der behinderungsbedingten pädagogischen, beratenden und medizinisch-therapeutischen Interventionen eine ganze Reihe von Gestaltungsmöglichkeiten, um die Lebensbedingungen von behinderten Menschen positiv zu beeinflussen. Genau deshalb ist bei der Planung, Durchführung und Evaluation von Interventionen ein zeitgemäßes Verständnis für die Grenzen der Behinderung und die partikuläre Legitimation von behinderungsbedingten Interventionen vonnöten, welches die Integrität behinderter Personen soweit wie möglich unversehrt lässt und eben genau nicht behindert.

Vor diesem Hintergrund dürfte klar geworden sein, dass kategoriale Legitimationen von Interventionen generell und aufgrund der gegebenen Unschärfe vor allem im Umgang mit Behinderung unzulässig sind und überwunden werden müssen. Alle pädagogischen, beratenden und medizinisch-therapeutischen Interventionen bedürfen der partikulären Legitimation und sind somit weder in der Wahl der Maßnahmen, noch der Ziele, noch in der Art der Anwendung beliebig (Wolf, 2000). Im Umgang mit Behinderung muss stets die Frage mit Bezug zur einzelnen adressierten Person überzeugend beantwortet werden können, wo der konkrete pädagogische, beratende oder medizinisch-therapeutische Nutzen der Intervention liegt.

5.3 Behindernde und enthindernde Interventionssysteme

> Pastor einer diakonischen Einrichtung für schwerstbehinderte Kinder: „Sie waren die Seligen, die nicht aus dem Bett genommen und mobilisiert werden sollten.“ (Beyer zit. nach Jantzen, 2000)

Der gerade postulierte partikuläre Legitimationsbedarf im Umgang mit Behinderung soll nun mit einigen retrospektiven Betrachtungen anhand möglicher negativer Folgen pauschaler Legitimationsstrategien bekräftigt werden. Der Blick richtet sich dabei vor allem auf die sogenannten Komplexeinrichtungen der Behindertenhilfe, welche integrierte Angebote der Bildung, der Beschäftigung, des Wohnens und der Freizeitgestaltung unter einem Dach erbringen (Definition von Wansing, 2007, S. 290f.) und damit durchaus als geballter Ausdruck der bombastischen Übermacht des Interventionssystems im Umgang mit Behinderung verstanden werden können.

Diese retrospektiven Betrachtungen wurden anhand Foucaults (1994) Machttheorie geordnet, die bereits in Kap. 5.1 angesprochen wurde. Foucault unterscheidet zwei Formen der institutionalisierten Macht, die beide dem Ziel dienen, Menschen zu nützlichen Mitgliedern der Gesellschaft zu machen und sie in diesem Zustand zu halten. Wesentliche Unterschiede gibt es bei den Technologien der Macht, also der Art der Interventionen, den Regimen des legitim Mach- und Sagbaren, der gebotenen Ideale, der Identitätsnormen und der institutionellen Programmatiken (vgl. Geimer, Amling, & Bosnacic, 2018, S. 4).

Strukturen, die sich auf Disziplinarmacht stützen, verwenden zwingende oder strafende Interventionen und legitimieren sich vor allem mit dem gemeinwohlorientierten Anspruch (Kap. 2.2.2) nutzloses in nützliches Leben zu transformieren, was ein bestimmtes Maß an disziplinierender Züchtigung rechtfertigt. Demgemäß macht ein disziplinierendes Regime ein Angebot, das von Ausgeschlossenen nach einem allzu wörtlichen friss-oder-stirb Prinzip angenommen oder abgelehnt werden kann.

Die Pastoralmacht baut hingegen auf Interventionen der persönlichen Hinwendung, der Wohltätigkeit, der konsensorientierten Scheinheiligkeit oder auch der Normalisierung (Kap. 3.5). Pastorale Regime legitimieren sich durch den gemeinwohlorientierten Anspruch, hilfloses in nützliches Leben zu transformieren, indem engagiert Hilfe zur Selbsthilfe geleistet wird. Demgemäß wird in pastoralen Regimen das Tauschgeschäft vorgeschlagen, dass eine Person stets dieselben offenen Arme vorfinden wird, wenn sie dafür bereit ist, ein wesentliches Stück ihrer Identität aufzugeben und sich dahingehend feilen und pudern zu lassen, bis sie endlich zufriedenstellend nützlich ist.

Auch wenn sich die verwendeten Beispiele in ihrem retrospektiven Charakter auf belegte oder erlebte Gegebenheiten beziehen, erfüllen sie in diesem Kontext einen rein deklarativen Zweck. Zum einen verdeckt die Retrospektive den

Blick für die situative Komplexität und zum anderen schwächen Rekonstruktionen und Interpretationen den Anspruch auf Detailgetreue. Es geht um die Suche nach versteckten Haltungen und Überzeugungen, die sich mit der Zeit im institutionellen Selbstverständnis verfestigt haben und so ganze Systeme symbolischer Gewalt oder zumindest deren markante Spuren bis in die gegenwärtige Zeit weitertragen.

5.3.1 Vom Nutzlosen zum Nützlichen

> „Ein Hauptmoment in der Erziehung ist die Zucht, welche den Sinn hat, den Eigenwillen des Kindes zu brechen, damit das bloß Sinnliche und Natürliche ausgereutet werde." (Hegel, 1833, S. 236)

Disziplinarmacht kann dadurch charakterisiert werden, dass ein Individuum durch Kontrolle mit konsekutiver Belohnung oder Bestrafung geformt und durch die Erzeugung und Festigung von Abhängigkeit an diese Subjektposition gefesselt wird (Foucault, 1994, S. 246f.). Das Ensemble der Interventionen ist dabei typisch für Institutionen wie Kasernen, Schulen oder Gefängnisse, weshalb auch die Produkte dieser disziplinierenden Interventionen institutionsspezifisch sind. Foucault (1994, S. 253) führt hier selbst die Schule als Beispiel an, in der Kinder mit festen Zeitstrukturen, Prüfungsverfahren, Befehlen, Ermahnungen, codierten Zeichen des Gehorsams, Überwachung, Belohnung und Bestrafung, Hierarchien etc. zu Lernenden gemacht und in dieser Rolle gehalten werden. Wesentliches Ziel ist es aber nicht, die ultimativ gehorsame Person zurecht zu disziplinieren, sondern die bis dahin als nutzlos erachteten Individuen zu Mitgliedern der Gesellschaft zu machen, die im Rahmen von Produktionstätigkeiten und im Spiel der Machtverhältnisse nützlich sein können und idealerweise auch sind (Foucault, 1994, S. 253).

Viele behinderte Menschen, die auf fremde Unterstützung angewiesen waren, fristeten bis in das 18. Jahrhundert hinein ihr Leben in Zuchthäusern, Armenhäusern, Tollhäusern oder ähnlichen Verwahrungsanstalten. In der zweiten Hälfte des 18. Jahrhunderts entstanden dann erste behinderungsspezifische segregative Versorgungsstrukturen wie Irrenanstalten, Blinden- und Taubstummenanstalten, Krüppelheime, Hilfs- und Sonderschulen, Werkstätten und Tageseinrichtungen, die bis heute die Habilitation- und Rehabilitationspraktiken prägen (Waldschmidt, 2007, S. 66). Beispielsweise gründete Valentin Haüy 1794 in Paris die erste offizielle Blindenschule (https://de.wikipedia.org/wiki/Valentin_Haüy (12.08.20)), während im gleichen Jahr in Wien der Narrenturm im Allgemeinen Krankenhaus der Stadt Wien entstand, der als erste psychiatrische Klinik der Welt gilt (https://de.wikipedia.org/wiki/Psychiatrische_Klinik (12.08.20)).

Befeuert durch den Geist der Aufklärung wurden fortan, zumindest theoretisch, alle Menschen als vernunftbegabte Wesen begriffen, welche, mit den Worten Kants gesprochen, aus ihrer selbst verschuldeten Unmündigkeit finden sollten[3]. Somit sollten behinderte Menschen fortan nicht mehr nur verwahrt, sondern auf der Grundlage von Diagnostik durch gezielte Interventionen in nützliche Mitglieder der Gesellschaft transformiert werden.

French (2017, S. 15f.) weist jedoch zusammenfassend darauf hin, dass der Charakter dieser frühen Bildungseinrichtungen, in denen diese Transformation unternommen wurde, abgesehen von sehr wenigen Ausnahmen, nicht mit der gegenwärtigen Vorstellung von Schulen der Vergangenheit vergleichbar ist. Diese Bildungseinrichtungen entstanden in der Regel als das Ergebnis engagierter einzelner Personen, die in irgendeinem Raum in der Umgebung ansässige, behinderte Menschen versammelten und heuristisch versuchten, ihnen eine sinnvolle handwerkliche Tätigkeit näherzubringen. Da diese heuristische Herangehensweise im Bildungsprozess wohl zunehmend an Grenzen stieß und auf der anderen Seite die Industrialisierung elementares Handwerk und die einfache Einzelstückfertigung entwertete, festigte sich ein Bedarf nach einer systematischen Ausbildung, was zur Etablierung spezifischer Komplexeinrichtungen mit entsprechend qualifizierten Fachkräften und der Akkumulation von fachspezifischer Expertise führte (French, 2017, S. 29).

Auch wenn die Lernenden nunmehr im Idealfall grundlegende schulische Kompetenzen erwerben konnten, lag der Fokus weiterhin auf der handwerklichen Ausbildung zur einfachen Einzelstückfertigung, die sich in ihrem Spektrum durch die Zusammenlegung und Vergrößerung der Komplexeinrichtungen deutlich erweiterte und professionalisierte. Zu den handwerklichen Tätigkeiten gehörten u. a. Teppichweben, Korbflechten, Bürstenbinden, Tuchweben, Stiefel- und Schuhherstellung, Spinnen, Matratzenherstellung, Stricken, Seifenherstellung, Raddrehen und Wergzupfen (French, 2017, S. 15). Einige dieser Berufsbilder haben sich bis in die Gegenwart gehalten und leben in den bunten Stereotypen über die beruflichen Aktivitäten behinderter Menschen kräftig weiter.

Mit der Professionalisierung und dem Ausbildungsangebot der spezifischen Komplexeinrichtungen wuchs auch ihr Renommee, was immer mehr behinderte Menschen anzog und Alternativen obsolet werden ließ. Da sich diese Komplexeinrichtungen in der Regel jedoch nur aus Einschreibegebühren, Erbschaften und Verkaufserlösen aus den angeschlossenen Werkstätten finanzieren mussten, überstieg die mittellose Nachfrage bald das Angebot (Phillips, 2004).

3 Hier sei jedoch der Vollständigkeit halber angemerkt, dass genau Kant einen verblüffend engen Begriff des vernunftbegabten Menschen verwendete, der sich vor allem an Hautfarbe und Geschlecht orientierte.

Vor dem Hintergrund des stetigen Wachstums bei ökonomischen Zwängen, dürfte die Klientel der Komplexeinrichtungen zunehmend heterogener geworden sein, was eine Restrukturierung und Formalisierung notwendig machte.

Durch die damals dominanten Paradigmen der Psychoanalyse und des Behaviorismus, wurde das menschliche Verhalten als regelgeleitet und weitgehend deterministisch begriffen, was an sich harmlos gewesen wäre, wenn nicht gleichzeitig ein etwas zu starker, bewusster und unbewusster Hang zum Hedonismus attestiert worden wäre. Demgemäß lag es nahe, dass die Agierenden auf systematische, strafende und belohnende Konditionierungsstrategien setzten und somit in den Komplexeinrichtungen auf Disziplinarmacht gestützte Regime etabliert wurden.

French (2017, S. 16) charakterisiert in Anlehnung an Phillips (2004) auf beeindruckende Weise solche Regime der 1920er-Jahre, die hier exemplarisch zu einer fiktiven Einrichtung zusammengefasst werden: Aufgrund der hohen Nachfrage hing die Aufnahme in die Einrichtung nicht nur von der Bereitschaft hart zu arbeiten ab, sondern auch vom Leumund und den unterstellten moralischen Qualitäten. In den Komplexeinrichtungen herrschte Zucht, Ordnung und Anstand. Die Verwendung unangemessener Sprache, Unordnung, das Verpassen der heiligen Messe oder unanständiges oder unmoralisches Verhalten wurde mit verbaler Ermahnung und Demütigung, Auspeitschen, Isolationseinschließung, Taschengeldkürzungen, einer Brot-Wasser-Diät oder dem generellen Ausschluss bestraft. Besuche der Familie oder von Freunden und das Verlassen der Einrichtung waren streng und restriktiv reguliert, während sexuelle Kontakte, Liebeswerben oder gar Heiraten ganz verboten waren.

Die Entfaltung der Disziplinarmacht in der Darstellung dieser traditionellen Komplexeinrichtungen ist geradezu plakativ. Allerdings muss davon ausgegangen werden, dass viele dieser Interventionen als durchaus selbstverständlich empfunden wurden und somit vor allem Ausdruck symbolischer Gewalt und nicht von Misanthropie und Sadismus waren. Körperstrafen wie Ohrfeigen, Kopfnüsse, Tatzen (Schläge auf die Handflächen), Schläge auf den Po, Ziehen an den Ohren, auf einem Dreikantscheit knien etc. waren beispielsweise in der Bundesrepublik Deutschland bis in die 1970er-Jahre hinein erlaubt und mit Sicherheit auch mancherorts noch praktiziert.

Da symbolische Gewalt im jeweiligen Zeitgeist verankert ist, haben sich die disziplinierenden Mechanismen der Macht mittlerweile deutlich verändert, was aber keineswegs heißt, dass sie überwunden wären. Um Zugang zum behinderungsspezifischen Interventionssystem zu erlangen, muss die systembezogene Tauglichkeit akribisch diszipliniert und nachgewiesen werden. Körper werden systematisch durch Intelligenztests, Bewegungstests, Förder- und Pflegebedarfsanalysen, durch medizinische Diagnostik etc. mit anderen Körpern verglichen, klassifiziert und nach unterschiedlichen homogenen Gruppen etikettiert (Waldschmidt, 2007, S. 68). Nach der Aufnahme in das Interventionssystem wird mit Verlaufsdiagnostik, Leistungskontrollen, individuellen Entwicklungs- und Förderplänen, Kontrolluntersuchungen etc. überwacht und mit Lob, sozialer Anerkennung, besonderen Privilegien etc. belohnt.

Die disziplinierenden Bestrafungen haben sich mittlerweile im Einklang mit dem Zeitgeist weitgehend verändert, indem körperliche Züchtigung durch emotionalen Druck sowie Angst und aktiver Zwang durch Unterlassungshandlungen sowie die institutionelle Erzeugung von Handlungsunfähigkeit ersetzt wurden. Emotionaler Druck kann beispielsweise durch sozialen Ausschluss oder durch den Entzug eingeschliffener Aufmerksamkeit oder von persönlicher Zuwendung ausgeübt werden. Institutionell erzeugte Handlungsunfähigkeit wurde bereits am Beispiel von Valletta aufgezeigt, kann aber beispielsweise auch durch Isolation hergestellt werden, indem durch Kontaktsteuerung oder Versetzungen das soziale Umfeld verändert wird.

Disziplinarmacht entfaltet sich aber nicht nur in der konsequenten Belohnung und Bestrafung, sondern vor allem in immer wiederkehrenden Ritualen, die das Machtungleichgewicht verdeutlichen und damit festigen. Dabei geht es beispielsweise um den immer wiederkehrenden, routinierten, als gleichzeitig empfundenen Akt des Aufschließens und Anklopfens beim Betreten eines Zimmers, welches mit der Zeit alle empfundene Privatsphäre aufhebt. Es geht um das immer etwas selbstverständlicher werdende Antippen der Nase beim Anreichen der Nahrung, mit dem signalisiert wird, dass der Mund geöffnet werden soll. Es geht um das unaufgeforderte Zurechtmachen des Kragens und das Entfernen des aufgespießten Ananasstückes aus dem Cocktail, da ansonsten das Auge Schaden nehmen könnte. Es geht um das Beiseiteschieben und Wegziehen, das unaufgeforderte Anpacken und das professionelle Streicheln über den Kopf oder die Wange. Ferdinand von Schirach beschrieb hierzu ein bemerkenswertes Szenario (Sternstunden Philosophie auf 3sat am 07.10.18), bei dem ein eleganter Geschäftsmann, der wegen einer Steuerstraftat für kurze Zeit einsaß, von einem Wachtmeister erzählte, der ihm beim Betreten der Zelle stets einen kleinen Schubs mit der Hand auf die Schulter gab. Diese kleine und unscheinbar wirkende Geste hatte ihn Jahre lang beschäftigt, was den disziplinierenden Charakter dieses einfachen Ausdrucks von Macht verdeutlicht.

Fraglich ist nun aber, ob solche disziplinierenden Interventionen Ausdruck von Macht oder von Gewalt sind. Wie bereits beschrieben, hängt dies maßgeblich davon ab, ob die Person über ausreichend Freiheit verfügt, um sich potenziell dem Interventionssystem zu entziehen, was beispielsweise durch das endgültige Verlassen der Komplexeinrichtung möglich wäre. Der Nachfrageüberhang in den vergangenen Jahrhunderten zur Aufnahme in die behinderungsspezifischen Komplexeinrichtungen ergab sich vor allem durch die Überforderung und die Hilflosigkeit im Umgang mit behinderten Menschen im familiären und unmittelbaren sozialen Umfeld. Die Aufnahme in eine solche Komplexeinrichtung war also mit dem Versprechen verbunden, trotz aller Widrigkeiten doch noch ein bestimmtes Maß an bürgerlicher Verwertbarkeit zu generieren, was notgedrungen auf allen Seiten hohe Erwartungshaltungen forcierte. Ein Ausschluss aus der Komplexeinrichtung kam demgemäß einem endgültigen, selbst verschuldeten und persönlichen Scheitern der behinderten Person gleich, was in den meisten Fällen ein Leben als nutz- und wertloses Wesen bedeutet haben dürfte.

Die Androhung des Ausschlusses war somit sehr wahrscheinlich die mit Abstand mächtigste disziplinierende Intervention, was aus heutiger Sicht, vor allem aus unbehinderter Perspektive, mit all ihren selbstverständlichen Freiheiten nur schwer begreifbar ist. Wenn eine Person außerhalb einer Komplexeinrichtung in einer sehr realen Vorstellung keine Zukunft hat, sind disziplinierende Maßnahmen, die direkt oder indirekt auf einen Ausschluss verweisen, nicht Ausdruck von Macht, sondern Ausdruck von nackter Gewalt.

5.3.2 Vom Hilflosen zum Nützlichen

> „Es ist nicht genug, den Menschen zu disziplinieren, zu kultivieren, zu zivilisieren und zu moralisieren und ihn so aus der Gewalttätigkeit, Unkunde, Ungeschliffenheit und Sünde zu ziehen; er muss auch divinisiert – zum göttlichen Leben, zu einem religiösen Sinn gebracht werden."
> (Frommel zit. nach www.aphorismen.de/zitat/146995 (18.08.20))

Während die Entstehung eines disziplinierenden Regimes in einer Komplexeinrichtung als Ergebnis eines an Effektivität und Effizienz ausgerichteten Institutionalisierungsprozesses durchaus nachvollziehbar ist, bleibt die Frage, wie die einzelnen aktiv Handelnden innerhalb dieses Systems ihr Verhalten legitimieren. Der einfache Rekurs auf das institutionelle Ziel der Transformation in nützliches Leben, welches offenbar auf den beschrittenen Wegen kaum erreicht wurde, oder die Unterstellung von bloßem Sadismus oder opportunistischer Systemtreue reicht sicherlich nicht aus, weshalb ein wenig tiefer gegraben werden muss.

Der Umgang mit Behinderung war seit der Aufklärung von der zentralen Norm der Wohltätigkeit geprägt, welche aus der kompensatorischen und philanthropischen Grundidee resultiert, die somit auch als eine originäre Begründung fachlich instanziierten, professionellen Handelns begriffen werden kann (Moser, 2003, S. 18). Wo es nun jedoch um Wohltätigkeit zur Kompensation von Elend geht, sind die christlichen Kirchen erfahrungsgemäß nicht weit. So verwundert es auch nicht, dass religiöse Rituale, die Verbreitung der Glaubenslehre und die moralische Erziehung den Alltag in den beschriebenen Komplexeinrichtungen prägten (Phillips, 2004, S. 1) und das nach wie vor vielerorts tun.

Für diese religiös fundierte Form der Macht hat Foucault (1994, S. 248ff.) den Begriff der Pastoralmacht eingeführt. Eigentümlich daran ist, dass das eigentliche Ziel dieser Macht die Sicherung des eigenen und des fremden Seelenheils in einer transzendenten Welt ist. Behinderte Menschen werden in der pastoralen Vorstellung als hilflose Wesen mit einem guten Kern begriffen, den es freizulegen, zu formen und zu erhalten gilt. Durch die transzendente Orientierung und die damit verbundene Gleichsetzung von Nützlichkeit und Gottgefälligkeit, können somit grundsätzlich alle behinderten Menschen, wenn schon nicht nach einem irdischen, dann zumindest nach einem transzendenten Verständnis nützlich sein.

Die Helfenden sind demgemäß Menschen, die kraft ihrer religiösen Eigenart befähigt sind, anderen zu dienen und sie auf ihrem Weg zum Seelenheil zu unterstützen. Im Unterschied zur Disziplinarmacht ist die Pastoralmacht jedoch nicht bloß eine Form von Macht, die befiehlt. Das Pastorale muss auch bereit sein, sich für das Leben und Heil der Herde und der Individuen zu opfern. Das Pastorale sieht sich dabei nicht nur zur Gestaltung des kollektiven Bewusstseins der Gemeinschaft berufen, sondern auch zur Sorge um das Wohlergehen jedes einzelnen Individuums über die gesamte Lebensspanne hinweg (Foucault, 1994, S. 248ff.; Thimm, 2006, S. 6).

Damit dies gelingt, muss die pastorale Macht in die Seele, den Kopf und das Gewissen des Individuums vordringen und die innersten Geheimnisse müssen offenbart werden, damit auf diesem Weg Möglichkeiten zur aktiven Steuerung entstehen (Foucault, 1994, S. 248ff.). Hierfür mobilisiert das pastorale Regime auch das gesamte Umfeld der Person und verteilt dort unterschiedliche Funktionen und Aufgaben.

Zu diesen mobilisierten „Weisen" gehören Menschen, die durch die Sozialstruktur mit der behinderten Person verbunden sind (Goffman, 1963/2010, S. 42; Shakespeare, 2018, S. 53). Solche „Weisen" sind beispielsweise die Angehörigen, die systematisch durch konkrete Verhaltensanweisungen und die Übernahme partikulärer pädagogischer Aufgaben instruiert und an den Interventionen beteiligt werden. Sie werden außerdem über Arbeitskreise, Peer-Counseling Angebote oder Festlichkeiten der Komplexeinrichtungen in das Pastorat eingebunden und übernehmen ehrenamtliche Fahr- und Begleitdienste, begeistern durch Torten, Krapfen oder Grilltalente etc. Eine zweite Gruppe solcher „Weisen" sind die fachfremden Mitarbeitenden der Komplexeinrichtungen (Hausmeisterei, Verwaltung, gastronomischer Service etc.). Ganz im Geiste des Pastorats wird ihnen in der Regel ein unkonventionell hohes Maß an persönlicher Loyalität abverlangt, weshalb sie auch ganz selbstverständlich in die alltäglichen Arbeitsabläufe eingebunden werden und somit eine durch persönliche Eindrücke und Erfahrungen geleitete laienhafte Expertise aufbauen (Goffman, 1963/2010, S. 42).

Für die behinderte Person kann dies den Effekt haben, dass sie inmitten ihres gesamten sozialen Umfelds zunehmend zum Objekt wird, da alle zu wissen glauben, was sie fühlt, denkt und will, während die Erkenntnislücken nicht durch Einbeziehung, sondern in engagierten und formalisierten Verhandlungen gefüllt werden (Thimm, 2006, S. 110; Köbsell, 2012, S. 8). Bei diesen Verhandlungen werde von Professionellen wie auch Laien routiniert definiert und zugeschrieben und bei Bedarf die Biografie der behinderten Person dahingehend umgedeutet, dass sie zu den verfügbaren Interventionen passt.

Die behinderte Person im pastoralen Regime wird also nicht als instinktgetriebene Existenz betrachtet, die es durch Disziplinierung vor einem Abgleiten in den Hedonismus zu bewahren gilt, um sie vor dem endgültigen Ausschluss aus dem Reich des Wohlwollens und des Mitleids der Gesellschaft zu bewahren, sondern als hilfloses und unschuldiges Lamm, das der dauerhaften, gütigen, gemeinsamen und mitfühlenden pastoralen Fürsorge bedarf, um nicht vom bösen Wolf gefressen zu werden.

Die Effektivität der Intervention spielt im dystopischen, pastoralen Legitimationssystem nicht notwendigerweise eine Rolle. Der pastorale Rahmen, der heute treffender als moralischer Überbau bezeichnet werden könnte, ist nicht handlungsleitend, sondern erfüllt lediglich den Zweck, die Handlung mit einem „richtigen" Bewusstsein in Deckung zu bringen und so vor sich selbst zu legitimieren. Eine eigentlich falsche Handlung wird mit dem moralischen Gefühl verbunden, immerhin ein richtiges Bewusstsein beim falschen Handeln gehabt zu haben (Welzer, 2013, S. 31f.). Damit erweist sich die Pastoralmacht im Unterschied zur Disziplinarmacht als mächtiges Instrument zur Regulation des eigenen Gewissens und zur Überwindung von persönlichen Zweifeln und begünstigt die Gleichsetzung von „Gut gemeintem" mit „Gutem".

Diese unerschöpfliche Möglichkeit sich selbst zu bestätigen, das Richtige und Wichtige zu tun, kann eine persönlich erlebte Aufopferung und Hingabe begünstigen, die weit über die Profession hinausgeht und eine Bringschuld an Dankbarkeit bei behinderten Menschen erzeugt. Diese Aufopferung und Hingabe bringt Jantzen (2002) mit gewohnt spitzer Feder auf den Punkt: „In ständigen Kreisläufen von ‚Beziehungsarbeit' angesichts einer widerspenstigen Natur der Internierten verschleißen sich ganze Generationen von Mitarbeitenden unter Bedingungen des ‚Burnouts' und des ‚Cooling-outs' […]."

Nun steht außer Frage, dass in der Lebenswirklichkeit die meisten Menschen das pastorale dem disziplinierenden Legitimationssystem vorziehen, da es sich mit Sicherheit in einem System, welches auf sanfte, wohltätige und fürsorgerische Art, Unterstützung, Förderung und Pflege leisten will, besser leben lässt, als im disziplinierenden Pendant. Dies ändert aber nichts daran, dass die für pastorale Regime typische „barmherzige Solidarität" ein plakatives Beispiel für symbolische Gewalt ist (Waldschmidt, 2011, S. 99), da die suggerierte Aufopferung und die evozierte Bringschuld an Dankbarkeit den manifesten Charakter der Gewalt maskiert und dabei alle Freiheit durch emotionale Erpressung auflöst.

Wie bereits Foucault (1994, S. 248ff.) angemerkt hatte, wurde mittlerweile das religiöse Postulat des traditionellen Pastorats spürbar modernisiert, was das Fortbestehen der Mechanismen der Pastoralmacht nur unwesentlich beeinträchtigt hat. Beim Pastorat geht es demgemäß nicht mehr notwendigerweise um eine Konfession im klassischen Sinn, sondern vielmehr um eine alles umspannende Idee, die ideologisch und eben nicht argumentativ zum Ideal erhoben wurde und an die gemeinsam geglaubt werden kann. Demgemäß stellt offenkundig auch eine paradiesmetaphorische Vorstellung von Inklusion (Jantzen, 2015; Kap. 2.1) ein geeignetes Ideal als Grundlage für die Entfaltung von Pastoralmacht dar, was sich bereits daran zeigt, dass es gegenwärtig auszureichen scheint individuelles oder institutionelles Handeln als Maßnahme zur Umsetzung der UN-BRK zu deklarieren oder mit dem Etikett „Inklusion" zu versehen, um das eigene Tun und sich selbst über alle Zweifel zu erheben (Kap. 3.1).

5.4 Zeitgemäße Grenzsicherung

Nun stellt sich die Frage, wie es vor diesem gewachsenen historischen Hintergrund gelingen kann, die lauten, stillen und symbolischen Geister der Vergangenheit aus den Köpfen der Agierenden zu bannen und damit Behinderungen behinderter Menschen soweit wie möglich zu begrenzen. Damit dies gelingen kann, muss im professionellen und im ehrenamtlichen Umfeld ein zeitgemäßes Bild von behinderten Menschen nachhaltig verankert werden, was erst im Anschluss an die Apperzeption und Dekonstruktion des aktualen Bildes möglich wird. Ein vielversprechender, vor allem im professionellen Kontext praktikabler erster Ansatz ist die Förderung der Habitus-Sensibilität der Agierenden im Umgang mit Behinderung.

Habitus kann in Anschluss an Bourdieu (1992/2015, S. 32ff.) als eine allgemeine und strukturierte Grundhaltung gegenüber der Welt definiert werden. Diese Grundhaltung beeinflusst wesentlich, wie eine Person lacht, wie sie tanzt, mit welchen Personen sie sich umgibt, was sie liest, was sie einkauft, wie sie eine Zigarette hält, wie sie auf eine Beleidigung reagiert etc. Der Habitus spannt ein System von Grenzen auf, welches das Verhalten der Person jenseits dieser Grenzen restringiert, während das Verhalten innerhalb dieser Grenzen flexibel bleibt. Wer also beispielsweise eine strenge utilitaristische Haltung im Umgang mit Geld im Habitus inkorporiert hat, wird auch dann das letzte Glas aus der Champagnerflasche schütteln, wenn das Trinken desselben schon längst nicht mehr dem Vergnügen oder dem Wohlbefinden zuträglich ist.

Eine besondere Form des Habitus ist der Berufshabitus, der professionelle Handlungsfelder prägt und bestimmt. Der Berufshabitus kann als die Synthese aus dem durch individuelle Erfahrungen fortgeschriebenen familiären Herkunftshabitus und des durch die Übernahme von professionellen Einstellungen und Überzeugungen sowie der Inkorporation von fachlichen Orientierungen und Praktiken geformten feldspezifischen Habitus verstanden werden (Helsper, 2018, S. 119f.).

Im Kontext Behinderung ergibt sich die Besonderheit, dass viele professionell Handelnde ihre intrinsische Motivation für die Berufswahl aus privaten Erfahrungen mit behinderten Menschen im Verwandten- oder Freundeskreis ableiten (Shakespeare, 2018, S. 53). Demgemäß verfügen sie in der Regel bereits zu Beginn ihrer Professionalisierung über ein differenziertes behinderungsspezifisches Faktenwissen, valide Einsichten zur Lebenswirklichkeit behinderter Menschen oder auch ausgeprägte alltagspraktische Fertigkeiten im Umgang mit Behinderung. Durch die jahrelange, lösungsorientierte Exposition sind die so gewonnenen Einstellungen, Überzeugungen und Verhaltensnormen häufig jedoch nicht Gegenstand bewusster Reflexion, was insofern kritisch ist, da es sich um am Einzelfall rein abduktiv konstruierte, partikuläre Privattheorien handelt. Dies kann naturgemäß in zahlreichen Situationen von großem Wert und Vorteil sein, verstellt aber möglicherweise den selbstkritischen und offenen Blick, den die Professionalisierung gebietet.

Vor diesem Hintergrund wird im Folgenden versucht, Strategien zur Stärkung der Habitus-Sensibilität für das eigene professionelle Handeln im Kontext Behinderung pointiert aufzuzeigen, indem kritische, individuelle und geteilte, habituelle Orientierungen aufgedeckt und hinterfragt werden. Außerdem soll der vom Berufshabitus inspirierte Generalisierungsprozess von Personen aus der professionell adressierten Zielgruppe bewusst gemacht werden, um dem Abgleiten in Routinen und Alltagsschemata mit pauschalem Legitimationscharakter entgegenzuwirken.

5.4.1 Die professionelle Aristokratie

> „Bewerber um Aufnahme in den Stand der Blindenlehrerschaft sahen sich einer Welt gegenüber mit ehrwürdigen Traditionen, mit klaren Organisationsstrukturen und Hierarchien, einer pädagogischen Provinz mit eigenständiger Praxis und dazugehörigem Überbau. […] Als Kandidat wurde man probeweise in diese Welt aufgenommen und nach einem Jahr wurde entschieden, ob der Kandidat zur nächst höheren Weihe zugelassen wurde, dem Aufbaustudiengang zum Blindenlehrer. Nach erfolgreicher Absolvierung gehörte man zum Kreis der „Blindenfreunde". Man lernte allmählich, von den offiziellen Vertretern der Blindenorganisation als „Weiser durch Profession" akzeptiert zu werden, insofern man als Vertreter der Blindenlehrerschaft grundlegende Selbstverständlichkeiten [teilte.]" (Thimm, 1990, S. 62)

Das habituelle Selbstbild der Handelnden, die Behinderung „bearbeiten", soll im Folgenden im schulischen Kontext betrachtet werden, da in diesem Handlungsfeld behinderte Kinder und Jugendliche auf die Lebensspanne bezogen die höchste professionelle Aufmerksamkeit erfahren. Außerdem zeichnet sich dieses Handlungsfeld durch eine bemerkenswerte Selbstbezogenheit aus, was bereits dadurch evident wird, dass Forschungsbemühungen in der Regel nicht die behinderten Kinder und Jugendlichen selbst zum Gegenstand haben, sondern die Vorstellungen, Weltbilder und Theorien der professionell und semiprofessionell Handelnden (Shakespeare, 2018, S. 51).

Wie die folgende Aufzählung zeigt, umfasst die Gruppe der Handelnden ein breites Feld unterschiedlicher Berufsgruppen und einzelner Agierender, die naturgemäß nicht als abgeschlossen zu verstehen ist (vgl. VBS, 2011/2016).

Die zentrale Berufsgruppe sind inklusionspädagogische Lehrkräfte, die klassischerweise ein Hochschulstudium absolviert oder eine entsprechende Gleichstellung erlangt haben und neben ihren originären Aufgaben das Zusammenspiel sämtlicher Handelnden koordinieren.

Regelmäßig im pädagogischen Prozess unterstützt werden sie beispielsweise von Rehabilitationslehrkräften, die häufig im Status einer Art Fachlehrkraft partikuläre Lernangebote schaffen; pädagogischen Mitarbeitenden der Regelschule; Beratenden der Selbsthilfe; „Berufsbehinderten“[4]; mit Diagnostik betrauten „Zuschreibungsspezialisten“ (Cloerkes, 2007, S. 172); Beratenden und Lehrenden im Bereich assistiver Technologie und Hilfsmittel oder Fachkräften an weiterführenden berufsorientierten Einrichtungen. Sporadische Leistungen erbringen beispielsweise medizinisches und orthopädisches Fachpersonal, Mitarbeitende der Schulträger, Hochschullehrende, Krankenkassen und Sozialhilfeträger, Fachkräfte aus dem Bereich Barrierefreiheit oder Fachkräfte aus den Bereichen Logo-, Ergo- und Physiotherapie.

Eine maßgebliche Rolle spielen in aller Regel die Eltern behinderter Lernender, die Jantzen (2018) lakonisch Sondereltern nennt. Viele Sondereltern nehmen neben ihrer klassischen elterlichen auch eine semiprofessionelle Rolle im Entwicklungsprozess der Kinder und Jugendlichen ein. Einige Sondereltern eignen sich ein beachtliches Maß an Wissen und Expertise an, das in seiner individuellen Sachbezogenheit weit über den üblichen professionellen Kompetenzrahmen hinausreichen kann (Shakespeare, 2018, S. 54).

Der behinderten Person selbst wird von professioneller Seite häufig eine bemerkenswert passive Rolle zugeschrieben, deren Beitrag sich auf die Selbstauskunft beschränkt. Erkennbar wird dies beispielsweise durch die konsequente Verwendung von Begriffen wie „Beschulung“ oder „Vermittlung“, die nicht nur

4 Krauthausen charakterisiert mit dem Begriff „Berufsbehinderte“ Menschen, bei denen sich das ganze berufliche Leben mehr oder weniger um die eigene Behinderung dreht oder zumindest einen sehr engen Bezug zu dieser hat. Quelle: www.fr.de/panorama/ichwollte-berufsbehinderter-werden-11142414.html (03.07.20).

im schulischen Kontext, sondern auch in der pädagogischen Forschung habituell verankert zu sein scheint.

Mit Blick auf den Abschnittstitel „Die professionelle Aristokratie“ soll unter einer Aristokratie die Herrschaft einer kleinen Gruppe besonders befähigter Personen verstanden werden, wobei die Art der Befähigung nicht näher bestimmt ist (https://de.wikipedia.org/wiki/Aristokratie (12.08.20)). In der historischen Praxis sei die Eigenschaft „besonders befähigt“ zu sein in aller Regel mit der Zugehörigkeit zu einer adligen Oberschicht gleichgesetzt worden, obgleich es auch bürgerliche (Herrschaft der Patrizier) oder klerikalistische (Herrschaft der Priester) Systeme gab. Aristokratien zeichnen sich dadurch aus, dass sie sich im Unterschied zu Oligarchien der Tugend und Tüchtigkeit verpflichtet haben und grundsätzlich wohlwollend agieren. Außerdem trete die aristokratische Gemeinschaft nach außen, trotz andauernder innerer Machtkämpfe, geschlossen und bestimmt auf. Die Aufnahme in die aristokratische Gemeinschaft erfolge nach Herkunft, Bürgschaft oder durch obrigkeitliche Erhebung und Einsetzung.

Mit etwas Fantasie lässt sich tatsächlich hinter Thimms (1990, S. 62) Charakterisierung des Berufsstands der „Blindenlehrer“ bzw. des „Blindness-Systems“ aus den 1960er-Jahren ein aristokratisches Herrschaftssystem vermuten: „Bewerber um Aufnahme in den Stand der Blindenlehrerschaft sahen sich einer Welt gegenüber mit ehrwürdigen Traditionen, mit klaren Organisationsstrukturen und Hierarchien, einer pädagogischen Provinz mit eigenständiger Praxis und dazugehörigem Überbau. […] Als Kandidat wurde man probeweise in diese Welt aufgenommen und nach einem Jahr wurde entschieden, ob der Kandidat zur nächst höheren Weihe zugelassen wurde, dem Aufbaustudiengang zum Blindenlehrer. Nach erfolgreicher Absolvierung gehörte man zum Kreis der „Blindenfreunde“. Man lernte allmählich, von den offiziellen Vertretern der Blindenorganisation als „Weiser durch Profession“ akzeptiert zu werden, insofern man als Vertreter der Blindenlehrerschaft grundlegende Selbstverständlichkeiten [teilte.]“ (Thimm, 1990, S. 62).

Dieses Bild hat sich in der vergangenen Jahren jedoch deutlich liberalisiert. Die durch die UN-BRK induzierten oder zumindest befürchteten Veränderungen (Capovilla, 2015, S. 8) führten dann jedoch zu einer deutlichen Konsolidierung und Selbstvergewisserung der sonder- und rehabilitationspädagogischen Berufsgruppen, die sich seither wieder geschlossen, mutig und selbstbewusst nach außen gerieren.

Voller Eifer postuliert beispielsweise Hölscher (2016, S. 25), gestützt auf andere Agierende, dass die Förderung der Lernenden mit Sehbeeinträchtigungen von inklusionspädagogischen Lehrkräften im Förderschwerpunkt Sehen geleistet werden „muss“. Dies sei laut Hölscher (2016, S. 40) notwendig, „um die Expertise und Qualität einer Pädagogik bei Blindheit und Sehbehinderung zu erhalten und die Teilhabe von Kindern, Jugendlichen und jungen Erwachsenen mit Blindheit oder Sehbehinderung zu gewährleisten.“.

Diese durchaus häufig zu beobachtende Verengung auf eine möglichst fachliche und sachliche Perspektive kann als Regress auf die für traditionelle Bildungseinrichtungen typische „Meisterlehre" verstanden werden, durch die Lehrkräfte im Sinne einer Berufsausbildung im Feld professionalisiert werden. Diese primäre Ausrichtung des Berufshabitus an fachlichen Kompetenzen und strukturellen Rahmenbedingungen und weniger an einer bestimmten Art mit und über behinderte Menschen nachzudenken, zeigt sich bereits dadurch, dass sich die Menschenbilder der professionell Handelnden und der „Laien" in der schulischen Praxis kaum unterscheiden (Cloerkes, 2007, S. 358).

Selbstverständlich ist eine fachspezifische Unterstützung und Förderung durch kompetente und sachkundige Fachkräfte wünschenswert und naturgemäß kann davon ausgegangen werden, dass im Kreise qualifizierter Fachkräfte mit größerer Wahrscheinlichkeit eine geeignete Person gefunden wird. Allerdings sollte klar sein, dass weder jahrelange praktische Erfahrung noch ein Abschluss einer fachspezifischen Ausbildung oder eines Studiums als hinreichender Nachweis für die Qualifikation zur erfolgreichen Unterstützung von Bildungsprozessen behinderter Lernender gewertet werden kann. Angesichts eines chronischen Nachfrageüberhangs nach inklusionspädagogischen Lehrkräften gilt es außerdem zu bedenken, dass Studienabschlüsse, Quer- und Seiteneinstiege etc. zunehmend nach dem Gleichheits- und weniger nach dem Leistungsprinzip verteilt werden, wodurch das mit dem Abschluss abgebildete Eignungs- und Qualifikationsspektrum deutlich geweitet wird.

Demgemäß sollte durch die Stärkung der Habitus-Sensibilität die Einsicht aktualisiert werden, dass nicht nur ausgebildete inklusionspädagogische Lehrkräfte „anormale" Lernende erfolgreich unterrichten können (Powell, 2007, S. 332) und die Aufnahme in den Berufsstand allein noch lange kein Qualifikationsnachweis ist.

In pädagogischen Berufen kommt es naturgemäß nicht nur auf fachliche Kompetenz an, sondern vor allem auf Empathie, ein unstillbares Interesse am Menschen, Neugier, Mitgefühl, Reflexionstiefe, didaktisches Geschick, Fähigkeit zur Selbstkritik, Gespür für Gerechtigkeit, soziale Regulationsfähigkeiten, Sympathie, Arbeitseifer, intrinsische Motivation, Bereitschaft Verantwortung zu übernehmen etc. Während sich fachliche Kompetenzen vergleichsweise einfach systematisch aufbereiten und in Lernangebote transformieren lassen, beschränken sich die Möglichkeiten zur Festigung von pädagogischen Kompetenzen auf die behutsame Kultivierung mitgebrachter Qualitäten und die hoffnungsvolle Schaffung von Bedingungen, welche die Entstehung unzureichend ausgebildeter Qualitäten begünstigen. Ohne diese Vorannahme ließen sich auch die Unterschiede bezüglich der Inhalte, Studiendauer und Studienform der einzelnen Studiengänge im inklusionspädagogischen Kontext kaum begründen.

Es bleibt zu hoffen, dass es den professionell Handelnden und ihren organisierten Strukturen gelingt, ihr nach außen häufig spürbares hegemoniales Pathos zu erkennen und ein Bewusstsein für die aristokratisch wirkenden Zugangsmechanismen zu entwickeln. Die von Helsper (2018, S. 117f.) beschriebene autoritative, paternalistische Schulkultur, in der das bedrohlich Fremde an der Artikulation gehindert werden soll, erstarkt eben nicht nur durch das Fremde in der Schülerschaft, sondern auch durch das in den eigenen Reihen. Vielfalt sollte also nicht nur in der Zielgruppe selbst, sondern auch im Kreise der professionell Handelnden als Möglichkeit und Herausforderung begriffen werden.

5.4.2 Habituelle Interventionslogiken

Als ich vor nicht allzu langer Zeit in einem Hilfsmittelladen einen neuen weißen Taststock kaufen wollte, da der Alte nach gut 20 Jahren Einsatz nicht mehr taugte, fragte mich die Verkäuferin unaufgefordert, ob ich überhaupt ein Orientierungs- und Mobilitätstraining[5] absolviert hätte, denn ich würde schließlich den Stock „komplett falsch" in der Hand halten. Auch wenn ich als behinderter Mensch an überraschende und unaufgeforderte Urteile fremder Menschen durchaus gewöhnt bin, empfand ich diesen Moment gleich in zweierlei Hinsicht als bemerkenswert. Zum einen verblüffte mich ihre gelebte Selbstverständlichkeit, mit der sie mich aufgrund meiner „Fehlleistung" diskreditierte. Zum anderen überraschte mich die Schärfe des Urteils, da meine Leistung nicht nur mit dem bereits absoluten Adjektiv „falsch", sondern gleich mit dem Pleonasmus „komplett falsch" bewertet wurde. Meine Frage, inwiefern ein Stock falsch gehalten werden könne, wenn er seinen Zweck erfülle, beantwortete sie damit, dass ich das in einem Training lernen würde und sie keine Stöcke verkaufen dürfe, wenn die Person nicht im Umgang damit unterwiesen worden sei. Die Dame meinte es offensichtlich ernst und erst meine ernst gemeinte Drohung, den Stock im Internet zu kaufen, führte schließlich zu einem Einlenken.

Vor allem in fachkundigen Kreisen provoziert diese Geschichte regelmäßig Unverständnis, allerdings nicht für das Verhalten der Verkäuferin, sondern für meine Echauffierung. Schließlich diene ein solches Orientierungs- und Mobilitätstraining ganz konkret meinem persönlichen Schutz, sei ein über Jahrzehnte verfeinertes und ausgereiftes Förderkonzept und erhöhe nachweislich meine private Mobilität, was entscheidend für alle Formen von Teilhabe sei. Genau ein solcher selbstverständlicher Konsens deutet das Wirken einer berufshabituellen

5 Sehbeeinträchtigte Menschen lernen bei Bedarf in einem umfassenden Orientierungs- und Mobilitätstraining unter anderem Strategien zur sicheren und selbstbestimmten Fortbewegung und Navigation im Straßenverkehr.

Orientierung an, der längst der bewussten Reflexion entzogen und durch die Stärkung der Habitus-Sensibilität wieder verfügbar gemacht werden sollte.

Eine erste berufshabituelle verankerte Interventionslogik besteht darin, dass das Spektrum der etablierten und als wirksam bewerteten sonder- und rehabilitationspädagogischen Interventionen ganz selbstverständlich so weit wie möglich ausgeschöpft werden muss, insbesondere dann, wenn die Maßnahmen der Schaffung von „normalen" Lebensumständen dienen sollen (Waldschmidt & Schneider, 2007, S. 9f.).

Diese Grundhaltung verdeutlicht beispielsweise auch Hölscher (2016, S. 35) mit ihrer Rezension des Fachbuchs von Allman und Lewis (2014), welches sie wie folgt beschreibt: „Es ist das erste umfassende Buch für Blinden- und Sehbehindertenlehrkräfte, das [...] die individuellen Bedürfnisse von Kindern und Jugendlichen mit Blindheit oder Sehbehinderung [...] umfänglich abbildet. Gründe, Vorschläge und Strategien zur Diagnostik und Vermittlung von Fähigkeiten für ein selbstbestimmtes und unabhängiges Leben bei Blindheit oder Sehbehinderung werden praxisorientiert veranschaulicht.".

Die hier zu Tage getragene Selbstverständlichkeit muss im hohen Maße kritisch bewertet und hinterfragt werden. Diese Ausführungen lassen darauf schließen, dass im Rahmen des Berufshabitus von einem klar umrissenen Spektrum von objektivierbaren individuellen Bedürfnissen ausgegangen wird, die bereits durch die bloße Zuschreibung von Blindheit oder Sehbehinderung wirksam werden und ein damit pauschal legitimiertes Programm von Interventionen indiziert ist (Kap. 5.1.2). Das durch die behinderungsbedingten Bedürfnisse konstruierte soziale Problem besteht demgemäß in der fehlenden Fähigkeit zum selbstbestimmten und unabhängigem Leben, welches durch strategische Diagnostik und „Vermittlung" gelöst werden soll und, getragen von der spürbaren Überzeugung der hier genannten Professionellen, auch gelöst werden kann.

Daran schließt sich unmittelbar eine zweite berufshabituelle Interventionslogik an, nach der das Spektrum etablierter sonder- und rehabilitationspädagogischer Interventionen nicht nur in voller Breite, sondern auch in voller Tiefe ausgeschöpft werden muss, was sich durch eine Tendenz zur isolierten Funktionsoptimierung manifestiert.

Erkennbar wird dies bereits im professionellen Jargon. In der Pädagogik bei Sehbeeinträchtigungen wurde beispielsweise vor einigen Jahren der Begriff „Sehrest", aufgrund der plakativen Defizitorientierung, durch den Begriff „verwertbares Sehvermögen" ersetzt. Auch wenn Begriffe wie „verwertbares Sehvermögen" weniger nach Defizit klingen mögen, konstatieren sie auf der anderen Seite den beschriebenen Anspruch auf isolierte Funktionsoptimierung, der als Bringschuld an die behinderte Person gekoppelt wird. Fortan gilt es also das „Sehvermögen", auch mit Blick auf die Konnotation zur Abfallwirtschaft, bestmöglich zu verwerten, was Sehen zu einer professionellen Optimierungsaufgabe macht. Die zugrunde liegende, kritische habituelle Logik wird spätestens dann klar, wenn Fragen nach der bestmöglichen Verwertung des Sehvermögens im Kreise unbehinderter Menschen gestellt werden, wo definitiv auch von Optimierungspotenzialen ausgegangen werden kann (Kleege, 1999, S. 114).

Dieser berufshabituelle Übermut kann sich dann in starken Aussagen niederschlagen, die weder erkenntnistheoretisch noch in ihrem implizierten Verallgemeinerungsanspruch haltbar sind. Wenn sich solche Aussagen auch noch in den offiziellen Publikationsorganen finden, die fachlichen Konsens suggerieren, werden sie selbst zu Interventionen, die Behinderung effektiv fortschreiben und nicht dekonstruieren. Dies soll anhand von drei Beispielen aus drei Jahrzehnten aufgezeigt werden, die sich auf Menschen mit Sehbeeinträchtigungen beziehen.

Im Lehrbuch zur lebenspraktischen Erziehung blinder Kinder aus den 1970er-Jahren findet sich beispielsweise folgende Passage: „Die Pflege des Körpers läßt ebenfalls viel zu wünschen übrig. Die Haare sind häufig zu lang und ungekämmt. [...] Die Gewohnheit, in den Haaren zu wühlen, verstärkt nicht nur diesen Eindruck von Schlampigkeit noch, sondern führt auch dazu, daß Schuppen auf die Kleidung fallen. Zuweilen ist das Haar so verfilzt und strähnig, daß der Sehende sofort feststellen kann, daß es seit geraumer Zeit nicht mehr gewaschen und gebürstet wurde. [...] Ungepflegte Hände, schmutzige Fingernägel, Finger mit Nikotin und anderen Flecken sieht man bei sehr vielen Blinden. [...] Wir wissen aus Erfahrung, daß das Baden nur dann seinen Zweck erfüllt, wenn es von Sehenden beaufsichtigt wird. Männer und Jungen urinieren oft neben den Klosetttopf." (Heslinga, 1972, S. 6f.).

In der Argumentationshilfe von Hennies et al. (2006, S. 5) findet sich unter anderem der Satz: „Die für Menschen mit Sehbehinderung/Blindheit verfügbaren Umweltinformationen beschränken sich fast ausschließlich auf den akustischen und taktilen Bereich. Diese Reize reichen oftmals jedoch nicht aus, um ein realistisches kognitives Abbild der dinglichen und sozialen Umwelt zu konstruieren.". Hölscher (2016, S. 24) argumentiert zu Gunsten des Erweiterten (Spezifischen) Curriculums mit folgender Aussage: „Es wird ersichtlich, wie notwendig eine die Entwicklungsphasen begleitende spezifische Unterstützung in allen Altersstufen sowie Lebens- und Lernsituationen der Schülerinnen und Schüler mit Blindheit oder Sehbehinderung ist." (Aus dem Kontext gerissene Zitate sind natürlich immer kritisch, weshalb hier ausdrücklich auf die Ausgangstexte verwiesen sei.).

Auf der Grundlage dieser drei Beispiele kann also gefolgert werden, dass alle Menschen mit Sehbeeinträchtigung ein eklatantes Hygieneproblem haben und ihre Welt fast ausschließlich mit dem Gehör und dem Tastsinn erschließen. Außerdem, dass sehbeeinträchtigte Menschen häufig kein „realistisches, kognitives Abbild" der dinglichen und sozialen Umwelt haben und dass es schlecht um sehbeeinträchtigte Menschen steht, wenn sie nicht in allen Altersstufen, Lebens- und Lernsituationen spezifische Unterstützung erhalten.

An dieser Stelle sei daran erinnert, dass die Inklusionspädagogik erhöhte Förderbedarfe vor allem damit begründet, dass die üblichen Strategien zur Ausrichtung des Regelunterrichts an heterogenen Lerngruppen aufgrund der individuellen Lernvoraussetzungen behinderter Lernender nicht ausreichen, um den Bildungsauftrag zu erfüllen. Homogenisierende Verallgemeinerungen schwächen also nicht nur die Legitimation inklusionspädagogischer Bemühungen, sondern schreiben vor allem in ihrer negativen Variante Behinderung fort.

Ein weiteres Beispiel für solche habituellen Interventionslogiken ist die ästhetische Normalisierung, mit welcher behinderte Menschen durch die Modifikation ihrer Erscheinung und ihres Verhaltens dahingehend verändert werden sollen, dass ihre alltagspraktische Passung und Tageslichttauglichkeit und somit ihre soziale Anschlussfähigkeit erhöht wird. Begründet werden solche Modifikationsinterventionen vor allem dadurch, dass die Festigung von behinderungsspezifischen Verhaltensweisen und Verständigungsformen die Segregation behinderter Menschen fördere, weshalb die Vermittlung konventioneller sozialer Praktiken zu präferieren sei (vgl. Länger, 2002, S. 132, 139).

Vor allem bei sehbeeinträchtigten Menschen hat die ästhetische Normalisierung eine lange Tradition, was vermutlich daher ruht, dass sich diese Form der Behinderung, vor allem in Situationen mit statischen sozialen Drehbüchern, vergleichsweise einfach verstecken lässt. Zur ästhetischen Normalisierung zählen beispielsweise Ansätze zur Reduktion und Elimination als „behinderungstypisch" bezeichneter Bewegungsmuster wie rhythmisches Wiegen und Zittern des Kopfes, Wippen des Oberkörpers, Fächern mit den Händen oder Augenbohren mit den Fingern. Der Charakter im Umgang mit solchen Bewegungsmustern zeigt sich in der offenbar selbstverständlichen und stereotypen Verwendung medikalisierter Begriffe wie „jactatio capitis" für rhythmische Kopfbewegungen oder „jactatio corporis" für rhythmische Bewegungen des Oberkörpers und gipfelt in der Verwendung des Begriffs „Blindismus", mit welchem letztlich die behinderte Person zur psychomotorischen Karikatur wird.

Zu solchen Interventionen gehören auch systematische Erziehungsmaßnahmen wie das angeleitete Verdecken, Verhängen oder Auspolstern ungewohnt aussehender Körperformen und -teile oder die Anleitung und Schulung des Umfelds zur besonderen Wachsamkeit hinsichtlich der Körperpflege sowie Kleiderwahl (Kleege, 1999, S. 19).

Eine extreme Form der ästhetischen Normalisierung sind operative Eingriffe und Korrekturen, mit denen beispielsweise funktionsunfähige, entstellende Augen entfernt und anschließend durch Glasaugen ersetzt werden (Länger, 2002, S. 131). Erwägungen zu operativen Interventionen können jedoch auch weit über die Beseitigung von offensichtlichen Entstellungen hinausgehen, auch wenn diese zumindest bislang weder etabliert noch als wirksam bewertet werden. Beispielsweise gab und gibt es Erwägungen die Sichtbarkeit behinderungstypischer Nasen, Oberliedfalten, Lidachsen, hängender Unterlippen, überlange Zungen etc. durch plastisch-chirurgische Eingriffe zu reduzieren (Cloerkes, 2007, S. 301).

Nun steht natürlich außer Frage, dass im Mantel der Normalität gehülltes motorisches Verhalten oder ein gepflegtes und ansprechendes Äußeres von der behinderten Person selbst gewünscht und ihrem Selbstwert zuträglich sein kann, auch dann, wenn das Verhalten nicht das Ergebnis von sozialer Nachahmung und Spiegelung, sondern von systematischem Training, Dishabituation und einer bewussten Entscheidung ist. Zudem kann die Sichtbarkeit von Behinderung in Situationen der Verhaltensunsicherheit, wie bei der Kontaktanbahnung und im anonymen Verkehr, besonders negativ wirken und somit die alltagsübliche Praxis erschweren, was dem Wohlbefinden sicher nicht zuträglich ist.

Allerdings sollte bei aller gefühlten habituellen Selbstverständlichkeit bedacht werden, dass Interventionen zur Konformisierung von Bewegung, Stylings, „makeovers“ etc. Behinderung aktualisieren, indem sie unmissverständlich die Botschaft mittragen, dass das Sosein behinderter Menschen in hohem Maße unansehnlich und unerwünscht ist (Kleege, 1999, S. 19).

Da Körperhaltungen und Verhaltensweisen, die erlernt werden müssen, naturgemäß der eigenen Verhaltensintuition widersprechen, dürfte klar sein, dass mit der Disziplinierung der Mimik und Gestik oder der willentlichen Beeinflussung der Körperhaltung ein erhebliches Maß an Anstrengung und Anspannung verbunden ist (Länger, 2002, S. 153, 167), welche durch die fehlende Möglichkeit zur unmittelbaren Erfolgskontrolle eine wenig erbauende Darbietung ohne Publikum bleibt.

Schließlich stellt sich die Frage, ob es überhaupt vertretbar ist, ästhetische Normalisierungen vorzunehmen, wenn längst nicht geklärt ist, ob die behinderungsbedingte Kontakt- und Interaktionsproblematik dadurch lediglich auf einen späteren Zeitpunkt verlagert wird (Cloerkes, 2007, S. 302). Unabhängig vom sozialen Erfolg ästhetischer Normalisierung muss bedacht werden, dass eine imperativ evozierte Selbstregulierung stets mit einem hohen Maß an Fremdbestimmung verbunden ist, die zudem bei einer vollständig externalisierten Erfolgskontrolle einen massiven Eingriff in die Autonomie darstellt. Behinderte Menschen sind letztlich genauso wie unbehinderte Menschen mit unterschiedlichen Potenzialen zu Aggression, Sanftmut, Angst, Freude, Sturheit, Empathie, Egoismus, Anmut, Besserwisserei, geistiger Schönheit, Neid, Charme etc. ausgestattet, die unabhängig von der Sichtbarkeit der Behinderung Kontakt- und Interaktionsprozesse modulieren.

Neben der kritischen Frage, ob etablierte und als wirksam bewertete Interventionen überhaupt im Einzelfall legitimierbar sind und somit auch zum Einsatz kommen sollen, gilt es noch die Frage zu klären, wie eine Intervention überhaupt in den Orientierungsrahmen des Berufshabitus vordringt.

In der Regel werden Interventionen induktiv entlang einer Reihe von erfolgreichen Einzelfällen produziert, die sich an Alltagstheorien zu Perspektiven und Herausforderungen behinderter Menschen orientieren (Cloerkes, 2007, S. 172). Diese am Einzelfall ausgerichtete, eher theoriearme Vorgehensweise kann durchaus als typisch für den sonder- und rehabilitationspädagogischen Berufshabitus betrachtet werden und stellt nach Moser (2003, S. 157) das zentrale Differenzmerkmal der Inklusionspädagogik zur allgemeinen Pädagogik dar.

Dieser wissenschaftlichen Unschärfe stehen dann aber hin und wieder professionell Handelnde gegenüber, welche die Wirksamkeit ihrer Interventionen mit einem „Hauch von Fanatismus“ (Turnbull, 1988, S. 375) vertreten und unhinterfragte Wertschätzung für ihre Interventionen erwarten (Kleege, 2018, S. 107). Vor diesem Hintergrund wäre zumindest im professionellen Umfeld ein beachtliches Maß an selbstkritischer Reflexion zur tatsächlichen Wirksamkeit der angewandten Interventionen und ein sparsamer Umgang mit kategorialen Urteilen wie „falsch“ und „richtig“ angebracht.

Wünschenswert wäre also, dass im Rahmen der Stärkung der Habitus-Sensibilität durch die verinnerlichte selbstregulierte Reflexion der täglichen Handlungspraxis die Grenzen des eigenen Orientierungsrahmens sichtbar werden und so eine Neujustierung der eigenen Rolle mit ihren Selbst- und Fremdbezügen möglich wird. Außerdem gehört es zum pädagogischen- und rehabilitativen Alltagsgeschäft, die eigene private und professionelle Deutung der sozialen Welt immer wieder zu irritieren, um durch die so ausgelösten Krisen Raum für Weiterentwicklung zu schaffen.

5.4.3 Die diagnostische Konstruktion von Behinderung

Professionell Handelnde entwickeln im Rahmen ihres Berufshabitus passförmige Entwürfe prototypischer Individuen aus der professionell adressierten Zielgruppe (Helsper, 2018, S. 126f.; Capovilla, Gebhardt, & Hastall, 2018). Mit dieser Typisierung wird versucht, der Komplexität der menschlichen Vielfalt Herr zu werden, was naturgemäß mit einer exorbitanten Diskretisierung und Homogenisierung verbunden ist. Um dieser häufig habituell regulierten Prototypisierungspraxis im Umgang mit dem Anderssein entgegenzuwirken, um so das Partikuläre und Besondere zu sehen und nicht versehentlich in Routinen und Alltagsschemata mit pauschalem Legitimationscharakter abzugleiten, bietet es sich an, die Muster der Konstruktion solcher mit dem eigenen Habitus verknüpfter prototypischer Individuen näher zu untersuchen.

Bei der Typisierung nehmen standardisierte, diagnostische Interventionen eine besondere Rolle ein, da sie ein mächtiges Instrument zur Reduktion von Komplexität sind. Auf der einen Seite weiten sie durch ihre Systematik den Blick auf Details, die möglicherweise wichtig sind, aber übersehen worden wären, schaffen aber auf der anderen Seite Kategorien, mit deren Zuschreibungen Details verloren gehen. Während Diagnostik also Komplexität reduziert, erzeugt sie gleichzeitig erst den als behindert etikettierten Körper (Waldschmidt, 2011, S. 94) und macht möglicherweise auch unwichtiges Unsichtbares sichtbar.

Dabei muss ergänzt werden, dass letztlich auch alle beobachtbaren pädagogischen, beratenden und medizinisch-therapeutischen Interventionen diesen konstruktiven Charakter von Behinderung inkorporiert haben. Der Einsatz eines Rollstuhls, die Anwendung von Vojta- oder Bobath-Therapie in der Frühförderung (Jantzen, 2002) oder das Beratungsgespräch in einer sozialpädiatrischen Ambulanz kann bereits zu bunten Zuschreibungen führen.

In diesem Zusammenhang lässt sich auf die viel zitierte Interpellationstheorie von Althusser (1977, S. 141) verweisen. Entsprechend dieser Theorie wird eine Person (Subjekt) mit seiner zugewiesenen Subjektposition in zwei Schritten konstruiert (differenzen.univie.ac.at/glossar.php?sp=27 (05.07.20)). Im ersten Schritt wird sie durch eine Autorität angerufen, was Althusser am Beispiel eines Polizisten exemplifiziert, der einem Individuum: „Hey, Sie da!“ hinterherruft. Indem sich dann das Individuum im zweiten Schritt umwendet und erkennt, dass der Anruf ihm galt, nimmt sie ihre Subjektposition an und hat sich somit als Bürger der Ordnungsmacht unterworfen.

Alle behinderungsbedingten Interventionen lassen sich letztlich als Anrufungen interpretieren, welche die behinderte Person in ihrer behinderten Eigenart überhaupt erst konstruieren und gewissermaßen in die behinderte Existenz hineinrufen. Sobald die diagnostische und förderpädagogische Maschinerie erst einmal angeworfen wurde, mehren sich die Anrufungen, bis schließlich die Person die spezifische Existenz als Evidenz angenommen hat. Bei Menschen, die nicht von dieser Maschinerie erfasst werden oder sich ihr entziehen können, wächst damit gleichzeitig die Überzeugung, selbst unbehindert zu sein, was wiederum überhaupt erst das eigenartige Konstrukt einer „unbehinderten“ Person hervorbringt (Waldschmidt, 2011, S. 100).

Dieser konsequente Konstruktionsprozess führt dazu, dass die Umkehrbarkeit der Verhaltenserwartungen zwischen behinderten und unbehinderten Menschen aufgekündigt wird (Thimm, 2006, S. 123). Die Unvereinbarkeit der beiden Subjektpositionen kann, getragen vom Ringen nach Identität und der Angst vor dem Fremden, soweit reichen, dass die merkwürdige Metapher von zwei Welten bemüht wird, zwischen denen dann die Notwendigkeit von Vermittlung besteht. Zurück auf dem Boden der erfahrbaren Realität sollte allerdings klar erkannt werden, dass behinderte Menschen definitiv in der gleichen Welt wie unbehinderte Menschen leben und da behinderte Menschen schlicht und einfach Menschen sind, ist ihr Erleben anderen Menschen weder ohne noch mit Vermittlung zugänglich (Capovilla, 2015, S. 18).

Vor diesem Hintergrund sollte eine Aktualisierung und Überwindung des behindernden Charakters der Zwei-Welten-Hypothese und der mit ihr verbundenen diagnostischen und förderpädagogischen Praktiken, die zumindest mancherorts in den Tiefen der habituellen Selbstverständlichkeit verschollen zu sein scheinen, versucht werden.

Behinderte Menschen müssen sich genauso wie alle anderen Menschen auch den Praktiken und Maßstäben einer unbehinderten Alltagspraxis stellen und unterwerfen und können sich dieser auch nicht entziehen. Konkret bedeutet dies, dass Menschen mit sensorischen, motorischen oder kognitiven Einschränkungen genauso wenig die auf den Durchschnittsmenschen ausgerichteten sozialen Praktiken ignorieren können wie alle unbehinderten Menschen. Beeinträchtigte Sensorik, Motorik oder Kognition ist genauso auf das Wahrnehmen visueller oder auditiver Informationen, auf die Mobilität und haptische Manipulation und auf das Verständnis von komplexen Sachverhalten ausgerichtet wie die entsprechenden unbehinderten Maßstäbe (vgl. Länger, 2002, S. 184).

Die Zwei-Welten-Hypothese wird aber nicht nur durch die Festigung und Fortschreibung der behinderten Subjektposition gestärkt, sondern auch durch die aktive Festigung der Unbehinderten. Eine ausgesprochen beliebte Praxis in diesem Zusammenhang ist der Einsatz von sensorischer oder motorischer Simulation, durch welche unbehinderten Menschen Zugang zum Erleben und „Nachvollziehen“ von Beeinträchtigungen oder Behinderungen gewährt werden soll.

Menschen scheitern im Rollstuhl an unerwarteten Steigungen und fehlenden Aufzügen, klettern durch übergroße Möbel, wuchten sich im Alterssimulationsanzug aus Autos, um sich anschließend wieder reinzusetzen, erschmecken ungekannte Nuancen in gewöhnlichem Wein bei einer Dunkelverkostung, tummeln sich spätestens nach dem vierten Glühwein mit verstöpselten Ohren und viel Spaß auf Weihnachtsmärkten oder geben sich in der „Dunkelbar“ während des Rätselratens über Körper und Formen zumindest gedanklich dem haptischen Voyeurismus hin.

Im intendierten Vorhaben, unbehinderten Menschen die „Welt“ behinderter Menschen näher zu bringen, verfehlen sie jedoch ihr Ziel deutlich. Das Erleben anderer Menschen ist schlicht und einfach unzugänglich, weshalb die erlebte Simulation nicht mehr und auch nicht weniger als eine ganz persönliche, private und reale Erfahrung von Beeinträchtigung darstellt. Durch die notwendigerweise subjektive Interpretation und emotionale Färbung wird der Blick auf den abstrakten Kern der möglichen funktionalen Einschränkungen eher eingetrübt als geschärft und zieht möglicherweise ungerechtfertigte Verallgemeinerungen nach sich.

Der kritische Aspekt solcher Simulationsübungen liegt, abgesehen von der Erzeugung von Privattheorien, die leider allzu oft spekulativ verallgemeinert werden, darin, dass mit ihnen ein massives „Othering“ (https://de.wikipedia.org/wiki/Othering (12.08.20)), also eine differenzschaffende Distanzierung, zwischen behinderten und unbehinderten Menschen betrieben wird (Länger, 2002, S. 105f.). Die Simulation festige die Vorstellung, dass behinderte Menschen in einer völlig anderen sozialen Realität leben, was genau für das Befremden sorgt. Dabei wird verkannt, dass es keine behinderungstypische soziale Realität gibt, sondern dass alle Menschen in ihrer ganz eigenen sozialen Realität, unter ihrem ganz privaten Birnbaum sitzen, der in einzigartigen Farben erstrahlt und auf dem durch die eigene Vorstellung geformte Vöglein sitzen, die ein ganz privat erlebtes Lied zwitschern.

Dieses Dilemma zwischen sinnvollen diagnostischen und förderpädagogischen Interventionen auf der einen Seite und dem behindernden Charakter derselben, der überhaupt erst Behinderung als soziale Realität konstruiert, auf der anderen Seite, erschwert also das Vorhaben weiter, der Prototypisierungspraxis im Umgang mit dem Anderssein entgegenzuwirken, da ja genau erst das Partikuläre und Besondere entdeckt werden muss, um passende Angebote am Einzelfall orientiert zu legitimieren.

Diese Unvereinbarkeit gilt es nun nicht nur als habituelle Selbstverständlichkeit abgeklärt zu ertragen. Ganz im Gegenteil stellt sie ein zentrales Argument für die Notwendigkeit der Einzelfalllegitimation dar und wirkt in dieser Funktion handlungsleitend. Vor allen diagnostischen und förderpädagogischen Interventionen gilt es die Verhältnismäßigkeit von Zumutung und Eingriff einerseits und die Verminderung von Risiken für das Leben und die Entwicklungschancen andererseits zu prüfen (Wolf, 2015, S. 73).

Alle professionell Handelnden sollten stets die Frage beantworten können, welchen konkreten, auf die einzelne Person bezogenen Nutzen die geplante oder laufende diagnostische oder förderpädagogische Intervention verspricht. Es geht also nicht darum, das Mögliche zu tun, sondern darum, das Sinnvolle in Abwägung des erwarteten Nutzens und der behindernden Wirkung zur Disposition zu stellen und das für den konkreten Einzelfall Notwendige zu leisten.

5.4.4 Eigenarten kultivieren und ertragen

Nachdem nun die selbstbezogene Sensibilität für den Berufshabitus professionell Handelnder im Fokus stand und der Prototypisierungsprozess aus professioneller Perspektive näher beleuchtet wurde, soll abschließend ein Blick auf die Einzigartigkeit der Individuen in der professionell adressierten Zielgruppe geworfen werden. Hierbei geht es nicht nur um die Erkenntnis dieser Eigenarten, sondern vor allem darum, diese Eigenarten soweit wie möglich respektvoll und mit der gebotenen Sachlichkeit zu kultivieren und zu ertragen.

Kultivieren und Ertragen ist in diesem Zusammenhang mit der Einsicht verbunden, dass ein auf Problemlösung fixierter inklusionspädagogischer Ansatz die Komplexität von „Behinderung“ nicht hinreichend erfassen kann

(Waldschmidt & Schneider, 2007, S. 10). Behinderung ist schlicht und einfach eine weitverbreitete Lebenserfahrung, deren verkörperte Erscheinungen im besten Fall durch situative Möglichkeiten verschleiert und dessen Erleben idealerweise erleichtert wird. Aus der Welt schaffen lässt sich diese weitverbreitete Lebenserfahrung jedoch nicht (Waldschmidt & Schneider, 2007, S. 10). Behinderung in all ihren Spielarten ist genau deshalb Behinderung, weil sie manifest behindert und ohne diese manifeste behindernde Wirkung wäre Behinderung nicht Behinderung. Vor diesem Hintergrund und auch mit Blick auf die skizzierte Historie (Kap. 5.3) scheint ein gehöriges Maß an Demut hinsichtlich der eigenen Selbstwirksamkeit als inklusionspädagogische Fachkraft und eine konstruktive Skepsis hinsichtlich der Wirksamkeit und Sinnhaftigkeit der durchgeführten Interventionen angebracht. Das hierdurch entstehende hohe Maß an Handlungsunsicherheit gilt es auszuhalten und vor allem konstruktiv zu nutzen.

Verstärkt wird diese Handlungsunsicherheit, die sich aus der nicht generalisierbaren Effektivität der Interventionen ergibt, durch die heterogenisierende Wirkung von Behinderung hinsichtlich der Bedürfnisse, die sehr individuelle Entscheidungs- und Planungsrahmen schafft. Innerhalb dieser Entscheidungs- und Planungsrahmen gilt es außerdem zu beachten, dass Menschen nur über begrenzte zeitliche Ressourcen verfügen und somit mit der Entscheidung für eine Intervention stets die Entscheidung gegen andere Interventionen verbunden ist. Das bedeutet, dass alle Interventionen Wahl- und Lebensmöglichkeiten einschränken, während sie idealerweise andere ausschöpfen oder eröffnen. Abgesehen davon, dass kausale Einschränkungen der Wahlmöglichkeiten aufgrund der Zuschreibung der abstrakten Kategorie Behinderung die plakativste Form von Benachteiligung aufgrund von Behinderung sind, bekräftig dies erneut den Anspruch auf eine individuelle Legitimation von Interventionen, welche dem konkreten Ziel einer möglichst hohen situativen und individuellen Eignung folgt.

Deutlich komplexer ist die Analyse der mittelbaren Wirkung von Interventionen. Naturgemäß erzeugt die beschriebene Handlungsunsicherheit eine ganze Reihe von Interventionen, die zwar situativ und individuell legitimierbar scheinen, dann aber doch nicht die intendierte Wirkung entfalten. Um die Zahl solcher Interventionen möglichst gering zu halten, kann beispielsweise versucht werden, die fremdbezogene Habitus-Sensibilität, also die Sensibilität für die individuellen Orientierungsrahmen, innerhalb der adressierten Zielgruppe zu steigern.

Dies stellt aber gleich aus einer ganzen Reihe von Gründen eine beachtliche Herausforderung dar, da behinderte Menschen in ihren Bemühungen normal zu sein ein hohes Maß an erlebter oder gespielter sozialer Fügsamkeit, demütiger Dankbarkeit oder Adaptionsbereitschaft an den Tag legen können, was den wahrnehmbaren Habitus möglicherweise verdeckt oder verzerrt (Capovilla, Gebhardt, & Hastall, 2018). Mit anderen Worten bedeutet dies, dass es aufseiten behinderter Menschen eine hohe Bereitschaft geben kann, ein professionell vordefiniertes Rollenbild zu übernehmen und nach Kräften auszufüllen, wenn dafür eine Entlastung im Bewältigungsprozess der Auseinandersetzung mit sich selbst in Aussicht steht (French, 2017, S. 161; vgl. Pfaller, 2012, S. 9, im Kontext Castingshows). Die Identitätsbildung erfolgt in einem solchen Fall entlang den Vorstellungen professionell Handelnder zum „guten Leben" mit Behinderung und nicht entlang individueller Wünsche und Neigungen. Indem professionell Handelnde versuchen der entlastungsorientierten Delegation der Konflikte im Bewältigungs- und Identitätsbildungsprozess entgegenzuwirken, gelingt es ihnen möglicherweise besser die fremden Wünsche, Neigungen und habituellen Orientierungen der Individuen aus der adressierten Zielgruppe im Fokus zu behalten.

Nun wäre sinnvolles inklusionspädagogisches Handeln ohne Annahmen über die Zukunft der einzelnen Person und Vorstellungen zum „guten Leben" mit Behinderung kaum möglich. Das bedeutet, dass mit Interventionsentscheidungen notwendigerweise eine konstruktive Macht verbunden ist, die unmittelbar dazu beiträgt, dass das sein wird, was vorhergesagt wurde (vgl. Bourdieu, 1992/2015, S. 26).

Vor diesem Hintergrund gilt es die handlungsleitenden Vorstellungen regelmäßig mit besonderer Aufmerksamkeit zu prüfen, um zu verhindern, dass sie in das berufshabituelle Selbstverständnis abgleiten. Dies wäre insofern kritisch, da genau diese handlungsleitenden Vorstellungen erst durch die Unterfütterung mit Idealen ihre Kraft entfalten können, die naturgemäß nicht mehr als das Ergebnis von zeitgenössischen Überzeugungen und Machtstrukturen sind, was nicht zuletzt durch den historischen Rückblick in Kap. 5.3 aufgezeigt werden sollte.

Dies wird beispielsweise am Konzept der Normalisierung (Kap. 3.5), als handlungsleitende Vorstellung deutlich. Nach der Denkweise der Normalisierung ist es im hohen Maße wünschens- und erstrebenswert ein möglichst normales Leben zu führen, was bedeutet, dass das „gute Leben" mit Behinderung darin besteht, so normal wie möglich zu leben. Erreicht werden soll ein solches möglichst normales Leben über die Einübung und institutionelle Herstellung der Lebenspraktiken, der sozialen Muster, der Verhaltensweisen etc. unbehinderter Menschen. Da nun aber die behinderte Person genau erst aufgrund der Einschränkungen im „Normalsein-Können" behindert wird und Behinderung eine dauerhafte Einschränkung im „Normalsein-Können" impliziert, dienen die normalisierenden Interventionen offenkundig nicht der tatsächlichen Realisierung eines „normalen Lebens", sondern der möglichst überzeugenden Imitation eines „normalen Lebens".

Obgleich nun aber das „normale Leben" unbehinderter Menschen eine reichlich flexible und formbare Vorstellung ist, werden die daraus abgeleiteten Lebensentwürfe eines unbehinderten Lebens, aufgrund der Grenzen im „Normalsein-Können“ behinderter Menschen, dennoch deutlich von den Lebensentwürfen unbehinderter Menschen abweichen, auch wenn diese durch Normalisierung angenähert werden sollen. Beim Blick in eine Wohngemeinschaft behinderter Menschen mit regelmäßiger sozialpädagogischer Unterstützung und Förderung zwingt sich die kritische Frage auf, ob hier nicht einfach eine mit zeitgemäßen Idealen (Gefühl von Zuhause, Privatsphäre, familienähnliche Struktur etc.) unterfütterte Vorstellung an irgendeinem Schreibtisch entworfen und umgesetzt wurde, die zwar durch das Normalisierungsprinzip legitimiert wird, das „normale Leben“ unbehinderter Personen aber nicht im Geringsten spiegelt (Kap. 3.5).

Das bedeutet nun keineswegs, dass das Leben in einer solchen Wohngemeinschaft kein „gutes Leben“ mit Behinderung sein kann. Es bedeutet, dass das Konzept einer solchen Wohngemeinschaft genau nicht durch die handlungsleitende Vorstellung der Normalisierung mit ihren zeitgenössischen, hegemonialen Idealen, die letztlich nur innerhalb der Grenzen des „Normalsein-Könnens“ gelebt werden können, legitimiert werden kann. Legitimiert werden kann eine solche Wohngemeinschaft lediglich durch die situative und individuelle Eignung für eine Gruppe behinderter oder unbehinderter Menschen entlang der einzelnen Personen.

Eine dritte und letzte Strategie, um die fremden Wünsche, Neigungen und habituellen Orientierungen der Individuen aus der adressierten Zielgruppe im Fokus zu behalten, die hier exemplarisch aufgezeigt werden soll, besteht in der bewussten Regulation des eigenen, spontanen Handlungsreflexes aus der mächtigeren Position heraus. Während auf der einen Seite möglicherweise ein hohes Maß an Verwiesenheit besteht, das geradezu einen Reflex zum advokatorischen Handeln aufzwingt, gilt es auf der anderen Seite so weit wie möglich in den Hintergrund zu treten und diesen Handlungsreflex zu kontrollieren (Altenschmidt & Kotsch, 2007, S. 233).

Der individualisierende Charakter von Behinderung priorisiert eine aufgaben- und eben nicht lösungsorientierte Herangehensweise im inklusionspädagogischen Handlungsfeld. Es geht nicht darum, eine Aufgabe dahingehend zu interpretieren, damit sie zu einer im eigenen Repertoire verfügbaren Lösung passt. Es geht darum die Aufgabe dahingehend zu erfassen und zu begreifen, dass das bestehende Repertoire im besten Fall durch eine weitere Lösung erweitert wird. Professionelles Handeln muss Erwartungen zulassen, die nicht schon im Voraus völlig determiniert wurden und gleichzeitig zugestehen, dass behinderte Menschen selbst besser wissen was sie erwarten oder erwarten wollen (Thimm, 2006, S. 123). Auch wenn dies selbstverständlich klingen mag, lässt sich nach wie vor allzu oft der plakative oder symbolische, entmündigende Charakter von Behinderung erkennen, der eher die Selbstwirksamkeit und Selbstbestimmung der professionell Handelnden bestätigt als die Selbstwirksamkeit und Selbstbestimmung der Individuen aus der adressierten Zielgruppe:

Nach wie vor wird allzu oft behinderten Menschen ein voller Subjektstatus als ernst zu nehmendes Gegenüber mit möglicherweise eigenem Einkommen, der Fähigkeit, für sich selbst zu sprechen und Entscheidungen zu treffen, abgesprochen (Maskos, 2015a).

Bloßes Zufriedensein auf objektiv niedrigem Lebensniveau verbunden mit Bedürfnisbefriedigung im Rahmen der verfügbaren Mittel darf nicht das Ziel inklusionspädagogischer Bemühungen sein (Thimm, 2006, S. 224). Notwendig ist ein modernes und zeitgemäßes Bild behinderter Menschen als handlungsleitende Vorstellung und als Orientierungsrahmen für die Legitimation von Interventionen. Eine behinderte Person darf nicht länger als ein durch Therapien, Rehabilitation oder Modifikation zu behebendes soziales Problem begriffen werden (Waldschmidt, 2011, S. 90), sondern als eine autonome Person, welche bei Bedarf oder auf eigenen Wunsch durch Assistenz und Respekt in ihrer selbstbestimmten Entwicklung und Lebensgestaltung begleitet wird.

Selbstverständlich kann es beim Eis-Essen in der öffentlichen Eisdiele im Publikumsbetrieb durchaus sinnvoll sein, die Grundregeln der Hygiene und des „Anstands" bei Tisch zu beherrschen (Länger, 2002, S. 190). Schon aus eigenem Interesse erscheint es sinnvoll, über Esstechniken zu verfügen, die verhindern, dass der Inhalt des Eisbechers in einem von Pollock inspiriertem Gemälde über den Tisch verteilt wird. Entscheidend ist aber, dass die inklusionspädagogische Aufgabe beim Eis-Essen nicht darin besteht, dass die behinderte Person die perfekte Löffelhaltung beim Einstechen im korrekten Winkel einübt, um exakt mundgerechte Eisportionen mit passender Menge Sahne aus dem Becher zu lösen. Die pädagogische Aufgabe besteht darin, Lernangebote zum Aufbau von Fähigkeiten und Fertigkeiten zu schaffen, die es einer behinderten Person nach Belieben erlauben, selbstbestimmt ein Eis in vollen Zügen zu genießen, bei Bedarf den vornehmen Genussmenschen zu mimen oder sich das Eis trotzdem schmecken zu lassen, wenn auch irgendwie mal alles auf erschreckende Weise danebengegangen ist.

6 Bildungsbehinderungen

Behinderte Menschen dürften im Durchschnitt in ihren ersten zwanzig Lebensjahren die meiste Aufmerksamkeit des inklusionspädagogischen Interventionssystems erfahren. In diesen beiden Lebensjahrzehnten werden die wesentlichen Weichen für den weiteren Verlauf des Lebens gestellt und Rahmenbedingungen für die biografische Entwicklung gesetzt. Diese Aufmerksamkeit fällt dann in der Regel nach dem Abschluss der Schullaufbahn und nach Beendigung der Transition in ein Verwahrungssystem, eine berufliche Tätigkeit oder eine selbstbestimmte Karriere deutlich ab. Schließlich scheint Behinderung mit zunehmendem Alter durch altersbedingte Beeinträchtigungen überlagert und damit immer weiter aus dem interaktionsrelevanten Fokus verdrängt zu werden (Bender & Schnurnberger, 2015, S. 109). Aus diesem Grund soll im Folgenden das Bildungssystem, in seiner Eigenschaft als wirkmächtigstes und inhaltlich am weitesten ausdifferenziertes Instrument der inklusiven Gesellschaft, näher betrachtet werden.

Diese besondere Bedeutung des Bildungssystems ist eine der zentralen Rechtfertigungen für die vor allem im deutschsprachigen Raum zu beobachtende Besonderheit, dass an Stellen, wo es günstig erscheint, Inklusion kurzerhand mit Inklusion im Bildungssystem, verstanden als gemeinsamer Unterricht, gleichgesetzt wird, was beispielsweise zur Folge hat, dass Inklusion vornehmlich als schulische Strukturdebatte geführt wird (Herz, 2014). Das Ergebnis ist eine begriffliche Unschärfe, die leidenschaftlich geführte Debatten provoziert, in denen Inklusion verfechtet oder sogar abgelehnt wird (vgl. Degenhardt, 2012). Da „Inklusion" im Kontext der UN-BRK offensichtlich nicht nur mit einem bestimmten schulischen Lernarrangement gleichgesetzt werden kann, sondern eher als eine abstrakte Kategorie (Kap 3.1) zu begreifen ist, sind selbstbewusste Aussagen wie: „Ich bin gegen Inklusion" oder „Inklusion muss um jeden Preis auf allen Ebenen durchgesetzt werden" nicht als Implikationen der UN-BRK, sondern eher als unsachliche Verkürzungen oder Stilblüten zu werten.

In diesem Sinne gilt es klar, zwischen Inklusion und den zahlreichen schulischen Lernarrangements zu unterscheiden, die sich inklusiv nennen und unter dem Begriff schulische Inklusion diskutiert werden. Schulische Inklusion ist analog zu Inklusion ebenso eine abstrakte Kategorie, die aufgrund ihrer Komplexität nicht als Ganzes bewertet und beurteilt werden sollte. Demgemäß werden im Folgenden einige der unterschiedlichen Lernarrangements näher beleuchtet, die als Realisierungsformen schulischer Inklusion verstanden oder als inklusiv bezeichnet werden können. Entscheidend wird dabei der differenzierte Blick auf die unterschiedlichen Funktionen des Bildungssystems sein, die sich mit der Produktion von Bildung und mit der gesellschaftlichen Sozialisation und Allokation zusammenfassen lassen.

6.1 Strukturelle Lernarrangements und Behinderung

Eine weitgehend akzeptierte Definition, was genau unter einem inklusiven Lernarrangement oder als Realisierungsform schulischer Inklusion zu verstehen ist, scheint es nach wie vor nicht zu geben (Capovilla, Gebhardt, & Hastall, 2018; Kap. 3.1). Die Gründe hierfür liegen in den unterschiedlichen Blickwinkeln und Interessen der mittelbar und unmittelbar Beteiligten sowie deren empirischen, pragmatischen oder ideologischen Methoden und Vorgehensweisen. Trotz der fehlenden Definition wurde schulische Inklusion von der KMK (2011) zum Bildungsziel aller Bundesländer erklärt und mit dem gemeinsamen Lernen von behinderten und unbehinderten Kindern und Jugendlichen konkretisiert.

Bei dieser Konkretisierung von schulischer Inklusion als gemeinsame Platzierung im selben Raum oder im selben Geschehen, handelt es sich um eine bloße organisatorische Entscheidung, welche zwar einen weiten pädagogischen Handlungsrahmen aufspannt, diesen aber vollkommen leer lässt. Um diese Leere zu füllen, wird in der Forschungsliteratur in der Regel die gemeinsame Platzierung lediglich als Voraussetzung für die Realisierung des gemeinsamen Lernens betrachtet und mit den beiden Zielen einer effektiven Förderung sowie der sozialen Anerkennung aller Lernenden verbunden (Gebhardt, 2015; Grosche, 2015; u. a.). Von einer effektiven Unterstützung und Förderung kann aus schulischer Perspektive ausgegangen werden, wenn die individuellen Lernbedarfe und -bedürfnisse befriedigt und dadurch die Möglichkeiten in der schulischen Leistungsentwicklung ausgeschöpft werden (Ahrbeck, 2016, S. 16). Soziale Anerkennung lässt sich hingegen nicht derart scharf konturieren, da sie im hohen Maße vom individuellen Erleben und Bewerten sozialer Situationen abhängt (Kap. 2.3). Indikatoren für die soziale Anerkennung sind beispielsweise positive Kontakte und Interaktionen zwischen den Lernenden, gegenseitige Freundschaft, gemeinsame Freizeitaktivitäten, soziale Unterstützung und emotionales Wohlbefinden (Bossaert, Colpin, Pijl, & Petry, 2013; Ahrbeck, 2016, S. 16). Demgegenüber sprächen soziale Isolation, erlebte Einsamkeit, soziale Ablehnung oder Mobbing und Bullying für fehlende soziale Anerkennung.

Zusammenfassend bedeutet dies, dass ein Lernarrangement nur dann als Realisierungsform der schulischen Inklusion gewertet werden kann, wenn Lernende mit und ohne zugeschriebenen Förderbedarf gemeinsam lernen, alle Lernende auf vertretbare Weise effektive Unterstützung und Förderung erfahren und das Maß der erlebten sozialen Anerkennung der Identitätsbildung der einzelnen Lernenden zumindest nicht abträglich ist.

Bezüglich der konkreten Umsetzung schulischer Inklusion gibt es eine Vielzahl von unterschiedlichen Lernarrangements, die auch über die nationalen und internationalen Grenzen hinweg zwar ähnlich, aber nicht gleich sind (Gebhardt, 2015). Diese Vielfalt verweist nicht nur auf die Kreativität und Beratungssensibilität der Entscheidungstragenden im bildungspolitischen Diskurs, sondern auch auf die bestehende Handlungsunsicherheit und die fehlende wissenschaftliche Fundierung schulischer Inklusion. Auf eine vollständige Detaillierung aller Realisierungsformen schulischer Inklusion wird daher an dieser Stelle aus pragmatischen Gründen zugunsten einer überblicksmäßigen Darstellung verzichtet.

Die unmittelbarste Realisierungsform schulischer Inklusion sind Lernarrangements der Art inklusive Schule. Hier öffnet sich eine Regelschule und strebt eine Schule der Vielfalt an, indem sie Lernende mit zugeschriebenem Förderbedarf aufnimmt oder eben nicht „aussondert". In der Regel beschäftigen solche Schulen eigene inklusionspädagogische Lehrkräfte, welche gemeinsam mit den Regelschullehrkräften den Unterricht und die individuelle, effektive Unterstützung und Förderung planen und durchführen. Versorgungslücken werden beispielsweise, soweit wie möglich, kollegial durch stundenweise Freistellung oder durch Vertretungsstunden abgedeckt. In dieser Realisierungsform baut also eine Regelschule empirisch orientiert eine schulspezifische, inklusionspädagogische Expertise auf und entwickelt diese bedarfsabhängig weiter. Dabei greift sie, sofern gewünscht und möglich, auf externe Beratungs- und Weiterbildungsangebote, technische Dienstleistungen zur Fertigung von Lehrmaterialien, Versorgungsangebote mit assistiver Technologie etc. zurück.

Auf der Ebene der Schulstruktur kann die allgemeine inklusive Schule von der inklusiven Schwerpunktschule unterschieden werden. In allgemeinen inklusiven Schulen, wie sie beispielsweise in Südtirol üblich sind, lernen grundsätzlich alle Lernenden gemeinsam und das unabhängig von ihrem zugeschriebenen Förderbedarf. In Schwerpunktschulen lernen hingegen Lernende mit dem gleichen zugeschriebenen Förderbedarf gemeinsam mit Lernenden ohne zugeschriebenen Förderbedarf (Degenhardt, 2012).

Auf Ebene der Klassenstruktur lässt sich das Lernarrangement der Einzelinklusion, bei dem genau eine lernende Person mit zugeschriebenem Förderbedarf am gemeinsamen Unterricht teilnimmt, vom Lernarrangement der Inklusionsklasse unterscheiden, bei dem mehrere Lernende mit zugeschriebenem Förderbedarf gemeinsam mit Lernenden ohne zugeschriebenen Förderbedarf lernen. Eine Variante dieser Lernarrangements auf Ebene der Klassenstruktur ist der jahrgangsstufenübergreifende Unterricht. Hier lernen Lernende mit zugeschriebenem Förderbedarf in genau der Jahrgangsstufe, in der sie ausgehend von ihrem Entwicklungsstand und Leistungsvermögen ein möglichst hohes Maß an Homogenität hinsichtlich der Lernvoraussetzungen mit den Lernenden ohne zugeschriebenen Förderbedarf erzielen (Shakespeare, 2018, S. 111f.).

Beim Kooperationsmodell, das in Deutschland in den zahlenmäßig kleineren Förderschwerpunkten weite Verbreitung findet, verfügt die Regelschule über keine eigenen inklusionspädagogischen Lehrkräfte und somit in der Regel auch über keine akademisch professionalisierte, inklusionspädagogische Expertise. Die inklusionspädagogische Expertise wird bei diesen Lernarrangements bedarfsabhängig im Rahmen von losen oder festen Kooperationsvereinbarungen von spezifischen Kompetenzzentren oder externen Förderschulen angeboten und in den Regelschulbetrieb so gut wie möglich eingeflochten. Hier sei jedoch erwähnt, dass es innerhalb einer Regelschule, analog zur inklusiven Schule, dennoch ein durch engagierte Lehrkräfte erarbeitetes beachtliches Maß an gesammeltem Erfahrungswissen geben kann, das weit über die extern abrufbare, akademisch professionalisierte, inklusionspädagogische Expertise hinausgeht (Kap. 5.4.1).

Bei der Kooperation mit einem spezifischen Kompetenzzentrum wird die Regelschule von einer inklusionspädagogischen Lehrkraft im mobilen Dienst bedarfsabhängig oder regelmäßig besucht. In dieser Funktion berät sie Regelschullehrkräfte und andere relevante Agierende in der Regelschule, organisiert formale Abläufe und Bürokratie, beschafft oder produziert Lehrmaterialien, koordiniert interne und externe Dienstleistungen und Förderangebote, arbeitet mit den Lernenden selbst etc. Das Stundenvolumen der inklusionspädagogischen externen Unterstützung und Förderung wird anhand des zugeschriebenen Förderbedarfs oder durch ein gesondertes Zuschreibungsverfahren festgelegt.

Die Umsetzung der inhaltlichen und organisatorischen Implikationen aufgrund des zugeschriebenen Förderbedarfs wird also an ein externes spezifisches Kompetenzzentrum delegiert und von einer dort angebundenen, inklusionspädagogischen Lehrkraft verantwortet. Dabei wird sie in der Regel von einer oder mehreren Schulbegleitungen unterstützt, die häufig keine spezifische pädagogische Qualifikation mitbringen. In Abwesenheit der inklusionspädagogischen Lehrkraft bemühen sich diese Schulbegleitungen um chancengleiche Lernbedingungen aller Lernenden, indem sie beispielsweise Unterrichtsmaterialien adaptieren oder individuelle Unterstützung in Form von Abschreiben, Vorlesen, Unterstützung beim Basteln, beim Sport oder im naturwissenschaftlichen Unterricht leisten (Drolshagen, 2017).

Vor allem größere Kompetenzzentren bieten ergänzende Kurzzeit- oder Sommerkurse an, die sich mit behinderungsrelevanten Themen befassen, die im Rahmen des Regelunterrichts nicht hinreichend angebahnt oder vertieft werden können und die zudem im Sinne der Stärkung der Peer-Group Möglichkeiten schaffen, andere junge Lernende mit dem gleichen zugeschriebenen Förderbedarf kennenzulernen (Hölscher, 2016, S. 41).

Beim Lernarrangement der Außenklasse kooperiert eine Regelschule mit einer Förderschule auf der Ebene einer oder mehrerer Klassen (Capovilla, Gebhardt, & Hastall, 2018). Die Klasse bestehend aus den Lernenden mit zugeschriebenem Förderbedarf wird an der Regelschule eingerichtet und einer Klasse bestehend aus Lernenden ohne zugeschriebenen Förderbedarf zugeordnet. In Abhängigkeit von den Unterrichtsfächern oder -inhalten lernen die beiden Klassengemeinschaften gemeinsam im selben Raum und am selben Unterrichtsgegenstand oder getrennt in ihren jeweiligen Klassenräumen. Der Unterricht wird von den inklusionspädagogischen Lehrkräften und den Regelschullehrkräften entsprechend kooperativ oder getrennt angeboten, bei anteiliger Ressourcenverteilung zwischen den Schulen.

Ein weiteres Kooperationsmodell ist die Durchgangsschule, die insbesondere dem Förderschwerpunkt Sprache zugerechnet werden kann (KMK, 1998, S. 16), aber beispielsweise auch im Förderschwerpunkt Sehen unter dem Begriff „Förderschule auf Zeit" diskutiert wird (Beck, 2017). Bei diesem Modell lernen Lernende mit zugeschriebenem Förderbedarf regelmäßig an einer Regelschule, werden aber bedarfsabhängig auf bestimmte Zeit an eine Förderschule versetzt. Dort erhalten sie solange ergänzende inklusionspädagogische Lernangebote, bis eine erfolgreiche Teilnahme am Regelunterricht nach der Rückkehr erwartet werden kann. Dieses Modell setzt voraus, dass Übergänge zwischen den beiden Schulen durchgehend und flexibel möglich sind, wodurch sich eine institutionalisierte Kooperation der beiden Schulen empfiehlt.

Konsequent zu Ende gedacht handelt es sich aber weder bei Außenklassen noch beim Konzept der Durchgangsschule um Lernarrangements mit Anspruch auf schulische Inklusion. Beide Systeme halten die Zweiteilung der Lernräume aufrecht und realisieren daher lediglich eine „Teilinklusion" in räumlicher oder zeitlicher Ausgestaltung (Powell, 2007, S. 331).

Beim Lernarrangement der inklusiven Förderschule, das auch umgekehrte oder inverse Inklusion genannt wird, öffnet sich die Förderschule mit einem bestimmten Förderschwerpunkt für Lernende ohne zugeschriebenen Förderbedarf (Schoger, 2006). Auch durch diese Form der Öffnung kann gemeinsam gelernt werden, mit dem Unterschied, dass ein paritätisches Verteilungsverhältnis zwischen Lernenden mit und ohne zugeschriebenen Förderbedarf angestrebt wird, was in allen anderen Lernarrangements nur in Ausnahmefällen erreicht werden kann.

Da in der Förderschule vorwiegend inklusionspädagogische Lehrkräfte arbeiten, kann von einer ausgeprägten, akademisch professionalisierten, inklusionspädagogischen Expertise ausgegangen werden. Diese Expertise wird teilweise über die Schulgelder der Lernenden ohne zugeschriebenen Förderbedarf durch zugekaufte zusätzliche regelpädagogische Dienstleistungen ergänzt, obgleich die Lehrverantwortung bei den inklusionspädagogischen Lehrkräften verbleibt. Dies ist insofern kurios, da offenbar voraussetzungsfrei davon ausgegangen wird, dass die Expertise inklusionspädagogischer Lehrkräfte ausreicht, um auch für alle Lernenden ohne zugeschriebenen Förderbedarf passende

Lernangebote zu schaffen. Im Ergebnis konstituiert sich hierdurch der Berufsstand der inklusionspädagogischen Lehrkräfte selbstbewusst als Regelschullehrkraft mit einer zusätzlichen Qualifikation, was zumindest jenseits der Mauern der inklusiven Förderschule einige Widerstände provozieren dürfte.

In diesem Lernarrangement lernen grundsätzlich alle Lernenden anhand von individualisierten Lernangeboten, was ein hohes Maß an Diagnostik voraussetzt, um die hierfür leitenden Lernbedarfe, Lernbedürfnisse und Entwicklungsverläufe bestimmen zu können (Grosche, 2015). Dieser generelle Individualisierungsanspruch trägt im besten Fall dazu bei, dass der Reproduktion der mit dem Förderbedarf zugeschriebenen Behinderungskategorie entgegengewirkt wird.

Abschließend sei nun noch ein Gedankenexperiment unternommen. Da nach dem Verständnis der KMK (2011) gemeinsames Lernen an keine festen Verteilungsverhältnisse hinsichtlich der zugeschriebenen Förderbedarfe gebunden ist, wäre inverse Inklusion zumindest nach der organisatorischen Bedingung bereits dann eine Realisierungsform der schulischen Inklusion, wenn mindestens eine lernende Person ohne zugeschriebenen Förderbedarf gemeinsam mit Lernenden mit zugeschriebenem Förderbedarf lernt. Dies ist insofern auch konsequent und logisch, da beim Lernarrangement der Einzelinklusion in der inklusiven Schule genau eine lernende Person mit zugeschriebenem Förderbedarf allein in einer Gemeinschaft von Lernenden ohne zugeschriebenen Förderbedarf lernt. An sich wäre es also ausreichend, wenn in einer Förderschule in allen Klassen genau eine Person ohne zugeschriebenen Förderbedarf aufgenommen wird, um schulische Inklusion herzustellen.

Mithilfe dieses komisch anmutenden Gedankenexperiments lassen sich zwei Dinge verdeutlichen. Wenn der Gedanke befremdlich erscheint, dass eine unbehinderte Person allein unter behinderten Personen lernt, ist der Graben zwischen unbehinderten und behinderten Menschen doch noch um einiges breiter und tiefer, als der inklusive Zeitgeist suggerieren mag. Schließlich wird es vielerorts im Lernarrangement der Einzelinklusion für ganz selbstverständlich gehalten, dass eine behinderte Person allein unter unbehinderten Personen lernt. Zweitens rückt das Gedankenexperiment die Tatsache zurück in den Fokus, dass die organisatorische Bedingung des gemeinsamen Lernens letztlich nur eine organisatorische Bedingung darstellt, die der Erfüllung der pädagogischen Bildungsfunktionen nachzuordnen ist.

6.2 Die Produktion von Bildung

> „Während Jahrhunderte lang versucht wurde, die Schulen selbst und das Bildungssystem zu verändern, beginnen wir heute mit Drogen, die Lernenden zu verändern." (Harari, 2016, S. 67)

Die Produktion und Erzeugung von Bildung gehört zu den zentralen Aufgaben des Erziehungs- und Bildungssystems. Dabei kann an dieser Stelle, mit Verweis auf die Bildungstheorie als eigenständige Teildisziplin der Pädagogik, eine nur schemenhafte und zweckmäßige Darstellung des Bildungsbegriffs unternommen und für eine ausführliche Auseinandersetzung auf entsprechende Fachliteratur verwiesen werden.

6.2.1 Das kompetenzorientierte Bildungsideal

Bildung wird an dieser Stelle als Entwicklungsprozess begriffen, der sich an den intersubjektiv geteilten sozialen und kulturellen Wirklichkeiten und Idealen orientiert und in der reflektierten Auseinandersetzung mit sich selbst, den anderen und den Dingen stattfindet. Das Maß an Bildung kann als die Übereinstimmung des persönlichen Wissens mit der intersubjektiv geteilten Vorstellung von Wirklichkeit und als die Fähigkeit zur bewussten Konformität oder Distanzierung zu sozialen und kulturellen Idealen verstanden werden (In Anlehnung an https://de.wikipedia.org/wiki/Bildung (12.08.20)). Bildung wird weiter als Verinnerlichungsprozess begriffen, der Lebenszeit kostet, der wie Muskelaufbau oder Sonnenbräunung persönlich erbracht werden muss und somit auch nicht delegiert werden kann (Bourdieu, 1992/2015, S. 55). Bildung ist eine Möglichkeit, die vom Individuum immer wieder neu ergriffen und letztlich nicht von außen gesteuert werden kann (Musenberg, Riegert, & Lamers, 2015).

Bildung verfängt sich dabei in einem bemerkenswerten Antagonismus. Zum einen wird durch Bildung ein anscheinend fest umrissener, stabilisierender Grundbestand an sozialen und kulturellen Wahrheiten produziert, tradiert und fortgeschrieben. Damit bietet Bildung das Verbindungsglied über die Generationen hinweg, indem sie jüngere Menschen an die Einsichten und Überzeugungen älterer Menschen heranführt. Zum anderen soll Bildung das Individuum weit in die reale Welt hineinwerfen, ihm mitgeben, was es braucht, um autonom und selbstbestimmt zu leben und um vielleicht sogar die Bildungsinhalte selbst zu verändern. Dieser Antagonismus aus gewachsenen und tradierten Erfahrungen aus einer vergangenen Zeit und manifesten Herausforderungen einer möglichen Zukunft sorgt in Bildungseinrichtungen nach wie vor für ein spürbares Maß an systemimmanenter Trägheit und reaktionären Abwehrreflexen. Sichtbar wird dies beispielsweise in Bildungseinrichtungen, die sich aufgrund ihrer einseitigen Entlastungsversprechen bei überschaubarem sachlichen Rechtfertigungs- und Legitimationsdruck über die Jahre in einen Kokon von eigenen Wahrheiten und Idealen eingesponnen haben (Kap. 5.3).

Somit bedarf es einer Konkretisierung der vor allem außerschulisch geprägten Vorstellungen und Ansprüche, was Bildungseinrichtungen heute leisten sollen. Dabei steht außer Frage, dass diese Vorstellungen und Ansprüche längst nicht flächendeckend in (inklusionspädagogischen) Bildungseinrichtungen realisiert sind. Ohne einen solchen Adaptionsprozess, der zumindest die grundsätzlichen Vorstellungen und Ansprüche einer zeitgemäßen Bildung, im Sinne eines allgemeinen Rechts auf Bildung, harmonisiert, werden auch die letzten „Inseln der Vernunft" oder Unvernunft, „Schonräume", „Institutionen der inkludierenden Exklusion" (Formulierung von Stichweh, 2009, S. 37) verschwinden.

Die entscheidende Veränderung, die ursächlich für diesen Paradigmenwechsel ist, besteht vermutlich in der Überwindung eines selbstbezogenen Bildungsideals, welches bereits den Prozess der Bildung als Selbstzweck begreift und gleichzeitig konstatiert, dass Bildung niemals Mittel zum Zweck sein dürfe. Tatsächlich scheint Bildung mittlerweile, in einer vermutlich nie da gewesenen gesellschaftlichen Einigkeit, genau als Mittel zum Zweck begriffen und konsequent in dieser Form eingefordert zu werden. Überspitzt ausgedrückt stehen somit alle Lehrenden täglich vor der Herausforderung sämtliche Lerninhalte und Methoden an der unmittelbaren Alltags- und Lebenspraxis auszurichten und ihre berufspraktische Relevanz nachzuweisen. Jenseits der eingerissenen Elfenbeintürme besteht zudem der Anspruch, dass Bildung zur selbstständigen Bildung befähigt und somit lebenslanges Lernen gelernt wird. Dieses neue, instrumentelle, dynamische, expansive Bildungsideal, das im Folgenden als kompetenzorientiertes Bildungsideal bezeichnet wird, lässt sich durch die unmittelbare Infragestellung desselben sofort sichtbar machen: „Probieren Sie mal aus, wie Ihre Umwelt reagiert, wenn Sie mitteilen, dass Sie jetzt nichts mehr lernen möchten, es sei nun mal genug. Und überhaupt wollten Sie sich nicht mehr entwickeln, sie seien nun einfach fertig." (Welzer, 2013, S. 58).

Eine Möglichkeit dieses kompetenzorientierte Bildungsideal zu konkretisieren ist das 4K Modell des Lernens (21st Century Skills), das vier zentrale Kompetenzen nennt, die für Lernende im 21. Jahrhundert von herausragender Bedeutung sein sollen, da sie eine fortlaufende Adaption an die sich verändernden Bedingungen auf dem Arbeitsmarkt erlauben: Kommunikation, Kollaboration, Kreativität und kritisches Denken. Zurück geht das Modell, was nicht zuletzt auch der progressive Verbalisierungsstil verrät, auf eine ganze Reihe von wirtschaftsnahen Vereinigungen wie die P21 in den USA und die OECD in Europa (https://de.wikipedia.org/wiki/4K-Modell_des_Lernens (12.08.20)).

Im Bereich der Kommunikation soll Bildung Menschen befähigen, eigene Gedanken und Ideen unterhaltsam, spannend und zielgruppenorientiert zu präsentieren. Kritik soll konstruktiv kommuniziert werden und von einer produktiven Feedbackkultur geprägt sein. Die Kommunikationskompetenz ist untrennbar mit digitalen Instrumenten verbunden und schließt somit auch die digitale Bildung (Capovilla, 2019) sowie zielorientierte und authentische Selbstpräsentation und Verortung in „analogen" und digitalen Netzwerken ein.

Demgemäß werden zukünftig vor allem jene Menschen erstrahlen, die sich dieser digitalen Werkzeuge behände bedienen und sich auf die Leichtigkeit und Ausdrucksstärke ihrer Sprache und Erscheinung verlassen können, während ihnen die anderen in ihrer Fremdheit schweigend zusehen (vgl. Bourdieu, 1992/2015, S. 72 f.).

Kollaborationskompetenz wird als das entscheidende Mittel begriffen, um der zunehmend komplexer werdenden Welt durch das Zusammenführen unterschiedlicher Fähigkeiten, Fertigkeiten, Erfahrungen, Perspektiven etc. zu begegnen. Vielfalt und Diversität sind die Schlagworte der Gegenwart und Zukunft, die es vor allem als Chance und weniger als Herausforderung zu begreifen gilt (Kap. 3.3). Bildung soll Menschen befähigen, eigene und fremde Stärken und Potenziale für die produktive Zusammenarbeit zu erkennen, konstruktiv zu nutzen und zielorientiert zu tauschen.

In Bildungseinrichtungen wird diese Bildungsorientierung beispielsweise durch den Fokus auf Lernaktivitäten in Kleingruppen, Projektunterricht, kooperative oder interdisziplinäre Lehransätze oder Teamteaching Ansätze deutlich. In der Bildungspraxis bedeutet dies jedoch, dass vor allem all die das Nachsehen haben, die nicht auf Knopfdruck Ideen, Standpunkte oder Meinungen produzieren können, die dem Anspruch nachhängen, sich erst einmal eigenständig Gedanken zu machen oder die sich in Gruppen nicht durchsetzen können (Wiesböck, 2018, S. 156). Davon abgesehen sind natürlich auch Lernende im Nachteil, die nach der Interpretation der Mehrheit oder ganz einfach faktisch nichts Wesentliches zum kollaborativen Gelingen beitragen können.

Hier schließt sich auch unmittelbar die Kompetenz zur Kreativität an, die insbesondere in der Kollaboration die sozialen Stellungen mitstrukturiert. Bildung soll im Kontext der Kompetenz zur Kreativität Menschen befähigen, Neues zu denken und zu erschaffen und Bekanntes in anderen Bezugsrahmen und Zusammenhängen zu betrachten oder zu verankern. Kreativ sein bedeutet aber auch, durch eigene Überlegungen und Argumentationen zur Elaboration, Validierung und Differenzierung der Ideen und Ansätze anderer beizutragen. Kreativ sein bedeutet beispielsweise auch ein angenehmer Mensch zu sein, der durch spielerische Leichtigkeit, Humor und Geistreichtum die Kreativität anderer anregt. Im Bildungskontext soll die Kreativität durch offene und aktivierende Unterrichtsangebote, durch die Orientierung an konstruktivistischen Unterrichtsansätzen, durch die projektorientierte Unterrichtsgestaltung mit der Betonung des selbstständigen, kooperativen und innovativen Denkens und Lernens gefördert werden. Die Kreativität der Lernenden lässt sich zudem durch außerschulische Aktivitäten wie Musik, Kunst, Schauspiel oder Fremdsprachen begünstigen und fördern, was zu mehr schulischem Engagement und besseren Noten führt (Wiesböck, 2018, S. 56). Während also in einer Gesellschaft der Kreativität diejenigen gewinnen, die viel wollen und viel können (Brinkmann, 2018, S. 85), bleiben die Lernenden auf der Strecke, die zu wenig wollen oder können oder die nicht das Glück hatten in einem anregenden und entlastenden, kulturell und finanziell ausreichend ausgestatteten Umfeld aufzuwachsen, indem sich ihre kreative Kraft und Muse entfalten konnten.

Die vierte zentrale Kompetenz lässt sich unter dem Begriff des kritischen Denkens fassen. Bildung soll Lernende befähigen, eigene Fragen aufzuwerfen, diese zu strukturieren und zu systematisieren und schließlich problemorientiert zu bearbeiten und zu lösen. Am Ende eines kreativen Denkprozesses soll ein Lernprodukt stehen, welches selbst erdacht, geplant, im Kontext verortet, evaluiert und präsentiert wurde. Kritisches Denken soll sich auf die herausfordernde Realität beziehen und Theorie eher als Werkzeug und weniger als Selbstzweck begreifen. Die Kompetenzorientierung am kritischen Denken räumt dem Konstruktivismus das entscheidende Primat ein und verbannt die behavioristische oder kognitivistische „Ostereier-Didaktik" (https://lexikon.stangl.eu/20047/ostereier-didaktik/ (06.07.20)) vom Parkett. Dieser Herangehensweise liegt das Verständnis zugrunde, dass sämtliches Wissen nur einen Mausklick entfernt ist und somit Bildung nicht länger in der Anhäufung von Wissen, sondern eben genau im Aufbau von Kompetenzen zum Umgang mit den unmittelbar verfügbaren Anhäufungen von Wissen bestehen soll.

Das kritische Denken als handlungsleitende Kompetenz in modernen Bildungssystemen unterscheidet sich deutlich von den anderen drei Kompetenzen, da es sich um keine explizite Kompetenz, sondern um die Konzeption eines partikulären Weltbilds handelt. In einem solchen Verständnis von kritischem Denken, das sich stets auf die herausfordernde Realität bezieht, wird vorausgesetzt, dass es bereits einen Wissensbestand gibt, der zugleich Ausgangspunkt und Zielort ist. Fraglich ist also, was in einem solchen Weltbild überhaupt noch neu gedacht werden kann, wenn Denken stets nur in der kritischen Auseinandersetzung mit bestehenden Gedanken geschieht. Aus dem Immanuel Kant zugeschriebenen „Sapere aude", was sinngemäß etwa so viel bedeutet wie „Wage es, weise zu sein!" oder „Habe den Mut Dich Deines Verstandes zu bedienen!" (https://de.wikipedia.org/wiki/Sapere_aude (12.08.20)), ist ein „Think different" (Denke das Andere) geworden, das auf eine Werbekampagne von Apple aus 1997 zurückgeht (https://de.wikipedia.org/wiki/Think_Different (12.08.20)).

Fraglich ist außerdem, ob sich Menschen durch den Kompetenzerwerb im Umgang mit Wissen auch tatsächlich Wissen aneignen oder es letztlich nur bei Wiedererkennung abrufbar machen. Deutlich wird dies beispielsweise beim Blick auf den Wandel der Quizshows, der Ratespiele auf digitalen Medien, akademischen Prüfungsformen etc. in Richtung von Single- und Multiple-Choice-Verfahren. Der Bildungsauftrag scheint hier längst nicht mehr mit kognitiven Dimensionen wie Verstehen, Analysieren oder Bewerten relevanter Phänomene verbunden zu werden, sondern vor allem mit dem Wiedererkennen und Erinnern an Wissensfragmente mit teilweise ostentativ begrenzter Bedeutung.

Bildung setzt anregende Lernumgebungen voraus, die vor allem dadurch anregend werden, dass sie sich auf die herausfordernde Realität beziehen, gleichzeitig aber durch ihren Anschluss an einen theoretischen Überbau die Möglichkeit zum selbstständigen Beobachten, Abstrahieren, Theoretisieren, Validieren etc. schaffen. Ohne die situativen und zeitlichen Möglichkeiten den Dingen durch Erfahrung und Aneignung von Wissen auf den Grund zu gehen, bleibt Lernenden nur das Spiel der blanken Konkurrenz gegeneinander mit den angehäuften Bergen an fragmentarischem Wissen (Bourdieu, 1992/2015, S. 21). Demgemäß reicht als zentrale Kompetenz bereits „Selbst Denken“ (Welzer, 2013) oder einfach nur „Denken“ aus, ohne den modernen Anspruch zu verkörpern kritisch sein zu müssen.

Die Überwindung des selbstbezogenen Bildungsideals und die mit ihr verbundene Kompetenzorientierung im Bildungssystem hat in den letzten Jahren nicht nur die Vorstellungen und Ansprüche und inzwischen teilweise auch die Inhalte und Methoden im Bildungsprozess verändert, sondern auch das Bild der zeitgemäßen Lehrkraft neu bestimmt.

Eine entscheidende Veränderung dürfte der Zerfall der institutionellen Autorität der Lehrkraft gewesen sein. Während Lehrkräfte vor nicht allzu langer Zeit bloß durch ihre Rolle ihre Entscheidungen und ihr Handeln legitimieren und durchsetzen konnten, stehen sie heute unter einem vielschichtigen Rechtfertigungs- und Konkurrenzdruck gegenüber den Lernenden, den Eltern, dem Kollegium, der Schulleitung etc. Anstelle der Zuschreibung einer institutionellen Autorität muss eine Lehrkraft mittlerweile ihre Autorität behutsam entlang der eigenen charakterlichen und fachlichen Stärken und Schwächen und der sich immer wieder verändernden Rahmenbedingungen formen und pflegen. Dies ist sowohl anspruchsvoll als auch mühsam und aufgrund der rein regulativen Wirkung eines solchen Entwicklungsprozesses wenig befriedigend. Damit dies gelingt, wird gewissermaßen die Person der Lehrkraft durch einen sogenannten Professionalisierungsprozess umfassend in das Bildungssystem inkorporiert (vgl. Martschukat, 2019, S. 113).

Neben dem Erwerb der fachlichen, pädagogischen und fachdidaktischen Kompetenzen muss sich eine moderne Lehrkraft mit ihrem persönlichen und beruflichen Werdegang auseinandersetzen, um sich selbst zu finden, verschütteten Schwächen entgegenzuwirken und Stärken auszubauen. Demgemäß geht es beispielsweise darum, sich die eigenen bildungsbiografischen Erlebnisse zwischen der erlebten Schulfremdheit der anderen einerseits und der für spätere Lehrkräfte häufig typischen souveränen Leichtigkeit der Bildungsexzellenz andererseits bewusst zu machen, um den Blick auf den eigenen Habitus als lernende und lehrende Person zu schärfen (Helsper, 2018, S. 123).

Außerdem liegt der Fokus einer modernen Lehrkraft nicht länger primär auf der Lern- oder Klassengemeinschaft, sondern auf der ganzheitlichen, persönlichen Entwicklung der einzelnen Lernenden. Das bedeutet, dass im Paradigma kompetenzorientierter, fähigkeitsbezogener und sozial integrierend wirkender Bildungsprozesse die standardisierte Gleichbehandlung aller Lernenden von einer einzelfallsensiblen und die Unterschiedlichkeit der Lernenden beachtenden differenzierenden Ungleichbehandlung verdrängt wurde (Helsper, 2018, S. 131).

Moderne Lehrkräfte schaffen auf der einen Seite in hohem Maße individualisierte Angebote und begreifen den Umgang mit Heterogenität hinsichtlich der Lernvoraussetzungen als zentrale Aufgabe und Herausforderung. Auf der anderen Seite fungieren sie als Beichteltern, persönliche Animations- und Unterhaltungskunstschaffende, Einpeitschende (vgl. Martschukat, 2019, S. 132 in Bezug auf den modernen Fitnesscoach), Quasi-Therapierende und Coaches (Brinkmann, 2018, S. 102) oder auch als zugewandte Vorbilder und inspirierende Idole. In diesem Sinne wurde der Rohrstock aus Holz durch den psychosozialen Rohrstock ersetzt, der die Identifikation der Lernenden mit den eigenen positiven Werten durch Zuwendung belohnt und Widerstand durch Entzug derselben sanktioniert (Brinkmann, 2018, S. 102). Wer dann aber letztendlich tatsächlich die Lernenden sind, lässt sich durch die Immaterialität des psychosozialen Rohrstocks nicht mehr so einfach erkennen, wie das beim hölzernen Pendant möglich war.

Vor diesem Hintergrund stellt sich nun die Frage, wie sich ein solches neues Bildungsverständnis zusammen mit diesem modernen Bild der Lehrkraft mit inklusionspädagogischen Bildungsangeboten verbinden lässt. Konkret geht es also darum, wie sich die bereits angesprochene effektive, passgenaue und individuelle Unterstützung und Förderung der einzelnen Lernenden (Grosche, 2015) in den unterschiedlichen Realisierungsformen schulischer Inklusion verwirklichen lässt.

6.2.2 Methodik und Zugänglichkeit von Unterricht

Im Kontext dieses neuen Paradigmas wird offenbar ganz allgemein von Lernenden mit spezifischen Interessen und individuellen Lernbedürfnissen ausgegangen, für welche engagierte und auf die einzelnen Lernenden fokussierte Lehrkräfte passgenaue Bildungsangebote entwickeln und motivierende Anknüpfungspunkte schaffen sollen (vgl. KMK, 2017). Eine Lehrkraft soll also durch Vorgaben zu konkreten Lerninhalten, des exakten methodischen Vorgehens, der zeitlichen Regulation, der Arbeits- und Sozialform etc. den Lernprozess und die Lerngruppe nicht länger homogenisieren, sondern den einzelnen Lernenden die Möglichkeit geben, sich entsprechend den persönlichen Stärken und des individuellen Leistungsvermögens voll zu entfalten (Hülscher, Wieneke-Kranz, & Zöllner, 2010, S. 5). Aus didaktisch-methodischer Perspektive scheint es also zu einer Extension eines primär inklusionspädagogischen Anspruchs im Regelunterricht gekommen zu sein, auch wenn die Interventionen vor allem präventiv und weniger remedial angewandt werden sollen.

Fraglich ist nun aber, wie sich solche von der KMK geforderten, an heterogenen Lerngruppen ausgerichteten Lernangebote systematisch und damit breitenwirksam schaffen lassen. Im inklusionspädagogischen Fördersystem wird diesem Individualisierungsanspruch in der Regel durch die inklusionspädagogische Bildungsplanung nachgekommen, die mancherorts auch Förder- oder Entwicklungsplanung genannt wird. Mit diesem individuellen Bildungsplan werden die individuellen Bildungs- und Erziehungsziele verpflichtend festgeschrieben (Lang & Thiele, 2017, S. 23) und die hierfür als notwendig erachteten zukünftigen Lern- und Entwicklungsschritte definiert (Hülscher, Wieneke-Kranz, & Zöllner, 2010, S. 5). Der individuelle Bildungsplan wird dabei in der Regel von den inklusionspädagogischen Lehrkräften verantwortet und in Abstimmung mit den involvierten Lehrenden, den Eltern, anderen Fachkräften und ggf. den Lernenden selbst mit unmittelbarem Bezug zum Einzelfall erstellt (Lang & Thiele, 2017, S. 23; Kap. 5.4.1). Ein solches am Einzelfall orientiertes Vorgehen für alle Lernenden in der Regelschule wäre, wenn überhaupt pädagogisch sinnvoll, zum gegenwärtigen Zeitpunkt rein schon mit Blick auf die Klassengrößen und die verfügbaren technischen und personellen Ressourcen kaum realisierbar und vermutlich im hohen Maße willkürlich.

Aus diesem Grund dürfte es bei der von der KMK postulierten Heterogenisierung der Lernangebote vor allem darum gehen, anhand der individuellen Lernvoraussetzungen einzelner Lernender zusätzliche, möglichst inhaltsgleiche Lernangebote zu schaffen, die zum einen den Unterricht für genau diese einzelnen Lernenden öffnen und zum anderen auch für weitere Lernende Vorteile mit sich bringen (Capovilla, 2019). Während sich also eine Lehrkraft in der klassischen Unterrichtsplanung und -gestaltung für homogene Lerngruppen an ihrer fiktiven Vorstellung eines durchschnittlichen Lernenden-Avatars orientiert und es dann mit selektiver und punktueller binnendifferenzierender Unterstützung den realen Lernenden obliegt, sich den hierdurch geschaffenen Bedingungen anzupassen, wird bei der Unterrichtsplanung und -gestaltung für heterogene Lerngruppen dieser Avatar gesplittet. Der Unterricht orientiert sich damit an den Gemeinsamkeiten mehrerer „realer" Lernender und nicht an den Eigenarten genau eines Avatars. Eine solche systematische Ausrichtung lässt sich naturgemäß auf unterschiedlichen Wegen erreichen, die abhängig von der tatsächlichen Lerngruppe auch unterschiedlich gut geeignet sind (Capovilla, 2019; Capovilla, Gebhardt, & Hastall, 2018; Capovilla, 2015).

Entscheidend ist also die Einsicht, dass Lernen nicht länger als kognitivistischer Prozess begriffen wird, der eine einseitige und umfängliche Adaption der Lernenden an die Kompetenzen der Lehrkraft oder der Lehrkraft an die individuellen Lernvoraussetzungen der einzelnen Lernenden voraussetzt. Von Lehrenden darf erwartet werden, dass sie mehrere Lernangebote zu einem Gegenstand (Unterrichtsinhalt bzw. Unterrichtsgehalt) schaffen, welche den individuellen Lernbedürfnissen möglichst aller Lernenden gerecht werden. Die sich hieraus ergebenden individuellen Lernprozesse müssen natürlich auch weiterhin durch situative und punktuelle, zusätzliche binnendifferenzierende Maßnahmen unterstützt werden. Von den Lernenden darf aber im Gegenzug genauso ein spürbares Maß an Engagement und offener Adaptionsbereitschaft erwartet werden, um sich den geschaffenen Lernangeboten anzupassen.

Diese Entwicklung weg von passiven, homogenisierenden Unterrichtsmethoden hin zu aktiven und kollaborativen Ansätzen, einer positiven Bewertung von Kommunikationsvielfalt und einer Vielfalt der Lernwege, einem Anspruch an Lehrkräfte Lernende zugewandt und am Individuum interessiert in ihrem Lernprozess zu begreifen, kommt Lernenden mit Behinderung sehr entgegen. Außerdem ist davon auszugehen, dass der Großteil behinderter Lernender bereitwillig das gebotene Maß an Engagement und aktiver Adaptionsbereitschaft mitbringt. Zum einen als positive Reaktion auf das Entgegenkommen und das Gefühl doch dazuzugehören und zum anderen durch die frei werdenden Ressourcen, die vorher im Versuch verpufften, trotz didaktisch-methodischer Unzugänglichkeit Zugang zu finden.

Vor diesem Hintergrund verwundert es umso mehr, wenn genau Förderschulen die bereits vorhomogenisierten Lerngruppen durch Schwerpunktklassen weiter homogenisieren oder durch die Gestaltung und Möblierung der eigenen Klassenräume Alternativen zur lebhaften Praxis eines an homogenen Lerngruppen ausgerichteten Unterrichts verunmöglichen. Ein solches Beispiel wären am traditionellen Modell der Häschen-Schule orientierte Klassenräume mit in Reihen angeordneten und hin zu einer Tafel ausgerichteten Schulbänken und Sitzplätzen, wobei die Sitzordnung nicht nur aufgrund der fehlenden räumlichen Möglichkeiten, sondern auch aufgrund der festen Verkabelung zum Betrieb der assistiven Technologie nicht verändert werden kann.

Genau (inklusive) Förderschulen sollten das Vorzeigemodell für an heterogenen Lerngruppen ausgerichteten Unterricht sein und sich selbst vor allem dadurch legitimieren, dass sie hinsichtlich dieses didaktisch-methodischen Anspruchs das leisten können, wozu Regelschulen eben nicht in der Lage sind. Eine strukturelle Segregation zwischen Regel- und Förderschule hat sich spätestens dann ad absurdum geführt, wenn in der Förderschule die Bildungspraxis reproduziert wird, in deren Kontext die Aussonderung überhaupt erfolgt ist.

Fraglich ist nun aber, welche Rolle inklusionspädagogischen Lehrkräften bei der Ausrichtung des Unterrichts an heterogenen Lerngruppen in Lernarrangements mit Anspruch auf schulische Inklusion zukommt. Im Kooperationsmodell, bei dem eine Regelschule durch einen mobilen Dienst eines Förderzentrums unterstützt wird (Kap. 6.1.2), handelt die inklusionspädagogische Lehrkraft in der Regel mit partikulären, remedialen Einzelinterventionen, die additiv im Anschluss an den Regelunterricht oder parallel zum regulären Unterrichtsgeschehen in einem getrennten Raum stattfinden. Die tatsächliche Zeit in der professionellen Auseinandersetzung mit einzelnen Lernenden fällt in diesem Modell jedoch häufig relativ kurz aus (Becker, 2016, S. 33). Dies liegt daran, dass inklusionspädagogische Lehrkräfte im mobilen Dienst in der Regel mehrere Lernende an unterschiedlichen Standorten begleiten, wodurch sie mit den entsprechenden resultierenden Fahrzeiten und Umdenkprozessen belastet werden, zahlreiche formale Aufgaben erledigen, beratend und lehrend tätig sind oder andere Herausforderungen bearbeiten, die sich aus einem derart differenzierten Arbeitsumfeld ergeben können.

Unabhängig davon, wie viel Lernbegleitung durch die inklusionspädagogische Lehrkraft tatsächlich stattfindet, kann die Kooperation mit dem mobilen Dienst eines Förderzentrums zu einer wesentlichen Entlastung und Zuständigkeitsabweisung durch die Regelschullehrkräfte führen, die sich nicht länger in der Verantwortung fühlen ihren Unterricht an heterogenen Lerngruppen auszurichten. Hierin unterscheidet sich das Kooperationsmodell nur unwesentlich von Lernarrangements der inklusiven Schule, wenn die inklusionspädagogische Unterstützung und Förderung nicht implizit, sondern additiv oder parallel durch an der Regelschule beschäftigte inklusionspädagogische Lehrkräfte angeboten wird.

Damit in dieser didaktisch-methodisch konstruierten Exklusion mit einhergehender Verantwortungsdiffusion die Lernenden im Regelunterricht im Rahmen ihrer faktischen Möglichkeiten nicht einfach sich selbst überlassen bleiben, werden zunehmend sogenannte Schulbegleitungen eingesetzt, welche eine Mediationsfunktion einnehmen sollen. Die Beliebtheit dieser Praxis, die zumindest das „Problem“ für die Schule und die Regelschullehrkräfte erfolgreich maskiert, zeigt sich am exorbitanten zahlenmäßigen Anstieg dieser Berufsgruppe in den letzten Jahren (Dworschak, 2012; Degenhardt, 2016b, S. 49).

Dabei ist eigentlich unklar, welche Aufgaben Schulbegleitungen überhaupt übernehmen dürfen und wer ihnen gegenüber weisungsbefugt ist. Ganz allgemein und unscharf lässt sich festhalten, dass Schulbegleitungen behinderungsbedingte Bedürfnisse soweit befriedigen und fehlende Fähigkeiten und Fertigkeiten dahingehend kompensieren sollen, dass eine Teilnahme am Regelunterricht möglich wird (Dworschak, 2012). Dabei muss jedoch betont werden, dass Schulbegleitungen keine Nachhilfelehrkräfte, Zweitlehrkräfte, Hausaufgabenhilfen oder Assistenzlehrkräfte in der Organisation und Durchführung des Unterrichts sind (StMUK, 2013, vgl. § 54 SGB XII), da logischerweise weiterhin die pädagogische Verantwortung ausschließlich bei den Lehrkräften liegen muss.

Insbesondere im Kontext sehbeeinträchtigter Lernender im gemeinsamen Unterricht treibt diese Praxis seltsame Blüten aus. Schulbegleitungen übernehmen hier vorwiegend Aufgaben im Bereich der Kommunikation wie das Abschreiben von der Tafel, Vorlesen, fragmentarisches Mitschreiben, Vorbereiten von spezifischen Unterrichtsmaterialien, Transkription von unzugänglichem Textmaterial, Verbalisierung etc. Der Großteil dieser Aufgaben würde aber genau durch eine systematische Ausrichtung des Unterrichts an heterogenen Lerngruppen hinfällig werden, was mit Sicherheit für mehrere Lernende Vorteile böte. In diesem Sinne stellt die Schulbegleitung sicherlich keine effektive Unterstützung im Sinne der schulischen Inklusion dar, sondern lediglich eine Förderung von Abhängigkeit und Unselbstständigkeit.

Aus didaktisch-methodischer Perspektive muss es also zu den zentralen Aufgaben aller inklusionspädagogischen Lehrkräfte an oder in Kooperation mit Regelschulen gehören, die von der KMK postulierte Ausrichtung der Bildungsprozesse an heterogenen Lerngruppen anzuregen und einzufordern, um auf diesem Weg den Unterricht für möglichst alle Lernenden zugänglich zu machen. Es sollte weniger um die punktuelle und am Einzelfall orientierte, zugängliche Aufbereitung von Texten gehen, sondern um die generelle Forderung nach barrierefreien Unterrichtsmaterialien in der Regelschule. Anstelle der Installation von komplexen Tafelkamerasystemen und ausgeklügelter technischer Lösungen, sollte die Entfernung von Tafeln und Whiteboards aus Klassenzimmern schmackhaft gemacht und für die vorzeitige Bereitstellung von Projektionsmaterial für alle Lernenden geworben werden. Ansprechende haptische Unterrichtsmaterialien sollten nicht als partikuläre Kompensationsstrategie verstanden, sondern in ihrer motivierenden und die Möglichkeiten der Aneignung erweiternden Funktion für alle Lernenden Gegenstand des Regelunterrichts werden.

Inklusionspädagogische Lehrkräfte sollten daher aus didaktisch-methodischer Perspektive für das Kollegium in der Regelschule als kompetente, kreative aber auch bestimmte Fachkräfte für die Ausrichtung von Unterricht an heterogenen Lerngruppen auftreten. Sie sollten in ihrer Selbst- und Fremdzuschreibung nicht remedial das „Problem" Behinderung bearbeiten und soweit wie möglich entlastend Abhilfe schaffen, sondern eher prohibitiv an der Verbesserung des Unterrichts für alle mitarbeiten.

6.2.3 Allgemeine und behinderungsspezifische Bildungsinhalte

Da behinderte Lernende letztlich die gleichen schulischen Inhalte lernen sollen wie unbehinderte Lernende, wird die didaktische Anschlussfähigkeit im Wesentlichen durch didaktisch-methodische Maßnahmen und weniger durch didaktisch-inhaltliche Erweiterungen realisiert. Trotz dieser Tatsache steht außer Frage, dass es bestimmte Bildungsinhalte gibt, die nur für einige behinderte Lernende von hoher Relevanz sind, während sie für andere Lernende als allgemeiner Bildungsinhalt ohne Bedeutung bleiben. Dazu gehören beispielsweise Kulturtechniken wie die Brailleschrift oder die Gebärdensprache, der

Umgang mit technischen Hilfsmitteln zur Unterstützung der Mobilität oder der Kommunikation genauso wie spezielle Interventionen, Trainings oder die Schaffung sinnvoller Erlebnis- und Erfahrungsräume. Fraglich ist nun aber, wie sich diese behinderungsspezifischen Bildungsinhalte mit den allgemeinen Bildungsinhalten in Lernarrangements der schulischen Inklusion verweben lassen.

Im Förderschwerpunkt Sehen wurde hierfür eine ausgesprochen pragmatische Vorgehensweise vorgeschlagen und zumindest informell realisiert. Mithilfe eines sogenannten dualen Curriculums werden die allgemeinen, als Kern-Curriculum bezeichneten Bildungsinhalte, von den behinderungsspezifischen, als erweitertes oder spezifisches Curriculum bezeichneten Bildungsinhalte, klar separiert (Hölscher, 2016, S. 21). Während diese inhaltliche Separation in einigen Förderschulen sogar strukturell durch eigene Unterrichtsfächer oder parallel in Einzelunterricht realisiert wird, erfolgt sie in Regelschulen durch additiven oder parallelen Unterricht, der von inklusionspädagogischen Lehrkräften verantwortet wird. In besonderen Fällen können die Lernenden zusätzliche Workshops oder Ferienkurse besuchen, die von größeren Förderzentren angeboten werden und thematisch auf bestimmte Inhalte des spezifischen Curriculums fokussiert sind.

Nicht nur der Inhalt, sondern auch der Umfang und die Verteilung über die Jahrgangsstufen eines solchen erweiterten oder spezifischen Curriculums ist dabei naturgemäß im hohen Maße von der Behinderungskategorie abhängig. Im Förderschwerpunkt Sehen gibt es beispielsweise im Vergleich zu anderen Förderschwerpunkten ein extrem umfangreiches spezifisches Curriculum (VBS, 2011/2016), das sich vom schulischen Anteil am gesamten Curriculum degressiv entlang der Jahrgangsstufen verteilt (Hölscher, 2016, S. 23).

Eine solche explizite curriculare Trennung zwischen allgemeinen und behinderungsspezifischen Bildungsinhalten ist jedoch mit Blick auf die Intention der UN-BRK mit einigen wesentlichen Schwierigkeiten behaftet. Zum einen haben alle Lernenden im allgemeinen Bildungssystem für alle das Recht, während der regulären Unterrichtszeit an den gleichen Inhalten zu arbeiten. Zum anderen darf es in einem allgemeinen Bildungssystem für alle keine isolierte behinderungsspezifische Didaktik geben, da sämtliche behinderungsspezifischen Didaktiken im Anschluss an die allgemeine und die fachspezifischen Didaktiken konzipiert sein müssen (Degenhardt, 2012).

Wenn nun aber das Spezifische Curriculum Bildungsinhalte auflistet, die weder didaktisch-methodisch noch didaktisch-inhaltlich an die allgemeine und die fachspezifischen Didaktiken anschließbar sind und somit isoliert bearbeitet werden müssen, wird gegen diesen Grundsatz verstoßen. In Förder- und in Regelschulen müssten deshalb konsequenterweise sämtliche behinderungsspezifischen und nicht anschlussfähigen Bildungsinhalte ausschließlich additiv bearbeitet werden, da sowohl parallel zum Regelunterricht stattfindende Lernangebote wie auch die Substitution ganzer Unterrichtsfächer eine Verkürzung beim Erwerb der allgemeinen Bildungsinhalte darstellen.

Neben dieser abstrakt anmutenden Schwierigkeit führt die explizite Trennung allgemeiner und behinderungsspezifischer Bildungsinhalte zu einer Reaktivierung des individuellen Modells von Behinderung (Kap. 4.1), dessen Überwindung genau eines der Ziele der UN-BRK ist. Mit einem Spezifischen Curriculum wird eine behinderte Person erneut ausdrücklich als Problemkomplex konstruiert, für den es maßgeschneiderte medizinisch-therapeutische und pädagogisch-fördernde Behandlungs- und Arbeitsprogramme zu geben scheint. Außerdem wird der Tatsache nicht ausreichend Rechnung getragen, dass vor allem im schulischen Kontext Behinderungen und Förderbedarfe plakative soziale Konstruktionen sind, die im Rahmen eines Aushandlungsprozesses unterschiedlicher Beteiligter auf der Grundlage von mehr oder weniger validen Annahmen und Entwicklungsprognosen, in der Regel unter Ausschluss der betreffenden Person selbst, zugeschrieben werden.

Ein Spezifisches Curriculum mit behinderungsspezifischen Bildungsinhalten sollte daher eher als Katalog mit fachspezifischen Studieninhalten für das Lehramtsstudium der inklusionspädagogischen Fachrichtung verstanden werden, da es letztlich den Werkzeugkasten darstellt, aus dem sich zukünftige inklusionspädagogische Lehrkräfte bedienen werden.

Vor diesem Hintergrund ist nun aber fraglich, wie sich die in Art. 24 Abs. 3 der UN-BRK vorgesehenen Maßnahmen zur Erleichterung der vollen und gleichberechtigten Teilhabe an der Bildung, die ja genau auch Teil des Spezifischen Curriculums sind, in einem allgemeinen Bildungssystem für alle anschlussfähig legitimieren und ohne eine Verkürzung der allgemeinen Bildungsinhalte realisieren lassen.

Hierfür müssen diese unterschiedlichen Maßnahmen, verstanden als behinderungsspezifische Bildungsinhalte, differenziert betrachtet werden. Zweckmäßig für die hier gewählte Darstellung und sicher nicht abschließend lassen sich diesbezüglich Kompetenzen mit didaktisch-methodischer Wirkung, funktionale Erklärungen und schließlich Lebenstechniken unterscheiden, obgleich diese drei Kategorien naturgemäß nicht als disjunkt verstanden werden können.

Durch behinderungsspezifische Kompetenzen mit didaktisch-methodischer Wirkung können behinderte Lernende, vereinfacht ausgedrückt, ihren Teil hinsichtlich der aktiven Adaptionsleistung im als zweiseitig verstandenen Lernprozess erfüllen. Hierbei wird mit Blick auf das soziale Modell von Behinderung (Kap. 4.2.2) angenommen, dass es in Bildungsprozessen zwar klar definierte Bildungs- und Erziehungsziele gibt, dass aber das didaktisch-methodische Vorgehen zum Erreichen dieser Ziele freigestellt sein muss. Dies lässt sich nicht zuletzt dadurch begründen, dass Unterricht eine soziale Konstruktion ist, aus der einzelne Lernende durch Einstellungen und Haltungen, äußere Barrieren und institutionelle oder strukturelle Rahmenbedingungen und Entscheidungen ausgeschlossen werden. Das bedeutet, dass es im Unterricht anstelle einer richtigen Methode ein bestimmtes Ziel zu erreichen, eine nicht abgeschlossene Menge von gleichwertigen, passenden Methoden geben muss, mit denen gelernt, Lernerfolg nachgewiesen oder, allgemeiner formuliert, Bildung produziert werden kann (Capovilla, Gebhardt, & Hastall, 2018).

Erworbene Kompetenzen können nicht nur auf eine ganz bestimmte situativ festgelegte Art und Weise in Form einer Klassenarbeit, einer mündlichen Prüfung oder eines Referats gezeigt werden. Kompetenzen lassen sich beispielsweise gleichwertig auch durch eine Collage, die Überarbeitung oder Erweiterung eines Wiki-Beitrags, ein selbst erstelltes Hörspiel oder einen elaborierten Blogeintrag nachweisen. Braille stellt nach diesem Verständnis lediglich eine weitere gleichwertige Form der Schriftsprache dar und somit eine legitime Alternative zur klassischen Schwarzschrift im Regelunterricht. Genauso gibt es verschiedene Möglichkeiten die für Bildungsprozesse notwendige Mobilität auf dem Schulgelände, im Schulgebäude, auf Klassenfahrten etc. herzustellen. Das Ziel, das Tafelbild inhaltlich zu erschließen, kann auf ganz unterschiedliche Art und Weise erreicht werden. Es kann beispielsweise unbehindert abgelesen, über eine drahtlose Verbindung auf ein Tablet gespiegelt, mithilfe eines Tafelkamerasystems erfasst oder von einer Schulbegleitung beschrieben oder transkribiert werden.

Der entscheidende Schritt besteht nun darin, dass grundsätzlich alle Lernenden und eben nicht nur behinderte Lernende zwischen diesen Methoden wählen können müssen, wobei natürlich unmittelbar klar sein dürfte, dass die einzelnen Methoden ganz unterschiedliche Vor- und Nachteile mit sich bringen. Vor dem Hintergrund dieser Wahlmöglichkeit muss nunmehr sichergestellt sein, dass die jeweils passenden Methoden zur Realisierung der vollen und gleichberechtigten Teilhabe auch praktikabel sind, was ggf. durch bestimmte und gezielte additive Maßnahmen neben dem Regelunterricht erleichtert werden muss.

Beim Spektrum der unterschiedlichen Methoden darf und sollte, nicht zuletzt mit Unterstützung der inklusionspädagogischen Lehrkräfte, ganz bewusst und mutig über die angenommenen Grenzen der Praktikabilität und Sinnhaftigkeit hinausgedacht werden, da die kreative Erweiterung der kommunikativen und kooperativen Möglichkeiten wesentliche Pfeiler des beschriebenen 4K Modells sind und diese Denkweise damit in hohem Maße mit dem aktuellen, kompetenzorientierten Bildungsideal vereinbar ist (Kap. 6.2.1).

Entscheidend ist auf der anderen Seite aber auch, dass die Lernenden im Dilemma der Wahlmöglichkeiten nicht allein gelassen und aktiv unterstützt werden. Als Orientierungsmaßstab für diese Unterstützung sollte selbstverständlich über alle Lernarrangements hinweg der jeweilige pädagogische Nutzen ausschlaggebend sein. Außerdem sollten vor allem jene Methoden präferiert werden, welche positiv auf die schulische Selbstständigkeit und Selbstbestimmtheit der Lernenden wirken, damit Lernende im weiteren bildungsbiografischen Verlauf möglichst selbst entscheiden können, ob sie Unterstützungs- und Förderangebote annehmen möchten, dies aber nicht müssen (Capovilla & Hubwieser, 2013). Dies impliziert, dass beispielsweise die Herstellung der Zugänglichkeit weniger durch den Einsatz von Schulbegleitungen versucht werden sollte, sondern eher durch den Einsatz geeigneter assistiver Technologie mit geeigneten Trainings (Capovilla, 2015, S. 59ff.), obgleich dies natürlich nicht generalisierbar ist, da es sicherlich Lernende gibt, bei denen die Methode Schulbegleitung eine höhere Passung erreicht.

Die zweite Kategorie behinderungsspezifischer Bildungsinhalte kann unter dem Begriff „funktionale Substitutionen“ gefasst werden, die als eine systematische Form der didaktischen Reduktion verstanden werden können. Didaktische Reduktionen werden im Allgemeinen als das pädagogisch motivierte Unterfangen definiert, komplexe Sachverhalte dahingehend zu vereinfachen, um eine Präsentation der Lerninhalte zu ermöglichen, die den Lernbedürfnissen und -bedarfen der Lernenden gerecht wird (https://de.wikipedia.org/wiki/Didaktische_Reduktion (12.08.20)). Dabei werden beispielsweise die Sachverhalte auf wesentliche Elemente und ihre funktionale Bedeutung reduziert.

Didaktische Reduktionen sind aber definitiv kein Alleinstellungsmerkmal der inklusionspädagogischen Didaktik, sondern letztlich ein bestimmendes Konzept sämtlicher Lernprozesse. Dies gilt auch für funktionale Substitutionen als systematische Form der didaktischen Reduktion, welche den Großteil schulischer Lehrbücher füllen. Demgemäß ist der Einsatz und die Art didaktischer Reduktionen kein Differenzierungsmerkmal von behinderten und unbehinderten Lernenden, wie manchmal suggeriert, auch wenn der pädagogische Nutzen dieses didaktischen Instruments durch die unmittelbare Auseinandersetzung mit den behinderten Lernenden häufig einfacher nachweisbar ist.

Eine besondere Form systematischer, didaktischer Reduktionen sind behinderungsbedingte, funktionale Substitutionen, die als Folge von wahrnehmungsbezogenen Einschränkungen und damit einhergehenden motorischen oder kognitiven Beeinträchtigungen notwendig werden. Die Systematik ergibt sich dabei theoriegeleitet durch die Rekonstruktion der Wahrnehmungsbedingungen, woraus geschlossen wird, dass die Einschränkungen dazu führen, dass bestimmte allgemeine Bildungsinhalte, trotz bestmöglicher didaktisch-methodischer Entscheidungen, von behinderten Lernenden nur deutlich erschwert oder überhaupt nicht gelernt werden können. Dementsprechend werden dann funktionale Substitutionen angeboten, welche als behinderungsspezifische Bildungsinhalte die allgemeinen Bildungsinhalte verkürzen. Da nun visuelle Konzepte und Sinneseindrücke gegenwärtig mengenmäßig die Gestaltung des Regelunterrichts dominieren (Hofer, 2008, S. 18), liegt es nahe, dass insbesondere sehbeeinträchtigte Lernende solche systematischen Verkürzungen der Bildungsinhalte durch funktionale Substitutionen erfahren.

Einfache Beispiele hierfür sind schriftliche Rechenverfahren in der Arithmetik oder auch Verfahren zum Bruchrechnen, die in ihrer Adaption für haptisch orientierte Lernende einen erheblich höheren kognitiven und motorischen Komplexitätsgrad erreichen als in der klassischen, zweidimensionalen, visuellen Repräsentation im Zusammenspiel aus Zeilen und Spalten. Ein weiteres Beispiel ist das geometrische Zeichnen für primär haptisch orientierte, sehbeeinträchtigte Lernende (www.youtube.com/watch?v=BqVGh3Z5 UHM (06.07.20)). Durch die deutliche methodische Variation, bei der mit einem spitzen Nagelstift unter Verwendung tastbarer Zeicheninstrumente die Abbildung in einem stringent linearen Verfahren auf eine Kunststofffolie geritzt werden muss, ergibt sich ein vielfach höherer Zeitaufwand, was insgesamt eher an eine ausgeklügelte feinmotorische Geduldsübung als an handlungsorientierte Geometrie denken lässt.

An unüberwindbare Grenzen können Lernende mit wahrnehmungsbezogenen Einschränkungen in Lernsituationen stoßen, in denen monomodale Vorstellungen vollständig anhand von Reizmustern anderer Sinnesmodalitäten rekonstruiert werden müssen, insbesondere dann, wenn die lernende Person aufgrund des Zeitpunkts der Manifestation der Wahrnehmungsbeeinträchtigung nicht auf die grundlegenden sensorischen Konzepte und Sinneseindrücke in ihrer Erinnerung zurückgreifen kann (Kap. 4.3).

Beispielsweise kann es sehbeeinträchtigten Lernenden durch den linearen Charakter der haptischen oder auditiven Wahrnehmung deutlich schwerer fallen, einen Gesamteindruck oder Überblick innerhalb bestimmter Arrangements zu gewinnen, was schnell vor einer Käsetheke oder hinsichtlich der Bestuhlung im Restaurant deutlich wird. Außerdem bleibt die haptische Wahrnehmung in der gegenständlichen Erfassung auf die Armlänge beschränkt, während die auditive Wahrnehmung, in ihren primären Funktionen als Warn- und Kommunikationssystem, für die Substitution vieler visueller Reize schlicht und einfach nicht sonderlich geeignet ist. Davon abgesehen besitzt das visuelle Wahrnehmungssystem auch qualitative Alleinstellungsmerkmale, die über andere Sinneskanäle nicht gleichwertig substituierbar sind (Farben, Transparenz, Reflexion, Lumineszenz, Himmel, Berge etc.) (Capovilla & Eulitz, 2016).

Demgemäß gibt es über alle Lernarrangements hinweg bestimmte Bildungsinhalte, für welche die Erfüllung der allgemeinen Lehrplanvorgaben als besonders problematisch angesehen wird (Lang, 2011, S. 61). Aus diesem Grund kommt es in der Praxis zu teilweise verlustreichen Verkürzungen oder zu funktionalen Substitutionen. Solche funktionalen Substitutionen kommen vor allem dann zum Einsatz, wenn visuelle Konzepte und Handlungsmuster nicht sinnvoll anhand von Reizmustern anderer Sinnesmodalitäten rekonstruierbar sind oder deren Aneignung aufgrund des überbordenden, zusätzlichen Zeitaufwands oder der Komplexität des ersetzenden Reiz- oder Handlungsmusters nicht vertretbar oder möglich ist.

Ein klassisches Beispiel ohne sinnvolle Kompensationsmöglichkeiten für Lernende ohne Sehvermögen ist das Mikroskopieren im Biologieunterricht (Lang & Thiele, 2017, S. 44). Ein Lernangebot zum Mikroskopieren in Form einer funktionalen Substitution würde daher vor allem auf die grundsätzliche Funktion, den haptisch erschließbaren Aufbau, die unterschiedlichen Arbeitsfelder und den praktischen Nutzen eines Mikroskops abzielen.

Eine wesentliche Schwierigkeit besteht jedoch darin, zu entscheiden, wann eine Verkürzung durch funktionale Substitution sinnvoll und notwendig ist, da dies in hohem Maß von den Lernvoraussetzungen und Interessen der einzelnen Lernenden abhängt und deshalb nicht generalisiert werden kann. Auf der anderen Seite erfordern solche Entscheidungen in ihren Konsequenzen beachtliche inklusionspädagogische Fachkompetenz, um überhaupt ein sinnvolles funktionales Substitut anbieten zu können, was alles andere als einfach ist, da es sich in der Regel lediglich um reproduziertes deklaratives Wissen handelt, das hinsichtlich des tatsächlichen Lernerfolgs kaum validierbar ist.

Auch wenn solche Verkürzungen oder gar kategorische Weglassungen aufgrund situativer Sinnhaftigkeit oder Notwendigkeit, als Folge von individuellen Überzeugungen einzelner Lehrkräfte, in Ermangelung von entsprechender inklusionspädagogischer oder pädagogischer Kompetenz etc. seit jeher in allen Bildungsprozessen gängige Praxis sind, wurden sie letztlich erst durch die Transition zum kompetenzorientierten Bildungsideal legitimiert und hoffähig gemacht. Wenn bezüglich der Bildungsinhalte der Anspruch erhoben wird, dass sie auch jenseits der Mauern des Schulgebäudes relevant sein sollen und ohne eine solche Relevanz weitgehend vernachlässigbar sind, entsteht ein gehöriges Maß an Flexibilität, insbesondere dann, wenn nicht von einer idealen Version des Menschen ausgegangen wird, die in ihrer normativen Wirkung als kollektives Zielmodell verstanden wird (Kap. 2.1.2).

Auch hier ist jedoch entscheidend, dass die Grenze der zumutbaren Verkürzungen nicht entlang der Behinderung gezogen wird, sondern entlang der individuellen Lernvoraussetzungen. Das bedeutet, dass es grundsätzlich allen Lernenden aus welchen Gründen auch immer freistehen muss, sich mit einer funktionalen Substitution zufriedenzugeben, was mit Sicherheit auch dem Lernerfolg einiger Lernender ohne zugeschriebenen Förderbedarf zuträglich wäre, die eben genau nicht behinderungsbedingt von den substituierten Lerninhalten überfordert waren.

Nur so kann dem Anspruch eines allgemeinen Bildungssystems für alle genügt werden, indem niemand aufgrund irgendeiner Zuschreibung benachteiligt wird. Dieses gewaltige Postulat dient außerdem im Einklang mit dem 4K Modell dazu partikuläre, aber hinsichtlich bildungsbiografischer Entscheidungen zu Unrecht essenziell wirkende Bildungsinhalte zu relativieren, insbesondere dann, wenn die pädagogische Nutzenbilanz dieser Bildungsinhalte zwischen erbrachter Lernzeit, durchschnittlicher Lernzeit, demotivierender Wirkung, alltagspraktischer Relevanz, Vorbereitung für ein Studium etc. negativ ausfällt. Schließlich kann diesem Postulat auch eine regulative Wirkung hinsichtlich der Verkürzungen und Weglassungen über alle Lernarrangements hinweg zugeschrieben werden. Wenn grundsätzlich alle Lernenden die praktizierten Verkürzungen und Weglassungen einfordern können, kann vermutet werden, dass Unterricht didaktisch-methodisch vielfältiger wird, Verkürzungen deutlich sparsamer zum Einsatz kommen und Weglassungen wegfallen.

Dies trägt der Tatsache Rechnung, dass in einem allgemeinen Bildungssystem für alle bereits sinnvolle und notwendige Verkürzungen kritisch und über das Sinnvolle und das Notwendige hinausgehende Verkürzungen oder gar Weglassungen schlicht und einfach nicht akzeptabel sind.

Das klassische Beispiel der überzogenen Verkürzung ist die Verengung der Lernangebote auf die Einübung von Lebenstechniken, die sich vor allem im Kontext der Pädagogik bei geistiger Behinderung findet (Musenberg, Riegert, & Lamers, 2015) und von dort in andere Förderschwerpunkte hineinwirkt. Unterricht in Lebenstechniken findet sich bis heute als zentrales pädagogisches Konzept in einigen Förderschulen und wird an mancher Regelschule effektiv aufgrund von Ressourcenknappheit oder fehlender inklusionspädagogischer Kompetenz (Capovilla, 2012) praktiziert. Dieser Praxis gemäß werden allgemeine Bildungsinhalte dem Ziel der Entwicklung von Selbstbestimmung und von alltagspraktischen Fähigkeiten und Fertigkeiten nachgeordnet, um später möglichst weitgehend selbst für sich sorgen zu können.

Etwas schelmisch könnte nun behauptet werden, dass solche Förderschulen dem kompetenzorientierten Bildungsideal weit voraus waren und bereits vor Jahrzehnten Bildung nicht als Wert an sich, sondern genau als Mittel zum Zweck begriffen haben. Vermutlich diesem Gedanken folgend hat sich aus der Verbindung dieser tradierten Praxis und dem kompetenzorientierten Bildungsideal in den vergangenen Jahren eine der wichtigsten Argumentationslinien für den Erhalt der Förderschulen entwickelt. Dieser Argumentation folgend beziehen Förderschulen vor allem aus der Tatsache ihre Legitimation, dass Lernende in der Förderschule genau die Lernangebote vorfinden, die sie für ein selbstbestimmtes Leben brauchen würden und die ihnen in der Regelschule aufgrund von fehlender Expertise oder knapper Ressourcen verwehrt blieben. Förderschulen wirken demgemäß „inklusiv", da in der Förderschule die Basis gelegt werde, um über die gesamte Lebensspanne hinweg gesellschaftlich teilzuhaben (Hilgers, 2017; Ahrbeck, 2016, S. 31; Giese, 2017; Herz, 2014).

Dies ist natürlich insofern richtig, als ein Kind, das aufgrund unzureichender oder unpassender Lernangebote der Regelschule nicht vernünftig lesen, schreiben oder rechnen gelernt hat, selbst mit den weitreichenden Folgen dieser fehlenden Kompetenzen fertig werden muss (Ahrbeck, 2016, S. 46). Dem muss aber entschieden entgegengehalten werden, dass eine solche Verkürzung der Bildungsinhalte aufgrund der Zuschreibung einer sozialen Kategorie, die mit derart weitreichenden Einschnitten in die Biografie verbunden ist, keinesfalls vertretbar ist und den pädagogischen Auftrag weit verfehlt. Zudem scheint die Instrumentalisierung des kompetenzorientierten Bildungsideals zur Stützung des Lernarrangements Förderschule den Interpretationsspielraum deutlich zu überspannen. Unter dem Banner des kompetenzorientierten Bildungsideals wird Bildung sicher nicht als ein Instrumentarium begriffen, alle Lernenden zu befähigen, in einer Kultur und Gesellschaft der Vielfalt ein möglichst selbstbestimmtes und selbstständiges Leben zu führen, auch wenn das auf den ersten Blick sympathisch klingen mag. Beim kompetenzorientierten Bildungsideal geht es eher darum, über die gesamte Lebensspanne hinweg möglichst viele einer nicht abgeschlossenen und variablen Menge von harten und messbaren Kompetenzen zu erwerben, die vor allem dazu dienen, in einer als System von Märkten organisierten, globalisierten, kapitalistischen Gesellschaft dauerhaft konkurrenzfähig und leistungsbereit zu sein. Vor dem Hintergrund hat sich der gegenwärtige Diskurs rund um schulische Inklusion und Teilhabe als großer Gewinn erwiesen, da in Regelschulen endlich wieder Bildungsfragen in Bezug auf behinderte Lernende gestellt werden, die in Förderschulen schon lange nicht mehr gestellt wurden (Jennessen, Kuhn, & Wagner, 2018).

Bildung ist und bleibt erheblich mehr als die Einübung von Lebenstechnik, gute Pflege, effektive Therapie, Training zur Erhöhung der sozialen Anschlussfähigkeit (Kap. 5.4.2), möglichst angenehme Verwahrung, sinnvolle Beschäftigung etc. Wenn Bildung für behinderte Menschen in segregativen Settings auf den Erwerb und die Einübung von Lebenstechnik beschränkt bleibt, ist das, was Inklusion genannt wird, ganz im Sinne von Harari (2016, S. 192), tatsächlich nicht mehr als eine moderne Variante des Turing-Tests. Bei diesem modernen Turing-Test geht es dann aber nicht länger darum, ob es einem Computersystem in der Mensch-Maschine-Interaktion gelingt menschlich zu wirken, sondern darum, ob es behinderten Menschen über ihre gesamte Schullaufbahn hinweg gelingt, ihr Umfeld von ihrer tatsächlichen oder potenziellen Funktionsfähigkeit und Gesellschaftstauglichkeit zu überzeugen, damit nicht irgendein Gremium plötzlich den Daumen senkt und die Lebensplanung entert.

6.2.4 Individuelle Bildungsplanung

Im vorangegangenen Kapitel wurde ein mögliches Grundgerüst zur didaktisch-methodischen und didaktisch-inhaltlichen Gestaltung von gemeinsamen Unterricht in Lernarrangements mit dem Anspruch auf schulische Inklusion errichtet. Auch wenn bei einer solchen Ausrichtung an heterogenen Lerngruppen davon ausgegangen werden kann, dass der Unterricht für eine bedeutend größere Zahl von Lernenden offen steht, wird es vermutlich immer Lernvoraussetzungen geben, die so speziell sind, dass die allgemeine Unterrichtsausrichtung an Grenzen stößt. Auch wenn nicht geklärt ist, ob es sich bei dieser These um zwingende Evidenz oder lediglich um eine zweckdienliche Hypothese handelt, kann sie zum gegenwärtigen Zeitpunkt mit Sicherheit als handlungsleitend betrachtet werden, da sie letztlich einen wesentlichen Teil des praktischen Handlungsfelds des Berufsstands inklusionspädagogischer Lehrkräfte aufspannt.

Wie bereits in Kap. 6.2.2 beschrieben, hat sich im inklusionspädagogischen Fördersystem in Deutschland eine weitgehend formalisierte und zu verhandelnde, konsensorientierte, kollegiale, individualisierte Bildungsplanung als Teil der inklusionspädagogischen Profession etabliert, mit der individuelle Bildungs- und Erziehungsziele verpflichtend festgeschrieben und die hierfür als notwendig erachteten zukünftigen Lern- und Entwicklungsschritte definiert werden. An der individuellen Bildungsplanung sind inklusionspädagogische Lehrkräfte, andere involvierte Lehrende, Eltern, rehabilitationspädagogische, medizinische, therapeutische Fachkräfte etc. und ggf. die gegenständliche Person selbst entsprechend der vorhandenen Expertise, der individuellen Überzeugungen und Vorstellungen und natürlich in Abhängigkeit vom mitgebrachten Engagement unterschiedlich stark beteiligt.

Das verfügbare Instrumentarium zur Unterstützung und Förderung unterscheidet sich hinsichtlich Inhalt und Umfang zwischen den einzelnen Förderschwerpunkten wesentlich und führt somit zu förderschwerpunktspezifischen Konzepten in der individuellen Bildungsplanung, was schließlich auch die kategoriale Unterscheidung von inklusionspädagogischen Fachrichtungen legitimiert.

Hierbei fällt auf, dass eine hohe und facettenreiche methodische und inhaltliche Vielfalt innerhalb eines Förderschwerpunkts zu einem fast schon algorithmisch anmutenden Selbstverständnis in der Umsetzung der damit zusammenhängenden Bildungsprozesse führt, was sicherlich dem Bedürfnis nach Komplexitätsreduktion geschuldet ist (Kap. 5.4.2). Für die Lernenden bedeutet dies aber, dass ihre individuellen Lernbedarfe und -bedürfnisse durch die Lernangebote möglicherweise unzureichend befriedigt werden, insbesondere dann, wenn sich aufgrund einer fehlenden Milieu-Spezifität oder fehlenden Abstraktionsmöglichkeiten die Bildungs- und Erziehungsziele und die entsprechenden Lern- und Entwicklungsschritte diametral unterscheiden und Einzelfallansätze erfordern.

Vor dem Hintergrund umfassender förderschwerpunktspezifischer Möglichkeiten zur Unterstützung und Förderung dient die individuelle Bildungsplanung vor allem dazu, passende Bildungs- und Erziehungsziele festzuschreiben, eine geeignete Zusammenstellung von Interventionen aus dem förderschwerpunktspezifischen Werkzeugkasten auszuwählen und deren Einsatz zu planen. Außerdem müssen die damit verbundenen Lernangebote selbst geschaffen oder operativ delegiert und schließlich deren Erfolg regelmäßig evaluiert werden.

Dabei orientieren sich die Planenden an diagnostischen Erkenntnissen, Annahmen und Erwartungen über die effektive Wirkung der ausgewählten Interventionen und der durch die Interventionen gestützten allgemeinen Lernprozesse sowie den Erfahrungen über die situativen Möglichkeiten und Grenzen in der Kooperation mit allen Beteiligten. Diese pointierte Darstellung soll verdeutlichen, dass individuelle Bildungsplanung in vielerlei Hinsicht im hohen Maße spekulativ ist und stets eine beträchtliche Reduktion der Komplexität hinsichtlich der individuellen, intersubjektiven und objektiven Bedingungen erfolgen muss, um im Planungsprozess überhaupt zu einem Ende zu gelangen. Diese Grenzen machen letztlich individuelle Bildungsplanung zu einem hoch kritischen Prozess, da in der Regel richtungsweisende Entscheidungen getroffen werden, die nachdrücklich in die Bildungsbiografie der lernenden Person eingreifen.

Verdeutlicht werden soll diese Komplexität und Vielschichtigkeit anhand einiger Faktoren, die Einfluss auf die Qualität der individuellen Bildungsplanung und die damit verbundenen Lernangebote nehmen. Wesentlich dabei ist, dass die Wirkungen und die zur Verfügung stehenden Regulationsmöglichkeiten dieser Faktoren in Abhängigkeit vom gewählten Lernarrangement deutlich variieren. Das macht die Wahl des Lernarrangements selbst zu einem der entscheidenden Faktoren, die Einfluss auf die Effektivität der individuellen Bildungsplanung und der damit verbundenen Lernangebote nehmen, was konsequenterweise bedeutet, dass mit jedem verschwundenen oder überwundenen Lernarrangement die Möglichkeiten in der individuellen Bildungsplanung ganz erheblich geschmälert werden.

Die differenzierte Betrachtung der individuellen Bildungsplanung soll anhand des Förderschwerpunkts Sehen exemplifiziert werden, da die behinderungsspezifischen Inhalte im Spezifischen Curriculum (VBS, 2011/2016) systematisiert aufbereitet wurden, wodurch ein denkbarer Rahmen der Fördermöglichkeiten abgesteckt ist. Das Spezifische Curriculum kann, wie beschrieben, als Katalog mit fachspezifischen Studieninhalten für das Lehramtsstudium im Förderschwerpunkt verstanden werden und somit das intendierte Kompetenzspektrum inklusionspädagogischer Lehrkräfte abbilden (Kap. 6.2.3). Das Spezifische Curriculum kann aber auch entsprechend der dem Titel nach offensichtlichen Intentionen als eine Liste mit Bildungsinhalten gesehen werden, die alle sehbeeinträchtigten Lernenden zusätzlich zu den allgemeinen Bildungsinhalten erlernen sollen.

Je nach Interpretation unterscheidet sich die individuelle Bildungsplanung sowohl inhaltlich als auch vom zeitlichen Aufwand her erheblich. Wird das Spezifische Curriculum als die Beschreibung des fachspezifischen Werkzeugkastens verstanden, werden in der knappen individuellen Bildungsplanung wenige und sehr allgemeine Bildungs- und Erziehungsziele festgelegt, während die eigentliche Förderung, im Sinne der einzelnen Lern- und Entwicklungsschritte, an den allgemeinen Erziehungs- und Bildungszielen orientiert bleibt und auf Instrumente der allgemeinen pädagogischen Entwicklungsdiagnostik zurückgegriffen wird, die grundsätzlich für alle Lernenden geeignet sind. Wird das Spezifische Curriculum hingegen als Katalog mit zusätzlichen, verpflichtenden Bildungsinhalten verstanden, wird eine ausführliche, periodische und standardisierte individuelle Bildungsplanung notwendig, die zu einer To-do-Liste mit abzuarbeitenden Punkten führt, deren Erfolg gemessen und bestätigt werden muss. Um diesen Prozess zu strukturieren, schlägt Degenhardt (2013) einen konsequenten Bezug zur ICF (Kap. 4.2.1) vor. Demgemäß soll die lernende Person in der Wechselwirkung mit ihren Körperstrukturen und -funktionen und der Umwelt, einschließlich ihrer Barrieren und Förderfaktoren, bezüglich der gesellschaftlichen Teilhabe betrachtet und beschrieben werden, um den Perspektivwechsel zur Kompetenzorientierung und zum Wert der barrierefreien Gestaltung von Bildungsangeboten zu bewältigen (Gewinn, 2017).

Auch wenn in der Pädagogik bei Beeinträchtigungen des Sehens die Denkrichtung als Katalog mit zusätzlichen, behinderungsspezifischen Bildungsinhalten weitgehender Konsens zu sein scheint, muss verdeutlicht werden, dass diese Sichtweise mit einem allgemeinen Bildungssystem für alle nicht vereinbar ist, aus der Perspektive des individuellen Modells konstruktiv zur Produktion von Behinderung beiträgt und der Innenperspektive der behinderten Lernenden nicht im ausreichenden Maße Rechnung trägt.

Wie bereits in Kap. 6.2.3 verdeutlicht, kann es in einem allgemeinen Bildungssystem für alle nur dann isolierte behinderungsspezifische Bildungsinhalte geben, wenn diese als allgemeine didaktisch-methodische Varianten in unmittelbarer Anbindung an die allgemeinen Bildungsinhalte angeschlossen werden können und im laufenden Regelunterricht oder additiv erlernt werden. Das bedeutet, dass die individuelle Bildungsplanung stets in unmittelbarem Bezug zu den allgemeinen Bildungsinhalten stehen muss, was sie aber genau nicht tut, wenn von einem festen Kanon von zusätzlichen, behinderungsspezifischen Bildungsinhalten ausgegangen wird. Noch kritischer muss der Strukturierungsversuch der individuellen Bildungsplanung anhand des Bezugs zu den drei Ebenen der ICF bewertet werden. Das Abarbeiten solcher an der ICF orientierten Kompetenzlisten mündet letztlich im Erlernen von Lebenstechnik und verkürzt den allgemeinen Bildungsanspruch in Richtung der unmittelbaren Anforderungen und der gesellschaftlichen Anschlussfähigkeit (vgl. Musenberg, Riegert, & Lamers, 2015).

Ein zweiter Kritikpunkt an der standardisierten individuellen Bildungsplanung bezieht sich auf die Produktion von Behinderung. Standardisierte Bildungsplanung erfordert standardisierte periodische Diagnostik, was bedeutet, dass sich alle Lernenden in regelmäßigen Abständen festgelegten diagnostischen Prozeduren unterwerfen müssen, die beispielsweise im Spezifischen Curriculum zu fünfzehn Gegenstandsbereichen des „spezifischen diagnostischen Tuns" gruppiert sind. Wie bereits in Kap. 5.4.3 dargelegt, bedarf alle Diagnostik einer Einzelfalllegitimation, die sich vor allem durch einen konkreten erwarteten Nutzen ergibt, was für den Großteil der standardisierten Diagnostik sicher nicht nachweisbar ist.

Ohne konkreten pädagogischen Nutzen bleibt die Wirkung solcher standardisierter Diagnostik auf ihre negativen Effekte beschränkt. Dazu gehören unter anderem die Fortschreibung behinderungsspezifischer Kategorien oder die negative Wirkung auf das Selbstbild der behinderten Person, da auch die an sich irrelevanten Defizite und behinderungsspezifischen Bedürfnisse möglicherweise erst durch die Diagnostik zum Thema und zur Behinderung geworden sind (Thimm, 2006, S. 146). Außerdem hat standardisierte Diagnostik einen aggravierenden Effekt hinsichtlich der Teilhabemöglichkeiten behinderter Menschen und verschärft das „Othering" (Kap. 5.4.3), da sie vor allem jene behinderten Menschen sichtbar macht, an denen die pädagogischen und inklusionspädagogischen Interventionen scheitern (Jennessen, Kuhn, & Wagner, 2018, S. 44).

Dieser Argumentation wird nun häufig das sogenannte Etikettierungs-Ressourcen-Dilemma entgegengehalten, das besagt, dass eine standardisierte Produktion von Behinderung, also die systematische Etikettierung behinderter Menschen, notwendig sei, um personenbezogene Ressourcen wie zusätzliches inklusionspädagogisch qualifiziertes Personal oder technische Unterstützung verfügbar machen zu können (Capovilla, Gebhardt, & Hastall, 2018). Dabei sollte aber erneut bedacht werden, dass Zuschreibungen das Ergebnis von Aushandlungsprozessen sind, in welchen die Beteiligten nicht nur in der Entscheidungsfindung über diverse interpretative Ermessensspielräume verfügen, sondern auch in der Gestaltung des Zuschreibungsverfahrens selbst. Dies lässt sich nicht zuletzt daran erkennen, dass die sich an die Zuschreibungsprozesse anschließenden individuellen Bildungspläne wesentlich von den diagnostischen, fachlichen und fachdidaktischen Kompetenzen, Präferenzen und Aversionen der Diagnostizierenden geprägt sind (vgl. Speck, 2011, S. 36). Das bedeutet also, dass die Beteiligten durch ihre Argumentation nicht nur auf den Zuschreibungsprozess selbst, sondern durchaus auch auf die Anzahl, die Inhalte und die Länge der zu füllenden Formulare Einfluss nehmen können.

Der dritte und entscheidende Kritikpunkt an der standardisierten individuellen Bildungsplanung besteht darin, dass durch die systematische Vergröberung und Diskretisierung der Innenperspektive und der eigenartigen Komplexität der lernenden Person selbst nicht im ausreichenden Maße Rechnung getragen wird (Giese & Kohlstedt, 2016). Außerdem kommt es durch die linearisierte Aneinanderreihung der einzelnen Spezifikationen in Formularen zu einer unwillkürlichen Gleichgewichtung, die der individuellen Bedürfnissituation nicht gerecht wird. Das bedeutet, dass die technokratische Herangehensweise aus einer analytisch-bewertenden inklusionspädagogischen Perspektive im Eifer des systematischen Abarbeitens möglicherweise nicht ausreichend zwischen dem Notwendigen, dem Sinnvollen oder dem Sinnlosen unterscheidet und schließlich wesentliche Dinge übersehen werden können, die eben genau nicht in den Formularen abgebildet sind (Giese & Kohlstedt, 2016).

Dies impliziert, dass es für alle lernenden Personen eine individuelle Prioritätenliste der für sie relevanten behinderungsspezifischen Bildungsinhalte gibt, welche die allgemeinen Bildungsinhalte ergänzt. Die Priorisierung hängt dabei aber nicht nur von den situativen Herausforderungen ab, denen sich die lernende Person stellen muss. Maßgeblich ist auch, ob der erwartete Nutzen der zu erwerbenden behinderungsspezifischen Bildungsinhalte den mit den individuellen Lernvoraussetzungen verbundenen Aufwand für die einzelne Person rechtfertigt.

Fraglich ist nun aber, was die Alternative zur standardisierten individuellen Bildungsplanung in Lernarrangements mit dem Anspruch auf schulische Inklusion ist. Grundsätzlich sollte individuelle inklusionspädagogische Unterstützung und Förderung stets als ein zweiseitiger Prozess verstanden werden, der von beiden Seiten gemeinsam gestaltet und bestimmt wird (Kap. 6.2.2). Individuelle inklusionspädagogische Unterstützung und Förderung bleibt letztlich eine Intervention, die infolge einer sozial konstruierten und ausgehandelten Zuschreibung erfolgt und erst durch die Zweiseitigkeit im Einzelfall legitimiert werden kann. Dies bedeutet konsequenterweise auch, dass es der Einsicht bedarf, dass die individuelle inklusionspädagogische Unterstützung und Förderung manchmal notwendig, häufig sinnvoll und manchmal ohne Nutzen ist. Nicht zuletzt deshalb haben alle Lernenden den Anspruch, dass alle Lehrkräfte den Nutzen ihres pädagogischen Handelns stets im Einzelfall nachweisen können, was also von vornherein alle standardisierte Diagnostik und alle pauschal verordneten Interventionen mit Bezug zu behinderungsspezifischen Bildungsinhalten obsolet werden lässt.

Die zentralen Aufgaben einer inklusionspädagogischen Lehrkraft bestehen zwar vor allem in der individuellen Bildungsplanung und der entsprechenden Umsetzung der Unterstützung und Förderung, aber eben auch in der Schaffung von günstigen Rahmenbedingungen durch sinnvolle didaktisch-methodische Entscheidungen und den Kompetenztransfer zur Realisierung von Unterricht für alle.

Anstelle einer mehrstündigen kollegialen, individuellen Bildungsplanung im Bemühen der Abarbeitung der einzelnen Spezifikationen und des Ausfüllens von Formularen sollte die Zeit besser in der unmittelbaren Auseinandersetzung mit der lernenden Person verbracht werden, in der an den allgemeinen Bildungsinhalten gearbeitet wird. Hier geht es darum, mehr über die Innenperspektive der lernenden Person zu erfahren, der kindlichen Neugier nachzuspüren und diese anzuregen und im Sinne der Berufswahl einer Lehrkraft einfach nur pädagogisch aktiv zu sein.

Eine so verstandene individuelle Bildungsplanung lässt sich nicht von der Förderung selbst als operativer Prozess trennen, da sie beispielsweise im gemeinsamen, an aktiven Lehr- und Lernmethoden orientierten Unterricht oder in der Hausaufgabenbegleitung am Nachmittag während der Lernprozesse allgemeiner Bildungsinhalte erfolgt. Sie sucht mit qualitativen Beobachtungen im Umgang mit Materialien und Medien, mit der Beobachtung der Mimik und Gestik und der damit verbundenen Emotionen, mit dem sokratischen Gespräch in der Sprache der lernenden Person, durch lautes Denken etc. (Zimmermann, 2014, S. 47ff.) nach pädagogisch relevanten Erkenntnissen, um daran unmittelbar oder mittelbar anschließend behinderungsspezifische Anpassungen und Verbesserungen vorzunehmen. Vor dem Hintergrund dieser Erkenntnisse sollte dann beispielsweise einmal im Halbjahr genau ein behinderungsspezifisches Bildungs- und Erziehungsziel festgelegt werden, welches explizite inklusionspädagogische Lernangebote notwendig macht, an dem regelmäßig additiv gearbeitet wird.

Dies geschieht auch mit Blick auf die unumstößliche Tatsache, dass die Zeit aller Lernenden schlicht und einfach begrenzt ist und deshalb mit dieser Zeit sehr sorgsam und effektiv umgegangen werden muss. Zudem verschlingt das Kind-Sein selbst, genauso wie das behinderte Erwachsenwerden, eine ganze Menge an Zeit und diese beiden Prozesse sollten genau nicht durch die individuelle inklusionspädagogische Bildungsplanung noch mehr behindert werden.

6.2.5 Die Kultivierung inklusionspädagogischer Expertise

Im letzten Abschnitt ging es unter anderem um die Genese und die Aufrechterhaltung der inklusionspädagogischen Expertise innerhalb der Bildungseinrichtungen, die nun in ihrem Bezug zum Professionswissen, das als die Zusammenfassung des relevanten, behinderungsspezifischen Fachwissens, des fachdidaktischen Wissens und des pädagogischen Fachwissens verstanden wird, näher betrachtet werden soll.

Auf der einen Seite bietet eine breite inklusionspädagogische Expertise den Vorteil, dass inklusionspädagogische Lehrkräfte ganz konkret handlungsfähig sind und ein hohes Maß an Selbstwirksamkeit entwickeln können. Auf der anderen Seite steigt mit dem Volumen der inklusionspädagogischen Expertise der Bedarf an Strukturen, um die zugrunde liegenden Erkenntnisse und Kompetenzen zu systematisieren, sie im Sinne einer praxisnahen und theoriegestützten Wissenschaftlichkeit und Reflexion weiterzuentwickeln und Möglichkeiten aufzubauen, Expertise auch anderer Orts in die Praxis zu transferieren und dort aufrechtzuerhalten.

Diese Aufgaben übernehmen in der Regel akademische Einrichtungen, die in ihrer neutralen und unabhängigen Position Praxiswissen theoriegeleitet zu

Professionswissen abstrahieren und im Rahmen von Studiengängen und Ausbildungen den systematischen Aufbau von inklusionspädagogischer Expertise vorantreiben.

In den vergangenen Jahrzehnten ist es gelungen, die inklusionspädagogische Professionalisierung zu akademisieren und somit die vorher übliche „Meisterlehre", verstanden als eine Berufsausbildung im Praxisfeld, weitgehend zu überwinden (Degenhardt, 2016a, S. 30f.). Möglich wurde dies durch unabhängige, forschungsfähige, akademische Einrichtungen, durch deren konkrete Forschungsleistungen die beschriebene dringende Außensicht generiert wurde (vgl. Degenhardt, 2016a, S. 30f.). Hierdurch ist es gelungen, die inklusionspädagogische Expertise in ein umfassendes Professionswissen zu transformieren und dieses für den interdisziplinären Anschluss zu öffnen.

Kritisch muss hingegen die aktuelle Situation bezüglich des Erfolgs des tatsächlichen Transfers von inklusionspädagogischer Expertise in das Praxisfeld und des Gelingens der Aktualisierung und Aufrechterhaltung derselben in den einzelnen Bildungseinrichtungen bewertet werden. Extern generiertes Professionswissen kann im Praxisfeld nur ankommen, wenn die Ausbildungseinrichtungen mit den Lernorten verbunden sind. Das entscheidende Medium hierfür ist die inklusionspädagogische Lehrkraft, wo sich gegenwärtig in allen Förderschwerpunkten ein erheblicher Fachkräftemangel abzeichnet, der sich beispielsweise im anhaltenden Bemühen zeigt, die Kohorten in den entsprechenden lehramtsbezogenen Studiengängen immer weiter zu erhöhen. Auch wenn die Folgen dieser fachlichen Unterversorgung weder hinsichtlich der Lernarrangements noch hinsichtlich der Förderschwerpunkte generalisierbar sind, deutet sich vor allem innerhalb der zahlenmäßig kleinen Förderschwerpunkte über alle Lernarrangements hinweg eine wissenschaftliche Entkernung und fachliche Dilettantisierung an.

Entsprechend der Konzeption des Lernarrangements einer inklusiven Schule (Kap. 6.1.1) lernen alle Lernenden wohnortnah und unabhängig von den individuellen Lernvoraussetzungen und zugeschriebenen Förderbedarfen gemeinsam. Da in diesem Lernarrangement die Schulen selbst die inklusionspädagogische Unterstützung und Förderung planen und anbieten, wäre es konsequenterweise notwendig, dass alle inklusiven Schulen dauerhaft die gesamte Palette inklusionspädagogischer Expertise aus eigenen Mitteln abrufen können.

In solchen Lernarrangements kann der Fachkräftemangel dazu führen, dass eine effektive Unterstützung und Förderung in Ermangelung entsprechender inklusionspädagogisch qualifizierter Lehrkräfte nicht angeboten werden kann. Dies hat zur Folge, dass inklusionspädagogische Lehrkräfte anderer Fachrichtungen behinderungsspezifische Bildungsangebote durch Transferleistungen schaffen, andere Beteiligte situativ mit intuitiven ad hoc Interventionen oder durch engagiertes Selbststudium versuchen, die Lernbedingungen der behinderten Lernenden zu verbessern oder ganz auf inklusionspädagogische Unterstützung und Förderung verzichtet wird (Capovilla, 2012). Die ganze Misere dieser unsystematischen, fachfremden Kompensation wird vor allem an Interventionen sichtbar, deren praktischer Nutzen sich in der Befriedigung der pädagogischen Handlungsimpulse der Lehrkräfte erschöpft und somit lediglich für die Entlastung des Umfelds aber nicht der lernenden Person selbst sorgt. Ein klassisches Beispiel hierfür ist die nach wie vor praktizierte Vergrößerung von Arbeitsblättern um den Faktor 1,41 von A4 auf A3 für sehbeeinträchtigte Lernende, was letztlich aufgrund der marginalen Vergrößerung sinnlos ist und zudem durch das verdoppelte Ausmaß des Arbeitsblatts die Handhabung sogar erschwert.

Nun steht außer Frage, dass solche fachfremden Lernangebote in der Praxis mindestens genauso zielführend, passend und wirksam sein können wie professionelle Lernangebote, da der Erfolg von Bildungs- und Erziehungsprozessen in erster Linie von den pädagogischen Qualitäten der Lehrkraft abhängt, die sich zudem mit ausreichend Engagement die notwendigen fachlichen Kompetenzen auch nachträglich aneignen kann (Kap. 5.4.1). Da jedoch naturgemäß von Lehrkräften mit durchschnittlichen pädagogischen Qualitäten und durchschnittlichem Engagement ausgegangen werden muss, erreichen die Lernangebote von Lehrkräften, die durch ihre akademische Vorbildung über inklusionspädagogische Expertise verfügen, im Schnitt sicherlich eine höhere Passung als die engagierter, fachfremder Mitglieder des Kollegiums.

Eine weitere besondere Schwierigkeit in Lernarrangements vom Typ inklusive Schule besteht schließlich in der Aktualisierung und Aufrechterhaltung der inklusionspädagogischen Expertise, während sich die Bindung an die Ausbildungseinrichtung durch die berufliche Habituation immer weiter löst. Da die Expertise in diesen Lernarrangements in der Regel an genau eine entsprechend qualifizierte oder engagierte fachfremde Lehrkraft gebunden ist, ergeben sich nur erschwert Möglichkeiten zur tiefergehenden Reflexion, kritischen Akkommodation und kooperativen Weiterentwicklung, während bei fehlender evaluativer Außenperspektive das Selbstverständnis oder die Resignation wachsen dürfte.

Ein Ansatz, um diesen Herausforderungen zu begegnen, ist das Konzept der Schwerpunktschulen (Kap. 6.2.1), die sich auf die Realisierung von gemeinsamen Unterricht mit dem Fokus auf genau einen Förderschwerpunkt konzentrieren (Degenhardt, 2012). Innerhalb dieser Schwerpunktschulen arbeiten idealerweise mehrere inklusionspädagogische Lehrkräfte desselben Förderschwerpunkts zusammen, wodurch der notwendige Rahmen zur gemeinsamen Reflexion und Kultivierung der Expertise geschaffen wird. Außerdem erweitern mehrere Lernende das Anforderungsspektrum und füllen damit das Aufgabenfeld mit mehr Leben. Die Kehrseite der Medaille besteht jedoch darin, dass Schwerpunktschulen vor allem in zahlenmäßig kleinen Förderschwerpunkten das flächendeckende, wohnortnahe und tatsächlich gemeinsame Lernen verunmöglichen und letztlich wiederum eine segregierte Gruppe innerhalb der Lernenden konstruiert wird.

Dies dürfte einer der Gründe sein, weshalb sich beispielsweise das Kooperationsmodell mit Anbindung an ein Kompetenzzentrum in den zahlenmäßig kleineren Förderschwerpunkten als dominantes Lernarrangement mit dem Anspruch auf schulische Inklusion durchgesetzt hat. Bei diesem Lernarrangement lernen Lernende mit zugeschriebenem Förderbedarf wohnortnah und gemeinsam und werden ausgehend von einem förderschwerpunktspezifischen Kompetenzzentrum von inklusionspädagogischen Lehrkräften im mobilen Dienst bedarfsabhängig oder regelmäßig besucht (Kap. 6.2.2).

Während bei diesem Lernarrangement die Expertise durch die Konzentration im Kompetenzzentrum vergleichsweise einfach kultiviert und durch die zahlreichen und differenzierten Außenkontakte die Reflexion und Weiterentwicklung begünstigt wird, kann sich der tatsächliche Transfer in das Praxisfeld ausgesprochen schwierig gestalten. Da inklusionspädagogische Lehrkräfte im mobilen Dienst mehrere Lernende begleiten, führt die räumliche Streuung der Lernenden zu hohen Mobilitätsanforderungen und redundanten Arbeitsprozessen, was die konkrete fachliche Auseinandersetzung mit den Lernenden wesentlich verkürzt.

Ein Fachkräftemangel wirkt sich in solchen Lernarrangements unmittelbar durch die Verkürzung der effektiven Zeit zur professionellen Auseinandersetzung mit den einzelnen Lernenden aus, während auf der anderen Seite Schulbegleitungen an Bedeutung gewinnen, wodurch die konkrete Unterstützung und Förderung deprofessionalisiert und dilettantisiert wird. Dies wird dadurch deutlich, dass Schulbegleitungen in der Regel keine oder eine eher pädagogische oder pflegerische, aber eben nicht inklusionspädagogische Vorbildung mitbringen und darüber hinaus häufig unzureichend eingewiesen worden sind (Degenhardt, 2016b, S. 49).

Durch die inklusionspädagogische Unterstützung und Förderung in der Regelschule wird häufig eine relativ statische eins-zu-eins Beziehung zwischen einer Lehrkraft und einer lernenden Person generiert. Da sich jedoch Lehrkräfte in ihren fachdidaktischen und pädagogischen Qualitäten und Kompetenzen durchaus unterscheiden können und auch die persönliche Ebene in einer solchen Bindung relevant ist, beeinflusst diese Zuordnung den Bildungserfolg der lernenden Person wesentlich. Aus diesem Grund ist eine statische eins-zu-eins Zuordnung letztlich pädagogisch nicht legitimierbar, da ansonsten die inklusionspädagogische Unterstützung und Förderung zum Lotteriespiel wird, das einige gewinnen und andere verlieren. Die Passung zwischen Lernenden und Lehrenden darf nicht dem Zufall überlassen werden, weshalb darauf geachtet werden muss, dass sich die Vielfalt der Lernenden in der Vielfalt der am Erziehungs- und Bildungsprozess beteiligten Lehrenden widerspiegelt.

Deutlich einfacher gestalten sich der Transfer, die Aktualisierung und die Aufrechterhaltung der inklusionspädagogischen Expertise im Lernarrangement vom Typ inklusive Förderschule als Realisierungsform der schulischen Inklusion und in der klassischen Förderschule.

Der Transfer der inklusionspädagogischen Expertise auf der Grundlage des Professionswissens zwischen der Studienstätte und der Förderschule wird in der Regel durch den Austausch und die Zusammenarbeit in studienbegleitenden Praktika und die kontinuierliche Nachbesetzung ausscheidender Lehrkräfte begünstigt. Durch das größere Kollegium inklusionspädagogischer Lehrkräfte lässt sich die Expertise vergleichsweise einfach erhalten und weiterentwickeln, die durch die Vielzahl unterschiedlicher Perspektiven bereichert wird. Förderschulen bieten zudem bestimmte architektonische und gestalterische Voraussetzungen, die in allgemeinen Schulen nicht unmittelbar oder nur mit viel Aufwand hergestellt werden können (Ahrbeck, 2016, S. 23f.) und in ihrer Exemplarität teil der inklusionspädagogischen Expertise sind. Außerdem bieten Förderschulen den notwendigen sozialen Raum, um überhaupt die nachhaltige Etablierung bestimmter Kulturtechniken wie die Gebärdensprache oder die Brailleschrift zu ermöglichen, was in einer Regelschule nur erschwert möglich ist.

Der Fachkräftemangel führt in einer Förderschule vor allem zu einer Verschlechterung der Arbeitsbedingungen des bestehenden Personals, bringt aber in der Regel die gewachsene und kultivierte Expertise nicht ins Wanken. Förderschulen wirken durch die Konzentration an inklusionspädagogischer Expertise auch korrektiv und gleichen einen Teil des im Studium versäumten oder verfehlten Kompetenzerwerbs aus, was in Regelschulen häufig ausbleibt.

Dieses Korrektiv ist natürlich zu begrüßen, sofern es den Ansprüchen wissenschaftlicher Fundierung und ausreichender Reflexion genügt. Dies ist definitiv nicht der Fall, wenn es sich beim Korrektiv lediglich um in der Praxis gewachsene und durch die „Meisterlehre" unhinterfragt etablierte Rezeptlösungen und Individualmeinungen handelt, die in Ermangelung einer evaluativen Außenperspektive richtungsweisende Wirkung auf die Ausgestaltung von Lernangeboten entfalten (vgl. Thimm, 2006, S. 12).

Besonders kritisch wirkt dieses Korrektiv auf Quereinsteigende, die ohne inklusionspädagogische Vorbildung die Versorgungslücken schließen sollen, die durch fehlende inklusionspädagogische Lehrkräfte entstanden sind. Der Fachkräftemangel begünstigt demgemäß in den Förderschulen einen Rückfall in die „Meisterlehre", deren Überwindung eines der zentralen Ziele der Akademisierung der Ausbildung von Lehrkräften war. Wie bereits gesagt, ist die wissenschaftliche Durchdringung und Reflexion die notwendige Voraussetzung dafür, um den tradierten Selbstverständlichkeiten wie dem individuellen Modell von Behinderung oder der Dominanz des diagnostischen Blicks, die sich mancherorts bis heute hartnäckig halten, überhaupt etwas entgegensetzen zu können (Kap. 5.4).

Schließlich bleibt noch die Frage nach der fachdidaktischen und fachlichen Kompetenz der Lehrkräfte bezüglich der allgemeinen Bildungsinhalte offen, die mit den inklusionspädagogischen Bildungsinhalten verwoben werden müssen.

Um dem Bildungsanspruch aller Lernenden in einem allgemeinen Bildungssystem für alle gerecht zu werden, müssen alle Bildungseinrichtungen entsprechend ihrer zugeordneten allgemeinen Allokationsfunktion das gleiche Anspruchsniveau hinsichtlich der allgemeinen Bildungsinhalte erreichen, was naturgemäß voraussetzt, dass Lehrkräfte mit entsprechenden fachdidaktischen und fachlichen Kompetenzen zur Verfügung stehen.

Förderschulen stehen bei ausreichender Größe bezüglich der allgemeinen fachdidaktischen und fachlichen Kompetenzen zumindest organisatorisch und strukturell vor ähnlichen Herausforderungen wie Regelschulen mit vergleichbarer Allokationsfunktion. Das bedeutet, dass schlicht und einfach im Zusammenspiel aus dem bestehenden Kollegium, durch Zugriff auf verfügbare, frisch ausgebildete Lehrkräfte, durch fachfremden Unterricht, durch Quereinsteigende etc. nach der bestmöglichen Lösung gesucht werden muss.

Inklusionspädagogische Lehrkräfte in Lernarrangements vom Typ inklusive Schule oder im mobilen Dienst eines Kompetenzzentrums im Kooperationsmodell stehen hingegen vor der Herausforderung, dass sie streng genommen in allen einzelnen Fächern ein überdurchschnittliches Leistungsniveau erreichen müssen, was spätestens in der Mittelstufe des Gymnasiums schwierig werden dürfte.

Ohne fachliche und fachdidaktische Kompetenz in den allgemeinen Bildungsinhalten bleiben inklusionspädagogische Lernangebote in der Regel auf die Realisierung der objektiven Zugänglichkeit beschränkt, womit aber insbesondere in Unterrichtsfächern mit differenzierter Methodik und vielschichtiger Fachdidaktik wie Mathematik oder Informatik das Ziel einer effektiven Unterstützung und Förderung weithin verfehlt wird. Um dieser Herausforderung zu begegnen, wurde beispielsweise in Italien versucht, diese fachliche Lücke durch additiven Einzelunterricht mit entsprechenden Fachlehrkräften zu schließen. Wie sich jedoch zeigte, wurde dieses Vorhaben durch die fehlende inklusionspädagogische Expertise hinsichtlich des Verständnisses der behinderungsspezifischen Lernbedingungen erschwert und auch die erwartete Begeisterung der Lehrkräfte über diese Zusatzaufgabe blieb aus (Capovilla, 2012).

6.3 Präadoleszente Sozialisation

> „Denn vernünftige Wesen stehen alle unter dem Gesetz, dass jedes derselben sich selbst und alle anderen niemals bloß als Mittel, sondern jederzeit zugleich als Zweck an sich selbst behandeln solle.“ (Kant, 1785, zit. nach https://korpora.zim.uni-duisburg-essen.de/Kant/aa04/433.html (18.08.20))

Wie im vorangegangenen Abschnitt zur Produktion von Bildung gezeigt wurde, lässt sich die Abkehr von der segregativen Förderschule als Bildungsort für behinderte Lernende nicht durch die fehlende Effektivität in der Unterstützung und Förderung begründen, da zumindest zum gegenwärtigen Zeitpunkt und befeuert durch den Fachkräftemangel Lernarrangements mit dem Anspruch auf schulische Inklusion dem Anspruch auf eine effektive Unterstützung und Förderung aller Lernenden häufig nur unzureichend nachkommen können.

Vermutlich aus diesem Grund ist die effektive Unterstützung und Förderung auch nicht das entscheidende Argument zur populären Priorisierung von Lernarrangements mit dem Anspruch auf schulische Inklusion. Das entscheidende Argument liegt vielmehr in der erwarteten Anbahnung der sozialen Teilhabe als Voraussetzung für die dauerhafte Teilhabe in der Mitte der Gesellschaft zwischen anderen behinderten und unbehinderten Menschen.

Soziale Teilhabe ist vor allem deshalb im schulischen Kontext relevant, da zwischenmenschliche Interaktionen und soziale Beziehungen in den Teenagerjahren ihr höchstes emotionales Gewicht entfalten und die kritische Selbstbeurteilung genau in diesem Zeitfenster ihren Höhepunkt erreicht (Somerville, et al., 2013). Aus diesem Grund gehören autobiografische Erlebnisse aus dieser Zeit auch zu den prägendsten und lebhaftesten Erfahrungen älterer Erwachsener, was sich in autobiografischen Erzählungen auch seitenmäßig niederschlägt (Rubin, Rahhal, & Poon, 1998).

Da sich nun aber soziale Teilhabe in aller Regel nicht voraussetzungsfrei einstellt, wie die vergangenen Jahrtausende in Bezug auf ganz unterschiedliche Gruppen von Ausgeschlossenen gezeigt haben, stellt die Frage nach der Wirkung des gewählten Lernarrangements auf die soziale Teilhabe den vermutlich kontroversesten Streitpunkt im sogenannten Inklusionsdiskurs dar.

Das soziale Argument für den gemeinsamen Unterricht fußt auf einer naiven Auslegung von Allports (1954/1971, S. 281) Kontakthypothese, die in etwa besagt, dass der direkte und regelmäßige Kontakt zwischen Ausschließenden und Ausgeschlossenen den Abbau von Vorurteilen und Stereotypen begünstige, wenn sie vereint als eine Gruppe gemeinsame Ziele verfolgen würden.

Mit Bezug zu behinderten Menschen bedeutet dies, dass möglichst frühzeitige Kontakte einer positiven und akzeptierenden Haltung, vor allem aufseiten unbehinderter Menschen, förderlich sind, da sie bestimmte Vorurteile und Stereotype erst gar nicht wachsen lassen oder ihre Dekonstruktion vorantreiben (Cloerkes, 2007, S. 145). Auf der anderen Seite wird mit dem sozialen Argument im Kontext von Behinderung aber auch die Vorstellung verbunden, dass behinderte Menschen nur durch die Erfahrungen in der Auseinandersetzung mit unbehinderten Menschen zu selbstbewussten Erwachsenen heranwachsen könnten, da sich ihre Talente und Begabungen und letztlich ihre ganze Identität nur in der „wirklichen" Welt entfalte (vgl. Sierck, 2011, S. 11).

Kurios an dieser Argumentation ist nicht nur die Tatsache, dass offenbar Kontakte zu behinderten Menschen als zweitklassig verstanden werden, da sie offenbar nicht Teil der „wirklichen" sozialen Realität sind, sondern auch die plakative Instrumentalisierung behinderter Menschen. Die Instrumentalisierung besteht darin, dass behinderte Menschen zum Lerngegenstand verfremdet werden, an dem unbehinderte Menschen Differenz begreifen und eine positive und akzeptierende Haltung einüben können (vgl. Shakespeare, 2018, S. 111).

Nun leuchtet natürlich ein, dass solche Kontakte notwendig sind, um den vermutlich entfremdeten und fantastischen Vorstellungen über behinderte Menschen, die ohne Exposition in den Köpfen ruhig vor sich hin reifen und geistern, überhaupt etwas Reales entgegenzusetzen. Allerdings muss das Reale oder die Interpretation desselben nicht notwendigerweise positiver als das Fantastische sein, was dann die Vorurteile und Stereotype sogar konfirmatorisch verschärfen und empirisch stützen kann.

Demgemäß kann mit Sicherheit nicht angenommen werden, dass gemeinsamer Unterricht per se zu sozialer Anerkennung in der Schule oder gar zu sozialer Teilhabe im Erwachsenenleben führt (Ahrbeck, 2016, S. 113; Markowetz, 2007, S. 265). Der politische Einfluss des schulischen Lernens bei der Hervorbringung einer inklusiven Gesellschaft wird hier offenbar deutlich überschätzt (Musenberg, 2016). Außerdem sind Schulen, verstanden als Fabrikhallen unter der Fahne des kompetenzorientierten Bildungsideals, weniger denn je geeignet, um individuelle, soziale und kulturelle Ungleichheiten auszugleichen (vgl. Ahrbeck, 2016, S. 93), da kompetenzorientierte Konkurrenz die Ausgrenzung und Ungleichheit zumindest nicht abbaut. Anders formuliert bedeutet dies, dass in sozialen Organisationen stets das implizite Handlungsmodell der gelebten Kultur wirksam wird und eben nicht das explizite Modell von wünschenswerten Normvorstellungen (Welzer, 2013, S. 184).

Somit lässt sich festhalten, dass das soziale Argument sicher nicht zur kategorischen Begründung der Priorisierung von Lernarrangements mit dem Anspruch auf schulische Inklusion taugt, da gemeinsamer Unterricht eben nicht notwendigerweise die sogenannte inklusive Gesellschaft hervorbringt, sondern durch die damit verbundenen Ausgrenzungsprozesse im Einzelfall sogar psychosozial erheblich schaden kann. Vor diesem Hintergrund ist es also auch nicht nachvollziehbar, warum sogar als kritisch rezipierte Stimmen im „Inklusionsdiskurs" den segregativen Lernraum qualitativ dem gemeinsamen Lernraum nachzuordnen scheinen. Ahrbeck (2011, S. 12) stellt hierzu beispielsweise fest, dass außer Frage stehe, „dass eine integrative Beschulung immer dann bevorzugt werden sollte, wenn sie der Entwicklung des Kindes wirklich dienlich ist".

Eine solche kategorische Priorisierung bedeutet, dass in der Praxis beurteilt werden muss, ob das Lernarrangement der Entwicklung der lernenden Person dienlich ist. Während es nun aber vergleichsweise einfach ist anhand von Verhaltensbeobachtungen sozialer Interaktionsmuster darüber zu spekulieren, was der Entwicklung einer lernenden Person möglicherweise schadet, fällt die Beurteilung der Faktoren, die der Entwicklung dienlich sind, deutlich schwerer.

Zudem setzt eine solche Beurteilung voraus, dass das Erleben überhaupt durch das Verhalten nach außen dringt und dann auch noch korrekt interpretiert wird. Ohne explizite positive Beurteilungskriterien, bei systematischer Priorisierung von Lernarrangements mit dem Anspruch auf schulische Inklusion, würde die Entscheidung für die Förderschule stets nur remedial aufgrund eines Scheiterns getroffen werden, die zudem am Besprechungstisch, als Folge eines sich abzeichnenden Schadens für die Entwicklung der lernenden Person, ausgehandelt wurde. Demnach wäre am Ende die Förderschule tatsächlich ein „dumping ground" (Formulierung von Fuchs & Fuchs, 1994) voller Lernender, die an der „wirklichen" Welt gescheitert sind, was anhand einer forcierten Exposition festgestellt wurde.

Um der Komplexität des sozialen Arguments gerecht zu werden, müssen Lernarrangements mit dem Anspruch auf schulische Inklusion und Förderschulen zumindest aus sozialer Perspektive als grundsätzlich gleichwertig anerkannt werden, die sich nicht anhand von wünschenswerten Normvorstellungen qualitativ auszeichnen, sondern die sich durch ganz bestimmte Vor- und Nachteile unterscheiden, deren tatsächliche Wirksamkeit für das Individuum aber kaum vorhersagbar bleibt.

Diese Vor- und Nachteile sollen im Folgenden mit einer Akzentuierung der allgemeinen Vorteile einer Förderschule dargestellt werden, nicht zuletzt auch um eine argumentative Gegenposition zur dominanten Priorisierung von Lernarrangements mit dem Anspruch auf schulische Inklusion zu schaffen. Schließlich sollen jenseits der Diskussion zur Wahl des Lernarrangements einige kritische Realisierungsbedingungen eines Unterrichts für alle angerissen werden.

6.3.1 Anderssein unter Gleichen

Während in den letzten Jahren vermehrt über die diskreditierenden Folgen des Besuchs einer Förderschule oder der Zuschreibung eines inklusionspädagogischen Förderbedarfs diskutiert wurde (vgl. z. B. Felder & Schneiders, 2016, S. 84; Hinz & Köpfer, 2016), finden bisher Überlegungen zur konkreten Situation des Erlebens des Andersseins aus intrapersonaler Perspektive wenig Beachtung (Capovilla, Gebhardt, & Hastall, 2018).

Dies ist insofern bemerkenswert, da aus der Perspektive der sozialen Teilhabe nicht die Zuschreibung des Förderbedarfs selbst, sondern erst das subjektive Erleben der möglichen Folgen durch diese Zuschreibung für die einzelne Person relevant ist, was zudem, wie beschrieben, im hohen Maße von den individuellen Ansprüchen und Bedürfnissen nach sozialer Einbindung sowie den individuellen psychosozialen Regulationsmöglichkeiten abhängt (Kap. 2.3).

Ähnliches gilt für den Besuch der Förderschule, der sich aus der Perspektive der sozialen Teilhabe vor allem dann negativ auswirkt, wenn die Zuweisung die

Behinderung im eigenen Umfeld sichtbar macht und dadurch Erwartungen und Erfahrungen von negativer sozialer Beurteilung in das Erleben der lernenden Person vordringen. Das bedeutet also auch, dass sich aus der Perspektive der sozialen Teilhabe die Zuweisung in eine Förderschule als Folge einer sichtbaren Behinderung in der Regel vollkommen anders auswirken wird als eine Zuweisung als Folge einer Behinderung, die in sozialen Interaktionen weitgehend verborgen werden kann. Somit sind also generalisierende und quantifizierende Aussagen zur sozialen Teilhabe wenig hilfreich, da zum einen ohnehin klar ist, dass sich Behinderungen im Schnitt negativ in sozialen Interaktionen auswirken (Kap. 2.1.2) und zum anderen das Erleben im Einzelfall zu partikulär ist, um allgemeingültige Implikationen ausreichend zu begründen.

Für das Erleben des Andersseins spielt die behinderungsbedingte Heterogenität eine zentrale Rolle, die sich als Folge der fremdstrukturierten Gruppensituation im schulischen Kontext ergibt und sich abhängig vom Lernarrangement deutlich unterscheidet. Differenzstiftende Merkmale werden vor allem durch das Anderssein unter Gleichen für die einzelne Person wirksam und begünstigen dadurch soziale Reaktionen tatsächlicher oder erlebter Diskriminierung, Diskreditierung und Benachteiligung (Kap. 2.3).

Die sozialen Reaktionen auf das Anderssein unter Gleichen können im schulischen Kontext vielfältig sein und reichen von direkten offenen oder subtilen Gewalthandlungen wie Hänseln, Drohen, Abwerten, Beschimpfen, Herabsetzen, Bloßstellen, Schikanieren etc. über Ausgrenzungshandlungen wie Ausschließen, Ruf schädigen, Kaltstellen durch das Vorenthalten von Informationen, Beschädigen von Eigentum etc. bis hin zu körperlicher Gewalt (www.schueler-gegen-mobbing.de/mobbing-in-der-schule/ (08.07.20)). Solche sozialen Reaktionen werden emotional in der Regel nur wirksam, wenn die angegriffene Person die Ursache für das Verhalten sich selbst zuschreibt, was durch die Omnipräsenz einer Behinderung naturgemäß besonders einfach gelingt. Fortgesetztes Erleben von Gewalt kann das Selbst nachhaltig beschädigen, zur Entwicklung depressiver Tendenzen, resignierter Passivität, sozialer Ängste etc. beitragen oder auch psychosomatische Reaktionen provozieren. Weitere mögliche Folgen im schulischen Kontext sind zusätzliche Lernerschwernisse wie Unkonzentriertheit, Leistungsrückgang, krankheitsbedingte Fehltage, Schwänzen, selbstinduzierte Isolation in der Klassengemeinschaft etc. (www.schueler-gegen-mobbing.de/ mobbing-in-der-schule/ (08.07.20)).

Nun zeigt die dargebotene Auflistung natürlich nur das Spektrum der möglichen Extreme auf, was keineswegs bedeutet, dass gemeinsames Lernen mit derart negativen Folgen verbunden sein muss. Zudem muss bedacht werden, dass Behinderung nur ein Faktor ist, der die sozialen Aushandlungsprozesse beeinflusst. Auch in Förderschulen gibt es eine Hierarchie der funktionstüchtigen Körper und der klugen Köpfe, Beliebtheitsskalen oder Sympathien und Abneigungen gegenüber einzelnen Lernenden aufseiten der Lehrkräfte, was also bedeutet, dass

Lernende durch den Wechsel in die Förderschule ihre soziale Stellung nicht notwendigerweise verbessern (Sierck, 1989, S. 21; Markowetz, 2007, S. 252).

Generell kann aber durchaus gefolgert werden, dass das behinderungsbedingte Anderssein unter Gleichen, wie es eben genau in Lernarrangements mit dem Anspruch auf schulische Inklusion häufiger zu finden ist als in Förderschulen, die soziale Teilhabe von behinderten Lernenden erschwert (Thimm, 2006, S. 91) und die soziale Teilhabe, durch die möglichen langfristigen psychosozialen Folgen, auch weit über die Schulzeit hinaus erschweren kann. Demgemäß stellt die Förderschule durch ihren homogenisierenden Charakter hinsichtlich der Behinderung tatsächlich eine bestimmte Erleichterung im Sinne des oft beschriebenen „Schonraums" dar.

Auf der anderen Seite muss aber bedacht werden, dass das Wohlbefinden im „Schonraum" möglicherweise mit dem Verzicht auf die „halbe Welt" bezahlt werden muss (vgl. Goffman, 1963/2010, S. 32). Goffmans merkwürdige Metapher ist hier zugegebenermaßen etwas schief, da natürlich nicht von zwei disjunkten sozialen Wirklichkeiten im Sinne von halben Welten ausgegangen werden kann. Das soziale Gefüge im beschriebenen „Schonraum" lässt sich deutlich besser als exklusive Subkultur verstehen, die natürlich wie alle anderen Subkulturen auch in die komplementäre inklusive Gesellschaft eingebettet und über zahlreiche Schnittstellen verbunden ist. Goffmans Metapher der „halben Welt" bezieht sich auf die soziale Wirklichkeit der komplementären inklusiven Gesellschaft, von der sich die exklusive Subkultur durch bestimmte, als „behinderungstypisch" empfundene Verhaltensweisen, Normen, Weltsichten und Praktiken, aber auch durch ungewöhnliche Anspruchshaltungen oder exklusive Allüren distinguiert.

In einigen Förderschulen lässt sich beispielsweise leicht beobachten, dass ungewöhnlich heftige emotionale Ausbrüche und Reaktionen, die nicht als pubertätsbedingte Baustellen gerechtfertigt werden können wie plötzliches Weinen, Schreien oder andauerndes Schmollen; altersinadäquates Verhalten wie zu viel körperliche Nähe oder zu wenig Selbstständigkeit; wiederkehrende sozial unverträgliche Bewegungsmuster und Verhaltensweisen (Kap. 5.4.2) etc. als „behinderungstypisch" hingenommen oder als pädagogische Aufgabe systematisch bearbeitet werden. Dies ist aus der Perspektive der Förderschule durchaus nachvollziehbar, da letztlich das Fehlen der sozialen Wirklichkeit jenseits der Subkultur, in der das als „behinderungstypisch" klassifizierte Verhalten in sozialen Interaktionen behutsam oder brutal sanktioniert wird, ja genau erst die exklusive Subkultur zur Subkultur macht.

Innerhalb dieser exklusiven Subkultur wird es aber in der Regel kaum gelingen, die als „behinderungstypisch" empfundenen oder besser gesagt „unerwünschten" Verhaltensweisen und Praktiken sowie ungewöhnlichen Anspruchshaltungen oder Allüren durch pädagogische Interventionen dahingehend zu beeinflussen, dass eine Transition in die inklusive Gesellschaft reibungslos erfolgen kann. Dies wird nachvollziehbar, wenn die Identitätsbildung als ein Freistrampeln aus inneren und äußeren Beschränkungen verstanden wird, durch das ein Individuum schrittweise zum Teil der sozialen Welt wird, in der es lebt. Entscheidend dabei ist, dass dieses Freistrampeln als aktiver, intentionaler und anstrengender Prozess durch das Überwinden von inneren und äußeren Widerständen in sozialen Auseinandersetzungen erfahren wird, um sein eigenes Tun als eigenen und lohnenden Erfolg erleben zu können. Damit ist das Sosein in einem sozialen Raum das Ergebnis eines fortwährenden Anpassungs- und Aushandlungsprozesses, der sich an den Grenzen genau dieses sozialen Raums orientiert, indem er stattfindet. Die soziale Anschlussfähigkeit entwickelt sich also nur für die soziale Wirklichkeit, dessen Teil die Person tatsächlich ist, was stets mit Schwierigkeiten bei der Transition in eine andere verbunden ist.

In der exklusiven Subkultur antrainierte Verhaltensmuster und Praktiken zur Erhöhung der sozialen Anschlussfähigkeit an die inklusive Gesellschaft werden vermutlich eher als Akt bewusster Anstrengung erlebt und eben nicht als Teil der eigenen Identität begriffen. Diese fehlende Verinnerlichung dürfte in der inklusiven Gesellschaft schnell sichtbar werden, da auch gut funktionierende, antrainierte Verhaltensmuster und Praktiken stets nur einen Ausgangspunkt für den genannten fortwährenden Anpassungs- und Aushandlungsprozess darstellen. Ohne ausgebildete Kompetenz, selbstbestimmt und nur anhand des sozialen Geschehens das eigene Verhalten an die sozialen Erfordernisse anzupassen, dürfte sich dieser Prozess mühsam gestalten.

Dabei muss bedacht werden, dass diese Kompetenzausbildung präadoleszent in der Regel deutlich einfacher gelingt als postadoleszent. Die ab einem bestimmten Alter für die inklusive Gesellschaft durchaus üblichen, durch Konventionen der sozialen Verträglichkeit und Erwünschtheit regulierten Kommentare und Reaktionen sowie das peinliche Weg- und Übersehen bieten kaum Möglichkeiten zur Erfolgskontrolle der eigenen Bemühungen zur Erhöhung der sozialen Anschlussfähigkeit. Wenn es auch ausgesprochen schwerfällt der plakativen und teilweise barbarischen Offenheit von präadoleszenten Mitmenschen etwas Positives abzugewinnen, trägt sie vermutlich mehr zur Erhöhung der sozialen Anschlussfähigkeit behinderter Menschen bei als entsprechende gezielte pädagogische Interventionen (Kap. 5.4.2).

Dieser Beschränkung auf eine exklusive Subkultur würde die Einbindung in ein prägendes familiäres und freundschaftliches Umfeld außerhalb der Förderschule entgegenwirken, was ja auch eines der Hauptargumente für das wohnortnahe Lernen ist. Da jedoch Förderschulen, insbesondere in zahlenmäßig kleinen Förderschwerpunkten, in der Regel sehr große Einzugsgebiete abdecken, kommt es häufig durch den Besuch einer Förderschule zu einer familiären und nachbarschaftlichen Entwurzelung (Shakespeare, 2018, S. 111).

Vor diesem Hintergrund scheint tatsächlich die Priorisierung von Lernarrangements mit dem Anspruch auf schulische Inklusion begründet, da es schwerlich legitimierbar scheint, durch eine Zuweisungsentscheidung derart tiefgreifend in die Biografie einer behinderten Person einzugreifen und dabei die familiäre und nachbarschaftliche Entwurzelung sowie die Beschränkung, die mit der Sozialisation in eine exklusive Subkultur einhergeht, billigend in Kauf zu nehmen.

Fraglich ist nun aber, warum eine exklusive Subkultur eigentlich nicht genug sein sollte, insbesondere dann, wenn sozialen Beziehungen zwischen behinderten Menschen der gleiche Wert wie Beziehungen zwischen unbehinderten und behinderten Menschen zugestanden wird. Zudem wurde bereits in Kap. 2.3 verdeutlicht, dass das Bemühen inmitten unbehinderter Menschen möglichst „normal" zu sein, auch bei ausgeprägter Kompetenz sich sozial anschlussfähig zu gebären, ein durchaus mühsames und unbefriedigendes Geschäft ist.

Weiter muss betont werden, dass sich behinderte Menschen auch ganz praktisch gegenseitig viel geben können (Ahrbeck, 2011, S. 54; Brodkorb, 2013, S. 33; French, 2017, S. 171). Dieses gegenseitige Geben kann in ganz konkreten alltagspraktischen Tipps und Strategien bestehen, in der gegenseitigen Entlastung durch gemeinsames Lamentieren (French, 2017, S. 171; Goffman, 1963/2010, S. 45) oder im Vorleben realistischer positiver Lebensentwürfe, die negativen Zukunftsfantasien entgegenwirken. Dieses Geben bezieht sich auch auf die Möglichkeit zur Schaffung von sozialen Räumen, welche als Voraussetzung für die Praxis bestimmter Kulturtechniken mit identitätsstiftender Wirkung wie der Gebärdensprache oder der Braille Buchkultur sowie bestimmter behinderungsspezifischer Sportarten und Hobbys etc. gewertet werden kann (vgl. Ahrbeck, 2016, S. 23f.; Felder F. , 2012, S. 296; Kap. 6.2.5).

Aus sozialer Perspektive begünstigt das Gleichsein unter Gleichen durch die Egalisierung der diskreditierbaren Merkmale und Eigenschaften aber auch die Entstehung eines Gefühls der Zugehörigkeit und Akzeptanz, indem sich die Person in ihrem eigenartigen Sosein als ganz normal erleben kann. Menschen mit geteilten Ausgrenzungserfahrungen verbindet zudem häufig eine sich gleichende Sequenz persönlicher Anpassungsleistungen, die zu ähnlichen Selbstauffassungen und Abgrenzungsstrategien führt (Goffman, 1963/2010, S. 45), was in Kap. 4.2.1 bereits als horizontale Verwandtschaft bezeichnet wurde. Im Unterschied zu rein durch Gewohnheit und geteilte Emotionen gefestigte Bindungen, wie sie für den Großteil der Schul-, Sport-, Freizeit- oder Arbeitsfreundschaften typisch sind, erweisen sich Bindungen unter behinderten Menschen häufig als robuster bei der Unterbrechung der stabilisierenden Routinen, da sie sich immer wieder am selben soliden Ausgangspunkt – Behinderung – erneuern können.

Damit lässt sich auch erklären, warum behinderte Menschen, die mit regelmäßigem Kontakt zu anderen behinderten Menschen präadoleszent sozialisiert wurden, häufig über die gesamte Lebensspanne hinweg über ein breites und stabiles Netzwerk freundschaftlich verbundener, behinderter Bezugspersonen verfügen und selbstbestimmt Peer-orientierte Lebensentwürfe leben (vgl. French, 2017, S. 171). So gesehen könnte hier tatsächlich dem allzu kühnen Bonfranchi (2011, S. 90) zugestimmt werden, der den gemeinsamen Unterricht für eine Zumutung bei geringem Ertrag mit schädlicher Wirkung hält, da behinderte Menschen ohnehin früher oder später in ihre „Bezugsgruppe" zurückkehren würden.

Der durchgreifende Fehlschluss in solchen vereinfachenden Überlegungen besteht darin, dass der präadoleszente Rückzug in die exklusive Subkultur eine Entscheidung mit kaum zu überschätzender Tragweite ist, die zusätzlich an Brisanz gewinnt, da sie stellvertretend getroffen werden muss. Entscheidend ist also, ob davon ausgegangen werden kann, dass die Zustimmung zum Rückzug auch zu einem späteren Zeitpunkt durch die Person selbst erfolgen würde und bei unterlassener Zuweisung an die Förderschule später nicht dem Vorwurf entgegengetreten werden müsste, dass realistische Möglichkeiten und Chancen für die persönliche Entfaltung verbaut worden sind (Kap. 5.2).

Diese Entscheidung muss zudem im Bewusstsein getroffen werden, dass ein allgemeines Bildungssystem für alle eigentlich dem Anspruch gerecht werden muss, allen Lernenden den gleichen Zugang zur inklusiven Gesellschaft zu bahnen und alle Lernenden gleichermaßen soweit wie möglich aus präadoleszenten Abhängigkeiten zu lösen. Dies dürfte ohne Zweifel besser gelingen, wenn bereits die schulische Sozialisation in der inklusiven Gesellschaft stattfindet und dadurch die spätere Transition entfallen kann. Entscheidungen zur Wahl des strukturellen Lernarrangements aus der Perspektive der sozialen Teilhabe sind also in erster Linie eine Frage der advokatorischen Legitimität der Intervention in präadoleszenten Sozialisationsprozessen.

Explizit abzulehnen sind Argumentationsstränge, die sich an einer angeblichen Wertigkeit homogener und heterogener Beziehungskonstellationen zwischen behinderten und unbehinderten Menschen orientieren, die häufig mit den unangemessenen Metaphern „Ghetto" oder „Ghettoisierung" für die exklusive Subkultur in Verbindung gebracht und negativ konnotiert werden.

Die Verwendung der Begriffe „Ghetto" oder „Ghettoisierung" dienen in diesem Zusammenhang gerade nicht der Anerkennung behinderter Menschen als subkulturelle, soziale Struktur, was mit der wohlwollendsten Auslegung der Begriffe unterstellt werden könnte, sondern als phobische Reaktion auf die unerwünschte, kollektive Sichtbarkeit behinderter Menschen (vgl. in Bezug auf queere Menschen Eribon, 2019, S. 152). Segregative Rückzugsorte sind für viele behinderte Menschen eine Weise sich dem mentalen „Ghetto" zu entziehen, das sich aus dem beklemmenden und andauernden Versuch ergibt, mit seinem Anderssein unter all den Gleichen nicht unangenehm behindert zu sein, was mit der Verleugnung eines großen Teils der eigenen Existenz und Identität einhergeht.

Damit sollte deutlich geworden sein, dass das soziale Argument mit seiner naiven Interpretation der Kontakthypothese aus der Perspektive der sozialen Teilhabe eine Überwindung der Förderschulen zu Gunsten von Lernarrangements mit dem Anspruch auf schulische Inklusion nicht rechtfertigt. Genauso sollte jedoch auch deutlich geworden sein, dass klassische Förderschulen, die beispielsweise entsprechend der in Kap. 5.3 beschriebenen Muster ein isoliertes Eigenleben als exkludierende Subkultur entwickelt haben und beharrlich an einem „Weiter so!“ festhalten, zukünftig schlicht und einfach nicht mehr denkbar sind.

6.3.2 Soziale Teilhabe am Unterricht

Jenseits der eher theoretisch anmutenden Überlegungen zur Wahl des Lernarrangements vollziehen sich die Interaktionen, die soziale Teilhabe begünstigen oder behindern, im unmittelbaren Geschehen der konkreten Bildungsprozesse, weshalb auch diese Bildungsprozesse das eigentliche pädagogische Handlungsfeld sind, auf dem sich inklusionspädagogische Bemühungen maßgeblich abspielen.

Wie dargestellt wurde, kann das Anderssein unter Gleichen zu heftigen sozialen Reaktionen führen, welche die soziale Teilhabe nachhaltig behindern und auch die Identität der behinderten Person beschädigen können. Wird das soziale Gefüge in einer Klassengemeinschaft als pädagogisches Handlungsfeld betrachtet, muss im ersten Schritt bedacht werden, dass die Hierarchisierung und Rollenzuweisung auch ohne behinderungsspezifische diskreditierbare Merkmale komplex ist und Privilegien und Nachteile verteilt (Lang & Thiele, 2017, S. 53).

Behinderungsspezifische diskreditierbare Merkmale modulieren diese Hierarchien und Rollenmodelle, was also bedeutet, dass in der Regel nicht Behinderung allein ursächlich für die soziale Position in der Klassengemeinschaft ist. Die außergewöhnlich begabte und strebsame Novara, die unbehindert von der Klassengemeinschaft als unerträgliche Streberin ausgegrenzt wird, würde behindert vermutlich aufgrund der Unterstellung, dass sie von Lehrkräften begünstigt werde, genauso ausgeschlossen werden. Der deutlich übergewichtige und etwas schüchterne Asti, der unbehindert beim Schlagen eines Rades nicht die beste Figur macht, würde sich behindert vor dem Radschlagen drücken können, aber sehr wahrscheinlich unter dem veränderten Spott nicht weniger leiden. Der verzaubernd aussehende und durch sein sanftes Wesen betörend anziehende Cuneo, der sich unbehindert durch die wenigen erlebten Ablehnungserfahrungen als leichtfüßiger und selbstbewusster Freigeist entwickeln würde, stünde vermutlich behindert, in mitten eines Schwarms ihn anbetender Mädchen und Jungen, die ihn auf Händen tragen, genauso die Welt offen.

Da sich Ausgeschlossene selbst an den Normen und Möglichkeiten der Privilegierten messen, verschärft sich durch das situative Bewusstwerden des eigenen Ungenügens im Erfüllen dieser Normen und im Erkennen der fehlenden Möglichkeiten das Machtgefälle und damit das Gefühl von Minderwertigkeit und Überhöhung (vgl. Elias & Scotson, 1965/2016, S. 22; Kolaschinsky, 2011, S. 50). Auf der Seite der Ausschließenden hingegen reicht bereits die situative Sichtbarkeit der Behinderung, um das Machtgefälle zu erhöhen und das Gefühl von Überlegenheit und Abwertung zu befeuern. Die relevante Stellschraube ist also das negativ besetzte Anderssein selbst, welches in seiner möglicherweise behindernden Wirkung bei der behinderten Person bewusst oder für die Ausschließenden freiwillig oder unfreiwillig sichtbar wird.

Vor diesem Hintergrund kommt es aus Sicht der behinderten Lernenden also überhaupt nicht darauf an, ob pädagogische Interventionen zur Unterstützung der sozialen Teilhabe mit der gesamtgesellschaftlichen Idealvorstellung einer Gesellschaft der Vielfalt (Kap. 3.3) vereinbar sind, da erlebte Vielfalt für die soziale Einbindung in hohem Maße dysfunktional sein kann (Capovilla, Gebhardt, & Hastall, 2018). Ähnlich verhält es sich mit der von Felder (2012, S. 132) geforderten „Echtheit" von Gefühlen der Anerkennung. Die geforderte Echtheit ist natürlich aus einer gesamtgesellschaftlichen Perspektive und im Kontext von Felders Überlegungen absolut nachvollziehbar. Für die behinderte Person stellen jedoch schon gespielte Gefühle der Anerkennung eine deutliche Verbesserung zur offenen Ablehnung dar, nach der behinderte Menschen in der Regel nach wie vor nicht allzu lange suchen müssen (Capovilla, Gebhardt, & Hastall, 2018).

Wenn möglicherweise auch im Einzelfall hilfreich, ist aus diesem Grund eine explizite Thematisierung und Vergegenständlichung der Behinderung mit pädagogischem Lerneffekt im Unterricht tendenziell zu vermeiden. Gleiches gilt auch für die manchmal praktizierten Simulationsübungen von Beeinträchtigung oder Behinderung in der Klassengemeinschaft, die in der Regel zwar kurzfristig durch das provozierte andere Erleben durch Neugier und Interesse positiv wirken können, langfristig aber im Sinne eines „Othering" vor allem die Unterschiede und das Anderssein betonen (Kap. 5.4.3).

Im Interesse aller Lernenden sind genauso methodische Finessen zu vermeiden, die bewusst die Hierarchien und Rollenzuweisungen in der Klassengemeinschaft betonen. Dazu gehört beispielsweise öffentliches Lob und Tadel für erbrachte oder verfehlte Leistungen, laut vorgetragene oder nach Erfolg sortierte Ergebnisse von Leistungsmessungen, Gruppenformationen durch die abwechselnde Wahl durch Lernende, die Einübung von Bewegungsmustern in Sportarten, die mit der Behinderung nicht vereinbar sind oder planmäßige Zuteilungen von Pausenbegleitungen. Lernende wissen in der Regel bereits aus eigenen Erfahrungen in der Klassengemeinschaft sehr genau wo ihre Stärken und Schwächen liegen und können sich auch in der Klassenhierarchie vergleichsweise gut einordnen (vgl. Ahrbeck, 2016, S. 86).

Während nun auf solche pädagogisch fragwürdigen Maßnahmen ohne Mühe verzichtet werden kann, gestaltet sich die Realisierung der effektiven Unterstützung und Förderung im Unterricht, die schlicht und einfach zum Erreichen der Bildungsziele notwendig ist, deutlich schwieriger. Dies liegt vor allem daran, dass die Verbindung der Ziele der effektiven Unterstützung und Förderung und der sozialen Teilhabe in allen Lernarrangements mit dem Anspruch auf schulische Inklusion regelmäßig zu Widersprüchen und Unvereinbarkeiten führt (Capovilla & Hubwieser, 2013; Grosche, 2015).

Deutlich wird dies beispielsweise anhand der persönlichen Unterstützung und Förderung im laufenden Unterricht. Aufgrund der Anwesenheit von Erwachsenen in ihrer Rolle als inklusionspädagogische Lehrkraft oder Schulbegleitung nehmen die behinderten Lernenden eine Sonderrolle ein, welche einen unbefangenen Kontakt zur Klassengemeinschaft unmöglich macht (Köbsell, 2012). Soziale Teilhabe hängt aber maßgeblich vom unbefangenen Kontakt zur eigenen Generation ab, die als Referenzgruppe dient und eine Selbstvergewisserung ermöglicht (Ahrbeck, 2016, S. 83; Rodney, 2011). Ebenso kann die Unterstützung und Förderung leistungsschwacher Lernender im Kleingruppenunterricht oder mit spezifischen Materialien effektiv sein, aber gleichzeitig Gruppenprozesse anstoßen, die eine Separierung und Ausgrenzung zur Folge haben.

Auf der anderen Seite kann auch das Bemühen um soziale Teilhabe vonseiten der behinderten Lernenden einer effektiven Unterstützung und Förderung im Wege stehen. Dies ist vor allem dann der Fall, wenn das Bemühen um soziale Teilhabe dazu führt, dass Unterstützungs- und Fördermaßnahmen abgelehnt werden, um nicht mit ihrer Eigenart in der Gruppe sichtbar zu werden, da behinderungsbedingte Binnendifferenzierung von den behinderten Lernenden als Exklusion und Chancenungleichheit erlebt werden kann (Prange, 2001, S. 41). Für alle Beteiligten, also auch für die Lernenden selbst, ergibt sich hieraus ein permanentes Spannungsverhältnis zwischen dem Geben und Nehmen und dem Zurücknehmen und Aushalten von geglückter und weniger geglückter Eigenaktivität (Felder & Schneiders, 2016, S. 107).

Besonders kritisch ist die Beziehungsebene zwischen den behinderten Lernenden und dem unterstützenden Personal zu bewerten. Die mittlerweile häufig zu beobachtende fehlende professionelle Distanz, die Coaching- und Therapiebeziehungen zum Ersatz von traditionellen Freundschaftsformen werden lässt (Brinkmann, 2018, S. 107), kann auch im Bemühen um soziale Teilhabe in Surrogat-Freundschaften münden. Solche Surrogat-Freundschaften sind abzulehnen, da sie die Freiwilligkeit durch den expliziten Rollenauftrag, als das fundamentale Element von Freundschaft, verfehlen (Felder, 2012, S. 292). Außerdem sind Bindungen natürlich nicht einseitig und die unterstützende Person kann die professionelle Beziehung selbst zur persönlichen Kompensation nutzen (Wolf, 2000). Gelingt es also nicht dieses Spannungsverhältnis verantwortlich zu gestalten, wird die professionelle Unterstützung und Förderung durch die Schulbegleitung und die inklusionspädagogischen Lehrkräfte die soziale Teilhabe eher behindern als begünstigen (Felder & Schneiders, 2016, S. 107).

Vermutlich mit Blick auf die bereits beschriebene horizontale Verwandtschaft behinderter Menschen wird im Lernarrangement der inklusiven Schule mit dem Ansatz der Schwerpunktschule angedacht peer-orientierte Freundschaften anzubahnen (Degenhardt, 2012). Fraglich ist aber, ob es dann nicht innerhalb der Schwerpunktschule erneut zu einer peer-orientierten Gruppenbildung kommt, was letztlich wiederum der Idee des gemeinsamen Lernens widersprechen würde. Auch im Kooperationsmodell gibt es vergleichbare Ansätze, bei denen peer-orientierte Freundschaften durch gemeinsame Freizeit- oder Bildungsangebote angebahnt werden sollen, die vom kooperierenden Förderzentrum organisiert und verantwortet werden (Adrian, 2017). Bei diesem Ansatz bleibt jedoch die Frage offen, was eigentlich geschieht, wenn die lernende Person in der Peergruppe deutlich mehr Zugehörigkeit erfährt und sich wesentlich wohler fühlt als in der Herkunftsschule. Dies würde sehr wahrscheinlich das erlebte Anderssein verschärfen und die lernende Person in der Herkunftsschule weiter isolieren.

Kritisch anzumerken ist an dieser Stellen, dass natürlich vor allem jene behinderten Kinder und Jugendlichen in den Fokus der pädagogischen Aufmerksamkeit rücken, bei denen Sozialisationsprozesse deutlich erschwert verlaufen, während all die anderen unter dem Radar bleiben. Hierdurch entsteht gleich in mehrerlei Hinsicht ein verzerrtes Bild, das nun abschließend noch etwas geschärft werden soll.

Bei schulischen Sozialisationsprozessen spielt vor allem das Alter eine eminente Rolle. Wie Cloerkes (2007, S. 121) mit Verweis auf Allport (1954/1971) zusammenfasst, beginnen Kinder mit etwa acht Jahren in Kategorien zu denken und diese durch ihr verbales Verhalten zu reproduzieren. Bis zum Alter von etwa zwölf Jahren lernen sie dann ihr Denken durch verbale Freundlichkeit zu maskieren, was sich aber häufig im Verhalten nicht spiegelt. Erst mit etwa vierzehn Jahren beherrschen die meisten Jugendlichen die gesellschaftsverträgliche Doppelzüngigkeit im Umgang mit Kategorien und Vorurteilen. Demgemäß stellt vor allem die fünfte bis siebte Jahrgangsstufe alle Beteiligten vor ganz besondere Herausforderungen (Lang & Thiele, 2017, S. 55). Das bedeutet aber natürlich auch, dass es vor dieser kritischen Phase ausreichend Zeit gibt, um die Weichen möglichst gut zu stellen und in der kritischen Phase die tröstende Erkenntnis Halt geben kann, dass es in einem überschaubaren Zeitrahmen besser werden wird.

Bezogen auf das pädagogische Handlungsfeld inklusionspädagogischer Bemühungen sollte schließlich bedacht werden, dass ein wirkmächtiges Fördersystem auf die beschriebene Art und Weise auch selbst Sozialisationsprozesse erschweren kann, was aber nicht notwendigerweise als behindernd erlebt werden muss. Behinderung ist definitiv kein Differenzierungsmerkmal im menschlichen Streben nach Bequemlichkeit, nach opportunistischer Entlastung und Vorteilsnahme, weshalb es natürlich auch behinderte Lernende gibt, die den Vorzug zu schätzen wissen, dass sich gefühlt die ganze Welt um sie bemüht.

6.4 Selektion und Allokation

Während in den postulierten Zielen der effektiven Unterstützung und Förderung und der sozialen Einbindung die Bildungsfunktionen der Produktion von Bildung und der Sozialisation erkennbar sind, scheint der Bildungsfunktion der Selektion und Allokation beim gemeinsamen Lernen keine Priorität beigemessen zu werden (vgl. Moser, 2003, S. 10, 158).

Dies ist durchaus bemerkenswert, da genau die Selektions- und Allokationsfunktion der Bildungseinrichtungen das maßgebliche Instrument zur Realisierung des Gleichheitsgrundsatzes ist, der als Fundament des vom liberalen Humanismus geprägten Denkens und politischen Handelns verstanden werden kann (Kap. 3.4). Nach dem egalitären Wunschbild, das mit dem Gleichheitsgrundsatz verbunden wird, sollen nicht die angeborenen sozialen Privilegien, sondern das verfügbare kulturelle Kapital im Sinne der individuell erbrachten Leistungen, der abrufbaren Kompetenzen, der Anstrengungsbereitschaft und der Begabungen der bestimmende Faktor für die Möglichkeiten in der individuellen Lebensgestaltung sein (Brodkorb, 2013). Dieses Wunschbild liegt offensichtlich auch dem kompetenzorientierten Bildungsideal mit seinem instrumentellen Charakter von Bildung zugrunde und speist die omnipräsente Ideologiemaschinerie, die unter dem Begriff Leistungsgesellschaft zusammengefasst werden kann.

6.4.1 Auslese nach Leistung

Unter der Selektionsfunktion des Bildungssystems kann die Zuweisung der einzelnen Lernenden zu den verschiedenen Lernarrangements im Verlauf der Schullaufbahn verstanden werden, die anhand verschiedener Leistungsanforderungen unterschieden werden können. Durch die Selektion finden eine schrittweise Auslese und eine Separation von vielversprechenden und weniger viel versprechenden potenziellen Leistungstragenden statt.

Dabei muss angemerkt werden, dass sich für die Selektionsfunktion selbst mit ihrer weitreichenden biografischen Wirkung definitiv kein genereller pädagogischer Nutzen nachweisen lässt. Wäre die Selektionsfunktion hinsichtlich der tatsächlichen Potenziale der Lernenden valide, müsste sich die Gesellschaft kein derartig exorbitantes und verzweigtes System aus zweiten Bildungswegen leisten. An der sozialen Wirklichkeit der Selektionsfunktion ändert jedoch der fehlende pädagogische Nutzen genauso wenig wie das damit verbundene persönliche Unbehagen.

Weitgehend nachweisen lässt sich hingegen, über alle Lernarrangements hinweg, der pädagogische Nutzen sinnvoll eingesetzter Instrumente zur pädagogischen Diagnostik, zur Leistungsbeurteilung, zur Lernverlaufskontrolle etc., mit denen unter anderem die Selektionsfunktion realisiert wird. Lernende wollen sich mit anderen mit dem Ziel der Selbstvergewisserung in Relation setzen, um festzustellen, wo sie stehen, was sie können und was ihnen (noch) nicht möglich ist (Ahrbeck, 2016, S. 83). Außerdem können sinnvoll eingesetzte Instrumente der Selektionsfunktion motivieren, Lernprozesse strukturieren oder einfach auch die von Lernenden und Lehrenden erbrachten Leistungen nach Innen und Außen rechtfertigen.

Das inklusionspädagogische Fördersystem ist zumindest grundsätzlich ein integraler Bestandteil der allgemeinen Selektionsmechanismen. Es wird in aller Regel aus dem allgemeinen Bildungssystem heraus aktiv, wenn im Rahmen einer konsiliarischen Aushandlung festgestellt wird, dass eine bestimmte lernende Person zukünftig die minimalen Leistungsanforderungen im Rahmen der Leistungsmessungen nicht erfüllen wird. Für diese konsiliarische Feststellung kann es ganz unterschiedliche Ursachen geben.

Möglich ist beispielsweise, dass davon ausgegangen wird, dass die geforderten minimalen Leistungsanforderungen aufgrund bestimmter kognitiver Lernvoraussetzungen nicht erreicht werden. Denkbar wäre auch, dass die Aktivierung des inklusionspädagogischen Fördersystems erfolgt, da objektive Barrieren erkannt werden, die es der lernenden Person wesentlich erschweren oder verunmöglichen die minimalen Leistungsanforderungen zu erreichen. Typische Beispiele hierfür sind Lernende, die unter günstigen methodischen, technischen, architektonischen etc. Bedingungen bei Leistungsmessungen, im Vergleich zu unbehinderten Lernenden, nicht weiter auffallen. Genauso möglich wäre, dass davon ausgegangen wird, dass die lernende Person vorübergehend oder dauerhaft nicht in der Lage ist an den gebotenen Leistungsmessungen teilzunehmen, um der Selektion unterworfen zu werden.

Infolge solcher Annahmen und der sich daraus ergebenden Handlungsaufforderungen hat sich die Inklusionspädagogik als spezielle Einzelfallintervention entwickelt, die sich an unterstellten, individuellen, besonderen Bedarfen und Bedürfnissen orientiert, die im Rahmen des Regelunterrichts nicht befriedigt werden können (Moser, 2003, S. 158). Wesentliche Merkmale dieser Einzelfallinterventionen seien dabei besondere Erziehungsstrategien, eine besondere Form der Dialogik, eine stellvertretende Berufsethik basierend auf einer allgemeinen Solidarität mit behinderten Menschen sowie ein allgemeines Prinzip der Individualisierung.

In Bezug auf die Selektionsfunktion des Bildungssystems stellt sich somit die Frage, in welchem Lernarrangement Lernende, die nach Ansicht eines konsiliarischen Entscheidungsgremiums prognostisch die minimalen Leistungsanforderungen nicht erreichen werden, diese Einzelfallinterventionen erhalten sollen. Inklusionspädagogische Einzelfallinterventionen infolge eines erwarteten, erschwerten Bildungsprozesses sind spätestens seit der Ratifizierung der UN-BRK grundsätzlich auf allen Ebenen des zwei- bzw. dreigliedrigen Schulsystems in Lernarrangements mit dem Anspruch auf schulische Inklusion oder in Förderschulen möglich.

Eine erste Leitlinie zur Beantwortung dieser Frage besteht darin, dass alle Lernenden im jeweiligen Lernarrangement die minimalen Leistungsanforderungen bei gebotener Unterstützung und Förderung erreichen können, um den konstitutiven Selektionsmechanismus des Bildungssystems für alle Lernenden aufrechtzuerhalten. Wenn unbehinderten Lernenden an den Haupt- und Realschulen aufgrund der Selektionsmechanismen der Zugang zum Gymnasium verwehrt wird, kann dieser Zugang schließlich nicht behinderten Lernenden gewährt werden, wenn sie trotz gebotener Unterstützung und Förderung die selektionswirksamen, minimalen Leistungsanforderungen nicht erreichen (Felder & Schneiders, 2016, S. 38).

Die zweite Leitlinie ergibt sich aus der Funktionsbeschreibung einer Förderschule. Lernende mit zugeschriebenem Förderbedarf, bei denen prognostisch davon ausgegangen werden muss, dass es trotz bestmöglicher Einzelfallinterventionen an einer allgemeinbildenden oder beruflichen Schule nicht oder nicht ausreichend gelingt sie dahingehend zu unterstützen, dass sie die minimalen Leistungsanforderungen erreichen, lernen in Deutschland an einer Förderschule (§ 19 Abs. 1 BayEUG; Thimm, 2006, S. 78).

Damit wird deutlich, dass sich Förderschulen mit Blick auf die Selektionsfunktion dadurch legitimieren, dass sie eine zielführende Unterstützung und Förderung zum Erreichen der minimalen Leistungsanforderungen in Bezug auf die allgemeinen Bildungsinhalte anbieten, die in Lernarrangements mit dem Anspruch auf schulische Inklusion durch Einzelfallinterventionen nicht geleistet werden kann. Wird dies aus welchen Gründen auch immer nicht geleistet oder werden behinderungsspezifische Bildungsinhalte (Kap. 6.2.3) unter Verzicht auf allgemeine Bildungsinhalte zum zentralen Unterrichtsgegenstand gemacht, führt sich die Förderschule ad absurdum, da sie sich selbst zu einem reinen sozial exkludierenden Verwahrungsort degradiert.

Die Spielräume in dieser an sich sehr stringenten Aufgabenverteilung ergeben sich aus der prognostischen Unschärfe der konsiliarischen Festlegungen und der unzureichenden Validität von Leistungsmessungen im Kontext von Selektionsentscheidungen. Diese Spielräume, die sich in den vergangenen Jahren deutlich verändert und geweitet haben, gilt es im Interesse behinderter Lernender möglichst auszunutzen, um möglichst passende Lernbedingungen zu schaffen.

Die entscheidende Veränderung im Verständnis von schulischer Selektion, die sich im Verlauf des Paradigmenwechsels hin zum kompetenzorientierten Bildungsideal ergeben hat, besteht darin, dass Selektionsmechanismen nicht länger allozierend, im Sinne der frühen Verteilung und Vernichtung von Möglichkeiten zur Lebensgestaltung durch allwissende Lehrkräfte, verstanden werden, sondern dass die Instrumente der Selektion mächtige pädagogische Werkzeuge sind, die bei zielführender Anwendung hohen Nutzen entfalten können.

Im Fokus steht damit nicht länger die homogenisierende und absolute Leistungsmessung anhand einer für aussagekräftig gehaltenen Menge von Aufgaben, die von allen Lernenden weitgehend ohne Rücksicht auf ihre individuellen Lernvoraussetzungen durch den Abruf partikulärer Kompetenzen zu lösen sind. Der Fokus liegt nunmehr auf Leistungen, die Kompetenzen wie Kommunikation, Kollaboration, Kreativität oder kritisches Denken einbeziehen, die sich an offen formulierten Zielen orientieren und die Ausdruck einer nicht nur vorübergehenden Anstrengungsbereitschaft sind.

Dies trägt beispielsweise den Tatsachen Rechnung, dass Leistungsmessungen im hohen Maße unscharf und fehleranfällig sind, dass mit der Leistungsmessung zwischen der letzten erfolgreichen und der ersten durchgefallenen geprüften Person ein nicht zu rechtfertigender wesensmäßiger Unterschied erzeugt wird (Bourdieu, 1992/2015, S. 62) oder, dass alle Leistungsmessungen Unterschiede generieren, die von Lehrkräften verschieden emotional besetzt und mit sozialen Bedeutungen versehen werden (Ahrbeck, 2016, S. 68). Außerdem kann erfahrungsgemäß festgestellt werden, dass Lernende, die beispielsweise kollaborativ und kreativ Leistungsmessungen austricksen, durch ihre kommunikativen und sozialen Fähigkeiten Prüfende davon überzeugen können, dass sie mit ihrer Leistung nur vorübergehend weit hinter ihren Möglichkeiten bleiben oder die mit ihrer unerschütterlichen Anstrengungsbereitschaft die meisten Lehrkräfte in ein ethisches Dilemma manövrieren, seit jeher in leistungsorientierten Selektionsmechanismen durchaus punkten.

Diese Tatsachen aufgreifend soll nun also versucht werden, diese Strategien bewusst salonfähig zu machen, um für behinderte und unbehinderte Lernende mehr Möglichkeiten zu schaffen, Lernziele zu erreichen und vom pädagogischen Nutzen der Instrumente der Selektionsfunktion zu profitieren. Behinderung stellt somit definitiv keinen Grund dar, eine Person mit Samthandschuhen anzufassen oder sie durch zu niedrig gesetzte Anforderungen vom Erreichen der Leistungsgrenzen zu entlasten. Genauso darf aber Behinderung auch nicht dafür herhalten, dass die Leistungsmessungen mit besonderer Vigilanz erfolgen, was sich beispielsweise durch die Anwesenheit einer Schulbegleitung oder die Isolation in einem anderen Raum ergibt.

Beide Phänomene sind dabei keine Eigenart von Förderschulen, sondern über alle Lernarrangements hinweg beobachtbar. Dies liegt daran, dass letztendlich nicht die Institutionen, sondern die Menschen in den Institutionen aufgrund ihres Mitgefühls, ihres Mitleids, ihrer Unkenntnis oder auch ihrer fehlenden pädagogischen Kompetenz schonen und entlasten oder eben besonders genau hinschauen und damit möglicherweise eine adäquate Entwicklung behindern sowie Schulerfolg und Selbstständigkeit vereiteln (Rodney, 2011; Felder & Schneiders, 2016, S. 120).

Vor diesem Hintergrund erscheint die Einfallslosigkeit in der Entwicklung und Wahl der schulischen Instrumente zur pädagogischen Diagnostik und Leistungsmessung in den vergangenen Jahrzehnten geradezu grotesk. Weiterhin werden sich viel zu viele Lernende in den Schulen durch papiergestützte und mündliche Frage-Antwort Spiele quälen, Stunden damit zubringen, um raffiniert versteckte Ostereier in den Hirnwindungen von Lehrkräften zu suchen und schließlich aussortiert zu werden, während einige von ihnen nach der Schule nach unzähligen Rückschlägen endlich bombastische Heldentaten in Videospielen vollbringen (Baumeister, 2012, S. 274), als Stars in den sozialen Medien vollendetes Informationsmanagement betreiben oder in Poetry-Slams auf Bühnen verzaubernd denken und denken lassen. Daneben wird es glücklicherweise auch noch ausreichend viele Lernende geben, die keine schulischen Meisterleitungen und zivilisatorischen Heldentaten vollbringen, die bereits dadurch Respekt verdienen, dass sie die Meisterleistungen und Heldentaten der anderen ertragen und sichtbar machen.

6.4.2 Verteilung von Chancen

Der Selektionsfunktion des Bildungssystems ist die Allokationsfunktion nachgeordnet. Mit der Allokation weist die Bildungseinrichtung den Lernenden Chancen auf eine bestimmte gesellschaftliche Position zu und verbindet diese mit einer in der Regel scharf umrissenen Perspektive. Realisiert wird die Allokationsfunktion durch das Kreieren und Verteilen von Bildungsabschlüssen und -nachweisen, mit denen der Unterschied zwischen dem ständig unter Beweiszwang stehenden kulturellen Kapital, einer als autodidaktisch-gebildet geltenden Person und dem rechtlich garantierten, dauerhaften und von der Person weitgehend unabhängigen kulturellen Kapital konstruiert wird (Bourdieu, 1992/2015, S. 61). Da anhand der Verteilung solcher Bildungsabschlüsse teilweise sogar rigide fixierte Entscheidungsrahmen für mögliche weiterführende Bildungseinrichtungen, potenzielle Arbeitgebende, öffentliche Einrichtungen, potenzielle Dienstleistungsnehmende etc. hergestellt werden, öffnen oder vernichten Bildungseinrichtungen durch die Ausübung ihrer Allokationsfunktion Möglichkeiten in der individuellen Lebensgestaltung und greifen so maßgeblich in Biografien ein.

Für behinderte Menschen ergibt sich hieraus gleich in mehrfacher Hinsicht eine missliche Situation, vor allem dann, wenn ihnen durch lernzieldifferenzierten Unterricht in einem Lernarrangement mit dem Anspruch auf schulische Inklusion oder die Zuweisung an eine Förderschule der Nutzen der Allokationsmechanismen vorenthalten wird. Misslich ist dies, da es gegenwärtig gesellschaftlichen Konsens darüber zu geben scheint, dass die Teilhabe behinderter Menschen durch die am Mainstream orientierte Fokussierung auf schulische Schlüsselqualifikationen und Erwerbstätigkeiten realisiert werden soll (Becker, 2016, S. 121). Damit lässt sich auch die engagierte Diskussion über Bildungsgerechtigkeit und lebensbezogene Chancengleichheit (Kap. 3.4) begründen, aus der ein Anspruch aller Menschen auf den Zugang zu genau einem allgemeinen Bildungssystem für alle auf allen Ebenen erwächst.

Indem dann aber dem Großteil behinderter Menschen, durch das systematische Ausklinken mit segregativen oder individualisierten Bildungsabschlüssen, der Nutzen der Allokationsmechanismen des Bildungssystems entzogen wird, bleibt ihnen die für unbehinderte Menschen wesentliche, nivellierende Wirkung des Bildungssystems hinsichtlich der angeborenen sozialen Privilegien und Nachteile vorenthalten. Dieses bildungsbiografische Ausklinken kann in segregativen Förderschulen genauso erfolgen wie in Lernarrangements mit dem Anspruch auf schulische Inklusion, allerdings durch ganz unterschiedliche Logiken.

Die negative Wirkung der Förderschule in Bezug auf die Allokationsfunktion ergibt sich vor allem durch die mit dem Besuch einer Förderschule verbundenen Zuschreibungen, die zu einer Behinderung werden können, die weit über die Schullaufbahn hinauswirkt (Powell, 2007, S. 321). Wie bereits angemerkt (Kap. 6.3.1), dürfte sich dieser Effekt für Lernende spürbarer auswirken, deren Behinderung den Transitionsversuch in die Erwerbstätigkeit nicht unmittelbar bestimmt, sondern erst durch den Blick auf die ausstellende Bildungseinrichtung der Bildungsabschlüsse sichtbar wird. Anders formuliert kann durchaus angenommen werden, dass einige Arbeitgebende die Behinderung angestrengt ignorieren werden, wenn sie sich ihnen nicht ostentativ aufdrängt und damit ihre Entscheidung in der bestehenden Handlungsunsicherheit nach Innen und Außen als unternehmerisch vertretbar bewertet werden kann.

Demgemäß dürfte sich die Zuweisung an eine Förderschule für Lernende weit weniger kritisch auswirken, die ihre Behinderung im Transitionsprozess ohnehin nicht verbergen können. Erfahrungsgemäß sind bildungsbiografische Argumente für deutlich sichtbar behinderte Menschen ein vergleichsweise schwaches Schwert im Bemühen gegen die allgemeinen negativen Zuschreibungen, die mit einer Behinderung einhergehen. Somit wird es mit bildungsbiografischen Details kaum gelingen, skeptische, potenzielle Arbeitgebende zu überzeugen, einen Beschäftigungsversuch zu wagen. Bei weniger skeptischen und informierten, potenziellen Arbeitgebenden könnte der Besuch der Förderschule sogar positiv wirken, da möglicherweise von passenderen Lernangeboten und einer effektiveren Unterstützung und Förderung im Bildungsprozess ausgegangen wird.

Ausgesprochen kritisch muss hingegen der lernzieldifferenzierte Unterricht in Lernarrangements mit dem Anspruch auf schulische Inklusion bewertet werden. Bei diesem zynischen Befriedigungsversuch bildungsbürgerlicher Egoismen nimmt die lernende Person unter Verzicht auf einen äquivalenten, regulären Bildungsabschluss teil und lernt nach einem vereinfachten Bildungsplan (Capovilla, 2012). Dabei wird der Bewertungsmaßstab an der persönlichen Entwicklung und eben nicht an vergleichbaren allgemeinen Lernzielen ausgerichtet (Ahrbeck, 2011, S. 24).

In der Praxis führt dies dazu, dass zwecks Standardisierung Förderbedarfe immer häufiger an eine Lernzieldifferenzierung gebunden werden und somit individuelle Bildungspläne nur noch für eben diese Gruppe erstellt werden (Degenhardt, Wiebke, & Schütt, 2016, S. 49). Um der Lernzieldifferenzierung mit all ihren Folgen zu entgehen, müssen sich behinderte Lernende gegebenenfalls gegen die konsiliarische Meinung der Beteiligten durchsetzen, die über ihre Bildungsbiografie bestimmen. Dies dürfte mit Blick auf die altersbedingte begrenzte Mündigkeit, den erlebten Anpassungsdruck durch die Situation anders unter Gleichen zu sein (Kap. 6.3.1) und das verführerische und entlastende Potenzial der sich zunehmend systematisierenden Lernzieldifferenzierung kaum möglich sein.

Die entscheidende Schwierigkeit solcher besonderer und sonderbarer, behindernder Bildungsabschlüsse besteht darin, dass es gegenwärtig keine ernst zu nehmende entsprechende Nachfrage gibt. Dadurch verpufft ihre Wirkung bei der Suche nach einer sinnvollen Erwerbstätigkeit und häufig entfalten sie sogar eine deklassierende oder entwertende Wirkung (Becker, 2016, S. 121). Dies ist umso skurriler, da genau behinderte Menschen von einer zumindest teilweisen Entlastung vom Beweiszwang und dem dauerhaften, von der Person unabhängigen Charakter von allgemeinen Bildungsabschlüssen profitieren würden, da ihnen häufig bereits aufgrund der Behinderung Kompetenz, Leistungsbereitschaft oder Begabung in sämtlichen Bereichen abgesprochen wird (Kap. 4.2.1). Schließlich sollte bedacht werden, welche fragwürdige Botschaft der persönlichen Diskreditierung behinderter Menschen mit systematischem lernzieldifferenzierten Unterricht verbunden ist, der mit institutioneller Übermacht im Rahmen der Pflichtschulzeit advokatorisch durchgesetzt wird.

Fraglich ist nun aber, wie mit diesem Dilemma umgegangen werden kann. Aus der Perspektive einiger Lehrkräfte und anderer Beteiligter werden behinderte Lernende zu Recht aus den Allokationsmechanismen ausgeklinkt, da sie den minimalen Leistungsansprüchen nicht genügen und die entsprechenden Lernziele verfehlen.

Auf der einen Seite kann argumentiert werden, dass mit der größeren Zahl an Bildungsabschlüssen der Wert derselben sinkt, was sich vor allem für jene negativ auswirkt, die aus benachteiligten Schichten kommen und über die Bildungsbiografie den sozialen Aufstieg anstreben (Bourdieu, 1992/2015, S. 22).

Dies gilt selbstverständlich auch für behinderte Menschen selbst, denen sich genauso durch schulische Leistung Perspektiven eröffnen können, die ihnen ansonsten verschlossen bleiben würden (Ahrbeck, 2016, S. 99).

Auf der anderen Seite kann argumentiert werden, dass behinderte Menschen schlicht und einfach objektiv im Bildungsprozess benachteiligt werden und solange diese Barrieren nicht vollständig abgebaut sind, ist ein Ausschluss aus den Allokationsmechanismen eine plakative institutionelle Benachteiligung.

Die Antwort ist letztendlich denkbar einfach und ergibt sich bereits im Anschluss an die bereits postulierte methodische Erweiterung der Instrumente der Selektionsfunktion mit den damit einhergehenden größeren Ermessenspielräumen in der wohlwollenden Interpretation der Leistungsmessungen (Kap. 6.4.1). Allokation auf der Grundlage eines weiter gefassten Leistungsbegriffs, der Kompetenzen wie Kommunikation, Kollaboration, Kreativität oder kritisches Denken einbezieht, offen formulierte Ziele festlegt und die nicht nur vorübergehende Anstrengungsbereitschaft honoriert, würde das Bildungssystem deutlich gerechter machen, da sie für die bereits benachteiligten behinderten und unbehinderten Lernenden weniger ungerecht ist.

Mit der gebotenen Demut sollte bedacht werden, dass die Kreation und die Verteilung von Bildungsabschlüssen einfachen Marktprinzipien unterworfen sind (Bourdieu, 1992/2015, S. 24). Daher kann davon ausgegangen werden, dass die tatsächliche Aussagekraft von Bildungsabschlüssen hinsichtlich der zertifizierten Kompetenzen, erbrachten Leistungen, der Leistungsbereitschaft und der Begabungen mit Blick auf den Einzelfall eher vage bleibt. Anders formuliert bedeutet dies, dass mit Bildungsabschlüssen im Einzelfall kein kulturelles Kapital tatsächlich nachgewiesen werden kann, sondern mit ihnen lediglich die Vermutung für das Vorhandensein des gewünschten kulturellen Kapitals begründet wird, die sich zu einem späteren Zeitpunkt hoffentlich erhärtet. Letztlich geht es also darum, die Zahl der Personen zu erhöhen, die den Versuch unternehmen dürfen, sich in der Praxis zu beweisen. Davon abgesehen dürfte der potenzielle Vorteil eines falsch positiven Bildungsabschlusses einer behinderten Person den behinderungsbedingten Nachteil im Vergleich zu einer unbehinderten Person nicht aufwiegen, wenn davon abgesehen wird, dass auch der Bildungsabschluss der unbehinderten Person falsch positiv sein kann.

Bezüglich der inflationären Entwertung der Bildungsabschlüsse kann außerdem eingewandt werden, dass die vergleichsweise kleine Zahl junger behinderter Menschen, die durch eine großzügigere Auslegung der Allokationsmechanismen zusätzlich einen allgemeinen Bildungsabschluss erhalten würden, das System kaum zum Einsturz bringen dürfte. In den vergangenen Jahren zeichnet sich eine zunehmende Noteninflation in allen Bildungssystemen ab, was die Durchschnittsnoten, die das Leistungsniveau abbilden sollen, immer weiter anhebt (Baumeister, 2012, S. 45). Dieser Effekt nivelliert die Unterschiede zwischen den Lernenden mit Leistungserwartungen im Bereich ausgezeichneter, sehr guter oder guter Noten, während Lernende, mit denen deutlich ungenügende Leistungserwartungen verbunden werden, sehr wahrscheinlich auch weiterhin ungenügende Leistungen erbringen werden. Mit einer großzügigeren Auslegung der Allokationsmechanismen zugunsten von behinderten Lernenden, die ansonsten die Bildungseinrichtung ohne oder mit einem wertlosen Bildungsabschluss verlassen hätten, würde sich also lediglich die Menge der Bildungsabschlüsse im unteren Leistungsbereich vergrößern, was die beruflichen Perspektiven der Lernenden mit Spitzenleistungen kaum beeinträchtigen dürfte.

Werden schließlich Bildungsaufstiege näher betrachtet, fällt schnell auf, dass Bildungsabschlüsse zwar eine notwendige, aber definitiv keine hinreichende Bedingung sind, um aufsteigen zu können (El-Mafaalani, 2014, S. 42ff.). Ein Bildungsaufstieg werde sehr viel mehr durch eine ganze Reihe besonderer persönlicher Eigenschaften wie anhaltende Lernbereitschaft, Fleiß, Talent, Adaptionsfähigkeit, Flexibilität, die Fähigkeit zur Synthetisierung sozialer Unterschiede, Trennungskompetenz etc. bestimmt und häufig gegen den Widerstand der Institutionen, Lehrkräfte und Familien durchgesetzt. Demgemäß bleibt zu hoffen, dass allen Lernenden gleichermaßen die grundsätzliche Möglichkeit eingeräumt wird, sich selbst zum richtigen Zeitpunkt zu beweisen, ohne dass sie dabei systematisch institutionell behindert werden.

6.5 Bildung für alle

> „Ist es ein Tabu einzugestehen, dass Behinderung ihren „behindernden Charakter" für die einzelne Person behalten könnte, unabhängig davon, in welche Organisationsformen wir schulisches Lernen bringen?" (Stinkes, 2013, S. 88)

Historisch betrachtet sollte das Bemühen zur Realisierung des gemeinsamen Unterrichts nicht als Innovation, sondern als Versuch verstanden werden, das in die Jahre gekommene segregative Bildungssystem für behinderte und unbehinderte Lernende zu überwinden (Kap. 3.1).

Beispielsweise wurde in der Pädagogik bei Beeinträchtigungen des Sehens seit den Anfängen der allgemeinen Schulpflicht versucht, gemeinsame Bildungsangebote in den allgemeinen, wohnortnahen Volksschulen zu schaffen (Lang, 2008, S. 153). Dies lag aber weniger daran, dass gemeinsamer Unterricht die „klassische Praxis" und somit die „natürliche" Unterrichtsform in der Pädagogik bei Beeinträchtigungen des Sehens sei, wie Hölscher (2016, S. 18ff.) behauptet, sondern eher daran, dass die Kapazitäten der Blindenschulen nicht ausreichten, häufig zu weit entfernt waren und das Aufnahmealter mit zehn bis zwölf Jahren relativ hoch war (Lang, 2008, S. 153). Sehbeeinträchtigte Lernende wurden damals, entgegen der segregativen Praxis ab der zweiten Hälfte des 20. Jahrhunderts, schlicht und einfach nicht explizit aus dem Regelunterricht ausgeschlossen, was dazu geführt haben dürfte, dass einige wenige, behinderte, besonders begabte Lernende mit starken Fürsprechenden oder besonderen sozialen Privilegien, ohne spezifische Unterstützung und Förderung, so gut wie möglich gemeinsam lernten (French, 2017, S. 13f.).

Vor diesem Hintergrund soll nun abschließend reflektiert werden, ob segregative Bildungsangebote für behinderte Lernende, die in der Regel in Förderschulen stattfinden, entsprechend einer gängigen Lesart der UN-BRK tatsächlich überwunden werden sollen, was mit dem Ende der klassischen Förderschule einhergehen würde.

Vorausgeschickt sei, dass sich diese Frage letztgültig definitiv nicht normativ beantworten lässt, sondern, wenn überhaupt, erst durch umfassende empirische Bildungsforschung geklärt werden kann (Felder & Schneiders, 2016, S. 99). Hierfür wären umfassende, vergleichende Studien und insbesondere Langzeitstudien notwendig, mit welchen die nachschulische Entwicklung von Lernenden verglichen wird, die segregativ oder gemeinsam gelernt haben (Felder & Schneiders, 2016, S. 89). Wird hierbei das vorliegende Datenmaterial betrachtet, gibt es zumindest bisher keine eindeutige empirische Evidenz für die Vorteile des gemeinsamen Unterrichts.

Auch der Blick in die schulische Praxis gibt hier keine evidente Antwort. Lernende mit dem zugeschriebenen Förderbedarf lernen in Deutschland abhängig vom Bundesland in sehr unterschiedlichen Lernarrangements (Klemm, 2015, S. 50ff.). Hinsichtlich der Validität der länderspezifischen Darstellungen muss bedacht werden, dass diese naturgemäß interessengeleitet sind, da die Fachkräfte, die die jeweiligen Lernarrangements gestalten, auch beurteilen, ob ihre eigene Arbeit gelungen oder fehlgeschlagen ist (Sierck, 1989, S. 9). Demgemäß bleibt gegenwärtig nur der Weg über eine normative Annäherung, bei all ihren Unzulänglichkeiten.

Gesellschaftliche Teilhabe setzt nach gegenwärtigem Verständnis voraus, dass behinderte Menschen die zentralen Stationen im Lebenslauf wie Schule, Ausbildung und Erwerbstätigkeit durchlaufen und hierbei mit der gleichen Erwartungsstruktur konfrontiert werden wie unbehinderte Menschen (Wansing, 2007, S. 290f.). Da behinderte Menschen aufgrund ihrer Ressourcenlage jedoch vielfach diese Erwartungen nicht erfüllen, werden sie durch institutionelle Selektions- und Allokationsmechanismen exkludiert.

Auf diese strukturell vollzogene Exklusion reagiert die Gesellschaft mit einem auf die einzelne Person bezogenen Programm der Wiedereingliederung, was die Erfindung und Einrichtung eigener Institutionen der Inklusion notwendig macht (Wansing, 2007, S. 290f.; Stichweh, 2009, S. 37). Da jedoch diese Institutionen der Inklusion die exkludierten Personen nicht mit den relevanten Ressourcen wie Schul- und Ausbildungsabschlüsse, Netzwerke oder Einkommen ausstatten würden, um die Anforderungen der Funktionssysteme auch tatsächlich bewältigen zu können, erfüllten diese Institutionen eher den Zweck die vorgängige Exklusion unsichtbar zu machen, indem sie die Ausgeschlossenen in ein Gewand der re-inkludierenden Absicht kleiden.

Förderschulen sind letztlich nicht mehr und nicht weniger als genau solche Institutionen der Inklusion, die remedial die von Institutionen der Exklusion Ausgeschlossenen in die Mitte der Gesellschaft zurückführen sollen. In diesem Sinne können Förderschulen mit Blick auf die gesamte Lebensspanne durchaus eine „inklusive“ Wirkung und Absicht zugeschrieben werden (Hilgers, 2017; Ahrbeck, 2016, S. 31; Giese, 2017).

Hieraus ergibt sich bereits die zentrale institutionelle Kritik an Förderschulen verstanden als Institutionen der Inklusion und an allgemeinen Schulen verstanden als Institutionen der Exklusion. Auf der einen Seite entsteht der Bedarf an Institutionen der Inklusion als logische Folge der Produktion von Ausgeschlossenen in Institutionen der Exklusion. Wenn also tatsächlich eine effektive Unterstützung und Förderung in den Institutionen der Exklusion nicht realisierbar und auch die soziale Einbindung als deutlich erschwert zu bewerten ist, sind Institutionen der Inklusion ohne Zweifel eine sinnvolle Alternative, um der faktischen Exklusion überhaupt etwas entgegensetzen zu können. Auf der anderen Seite kann davon ausgegangen werden, dass die bloße Existenz von Institutionen der Inklusion durch ihre Entlastungsfunktion einer der wirkmächtigsten Faktoren für die Produktion von Ausgeschlossenen ist und diese sogar systematisiert (Shakespeare, 2018, S. 111f.).

Konkret bedeutet dies also, dass Förderschulen genau dann nicht mehr notwendig sind, wenn allgemeine Schulen durch die Art ihrer Lernangebote, ihrer Selektions- und Allokationsmechanismen, der pädagogischen Kompetenz und menschlichen Qualitäten der Fachkräfte, der verfügbaren Ressourcen etc. keine Ausgeschlossenen mehr produzieren. Da dies einen fundamentalen Umbau des Bildungssystems notwendig machen würde, für den es zumindest gegenwärtig keine Bereitschaft zu geben scheint (vgl. Becker, 2016, S. 151), ist zumindest im Moment ein Bildungssystem ohne Institutionen der Inklusion nicht denkbar, da allgemeine Schulen nicht in der Lage sind oder sein wollen, allen Lernenden eine effektive Unterstützung und Förderung anzubieten und günstige Rahmenbedingungen für die soziale Einbindung zu schaffen.

Während vor diesem Hintergrund ein großer politischer Wurf in Richtung eines allgemeinen Bildungssystems für alle eher unwahrscheinlich ist, gibt es in den einzelnen pädagogischen Handlungsfeldern eine ganze Reihe von Möglichkeiten für alle Beteiligten, um behinderte Lernende effektiv zu Unterstützen und ihre Rahmenbedingungen günstig zu beeinflussen. Diese Möglichkeiten wurden bereits in den einzelnen Abschnitten dieses Kapitels skizziert und sollen nun im Folgenden noch mal überblicksmäßig zusammengetragen werden.

Alle Lernenden sind einzigartige und selbstbestimmte Personen, die in ein individuelles Bedingungsgefüge eingebunden sind (Ahrbeck, 2016, S. 15). Daher sind alle systematischen und diagnostischen Interventionen und Kategorisierungen lediglich Vergröberungen und Abstraktionen, deren pädagogischer Nutzen im Einzelfall nachgewiesen werden muss (Kap. 6.2.4). Der gemeinsame Bildungs- und Erziehungsauftrag aller Beteiligten besteht darin, die besten Entwicklungsmöglichkeiten für die einzelne lernende Person zu schaffen (Vaughn & Schumm, 1995, S. 265; Becker, 2016, S. 135; Ahrbeck, 2016, S. 15).

Dies impliziert eine ergebnisoffene Wahl zwischen normativ gleichwertigen Lernarrangements, die bei nachträglich festgestellter oder veränderungsbedingter fehlender Passung auch neu getroffen werden kann (Kap. 6.1). Voraussetzung hierfür ist, dass in allen Lernarrangements grundsätzlich an denselben allgemeinen Bildungsinhalten gearbeitet wird und mögliche behinderungsspezifische Bildungsinhalte additiv oder, sofern sinnvoll möglich, im laufenden Unterricht angeboten werden (Kap. 6.2.3).

Bei der periodischen Bewertung der Passung sollte das individuelle Erleben der sozialen Situation der lernenden Person (Kap. 6.3.1) nach der Ausschöpfung der pädagogischen Möglichkeiten (Kap. 6.3.2) und Überlegungen zur pädagogischen Kontinuität maßgeblich sein. Voraussetzung hierfür ist, dass das jeweils komplementäre soziale Feld als gleichwertig und genauso wertvoll mit unterschiedlichen Vor- und Nachteilen anerkannt wird.

Aufgabe aller Lehrkräfte ist die didaktisch-methodische Weiterentwicklung des Unterrichts hin zu mehr Zugänglichkeit und Barrierefreiheit für alle (Kap. 6.2.2). Hierzu gehören auch eine Differenzierung und Erweiterung des Leistungsbegriffs als individuelles pädagogisches Instrument (Kap. 6.4.1). Hierfür sollten auch die Spielräume genutzt werden, die sich durch den Paradigmenwechsel hin zum kompetenzorientierten Bildungsideal ergeben haben (Kap. 6.2.1). Aus bildungspolitischer Sicht bleibt zu hoffen, dass auch auf der Ebene der Schulorganisation die Erkenntnis reift, dass eine der wirksamsten Stellschrauben, mit der die pädagogische Individualisierung und Differenzierung wirksam erleichtert werden kann, die Reduktion der Klassenstärken ist.

Bezüglich der Allokation sollte mit Nachdruck versucht werden, möglichst alle behinderten Lernenden mit einem allgemeinen Schulabschluss auszustatten. Hierfür gilt es alle Formen der aktenkundigen Lernzieldifferenzierungen zu vermeiden und Selektionsprozesse soweit wie möglich zu Gunsten der behinderten Lernenden auszulegen (Kap. 6.4.2).

Die notwendige Voraussetzung, um das Bildungssystem in diese Richtung weiterzuentwickeln, sind engagierte und berufene Lehrkräfte. Lehrkräfte mit ihrer persönlichen Präsenz, ihrem Wissen über Lernprozesse, ihren Kompetenzen, ihrer Leistungsbereitschaft, ihrer Empathie, ihrer Fähigkeit Beziehungen zu den Lernenden aufzubauen und zu gestalten etc. bleiben der bedeutendste Faktor für erfolgreiche Bildung und das unabhängig vom gewählten Lernarrangement (Ahrbeck, 2016, S. 115; Felder & Schneiders, 2016, S. 107; Hattie, 2013, S. 107).

Der tatsächliche Gewinn der UN-BRK besteht in der nachhaltigen Erschütterung des individuellen Modells von Behinderung, aber auch in der scharfen Kritik am sozialen Modell von Behinderung, welches strenggenommen das individuelle Modell inkorporiert und die behinderte Person genauso als passives Objekt fortschreibt, das auf ethisch motivierte Handlungen und politische Entscheidungen hoffen darf (Kap. 4.1).

Hierdurch wurden erfreulicherweise durch Tradition und Erfahrung legitimierte und seit vielen Jahren nicht mehr infrage gestellte soziale Praktiken im Umgang mit Behinderung erschüttert. Dies hat mancherorts zu einer Weiterentwicklung und Verbesserung bestehender und zur Entwicklung innovativer Lebensräume für behinderte Menschen geführt. Dabei steht fest, dass die Entwicklung und Verbesserung von Lebensräumen für behinderte Menschen Entscheidungsspielräume und Perspektiven schafft und die Vernichtung bestehender Lebensräume, auch wenn diese obsolet erscheinen mögen, Entscheidungsspielräume und Perspektiven einschränkt.

Somit ist es auch nicht nachvollziehbar, warum die Entwicklung neuer Lebensräume unbedingt mit der unmittelbaren Vernichtung bestehender Lebensräume einhergehen muss und nicht einfach die Zeit in der Konkurrenz der Angebote entscheiden soll, was weiterhin benötigt oder obsolet geworden ist. Mehr gewonnen wäre, wenn Entscheidungstragende den bürokratischen und institutionellen Barrieren in der Personalisierung dieser Lebensräume und im Wechsel zwischen diesen entgegenwirken würden, was beispielsweise mit ausreichend großen formalen Spielräumen, institutioneller Nachsicht und einem bestimmten Maß an heuristischem Wagemut gelingen könnte.

Gelingen kann eine solche Neujustierung aber nur, wenn sich alle Agierenden um eine evidenzbasierte, normative und wissenschaftlich begründete Legitimation ihrer Angebote bemühen und somit der caritative Tendenzschutz der bestehenden Machtstrukturen überwunden wird. Wie bereits in Kap. 5.3 verdeutlicht, ist das normative Gerüst der Machtstrukturen im Umgang mit Behinderung, entgegen der Eigendarstellung, eben genau nicht das aus generationsübergreifenden Erfahrungen und Traditionen gereifte Ergebnis philanthropischer Vorstellungen und Bemühungen, sondern das Ergebnis meistens situativer und rationaler Entscheidungen, die dann durch die Behauptung von Erfahrung und Tradition maskiert und öffentlich legitimiert werden. Förderschulen, berufliche Bildungseinrichtungen, Komplexeinrichtungen etc. und die mit ihnen verbundenen Verbandsstrukturen sind somit keine gewachsenen kulturellen Instanzen, die aufgrund ihrer Tradition a priori schützenswert sind, sondern lediglich mögliche Lebensräume für behinderte Menschen, die ihren tatsächlichen Nutzen nachweisen müssen.

7 Behinderte Erwerbsarbeit

> „Nichts ist wichtiger für die Behinderten, als durch ihrer Hände Arbeit zum eigenen Lebensunterhalt beizutragen" (Blüm zit. nach www.gutzitiert.de/zitat_autor_norbert_bluem_thema_behinderter_zitat_377.html (18.08.20))

Im Anschluss an Kap. 6 zum Bildungssystem soll es in diesem Abschnitt um die sich daran anschließenden Lebensphasen gehen, die vorwiegend von Erwerbsarbeit geprägt sind. Die präadoleszente Phase zeichnet sich in der Regel durch ein erhebliches Maß an engagierter, geduldiger und häufig pastoraler Fremdbestimmung aus, die auf die behinderte Person vonseiten des familiären Umfelds und der Beteiligten des Interventionssystems einwirkt. Demgemäß nimmt die behinderte Person, im Bemühen des erwachsenen Umfelds, eine eher passive Rolle ein und kann sich idealerweise in einem sehr stabilen und geschützten Rahmen selbst versuchen. Wie jedoch bereits gezeigt wurde, besteht insbesondere für behinderte Menschen die wesentliche Herausforderung während dieser Zeit darin, sich vom erwachsenen Umfeld zu emanzipieren und sich selbst an die eigene Generation anzubinden, was beschwerlich ist und bei Weitem nicht immer gelingt.

Während der Pubertät und Adoleszenz beginnen sich die seelischen Bindungen und Abhängigkeiten gegenüber den Erwachsenen grundlegend zu verändern und teilweise zu lösen (https://de.wikipedia.org/wiki/Ablösung_(Psychologie) (12.08.20)). Gegenpositionen zu erwachsenen Standpunkten werden eingenommen und geteilte Vorstellungen kritisch hinterfragt und neu bewertet. Heranwachsende gehorchen zunehmend unabhängigen Impulsen und Emotionen und setzen diese selbstbestimmt auch gegen den Willen der hoffentlich nachsichtigen und geduldigen Erwachsenen durch. Der Abschluss der Ablösungsprozesse erfolgt fließend und zeichnet sich meistens durch eine stärkere Anbindung an die Peergroup, die sexuelle Selbstbestimmung, die Anbahnung und den Aufbau intimer Beziehungen, die Berufswahl, die Gründung eines eigenen Haushalts etc. aus.

Die Ablösungsphase kann bei behinderten Menschen, abgesehen von möglichen zeitlichen Verzögerungen, von einigen aggravierenden Besonderheiten geprägt sein. Das Verhältnis zwischen unbehinderten Eltern und behinderten Kindern ist, vereinfacht ausgedrückt, kompliziert (vgl. Sierck, 1989). Dies liegt vor allem daran, dass Sondereltern (Formulierung von Jantzen, 2018) eigene Wege im Umgang mit ihren Vorurteilen finden, die behinderungsbedingten Herausforderungen bewältigen und gleichzeitig den Vorurteilen des Umfelds standhalten müssen. Auf der anderen Seite steht ein behindertes Kind, das einfach nur Kind sein möchte, welches überhaupt nicht begreifen kann, warum sich alle so merkwürdig ernst benehmen und plötzlich losweinen und traurig sind, was es mit dem unerträglichen Unbehagen zu ertragen gilt, dafür irgendwie verantwortlich zu sein.

Bis vor wenigen Jahrzehnten führte diese Spannung häufig zu deutlichen Brüchen, die in kritischen Verhältnissen für beide Seiten eine Befreiung darstellten. Im Schlepptau der Veränderung der Beziehungen zwischen unbehinderten Eltern und Kindern zeichnet sich diesbezüglich jedoch eine erfreuliche Entspannung ab. Ablösungsprozesse gestalten sich heute insgesamt nur mehr selten als klarer Bruch, sondern eher als „reibungsarmer" Veränderungsprozess, bei dem Eltern auch weiterhin eine zentrale Quelle emotionaler Unterstützung bleiben (vgl. Bohleber, 2012). Diese fehlende Ablösung und Emanzipation in Richtung autonomer Selbstbestimmung kann durchaus kritisch betrachtet werden und wird auch regelmäßig mit Begriffen wie „Nesthocker" oder „Hotel Mama" karikiert. Zu bedenken gilt, dass sich Bindungen durch Blutsbande seit jeher durch eine extreme Stabilität auszeichnen (Kap. 2.2.3) und dass in Zeiten epidemischer Einsamkeit letztendlich zwei Seiten von stabilen, positiven Beziehungen, welcher Art diese auch sein mögen, profitieren können.

Dies lässt aber die Tatsache unberührt, dass die Herkunftsfamilie von behinderten Menschen in einigen Fällen auch als destruktiver und erstickender Raum erlebt werden kann, was die Bedeutung behinderungsgerechter und integrativer Wohnkonzepte unterstreicht, die es durchaus ermöglichen können, dass sich behinderte Menschen eine neue wertschätzende Familie aufbauen, in der sie Rückhalt finden, Zugehörigkeit erleben und autonome Selbstbestimmung leben.

Im Unterschied zum häufig reibungsarm stattfindenden Ablösungsprozess mit den Eltern endet der Kontakt zu den Beteiligten aus dem Interventionssystem in der Regel mit einem scharfen Bruch, der durch das Ende der Schulzeit oder der Ausbildung eingeläutet wird. Dies dürfte vor allem für behinderte Adoleszente mit erheblichen Reorganisationsanstrengungen verbunden sein, die nach der Schullaufbahn die Fördereinrichtung verlassen, in der sie gelernt und gewohnt haben. Während bis zu diesem Zeitpunkt die erlebte Wirklichkeit voller Menschen war, die einen mit dem Vornamen ansprachen, sich liebevoll um einen bemühten und großzügig Nachsicht zeigten, ist es plötzlich einfach nur hektisch und still.

Im Folgenden wird also von einer behinderten Person ausgegangen, die im Wesentlichen auf sich selbst zurückgeworfen ist, da das Interventionssystem schweigt oder schweigen soll und das familiäre Umfeld, wie auch bei unbehinderten Menschen, vorzugsweise als sicherheitsgebender und angenehmer Rückzugsort begriffen wird, der nach einer bestimmten Zeit auch gerne wieder verlassen wird. Wenn also nicht von dystopischen Vorstellungen disziplinierender oder pastoraler institutioneller Behinderungen (Kap. 5.3) ausgegangen wird, die bereits ausreichend kritisch beleuchtet wurden, scheint die Realisierung der gesellschaftlichen Teilhabe im Anschluss an die Bildung in vielerlei Hinsicht der autonomen Selbstbestimmung behinderter Menschen überantwortet zu sein.

Bei der Gestaltung dieser gewonnenen Freiräume stehen behinderte Menschen logischerweise vor vergleichbaren Herausforderungen wie unbehinderte Menschen, sind aber häufig durch zusätzliche Nachteile belastet. Diese Nachteile beziehen sich zumindest aus institutioneller Perspektive vor allem auf den Bereich der Erwerbsarbeit, der im Kontext Behinderung unter dem Begriff berufliche Teilhabe diskutiert wird.

Erwerbsarbeit, verstanden als ein systematisches und zielgerichtetes Handeln zum Erwerb wirtschaftlich relevanter Güter, erfüllt in der gegenwärtigen Gesellschaft die zentrale strukturierende Funktion des gesamten Erwachsenenlebens. Dies wird nicht zuletzt dadurch deutlich, dass die wesentlichen zeitbezogenen Begriffe, die einen Lebenslauf in Abschnitte gliedern, wie Ausbildung, Freizeit, Urlaub, Elternzeit, Ruhestand, Rente etc. nur in ihrem Bezug zur Arbeit definierbar sind (Semmer & Udris, 2004). Davon abgesehen werden der Erwerbsarbeit eine ganze Reihe weiterer zentraler Funktionen zugeschrieben, die Individuen in ihrer Lebensgestaltung prägen.

Erwerbsarbeit trägt zur Entfaltung der Identität, zur Steigerung des Selbstwertgefühls, zur Entwicklung und Erweiterung persönlicher, kooperativer und fachlicher Kompetenzen, zur sozialen Teilhabe und zur Anbahnung von Freundschaften oder Liebesbeziehungen bei (Semmer & Udris, 2004; French, 2017, S. 2). Darüber hinaus wird der Erwerbsarbeit eine starke Wirkung auf die soziale Allokation durch die Zuweisung einer gesellschaftlichen Position zugeschrieben, die mit mehr oder weniger Prestige und Anerkennung verbunden ist (Semmer & Udris, 2004; Thimm, 2006, S. 27). Erwerbsarbeit soll es Menschen ermöglichen, durch marktrelevante nützliche Leistung, Tüchtigkeit und Fleiß im Sinne der vertikalen Mobilität selbst Einfluss auf die eigene gesellschaftliche Position zu nehmen, um selbstbestimmt sozial aufsteigen zu können oder die erreichte, zufriedenstellende Position zu halten (Thimm, 2006, S. 27).

Schließlich erfüllt Erwerbsarbeit die plakative, ökonomische Funktion, indem die erbrachten Leistungen mit ökonomischem Kapital, also Geld, Eigentumsrechten oder anderen wirtschaftlich relevanten Gütern, vergütet werden. Das durch Erwerbsarbeit erworbene ökonomische Kapital bietet den entscheidenden Vorteil, dass eine Konvertierung innerhalb der verschiedenen ökonomischen Kapitalarten in der Regel unkompliziert möglich ist (Bourdieu, 1992/2015, S. 52f.). Zudem könne das ökonomische Kapital durch den Erwerb von Eigentumsrechten vergleichsweise einfach institutionalisiert werden. Erworbenes ökonomisches Kapital kann jedoch auch auf einem zunehmend gewinnorientierten Markt von Bildungsabschlüssen dazu verwendet werden, um kulturelles Kapital zu institutionalisieren. Genauso eignet es sich zum Einkauf in prestigeträchtige Umfelder oder zur Verteilung von Gefallen, wodurch sich soziales Kapital verstetigen lässt.

Demgemäß wäre gesellschaftliche Teilhabe jenseits der Erwerbsarbeit schlicht und einfach nicht denkbar. Für Menschen ohne Aufgabe, ohne Arbeit, ohne Beruf und ohne produktive gesellschaftliche Beiträge scheint es entsprechend dem gesellschaftlichen Selbstverständnis überhaupt nicht möglich zu sein, eine selbstbestimmte Identität, Selbstbewusstsein, Mündigkeit, intellektuelle Emanzipation, soziale Teilhabe etc. zu erreichen (Thimm, 2006, S. 220).

Da nun aber genau Behinderung nach wie vor ein markanter, hemmender Faktor für den Zugang zur Erwerbsarbeit ist (Felder & Schneiders, 2016, S. 79ff.; Shakespeare, 2018, S. 115f.), konzentriert sich die gegenwärtige Sozial- und Arbeitsmarktpolitik auf den Abbau von Barrieren und die Entwicklung von Steuerungsinstrumenten, Nachteilsausgleichen und Unterstützungsangeboten, um behinderten Menschen berufliche Teilhabe und damit auch gesellschaftliche Teilhabe zu ermöglichen.

Die schlechte Nachricht besteht darin, dass sich zumindest bisher kein Trendwechsel abzeichnet, der das Bild von 2016 grundlegend kontrastieren würde. Becker (2016, S. 56) urteilte damals vernichtend und konstatierte, dass der Arbeitsmarkt eindeutig die gesellschaftliche Instanz ist, in der nicht nur Inklusion verhindert, sondern Ausgrenzung laufend praktiziert werde. Auch heute liegt die Erwerbsbeteiligung behinderter Menschen mit 43,1 % immer noch deutlich niederer als die entsprechende Quote unbehinderter Menschen mit 76,2 % (Bundesagentur für Arbeit, 2019). Im Unterschied zu 2016, als die Arbeitslosenquote behinderter Menschen sogar im Begriff war zu steigen, während die Quote unbehinderter Menschen fiel (Felder & Schneiders, 2016, S. 79), scheinen gegenwärtig auch behinderte Menschen von der aktuell guten Arbeitsmarktlage und möglicherweise von den neu geschaffenen legislativen Rahmenbedingungen zu profitieren (Bundesagentur für Arbeit, 2019). Festgehalten werden muss aber, dass die Arbeitslosenquote behinderter Menschen nicht ganz so stark zurückging wie die Quote unbehinderter Menschen. Wie sich allerdings die laufende Pandemie auf die Situation behinderter Menschen auf dem Arbeitsmarkt auswirken wird, ist noch nicht abzusehen.

Die gute Nachricht besteht darin, dass sich die Vorstellung von Erwerbsarbeit, die ohne Zweifel in mancherlei Hinsicht die ihr traditionell zugeschriebenen Funktionen erfüllen mag, in den vergangenen Jahren deutlich verschoben und erweitert hat. Die sich hieraus ergebenden Potenziale für behinderte Menschen bleiben jedoch bisher weitgehend ungenutzt, da das Interventionssystem zur Anbahnung von Erwerbsarbeit für behinderte Menschen offenbar an der klassischen Vorstellung festzuhalten scheint und verharrt. Behinderte Arbeitskraft soll nach traditioneller Vorstellung durch gezielte und systematische Interventionen entstehen, erhalten oder wiederhergestellt werden, auch wenn die

Erfolge dieser Maßnahmen zumindest auf dem ersten Arbeitsmarkt seit jeher begrenzt sind (Maskos, 2015a).

Als angenehmes, entlastendes Moment muss schließlich im Angesicht der ubiquitären Strahlkraft von Erwerbsarbeit als Allheilmittel noch ergänzt werden, dass mehrere Tausend Jahre menschliche Hochkultur gezeigt haben, dass gutes Leben jenseits der Mühen der Arbeit im Schweiße des eigenen Angesichts oder, moderner formuliert, der Erwerbsarbeit unter bestimmten Voraussetzungen durchaus möglich ist.

7.1 Traditionelle Erwerbsarbeit

Die aktuelle gesellschaftliche Vorstellung traditioneller Erwerbsarbeit lässt sich vermutlich am treffendsten mittels der Überlegungen von Karl Marx (1890/1979) charakterisieren, die hier anhand der Ausführungen von Maskos (2015a) nachgezeichnet werden. Arbeitskraft wird, wie auch alle anderen Produktionsgüter und Dienstleistungen, als Ware verstanden, die im Tausch gegen ökonomisches Kapital auf einem Markt gekauft oder verkauft wird, um Mehrwert zu schaffen. Nachgefragt ist genau die Arbeitskraft, die in der unmittelbaren Konkurrenz für die Erzeugung von Mehrwert am vielversprechendsten erscheint und die auch mit hoher Wahrscheinlichkeit mittel- bis langfristig bei der kontinuierlichen Herstellung von Mehrwert nützlich und verfügbar bleibt. In der unmittelbaren Konkurrenz erweist sich institutionalisiertes kulturelles Kapital in Form von Bildungsabschlüssen und nachweisbaren, erfolgreichen Berufserfahrungen als hilfreich, während die anhaltende Nützlichkeit und Verfügbarkeit der Arbeitskraft durch ein gepflegt und gesund wirkendes Äußeres unterstrichen werden kann, was durch indirekte Nachweise zum regelmäßigen Betreiben von Sport, zu ausreichend Schlaf, sinnvoller Freizeitgestaltung, gesunder Ernährung etc. bekräftigt wird (Marx, 1890/1979 zit. nach Maskos, 2015a).

Ankaufende von Arbeitskraft profitieren vom erzeugten Mehrwert und bezahlen diesen durch ihr Risiko. Anbietende von Arbeitskraft, die es grundsätzlich selbst in der Hand haben die Qualität ihres Angebots zu steigern, werden für ihre Leistung angemessen entlohnt, solange das, was sie anbieten, zur Erzeugung von Mehrwert taugt. Traditionelle Erwerbsarbeit stellt also nach einem sehr abstrakten Verständnis offenkundig ein zweiseitiges, faires Arrangement dar, von dem alle profitieren. Für freie Individuen, die ihre Arbeitskraft feilbieten, ergibt sich die bestechend einfache Logik, dass sie ihre Freiheit genau dann richtig nutzen, wenn sie solche Entscheidungen treffen, die ihrer eigenen Produktivität und dadurch indirekt sogar dem Wohle des Gemeinwesens zuträglich sind (Martschukat, 2019, S. 24).

Im folgenden Abschnitt soll es nun um besondere Herausforderungen und Schwierigkeiten gehen, denen behinderte Menschen in ihrer aktiven Rolle der

Aneignung der beruflichen Rolle begegnen können. Im Anschluss daran werden einige sozial- und arbeitsmarktpolitische Interventionen in der Tradition des individuellen Modells von Behinderung näher betrachtet und hinsichtlich ihrer institutionell behindernden Wirkung bei der Anbahnung von Erwerbsarbeit behinderter Menschen analysiert.

7.1.1 Behinderte Aneignung beruflicher Rollen

Traditionelle Erwerbsarbeit wird durch die Aneignung der beruflichen Rolle realisiert, in der die angebotene Arbeitskraft eingebracht werden soll (Thimm, 2006, S. 29f.). Diese Aneignung erfolgt in aller Regel in drei parallelen Orientierungsprozessen, die von der arbeitswilligen Person durchlaufen und erfolgreich abgeschlossen werden müssen, um eine Identifikation mit der beruflichen Rolle herzustellen.

Der erste Orientierungsprozess besteht in der Entwicklung des tätigkeitstypischen Rollenverhaltens, das im Erlernen der notwendigen Kompetenzen besteht, die für die Erledigung der mit der beruflichen Rolle verbundenen spezifischen Arbeitsaufgaben vorgesehen sind. Die Motivation, auch tatsächlich in die berufliche Rolle hineinwachsen zu wollen, entsteht in zwei weiteren Orientierungsprozessen (Thimm, 2006, S. 29f.). Im Rahmen der Sinnorientierung gilt es die individuellen Vorstellungen zur Erwerbsarbeit mit der allgemeinen Struktur der Normen der angestrebten beruflichen Rolle in Einklang zu bringen. Die arbeitende Person muss während des Verkaufs ihrer Arbeitskraft also auch das Gefühl haben zu arbeiten. Neben der Sinnorientierung, die institutionell und abstrakt hergestellt wird, bedarf es der individuellen Zielorientierung, die in der selbstbezogenen Konkretisierung der beruflichen Rolle stattfindet. Das Individuum beantwortet sich in der individuellen Zielorientierung die Frage, warum es sich überhaupt der Erwerbsarbeit unterwirft und nicht lieber im heimischen Rosengarten Fliegen zählt.

Die Entwicklung des tätigkeitstypischen Rollenverhaltens wird durch die Adaption und Reorganisation abrufbar, durch das Hinzulernen neuer Kompetenzen realisiert und ganz allgemein durch die Kenntnis der technischen, wirtschaftlichen und sozialen Aspekte des Tätigkeitsfeldes begünstigt. Hierbei muss bedacht werden, dass manifeste Behinderungen schon ihrer Definition nach mit intrinsischen Beeinträchtigungen und Nachteilen einhergehen, die im Aneignungsprozess des tätigkeitstypischen Rollenverhaltens möglicherweise nicht kompensierbar sind (Shakespeare, 2013, S. 90). Dies schränkt offenkundig die Berufswahl behinderter Menschen ein und impliziert, dass letztlich nur berufliche Rollen gewählt werden sollten, welche bei der Entwicklung eines tätigkeitstypischen Rollenverhaltens nicht in eine Unvereinbarkeit führen.

Dies vorausgeschickt muss für die folgenden Betrachtungen davon ausgegangen werden, dass die behinderte Person zumindest grundsätzlich in der Lage ist, ein tätigkeitstypisches Rollenverhalten für die gewählte berufliche Rolle zu entwickeln. Dieser Versuch wird bei behinderten Menschen häufig von zwei zentralen Herausforderungen oder Schwierigkeiten begleitet, die das tätigkeitstypische Rollenverhalten anhaltend behindern und prägen.

Behinderte Menschen zeichnen sich in der gesellschaftlichen Wahrnehmung vor allem durch ihre angebliche Inkompetenz als Folge ihrer Schädigung aus (Felder, 2012, S. 205). Dieses sozial konstruktive Abwertungsverhalten geschehe vergleichsweise selten als intendierte Aktion, sondern vielmehr durch wohlwollendes Ignorieren oder angestrengtes Wegsehen. Für behinderte Menschen wird dieses Abwertungsverhalten beispielsweise durch behindernde Praktiken spürbar wie das unbegründete Absprechen von Kompetenzen, die überhaupt nicht mit der Behinderung in Verbindung zu bringen sind, oder dem generellen Entzug von beruflichem Zutrauen (Maskos, 2015a).

Sonntag (2008, S. 130) verdeutlicht dies am Beispiel einer simplen Laufmasche. Eine simple Laufmasche in der Strumpfhose einer Frau ohne Sehbeeinträchtigung sei schlicht und einfach eine simple Laufmasche. Bei einer Frau mit Sehbeeinträchtigung jedoch setze genau die gleiche simple Laufmasche die beschriebenen Abwertungsmechanismen in Gang: „Ach guck mal die Blinde, sieht nicht, dass sie ne Laufmasche hat, das ist ja traurig, da weiß sie gar nicht, wie sie rumläuft, ob man es ihr sagen sollte? Ist ja vielleicht auch egal, sie sieht‘s ja eh nicht…“.

Die praktische Konsequenz besteht darin, dass behinderte Menschen häufig unter erhöhtem und verschärftem Nachweisdruck ihrer Kompetenzen stehen und zudem ein sehr viel breiteres Spektrum spezifischer Kompetenzen aufzeigen müssen, um ihre berufliche Rolle „trotzdem“ mit einem tätigkeitstypischen Rollenverhalten auszufüllen. Der Zerrissenheit in diesem immer wieder ergebnisoffenen Bemühen bringen Sonntag (2008, S. 166) mit: „Nichts in meinem Leben zerriss mich so, wie dieser Tanz zwischen Perfektionismus und Unfähigkeit.“ oder auch Maskos (2015b) mit: „Vom Sorgenkind zum Superkrüppel!“ auf den Punkt.

Die zweite Schwierigkeit besteht in der unerfreulichen Tatsache, dass sich Behinderungen, ihrer substanziellen Eigenart nach, schlicht und einfach auch bei passender Wahl der beruflichen Rolle und überdurchschnittlichen spezifischen Kompetenzen nicht immer zufriedenstellend kompensieren lassen (Shakespeare, 2013, S. 90).

French (2017, S. 163ff.) hat mit einer umfangreichen Interviewstudie eine ganze Reihe von Faktoren herausgearbeitet, welche die Arbeitsleistung behinderter Menschen negativ beeinflussen können. Auch wenn sich Frenchs Erkenntnisse auf sehbeeinträchtigte Menschen beziehen, scheinen sie durchaus auch in der Lebenswirklichkeit von Menschen mit anderen zugeschriebenen Behinderungskategorien Gültigkeit zu haben.

Der am häufigsten genannte negativ wirkende Faktor ist der zusätzliche Zeitbedarf (French, 2017, S. 163ff.; Hilgers, 2017). Sehbeeinträchtigte Menschen seien im Leistungsvergleich der Arbeitsergebnisse nicht hinsichtlich der Qualität, sondern hinsichtlich der Quantität benachteiligt, weil sie deutlich langsamer sind. Dies zeigt, dass die Kompensation fehlender visueller Informationen durch alternative Kommunikationssysteme, assistive Technologien, Arbeitsassistenzleistungen etc. grundsätzlich funktioniert, aber auf Kosten der Arbeitsgeschwindigkeit geht (French, 2017, S. 163ff.). Auch die Idee, dass sich behinderte Menschen dahingehend qualifizieren sollten, dass sie das Zeitdefizit beispielsweise durch überdurchschnittliche Kompetenzen im Umgang mit Technologie wettmachen könnten, greift hier nicht. Der hierfür erforderliche Kompetenzabstand in der direkten Konkurrenz wäre derart groß, dass es rein praktisch den wenigsten behinderten und unbehinderten Menschen nebenbei gelingen würde, das erforderliche Kompetenzniveau zu erreichen und zu halten. Sehbeeinträchtigte Menschen, die qualitativ und quantitativ vergleichbare Arbeitsleistungen hervorbringen, kompensieren in der Regel durch den Verzicht auf Freizeit (French, 2017, S. 163ff.).

Ein weiterer zentraler, negativer Faktor, den French (2017, S. 163ff.) herausgearbeitet hat, sind Behinderungen in der Mobilität, die sich ebenfalls durch zusätzlichen Zeitbedarf, aber auch durch erlebten Stress und Mühsal bemerkbar machen. Einschränkungen erleben sehbeeinträchtigte Menschen nicht nur bei der externen, berufsbedingten Mobilität im Sinne von Dienstreisen oder Außeneinsätzen, sondern auch bei der hausinternen Mobilität beim Auffinden von Räumen beispielsweise an Arbeitsplätzen im Krankenhaus oder im Universitätsgebäude. Außerdem erleben einige sehbeeinträchtigte Menschen den alternativlosen Arbeitsweg in der Abhängigkeit von öffentlichen Verkehrsmitteln als belastend. Hierzu stellte die blinde Autorin Kleege (1999, S. 41) schelmisch fest, dass ihr die Nutzung öffentlicher Verkehrsmittel das Anderssein besonders bewusst mache, da offenbar alle Menschen, die Bus fahren, auf irgendeine Weise behindert sind: körperlich, psychisch, altersbedingt, finanziell, zeitlich etc.

Ein dritter interessanter negativer Faktor ergibt sich aus der isolierenden Wirkung ihrer mit assistiven Technologien ausgestatteten Arbeitsplatzumgebungen, für die es keine betrieblichen Weiterbildungsangebote gibt und die meistens den verfügbaren technischen Regelsupport überfordern (French, 2017, S. 163ff.). Dies lässt sich dahingehend verallgemeinern, dass Weiterbildungsangebote generell für behinderte Menschen schwer zugänglich sind, was sie letztlich zum Selbststudium zwingt, um ihr Leistungsniveau aufzubauen und aufrechtzuerhalten.

Entscheidend für die Identifikation mit der beruflichen Rolle ist aber nicht nur die Verfügbarkeit der Kenntnisse, Fähigkeiten und Fertigkeiten, die notwendig sind, um die geforderten spezifischen Arbeitsaufgaben zu lösen, sondern auch der Wille oder zumindest die Bereitschaft, sich innerhalb der beruflichen Rolle einzusetzen und erfolgreich zu sein. Plakativ formuliert bedeutet dies, dass Erfolg nicht nur Können, sondern auch Motivation voraussetzt (Baumeister, 2012, S. 57). Während von der erfolgreichen und produktiven Ausübung eines tätigkeitstypischen Rollenverhaltens vor allem die Arbeitgebenden profitieren, profitiert die arbeitende Person in erster Linie durch eine ansprechende Gestaltung der Sinn- und Zielorientierung.

Im Rahmen der Sinnorientierung muss die arbeitende Person in ihre neue berufliche Rolle hineinfinden, was in der Regel dadurch geschieht, dass sie ihre individuellen Vorstellungen zur Erwerbsarbeit an die vorgefundene Normenstruktur annähert. Diese Annäherung wird aber nur gelingen, wenn die Divergenz dieser Vorstellungen und vorgefundenen Normen nicht allzu weit auseinanderliegen. Ohne eine erfolgreiche Sinnorientierung bleibt der arbeitenden Person die berufliche Rolle fremd und das Gefühl tatsächlich zu arbeiten wird sich nur schwer einstellen. Der Sinnorientierung zuträgliche Faktoren sind beispielsweise die Ausübung der beruflichen Rolle in einem tätigkeitstypischen Arbeitsumfeld, die Übertragung von typischen Arbeitsaufgaben und Verantwortung im tätigkeitstypischen Umfang, eine intersubjektiv geteilte und klare Vorstellung zur beruflichen Rolle, eine übliche Entlohnung und Gratifikation etc. Entsteht also ein Arbeitsplatz nach dem Muster traditioneller Erwerbsarbeit als durch Wettbewerb und Konkurrenz bestimmtes Aushandlungsergebnis auf dem Arbeitsmarkt, ergibt sich die Sinnorientierung in der Regel ohne weiteres Zutun.

Anders verhält es sich bei behinderten Menschen vor allem dann, wenn das Interventionssystem aktiv und kreativ in die Anbahnung von Erwerbsarbeit eingreift und diese mitgestaltet. Zum einen geschieht dies über den Eingriff in den politischen Meinungsbildungsprozess durch die Verbreitung von Einstellungen und Überzeugungen beispielsweise in Stellungnahmen oder gezielten politischen Aktivitäten. Zum anderen öffnet und verschließt es unmittelbare Erwerbsperspektiven beispielsweise durch konkrete habilitative und rehabilitative Bildungsangebote, durch die Schaffung von Überangebot oder Nachfrageüberschuss oder durch zielorientierte Beratungsdienstleistungen oder Vermittlungsbemühungen.

Dabei fällt auf, dass sich einige dieser Einrichtungen, ganz im Duktus des individuellen Modells von Behinderung, dazu berufen fühlen, behinderten Menschen, die sich aufgrund ihrer intrinsischen Beeinträchtigungen angeblich nicht selbst helfen können, über ihre Defizite und Unzulänglichkeiten, die sie an der aktiven Erwerbsarbeit hindern, hinwegzuhelfen oder diese Defizite und Unzulänglichkeiten zumindest durch den Nachweis der entsprechenden Bemühungen dahingehend zu kaschieren, dass ihre Arbeitskraft nicht als gänzlich wertlos bewertet wird. Die desolate Erwerbsquote behinderter Menschen auf dem ersten Arbeitsmarkt wird also dieser traditionellen Denkweise nach nicht mit der Behinderung selbst begründet, sondern als Folge fehlender Qualifizierungsmaßnahmen und Ausbildungsangebote, unzureichender Begleitung und Beratung oder der mangelhaften Sensibilität von Arbeitgebenden erklärt (Becker, 2016, S. 48).

Eine typische Strategie der aktiven und kreativen Einrichtungen besteht in der Kreation behinderungstypischer Berufsbilder, für die behinderungsspezifische Ausbildungsangebote entwickelt und angeboten werden (Capovilla & Zimmermann, 2020). Der Fokus liegt dabei in der Regel auf Berufsbildern, die sich in den Nischen der innovationsbedingten, technischen Reorganisation ergeben. Da diese behinderungstypischen Berufsbilder häufig im interinstitutionellen Aushandlungsprozess kreiert und möglicherweise sogar Übernahmegarantien gewährt wurden, ist der Ansatz auch aktenkundig erfolgreich. Behinderte Menschen gelangen auf diesem Weg, in überschaubarer Zahl, systematisch in Erwerbsarbeit, häufig sogar auf dem ersten Arbeitsmarkt, und verbleiben auch dort.

Hinsichtlich der Sinnorientierung müssen solche kreierten Berufsbilder aber durchaus kritisch bewertet werden. Die Verteilung von Aufgaben innerhalb komplexer Arbeitsstrukturen erfolgt inzwischen „organisch" als Folge wechselseitiger Abhängigkeiten durch explizite und punktuelle Zuweisungen und Adressierung (Hoffmann, 2018). Das bedeutet, dass komplexe Arbeitsprozesse von Arbeitsgruppen mit komplexen sozialen Hierarchien und Kooperationsstrategien bewältigt werden müssen, in der die Agierenden unterschiedliche, voneinander abhängige Aufgaben realisieren. Damit teilen solche Arbeitsgruppen in vielerlei Hinsicht ihre Erfolge, aber genauso ihre Niederlagen, verfügen über ausgeprägte Belohnungs- und Sanktionssysteme und wecken ein moralisches Bedürfnis nach sozialer Kohäsion (Hoffmann, 2018). Gelingt es behinderten Menschen, sich in dieses Geflecht von Abhängigkeiten verweben zu lassen und innerhalb dieses Geflechts die notwendigen Arbeitsschritte erfolgreich zu lösen, dürfte dies der Sinnorientierung spürbar zuträglich sein. Außerdem ergeben sich für behinderte Menschen auf diesem Wege diverse Möglichkeiten Rollen einzunehmen, die weit mehr auslösen können als die üblichen Zuschreibungs- und Abwertungsmechanismen.

Systematische Berufskreation wäre hier offenkundig der falsche Ansatz, da die berufliche Rolle der behinderten Person, als geschlossene Einheit mit festem Leistungsspektrum, nicht in die bestehenden Arbeitsabläufe eingewoben, sondern parallel zu diesen verankert wird. Behinderte Personen müssten, um diese Form der Isolation zu vermeiden, von Beginn an relevante Aufgaben, so überschaubar diese auch sein mögen, in den bestehenden Arbeitsabläufen übernehmen, die dann sukzessive erweitert werden, was beispielsweise durch ein auf Mentoring basiertes System innerhalb von Unternehmen begünstigt werden würde.

Hierbei steht natürlich außer Frage, dass die traditionelle Berufskreation für einen Teil der behinderten Menschen attraktive Möglichkeiten eröffnet einer angemessen bezahlten Erwerbsarbeit nachzugehen, die im günstigen Fall eine gesamte Berufsbiografie hindurch andauert. Auf der anderen Seite kann dieses Vorgehen aber auch berufliche Möglichkeiten jenseits dieser behinderungstypischen Berufsbilder verschließen. Potenzielle Arbeitgebende fühlen sich möglicherweise von ihrer gesellschaftlichen Verantwortung, mit Verweis auf die bereits beschäftigten Arbeitskräfte in den behinderungstypischen Berufsbildern, entlastet und sind zu keinen „weiteren Experimenten" bereit. Das Interventionssystem hingegen dürfte sich häufig rein schon intentional für keine beruflichen Perspektiven jenseits der eigenen erfolgreichen behinderungstypischen Berufsbilder zuständig fühlen und deshalb konsequent von „weiteren Experimenten" abraten.

Außerdem muss festgestellt werden, dass es sich bei Arbeitsplätzen innerhalb solcher behinderungstypischen Berufsbilder nicht um traditionelle Erwerbsarbeit handelt, was genauso wenig der erfolgreichen Sinnorientierung zuträglich ist. Die behinderte Person hat den Arbeitsplatz nicht erhalten, da Arbeitgebende ihre Arbeitskraft für ausreichend wertvoll halten, um diese bei der Produktion von Mehrwert einzusetzen, was bereits beim Blick auf den Entstehungsprozess und die Kosten deutlich wird, die notwendig sind, um einen solchen Arbeitsplatz herzustellen. Der Arbeitsplatz ist entstanden, weil sich einige Institutionen in der Tradition des individuellen Modells von Behinderung zusammengetan haben, um gemeinsam etwas gegen das soziale Problem Behinderung zu unternehmen.

Schließlich soll noch im Zusammenhang mit der Sinnorientierung auf die Grenzen der horizontalen und vertikalen Mobilität kreierter Berufsbilder verwiesen werden, welche die typische berufliche Weiterentwicklung von vornherein unterminiert (Thimm, 2006, S. 64). Solche Mobilitätssperren sind eine Folge der häufig fehlenden Anbindung der kreierten Berufsbilder an die gewöhnlichen Arbeitsabläufe und Weiterbildungsangebote, wodurch sich kaum Möglichkeiten zur typischen Erweiterung oder Veränderung des Tätigkeitsbereichs ergeben (Thimm, 2006, S. 59).

Die fehlende Mobilität in solchen behinderungstypischen Berufsbildern wirkt sich vor allem dann kritisch aus, wenn das erlernte, tätigkeitstypische Rollenverhalten in der beruflichen Rolle, beispielsweise durch die technische Reorganisation und Innovation, an Bedeutung verliert und das aktive Handeln während der Arbeitszeit zunehmend von angestrengtem Warten und Nichtstun verdrängt wird. Dies lässt sich leicht an zwei Beispielen exemplifizieren.

Die Tätigkeit in einer Telefonzentrale gehört bis heute in einigen Ländern zu den klassischen Berufskreationen für sehbeeinträchtigte Menschen. Anfangs dürfte diese Tätigkeit, beispielsweise ausgeübt im Eingangsbereich einer Behörde, durchaus attraktiv gewesen sein, wenn Mitarbeitende ihr Kommen und Gehen und ihre Urlaube mit einem freundlichen oder verschlafenen Gruß meldeten und die behinderte Person mitten im Geschehen dazu beitrug, dass

Telefonanrufe an Behörden deutlich positiver bewertet wurden als heute. Als dann aber die Einführung der Durchwahl dem Konzept der Telefonzentrale den Stecker zog, begannen zumindest für einige lange Jahre des lethargischen Wartens auf Anrufe, die nicht mehr kommen wollten.

Genauso war Mitte der 1990er-Jahre eine Tätigkeit im Bereich spezifischer, informatischer Ausbildungsberufe eine realistische berufliche Perspektive für sehbeeinträchtigte Menschen. Mittlerweile haben jedoch visuell orientierte Arbeitspraktiken und Werkzeuge die lineare Ordnung textbasierter Repräsentationen verdrängt, was es sehbeeinträchtigten Menschen zunehmend erschweren dürfte, auf vertretbare Weise in der Informatikbranche konkurrenzfähige Arbeit zu leisten (Capovilla & Zimmermann, 2020).

Wie hier bereits deutlich wird, lässt sich die Sinnorientierung nur unscharf von der individuellen Zielorientierung trennen, bei der sich das Individuum die Frage beantwortet, warum es sich überhaupt der Erwerbsarbeit unterwirft und beispielsweise nicht auf die Versorgung durch die sozialstaatlichen Sicherungssysteme ausweicht. Auch wenn die meisten Menschen die Frage nach der individuellen Zielorientierung spontan mit der ökonomischen Notwendigkeit beantworten dürften, ist das zugrunde liegende Motivationsgefüge deutlich komplexer. Der individuellen Zielorientierung zuträgliche Faktoren sind beispielsweise ökonomische Notwendigkeit, empfundene Überbezahlung, das Gefühl effektiver Produktivität, beruflich zugeschriebene Verantwortung und Macht, das Gefühl etwas Sinnvolles und Nützliches zu tun, mit der beruflichen Rolle verbundenes soziales Prestige, soziale Teilhabe etc.

Auch wenn die behinderte Person also andere Möglichkeiten findet, um die frei werdende Zeit in behinderungstypischen Berufsbildern zu füllen, reicht für eine erfolgreiche Sinn- und individuelle Zielorientierung in der Erwerbsarbeit die annehmbare Entlohnung nicht aus, da sie maßgeblich vom Erkennen einer zumindest minimalen Sinnhaftigkeit im eigenen beruflichen Handeln abhängt (Verheyen, 2018, S. 27; Wiesböck, 2018, S. 92).

7.1.2 Institutionell behinderte Erwerbsarbeit

Die Sinnorientierung wird maßgeblich vom gesellschaftlichen Diskurs zur Bedeutung von Erwerbsarbeit und Arbeitslosigkeit geprägt und, wie bereits beschrieben, kommt demnach der Erwerbsarbeit eine kaum zu überschätzende Rolle zu. Dies ist offenkundig politisch intendiert, wurde in den letzten zwei Jahrzehnten durch den sozial- und arbeitsmarktpolitischen Ansatz „Fördern und Fordern" wesentlich forciert und mit Schlagwörtern wie „Fachkräftemangel", „Unterschichtenfernsehen", „hartzen" etc. medial erfolgreich popularisiert.

Hierzu gehört auch die erfolgreiche Synonymisierung von Armut, freiwilliger Arbeitslosigkeit, unfreiwilliger Arbeitslosigkeit und Leistungsunwilligkeit (Wiesböck, 2018, S. 86f.). Menschen, die aus welchen Gründen auch immer nicht durch Erwerbsarbeit zur gesellschaftlichen Produktivität beitragen, gelten kategorisch als Störfaktor und werden offensiv mit Prozessen der Entsolidarisierung bedroht (Wiesböck, 2018, S. 89). Die moralische Grenzziehung erfolgt dabei nicht anhand des Faktischen und der tatsächlichen realen Chancenverhältnisse, die ohnehin kaum überprüfbar wären, sondern bereits anhand der Gesinnung. Menschen, die keine Bereitschaft zeigen, das gesellschaftliche Unterstützungsangebot zur Realisierung von Chancengleichheit anzunehmen, um sich im Interesse des Gemeinwohls zur Erwerbsarbeit aktivieren zu lassen, erfahren nicht nur moralische Diskreditierung, Diskriminierung und Ächtung, sondern werden sogar, ohne nachweisbaren gesellschaftlichen Nutzen, mit existenzbedrohenden finanziellen Sanktionen erpresst oder bestraft (Becker, 2016, S. 62).

Armut, Arbeitslosigkeit oder auch Leistungsunwilligkeit werden interessanterweise nicht mehr als multifaktorielle, soziale Konstruktionen begriffen, sondern als grundsätzlich gewolltes, remediales persönliches Verschulden. Entsprechend der Vorstellung zur traditionellen Erwerbsarbeit kommt somit der einzelnen unbehinderten oder behinderten Person gleichermaßen eine ausgesprochen aktive Rolle zu, da sie die Bedingungen ihrer Verwertbarkeit durch eigenständige und reflektierte Entscheidungen so einrichten muss, dass sie sich auf allen Ebenen ihres Daseins autonom verwerten, darstellen, messen und im produktiven Sinne bewähren kann (Maskos, 2015a).

Beim Blick auf das individuelle Modell von Behinderung (Kap. 4.1), dem gerade mit den Bemühungen der letzten Jahrzehnte rund um die UN-BRK endlich etwas Wirksames entgegengesetzt wurde, lässt sich zum gegenwärtigen Verständnis von Arbeitslosigkeit eine erstaunliche Parallele erkennen, weshalb diese Denkweise im Folgenden etwas subversiv als individuelles Modell von Arbeitslosigkeit bezeichnet werden soll.

Das individuelle Modell von Arbeitslosigkeit wirkt sich besonders für behinderte Menschen negativ aus, da sie sich nach der hierdurch erreichten Schließung der letzten moralischen Schon- und Schutzräume mitten im Getriebe der marktwirtschaftlichen Verteilungskämpfe wiederfinden (Keupp, 2015). Bemerkenswert daran ist, dass genau die Zuschreibung von umfassender Inkompetenz in der gesellschaftlichen Wahrnehmung mit den entsprechenden Abwertungs- und Diskriminierungsprozessen (Kap. 7.1.1) die Konstante in diesem Transformationsprozess darstellt. Während die abwertenden, behinderungsbedingten Zuschreibungen mit all ihren Folgen auf der einen Seite der Mörtel waren, der die Schon- und Schutzräume zusammenhielt, sind sie auf der anderen Seite der maßgebliche potenzierende Faktor, der behinderten Menschen den Nachweis ihrer Verwertbarkeit und Konkurrenzfähigkeit erschwert oder gar verunmöglicht.

Diese Schwierigkeit wurde längst erkannt und nicht zuletzt deshalb gab es in den vergangenen Jahrzehnten beachtliche sozial- und arbeitsmarktpolitische

Anstrengungen zur Schaffung von rechtlichen Rahmenbedingungen, welche die Anbahnung und Sicherung beruflicher Teilhabe behinderter Menschen begünstigen und unterstützen sollen (Capovilla & Zimmermann, 2020). Seit 2006 ist in Deutschland das „Allgemeine Gleichstellungsgesetz" (AGG) in Kraft, das die Gleichstellung aller Menschen und den Schutz vor Diskriminierung und Benachteiligung regeln soll. 2009 hat Deutschland die UN-BRK ratifiziert, deren Umsetzung zu einer weitreichenden Neuorientierung der Sozial- und Behindertenpolitik führen musste. Ab 2017 trat das „Bundesteilhabegesetz" (BTHG) in Kraft. Kernziele des Gesetzes sind, Menschen gleich welcher Einschränkung eine selbstbestimmte Teilhabe am beruflichen, gesellschaftlichen, kulturellen und sozialen Leben der Gemeinschaft zu ebnen sowie perspektivisch staatliche Unterstützungsleistungen aus einer Hand zu sichern.

Damit stellen sich die Instrumente der beruflichen Teilhabe inzwischen überwältigend großartig und transparent dar. Beim Blick in die Praxis wird aber schnell deutlich, dass häufig die konkreten Möglichkeiten und Instrumente fehlen, diese theoretisch zugeschriebenen Rechte und intendierten Freiheiten durchzusetzen (Felder, 2012, S. 11), was unweigerlich an den bekannten Sinnspruch von Julian Rappaport denken lässt: „Having rights but no resources and no services available is a cruel joke.".

Besondere Rechte und Freiheiten, die priorisierende Chancenungleichheit erzeugen, schaffen auf der einen Seite Entlastung und Untätigkeitslegitimation und auf der anderen Seite das Gefühl von Ungerechtigkeit und Neid. Verpufft nun aber die Wirkung der priorisierenden Chancenungleichheit in der praktischen Umsetzung, bleibt von den zugeschriebenen Rechten und Freiheiten nur die entlastete Untätigkeit und die möglicherweise gehässigen Neidreaktionen übrig, mit denen sich die behinderte Person nunmehr konfrontiert sieht. Dies soll an zwei Beispielen illustriert werden.

Seit einigen Jahren verlängern Phrasen der Art: „Schwerbehinderte Bewerberinnen und Bewerber werden bei ansonsten im Wesentlichen gleicher Eignung bevorzugt eingestellt." diverse Stellenausschreibungen und verweisen somit auf das Recht behinderter Menschen auf bevorzugte Einstellung (§ 81 SGB IX). Da sich nun aber die Erwerbsquote behinderter Menschen nicht spürbar der Erwerbsquote unbehinderter Menschen annähert (Bundesagentur für Arbeit, 2019), lassen sich zwei mögliche, entgegengesetzte Schlüsse ziehen. Behinderte Menschen erreichen schlicht und einfach flächendeckend nicht einmal im Wesentlichen, trotz aller Unterstützungsleistungen, eine gleiche Eignung wie unbehinderte Menschen oder bei der Phrase handelt es sich lediglich um eine sarkastische Floskel.

Im ersten Fall müsste die gegebene Situation als evidenter Nachweis der grundsätzlich fehlenden Konkurrenzfähigkeit gewertet werden, was zu einer generellen Neubewertung sozial- und arbeitsmarktpolitischer Maßnahmen für behinderte Menschen führen müsste, da es wohl kaum zu verantworten wäre, behinderte Menschen einen derart sinnlosen und erniedrigenden Kampf um Wertschätzung bei ungleichen Waffen ausfechten zu lassen. Im zweiten Fall müsste ein wirkungsvoller rechtlicher Rahmen geschaffen werden, der die praktische Durchsetzung der bevorzugten Einstellung realisiert und der Phrase ihren sarkastischen Charakter nimmt.

Handlungsbedarf besteht, da sich viele behinderte Menschen im angespannten Verteilungskampf zunehmend mit dem Vorwurf konfrontiert sehen, dass ihnen ohnehin überall die Wege geebnet werden würden, wie beispielsweise das Recht auf bevorzugte Einstellung zeige, und es dann, in Einklang mit dem individuellen Modell von Arbeitslosigkeit, aber schon auch an ihnen selbst läge, diese ganzen Privilegien und Chancen zu nutzen.

Ein ähnlicher Effekt wird mit der sogenannten Ausgleichsabgabe nach § 160 SGB IX (https://de.wikipedia.org/wiki/Ausgleichsabgabe (12.08.20)) erzielt, nach der Unternehmen eine Sanktion an die Integrationsämter entrichten müssen, wenn sie nicht mindestens in vorgeschriebener Anzahl behinderte Menschen beschäftigen. Entgegen der ersten Vermutung zielt diese Maßnahme offenbar nicht darauf ab, direkt die Erwerbsquote behinderter Menschen auf dem ersten Arbeitsmarkt zu erhöhen, denn dann müsste die Ausgleichsabgabe logischerweise höher sein als die Bruttolohnkosten einer möglichen Arbeitskraft, was eine unmittelbare Erhöhung der Nachfrage nach behinderten Arbeitskräften zur Folge haben dürfte.

Bei der Ausgleichsabgabe geht es offenkundig in erster Linie darum, Geld abzuschöpfen, um die Maßnahmen der Integrationsämter, als Teil des Interventionssystems, zu finanzieren. Dies führt dazu, dass die Erwerbsquote behinderter Menschen auf dem zweiten Arbeitsmarkt erhöht wird. Dabei ergibt sich kurioserweise der positive Nebeneffekt, dass beispielsweise durch die Finanzierung von Arbeitsassistenzleistungen die Erwerbsquote geringqualifizierter, unbehinderter Menschen auf dem ersten Arbeitsmarkt steigt. Außerdem wird hierdurch indirekt eine ganze Reihe von Arbeitsplätzen für die größtenteils unbehinderten Mitarbeitenden des Interventionssystems, ebenfalls auf dem ersten Arbeitsmarkt, legitimiert, welche mit der Einholung, Administration und Verteilung der Ausgleichsabgaben befasst sind.

Neben dem bereits beschriebenen Effekt, dass behinderte Menschen in die Rechtfertigungsnot geraten, dass sie trotz dieser ganzen Maßnahmen keine Erwerbsarbeit finden, entfaltet die Ausgleichsabgabe, durch die plakative, finanzielle Quantifizierung, die skurrile und suggestive Wirkung, dass die Arbeitskraft behinderter Menschen von vornherein deutlich weniger wert ist als die Arbeitskraft unbehinderter Menschen. Die Sanktion für das Unternehmen besteht also nicht in der Bezahlung der Ausgleichsabgabe, sondern in der Beschäftigung einer behinderten Person.

Damit stellt sich nunmehr mit Blick auf all diese Kritik die Frage, was für Maßnahmen dem Abbau von institutioneller Behinderung bei der Anbahnung von Erwerbsarbeit und der Sinn- und Zielorientierung am Arbeitsplatz zuträglich sein könnten.

Ein möglicher Schritt wäre die Erhöhung der Ausgleichsabgabe auf die durchschnittliche Höhe der im Unternehmen bezahlten Löhne, damit die Beschäftigung einer behinderten Person bereits rechnerisch einen Vorteil gegenüber der Ausgleichsabgabe darstellt. Da Menschen nicht vorurteilsfrei entscheiden können (Harari, 2018, S. 95), wäre es beispielsweise bis zur Erfüllung der Beschäftigungsquote denkbar, durch ein Quotensystem eigene Stellen auf unterschiedlichen Anforderungsniveaus auszuschreiben, bei denen nur Bewerbungen behinderter Menschen Berücksichtigung finden. Für Arbeitgebende brächte dies den Vorteil mit sich, dass sie behinderte Menschen in einem deutlich faireren und engagierteren Wettbewerb erleben würden und gleichzeitig ihr Urteil nicht vom nagenden Bemühen getrübt würde, Gründe zu finden, die eine Nicht-Einstellung rechtfertigen.

Eine weitere institutionelle Behinderung in der Tradition des individuellen Modells von Behinderung, die es endlich zu überwinden gilt, ist die Aushandlungspraxis bei der Einrichtung eines Arbeitsplatzes für behinderte Menschen, zu der potenzielle Arbeitgebende vom Interventionssystem genötigt werden (Capovilla & Zimmermann, 2020).

Entschließen sich Arbeitgebende eine behinderte Person einzustellen, die durch technische und persönliche Unterstützung am Arbeitsplatz die angestrebte berufliche Rolle durch ein tätigkeitstypisches Rollenverhalten ausfüllen kann, werden sie in der Regel unfreiwillig in einen Aushandlungsprozess hineingezogen. Fremde Menschen, die für das Interventionssystem tätig sind, laden sich beispielsweise kurzerhand selbst in die Betriebsräume der Arbeitgebenden mit konkreten Wünschen ein und bieten in der gewohnten pastoral höflichen, aber bestimmten Art und Weise ihre aufdringliche Expertise an.

Viele Arbeitgebende werden sich hierdurch die Frage stellen, ob es nicht doch einfacher gewesen wäre, eine unbehinderte Person einzustellen, da offenbar nicht absehbar ist, was da noch alles kommen mag. Außerdem verbindet sich für einige Arbeitgebende der Aushandlungsprozess mit dem unguten Gefühl, selbst noch sehr viel mehr für die behinderte Person tun zu können, was sich weiter negativ auf die zugeschriebene Kompetenz der neuen Arbeitskraft auswirken dürfte.

Noch prekärer ist die Situation für die behinderte Person selbst, die in ihrer Euphorie endlich am Erwerbsleben teilnehmen zu dürfen versprochen hat, dass sie das tätigkeitstypische Arbeitspensum mit selbst organisierten Unterstützungsleistungen, welche die Arbeitgebenden unbeschadet lassen, problemlos schaffen würde (Capovilla & Zimmermann, 2020). Kurze Zeit später muss die behinderte Person dann erklären, dass dies nun alles doch nicht so einfach ist, dass sich Fachleute vom Kostenträger eingeladen haben, die gemeinsam mit den Arbeitgebenden weitere Details klären wollen. In der gemeinsamen Aushandlung selbst muss der behinderten Person dann der Spagat gelingen, in den Augen der Arbeitgebenden möglichst keine zugeschriebene Kompetenz einzubüßen, während es die Fachkräfte vom Interventionssystem von der eigenen Inkompetenz zu überzeugen gilt, damit ausreichend Unterstützungsleistungen zur Verfügung gestellt werden.

Diese plakativen institutionellen Behinderungen behindern nicht nur die Entstehung von Arbeitsplätzen, sondern sind auch in Bezug auf die Sinnorientierung im hohen Maße destruktiv. Das Gefühl tatsächlich zu Arbeiten wird maßgeblich dadurch mitbestimmt, dass die eigene Arbeitskraft als Paket zusammen mit einem Stück Autonomie in ihren Stärken und Schwächen selbstbestimmt auf dem Markt angeboten und verkauft wird. Aus diesem Grund ist es geboten, dass behinderte Menschen selbst mit dem Interventionssystem die für sie relevanten technischen und persönlichen Unterstützungsleistungen aushandeln und Arbeitgebende hiervon vollkommen unbehelligt bleiben. Bei Arbeitgebenden und auch im Kollegium gilt es, im Zutun aller Beteiligten, das Bild einer selbstbestimmten Person zu formen, die durch ihr Arbeiten die vereinbarten Leistungsziele erreicht, was ihr zudem überraschend gut gelingt.

Eine dritte mögliche Maßnahme wäre die Angleichung der Arbeitsbedingungen behinderter und unbehinderter Menschen in den Bereichen, die letztlich im Kollegium als Bonbon für behinderte Menschen interpretierbar sind, eine vermeidbare Besonderung darstellen und die ohne großen positiven Effekt die Anbahnung von Erwerbsarbeit eher behindern als begünstigen.

Dazu gehört beispielsweise das Recht auf die Befreiung von Mehrarbeit § 207 SGB IX oder der Zusatzurlaub von fünf Arbeitstagen nach § 208 SGB IX. In konsequenter Ablehnung des individuellen Modells von Behinderung führt eine Behinderung nicht kategorisch zu einer geringen Belastbarkeit und es ist schon reichlich komisch davon auszugehen, dass genau im Augenblick der Zuschreibung der Behinderung ein zusätzliches Bedürfnis nach Erholungsurlaub geboren wird. Noch kritischer ist hier der besondere Kündigungsschutz nach § 168 SGB IX zu bewerten, der vor allem dadurch behindert, dass er potenzielle Arbeitgebende grundlos verunsichert. Zum einen greift der Kündigungsschutz erst nach sechs Monaten und dann auch nur, wenn es den Arbeitgebenden nicht gelingt, die Kündigung dahingehend zu begründen, dass nicht die Behinderung für die Entscheidung ursächlich ist.

Allgemeiner formuliert kann zusammengefasst werden, dass behinderte Menschen bei ihren Bemühungen zur Teilhabe an der traditionellen Erwerbsarbeit vor der grundlegenden Schwierigkeit stehen, dass die gesamte Arbeitsplatzkultur mit ihren normativen beruflichen Rollen von unbehinderten Menschen geschaffen wurde. Andersartige oder verfremdete berufliche Rollen, auf die behinderte Menschen häufig angewiesen sind, um tätigkeitstypische Arbeitsleistungen zu erbringen, sind und bleiben in dieser Normenstruktur nur unzureichend anschlussfähig. Aus diesem Grund richten sich auch die Bemühungen der Bundesagentur für Arbeit vor allem auf die sogenannten „guten Risiken“, also Personen, die vergleichsweise einfach in bestehende berufliche Rollen eingepasst werden können und somit leicht vermittelbar sind (Becker, 2016, S. 57).

Vor diesem Hintergrund führt kein Weg an der unerfreulichen Erkenntnis vorbei, dass längst eine Gruppe von Menschen entstanden ist, die aus der Perspektive der traditionellen Erwerbsarbeit keine ökonomische, politische oder auch nur künstlerische Bedeutung hat (Harari, 2016, S. 500): „Was sie können, brauch keiner, was sie denken, schätzt keiner, und was sie fühlen, kümmert keinen.“ (Bude, 2008 zit. nach Hoffmann, 2018).

Nach dieser harten Einsicht muss es um Alternativen zu klassischen beruflichen Rollen im Sinne traditioneller Erwerbsarbeit für behinderte Menschen gehen, da eine Befreiung und Emanzipation nicht darin bestehen kann, dass sich am Ende immer weniger Menschen die Beute teilen, während sich die meisten anderen mit den armseligen Standards von Almosenjobs abfinden müssen, die für viele längst Wirklichkeit geworden sind. Ein emanzipatorischer Sieg besteht darin, dass die Beute, die bisher die anderen in Händen hielten, allen zugänglich wird, ansonsten würde sich das Kämpfen wohl kaum lohnen (Pfaller, 2012, S. 79).

7.1.3 Beruflicher Aufstieg durch Erwerbsarbeit

Mit besonderen Widerständen ist vor allem dann zu rechnen, wenn sich eine behinderte Person aufmacht, durch ihre geleistete Erwerbsarbeit beruflich aufzusteigen. Da Gesellschaften grundsätzlich im höchsten Maße determiniert sind, stellt ein beruflicher Aufstieg durch Erwerbsarbeit für alle Menschen gleichermaßen eine enorme Kraftanstrengung dar (Bourdieu, 1992/2015, S. 37).

Berufliche Aufstiege durch Erwerbsarbeit werden in der Regel über die Verteilung und Verknappung von Respekt, verstanden als eine abstrakte Anerkennung für zugeschriebene Leistungen und besonnen ertragene Erniedrigungen, realisiert (Baumeister, 2012, S. 226). Der berufliche Aufstieg durch Erwerbsarbeit ist dabei ein kontinuierlicher Prozess, der bei ausreichend erarbeitetem Respekt mit einem Zugewinn an zugeschriebener Macht und Verantwortung sowie der Reduktion der Arten von zu ertragender Erniedrigung belohnt wird.

Ein Beispiel für eine Kaskade solcher Erniedrigungsformen, die es durch die Anhäufung von Respekt sukzessive hinzunehmen und zu überwinden gilt, ist die akademische Laufbahn zur Hochschullehrkraft (vgl. Baumeister, 2012, S. 226). Auf mindestens 20 Jahre besonnen ertragene Erniedrigungen unterschiedlichster Art hinter Schulbänken und Arbeitstischen folgt ein mehrjähriges, demutvolles Bemühen um den Respekt eines Doktorelternteils. Darauf folgt das mehrjährige, erniedrigende Buhlen um den Respekt immer wieder neuer Gruppen von Begutachtenden in Berufungs- und Evaluationsverfahren, die darüber befinden sollen, ob die Bemühungen ausreichend sind, um irgendwann in die Professorenkurie erhoben zu werden. Karikiert wird das Ganze noch dadurch, dass das Bemühen kurz vor dem Ziel unter der fast schon komischen Bezeichnung „Juniorprofessur" geleistet wird, obgleich längst dieselbe Arbeit verrichtet werden muss wie der Rest des Kollegiums, der es in den Kreis der Professorenkurie geschafft hat.

Da nun hohe berufliche Positionen bekanntermaßen knappe Güter sind und nicht nach Belieben dupliziert werden können, stellt die tatsächlich erfolgreiche berufliche Teilhabe behinderter Menschen eine ernst zu nehmende Bedrohung im Verteilungskampf dar, was der harmonischen Zusammenarbeit behinderter und unbehinderter Menschen in einträchtiger Vielfalt nicht zuträglich ist (vgl. El-Mafaalani, 2018, S. 77). Vor allem Behinderungen bieten hier beispielsweise durch ihre negative gesellschaftliche Wahrnehmung und Bewertung (Kap. 2.1.2), durch bestimmte sozial- und arbeitsrechtliche Privilegien (Kap. 7.1.2) und natürlich durch die konkreten Behinderungen selbst ein breites Spektrum von Möglichkeiten der Abwertung, Diskriminierung, Diskreditierung oder der erfolgversprechenden, verschärften Vigilanz zum Nachweis von Inkompetenz.

Berufliche Aufstiege hängen jedoch nicht nur vom erfolgreichen Bemühen um Respekt und von der Durchsetzungsstärke gegen die Konkurrenz ab, was naturgemäß durch Talent, Fleiß, Leistungs- und Lernbereitschaft begünstigt wird (El-Mafaalani, 2014, S. 7). Genauso entscheidend sind erfolgreiche Anpassungs- und Distanzierungsleistungen, um die divergierenden sozialen Erfahrungen und Orientierungsrahmen der unterschiedlichen vertikalen sozialen Wirklichkeiten im eigenen Erleben harmonisieren zu können.

Formaler ausgedrückt geht es um die Realisierung einer Habitus-Transformation, die darin besteht, mitgebrachte, herkunftsspezifische habituelle Praktiken dahingehend zu verändern oder zu unterdrücken, dass sie mit den anzueignenden habituellen Praktiken des durch den beruflichen Aufstieg anvisierten Milieus in Einklang gebracht werden können. Das Erfordernis solcher Aneignungs- und Distanzierungsleistungen ist demgemäß kein Spezifikum der Realisierung sozialer Mobilität behinderter Menschen, sondern aller Menschen, deren beruflicher Aufstieg auch mit einer Veränderung der gegebenen sozialen Lebensbedingungen einhergeht. Aus diesem Grund lassen sich die von El-Mafaalani (2014) gewonnenen Erkenntnisse und Schlussfolgerungen zur Habitus-Transformation aus der Migrationsforschung durchaus auf die Kategorie Behinderung übertragen.

Bei diesem Transformationsprozess kann es beispielsweise um die Veränderung des präferierten Musik- und Einrichtungsstils, der Ess- und Trinkgewohnheiten, der Art zu sprechen und sich zu kleiden, der Freizeitgestaltung und der Reisegewohnheiten, aber auch um die Entdeckung einer Leidenschaft für Kunst, eine neue Art der Körpersprache, das Erschließen neuer Small Talk Themen etc. gehen.

Vor diesem Hintergrund dürfte deutlich werden, dass dieser Transformationsprozess in gleich mehrerlei Hinsicht anstrengend ist. Zum einen streben Menschen grundsätzlich danach, ihr einmal etabliertes Selbst zu erhalten (Cloerkes, 2007, S. 186). Zum anderen geht der Transformationsprozess in der Regel mit einer impliziten oder offenen Ablehnung und Entwertung der fundamentalen ästhetischen, kognitiven, körperlichen und moralischen Aspekte der Herkunft einher, was erwartungsgemäß im Herkunftsmilieu Widerstände provoziert (El-Mafaalani, 2014, S. 25). Nicht zuletzt deshalb werden berufliche Aufstiege in der Regel nicht mit der Unterstützung, sondern gegen die Widerstände der Familie, des unmittelbaren sozialen Umfelds und der häufig milieutypischen Bildungseinrichtungen durchgesetzt.

Die aufsteigende Person sitzt somit zwischen den Stühlen, da sie sich auf der einen Seite in ihrem Herkunftsmilieu entfremden muss, um überhaupt aufsteigen zu können, während sie mit der Ungewissheit umgehen muss, nach dem Aufstieg überhaupt eine neue soziale Heimat und Akzeptanz zu finden (El-Mafaalani, 2014, S. 8).

Bezogen auf behinderte Menschen kann dies beispielsweise bedeuten, dass sie durch den Aufstieg ihrer Familie, ihrem Freundeskreis oder ihrer Sportgemeinschaft, also dem sozialen Umfeld, indem sie einfach nur behindert und eigenartig sein durften, fremd geworden sind, während sie in der sozialen Wirklichkeit, in die sie aufgestiegen sind, aufgrund ihrer Behinderung keinen Anschluss finden. El-Mafaalani (2014, S. 28) beobachtete hier auch bei extremen Aufstiegen nostalgische Sehnsucht, die er als Ergebnis permanenter Veränderungs- und Anpassungsleistungen und damit zusammenhängend als Ergebnis eines Verlustes an Zugehörigkeit ohne adäquaten Ersatz interpretiert.

Neben dem Kontaktabbruch kann es durch den beruflichen Aufstieg auch zur sogenannten Parentifizierung kommen (El-Mafaalani, 2014, S. 27). Unter Parentifizierung wird die Umkehr der Rollenverteilung zwischen Eltern und Kind verstanden, was sich dadurch äußert, dass das engagierte Elternteil in vielerlei Hinsicht zu einem hilfsbedürftigen Kind regrediert und das Kind die Rolle eines Elternteils übernimmt (Glofke-Schulz, 2007, S. 77). Stephen King hat diesem Phänomen in seinem berühmten Werk „Shining" viel Aufmerksamkeit geschenkt, indem Danny (Doc) Torrance im Overlook Hotel sukzessive in die Rolle des vernünftigen Erwachsenen hineinwächst, während insbesondere sein Vater Jack Torrence zu einem bockigen und wahnsinnigen Kind regrediert, das schließlich den entsetzten Sohn mit einer Axt bewaffnet und ein Kinderlied singend verfolgt (vgl. Cederström & Fleming, 2013, S. 130) und zum Glück nicht findet.

Ein fast schon komisch anmutendes Phänomen bei beruflichen Aufstiegen behinderter Menschen ist die reziproke Parentifizierung. Zur Parentifizierung im Kontext von Behinderung kann es beispielsweise dann kommen, wenn es den Eltern nicht gelingt, ihre Rolle als Eltern eines behinderten Kindes (Sondereltern) selbst zu regulieren und das Kind mit den Folgen dieses Scheiterns und der damit verbundenen inneren Not belasten (Glofke-Schulz, 2007, S. 77). Im Bemühen die Eltern zu entlasten und die diffusen Schuldgefühle loszuwerden, gibt es im Rahmen seiner Möglichkeiten sein Bestes, um die Eltern irgendwie zu trösten und das Anderssein aus der Wahrnehmung zu drängen, verzichtet soweit wie möglich auf eigene Ansprüche und bleibt mit seiner Beunruhigung allein (Sierck, 1989, S. 22; Glofke-Schulz, 2007, S. 76).

Reziprok wird die Parentifizierung, wenn die behinderte Person längst ein selbstbestimmtes und autonomes Leben mit Behinderung führt, die Eltern aber konsequent ihr „behindertes Kind" weiter infantilisieren und sich beispielsweise mit Bezug auf die Behinderung im höchsten Maße beunruhigt über die beruflichen Perspektiven, medizinische Untersuchungen, die Versorgungspraxis im eigenen Haushalt, die Familienplanung und andere elementare Dinge, die offenkundig längst reguliert sind, zeigen. Während es nun also endlich die ersehnten vorzeigbaren Erfolge des behinderten Kindes gäbe, werden diese durch die Parentifizierung übersehen und durch die partikuläre Infantilisierung verdrängt.

Fraglich ist nun aber, was sich eine Person von einem beruflichen Aufstieg durch Erwerbsarbeit tatsächlich versprechen kann und inwiefern sich damit die ganze Anstrengung im Bemühen um Respekt und die damit einhergehende Habitus-Transformation mit all ihren Folgen überhaupt lohnt. Wie bereits in Kap. 7.1.1 beschrieben, wird diese Frage im Kontext der individuellen Zielorientierung beantwortet und hierbei spielt natürlich die finanzielle Honorierung als Motiv eine Rolle. Bedacht werden muss jedoch, dass Erwerbsarbeit beispielsweise im Vergleich zu Kapital- oder Immobilienspekulationen ein denkbar schwacher Hebel ist, um einen wesentlichen sozialen Aufstieg durch die Anhäufung finanzieller Mittel zu realisieren. Zum einen sind die hierfür geeigneten Spitzenpositionen rar und für die meisten Menschen nicht erreichbar und zum anderen taugt die finanzielle Honorierung als zentraler Motivator nur begrenzt, da der praktische und empfundene Nutzen von Geld ab einem bestimmten Niveau stagniert (Kahneman & Deaton, 2010).

Anders verhält es sich mit dem erwarteten Zugewinn an Verantwortung und Macht, was in unmittelbarer Verbindung mit dem Streben nach Respekt steht. Höhere und prestigeträchtige berufliche Positionen sind in aller Regel mit einem Zuwachs an strategischer, ökonomischer und personeller Verantwortung und Macht verbunden, was einen sozialen Aufstieg oder die Sicherung der sozialen Position durchaus begünstigen kann.

Entscheidend sind hierbei aber natürlich auch die Kosten, um die berufliche Position zu halten, und diese dürften für behinderte Menschen deutlich höher liegen. Wie bereits in Kap. 7.1.1 beschrieben, müssen viele behinderungsbedingte Nachteile durch zusätzliche Zeit kompensiert werden, was in der Regel zulasten der Freizeit geht.

Eine weitere Herausforderung besteht darin, dass eine behinderte Person in einer höheren beruflichen Position, vor dem Hintergrund des mit Behinderungen verbundenen, niederen sozialen Status, eine empfundene Statusinkonsistenz erzeugt (Baumeister, 1997/2013, S. 174). Fühlt sich also die unbehinderte Person der behinderten Person überlegen, wird sie möglicherweise erhebliche Mühe damit haben, der behinderten Person in der unmittelbaren Konkurrenz zu unterliegen oder sie gar als vorgesetzte Person zu akzeptieren. Verschärft wird die Situation durch die mit dem beruflichen Aufstieg verbundene Öffentlichkeit, die der erlebten Statusinkonsistenz eine soziale Realität verleiht, die nicht einfach verleugnet oder ignoriert werden kann (Baumeister, 1997/2013, S. 187).

Behinderte Menschen stehen demzufolge vor dem kaum aufzulösenden Dilemma, dass sie auf der einen Seite ihre fachlichen Kompetenzen und ihre Kompetenz als Führungskraft ständig beweisen müssen, um die empfundene Statusinkonsistenz zu legitimieren, während sie auf der anderen Seite das übliche Maß an Inkompetenz präsentieren müssen, damit sich die Untergebenen überhaupt aktivieren, sich in ihren Kompetenzen gefordert fühlen und mit Schimpfklatsch die notwendige Distanz schaffen können.

Berufliche Verantwortung und Macht sind letztlich immer nur situativ durch eine Rolle zugeschrieben und somit vor allem für behinderte Menschen in ihrer Beständigkeit nach Innen und Außen ausgesprochen fragil. Nach Innen arbeitet die behinderte Person stets im Schatten des „Enthinderungsfallbeils“, mit welchem sich letztendlich nach Belieben entwaffnende Gründe konstruieren oder behaupten lassen, die betriebliche Veränderungen zum Nachteil der behinderten Person implizieren. Nach Außen bedarf die zugeschriebene Verantwortung und Macht der Anerkennung, die gegen die manifesten Vorurteile und die Unterstellungen von Inkompetenz aufgrund der Behinderung durchgesetzt und aufrechterhalten werden muss, die naturgemäß mehr nach Bestätigung als nach Widerlegung dürsten.

Das gleichermaßen Perfide an beiden Diskriminierungsstrategien besteht darin, dass sie, zumindest hinter vorgehaltener Hand, genau mit der Behinderung legitimiert werden. Wenn sich die behinderte Person zu wehren sucht, erntet sie den Hohn, den ein uneinsichtiger, sich selbst überschätzender und vom Gram der Behinderung gebeugter Einfaltspinsel verdient. Mit ihrem Schweigen hingegen bestätigt sie die diskriminierende Entscheidung und wird mit dem Hohn der Sieger bestraft (vgl. Eribon, 2019, S. 88).

Neben ökonomischen Vorteilen und dem Zugewinn von effektiver Verantwortung und Macht zählen sicher der Zugewinn und die Institutionalisierung von sozialem Kapital zu den zentralen Motivatoren, die Menschen im beruflichen Aufstieg antreiben. Nun liegt natürlich auf der Hand, dass eine Person, die viel entscheidet und verantwortet, fortlaufend Zuspruch und Abneigung generiert, was sich erfahrungsgemäß durch geschicktes Verweben und Bündeln in soziales Kapital umsetzen lässt. Der tatsächliche Nutzen dieses Kapitals bleibt dann aber häufig weit hinter den Möglichkeiten zurück, da das Bemühen um Respekt im beruflichen Kontext meistens deutlich mehr Konkurrenz erzeugt als herzliche Freundschaften, in denen Gefallen verteilt werden (Baumeister, 2012, S. 187). Gleiches scheint kurioserweise auch für die anhand zahlreicher Filme rekonstruierten, jugendlichen Fantasien des sexuellen Schlaraffenlands zu gelten, in welches nach dem beruflichen Aufstieg endlich Einlass gewährt werden sollte (Baumeister, 2012, S. 218). Die meisten Erfolgreichen an den unzähligen Tresen der Businesshotels würden vermutlich mit einem Augenzwinkern und an ihrem Cosmopolitan schlürfend zugeben, dass es eine wirkmächtige Fantasie geblieben ist.

Die Quelle für relevantes soziales Kapital, das auch tatsächlich beruflich und emotional nützlich ist, dürften nach wie vor klassische Freundschaften sein, die nicht durch Konkurrenz, sondern durch Regelmäßigkeit gewachsene Gewohnheiten beim gemeinsamen Drücken der Schulbank, in langen Nächten in Studierendenkneipen, im Sportverein oder im geteilten Büroraum geboren wurden. Demgemäß erscheinen beispielsweise beruflich motivierte, entwurzelnde Wohnortwechsel, wie sie aufgrund reduzierter Möglichkeiten auf dem Arbeitsmarkt für behinderte Menschen typisch sind, kritisch, da der Zugewinn an sozialem Kapital, der damit einhergeht, die zu erwartenden Verluste erst mal aufwiegen muss. Persönliche Eigenschaften wie Sympathie, Intelligenz, Neugier, Empathie, Mitgefühl oder auch Geduld sind nach wie vor wesentlich wirkmächtigere Instrumente zum Aufbau von sozialem Kapital als konkurrenzorientierte, berufliche Aufstiege. Diese fragilen Pflänzchen gilt es deshalb auch unter dem Diktat des individuellen Modells von Arbeitslosigkeit weiterhin mit gebotener Sorgfalt zu pflegen, auch wenn dies zweifelsohne eine beachtliche Herausforderung darstellt.

7.2 Berufsbild Karriere

> „Im Sport werden oft die Fairnessregeln als Grund angeführt, Doping zu unterbinden. Im Alltag jedoch sind leistungssteigernde Substanzen im Prinzip für alle zugänglich, die sie sich leisten können." (Martschukat, 2019, S. 156)

In Industrieländern ließ sich in den vergangenen Jahrzehnten ein deutlicher Rückgang traditioneller „Normalarbeitsverhältnisse" im produzierenden Gewerbe beobachten, während der Anteil von Arbeitsverhältnissen im Dienstleistungssektor und die Zahl prekärer Beschäftigungsverhältnisse im Niedriglohnsektor anstiegen (Martschukat, 2019, S. 131). Mit dieser Verschiebung habe auch die klassische Vorstellung einer überdauernden, arbeits- und versicherungsrechtlichen Festanstellung an Strahlkraft verloren. Das Leitmotiv und die zentrale Individualisierungsstrategie des modernen Menschen ist nunmehr das unternehmerische Selbst, welches sich selbst in seiner gesamten Existenz als Unternehmen begreift, sich entsprechend führt und optimiert (Bröckling, 2007).

Das „unternehmerische Selbst" begreift traditionelle Erwerbsarbeit, entsprechend der Idee des flexiblen Kapitalismus, als zeitlich begrenzte und unsichere Realisierungsbedingung seiner selbst und fügt sich damit in ein Bild von Arbeitskräften als vertretbare Güter, die nach Belieben ausgebeutet und verworfen werden können. Traditionelle Erwerbsarbeit wird demgemäß nur zwecks Befriedigung existenzieller Nöte im erforderlichen Umfang ergriffen und bei Wegfall dieser Nöte auch wieder aufgegeben. In Ermangelung der stabilisierenden Wirkung von traditioneller Erwerbsarbeit begreift das „unternehmerische Selbst" Wohlbefinden als einen gegenwartsorientierten und flüchtigen Zustand, der nicht erarbeitet, sondern durch das Nutzen von Möglichkeiten erreicht wird (Sennett, 1998, S. 62; Illouz, 2018, S. 268f.).

All diese Möglichkeiten entfalten ihren gesellschaftlichen Nutzen aber erst dann, wenn sich Individuen auch tatsächlich aufmachen, um die Möglichkeiten zu nutzen. Dies geschieht sicher nicht, wenn Menschen im stoischen Sinne die eigenen Grenzen akzeptieren und sich mit den Gegebenheiten abfinden, sondern dann, wenn sie sich alle erdenklichen Möglichkeiten vorstellen und ausmalen (Brinkmann, 2018, S. 22). Aus diesem Grund geht es längst nicht mehr darum, entsprechend dem konservativen Diktat die eigenen Gefühle und Begierden zu regulieren und im Zaum zu halten, sondern darum, die eigenen Gefühle und Begierden zu verstärken, um sie in möglichst vielen Wünschen zu konkretisieren und nach ihnen zu handeln (Illouz, 2018, S. 17; Brinkmann, 2018, S. 84).

Diese Gegenwartsdiagnose führt dabei in eine ganze Reihe von bemerkenswerten Widersprüchen. In zahlreichen Schulen wird weiterhin mit viel Mühe und Anstrengung versucht, dem Überschuss an Gefühlen und Begierden der Kinder und Jugendlichen mit Zucht und Ordnung Herr zu werden, obgleich genau dieser Überschuss der Treibstoff des gesellschaftlichen Lebens ist. Soziale Sicherungssysteme versuchen genau wie die behinderungsspezifischen Interventionssysteme, möglichst viele Routinen und stabilisierende Ankerpunkte in das Leben der Klientel zu tragen, bis sich nicht nur die behinderte Person mit all ihren Ideen und Fantasien endlich resigniert in den unangenehmen, aber dennoch wärmenden Schoß der Fremdbestimmung fallen lässt.

Bei konsequenter Interpretation des gegenwärtigen Zeitgeists bedürfen nicht länger jene Menschen der besonderen pädagogischen und rehabilitativen Unterstützung und Förderung, die nichts können, sondern jene, die aufgehört haben, etwas zu wollen. Dieser Denkart nach ließe sich der irritierenden Kränkung einer arbeitsuchenden Person, die erleben muss, dass ihre Arbeitskraft nicht oder nicht mehr gebraucht wird, deutlich besser begegnen, indem zuallererst eine für sie selbst glaubhafte und erstrebenswerte Zukunftsvision geschaffen wird. Der sich daraus ergebende fachspezifische Kompetenzaufbau würde dann als Teil der Entfaltung des „unternehmerischen Selbst" intrinsisch motiviert mit Sicherheit erfolgversprechender sein als immer wieder andere extrinsisch erzwungene Varianten systematischer Bildungsversuche.

Das zu dieser Denkweise passende Berufsbild ist die Karriere, das im Folgenden in seiner prägenden und weitreichenden Wirkung umrissen und von der traditionellen Erwerbsarbeit abgegrenzt werden soll. Daran anschließend werden einige institutionelle Herausforderungen sowie emotionale Aspekte in der Gestaltung von Karrieren mit besonderem Blick auf Behinderung herausgearbeitet.

7.2.1 Die Berufung zur selbstbestimmten Karriere

Das Berufsbild Karriere ist eine vergleichsweise neue Form der Arbeit, bei der versucht wird, eine persönliche Leistungs-, Status- und Erfolgsbilanz aufzubauen (Baumeister, 2012, S. 225). Das Handeln innerhalb des Berufsbilds richtet sich an Aspekten aus, die sich dazu eignen, den eigenen geschriebenen Lebenslauf zu verlängern und damit das persönliche Portfolio zu erweitern, zu verfeinern und abzurunden (Baumeister, 2012, S. 225; Martschukat, 2019, S. 28). Alles private, soziale und öffentliche Handeln wird instrumentalisiert und ökonomisiert mit dem individuellen Bemühen verwoben, sich selbst zu optimieren (Martschukat, 2019, S. 131). Die individuelle Zielorientierung erfolgt somit weder über die effektive Sinnhaftigkeit der Arbeit oder ein Gefühl von altruistischer Nützlichkeit noch über die finanzielle Kompensation. Arbeit wird vor allem als Möglichkeit der Selbstverherrlichung begriffen, als Investition in sich selbst, um sichtbare Erfolge und soziale Anerkennung zu produzieren und das alles, um letztendlich die Vorstellung seiner selbst zu verwirklichen (Wiesböck, 2018, S. 16).

Karriereorientiertes Denken orientiert sich mit Blick auf die zugrunde liegende persönliche Flexibilität im hohen Maße an der Vorstellung der universellen Konvertierbarkeit aller Kapitalsorten (Bourdieu, 1992/2015, S. 52f.), während traditionelle Erwerbsarbeit stärker an der systematischen Generierung ökonomischen Kapitals als Tausch- und Wertaufbewahrungsmittel orientiert ist. Kulturelles Kapital, das beispielsweise in Form von ausgeprägten Sprachkenntnissen und guter Allgemeinbildung realisiert und durch Bildungsabschlüsse institutionalisiert ist oder auch soziales Kapital wie erarbeitete Gefallen, Rechte, Statusprivilegien oder Privilegien für den Zugriff auf Wissen, lassen sich im Rahmen einer Karriere vergleichsweise einfach in ökonomisches oder soziales Kapital konvertieren.

Ein zweiter Unterschied zwischen der traditionellen Erwerbsarbeit mit ihren stabilen Rahmenbedingungen und vergleichsweise wenigen entscheidenden „ersten Eindrücken" und dem Berufsbild Karriere lässt sich entlang von Faktoren wie Alter, körperlicher Verfasstheit, Gesundheit und Attraktivität erkennen, denen eine zentrale Bedeutung bei der Realisierung einer erfolgreichen Karriere zukommt (Winkler & Degele, 2009, S. 40). Dies rührt vor allem daher, dass Karrieren durch ihre dynamische Struktur aus sehr vielen entscheidenden „ersten Eindrücken" bestehen, bei denen die genannten Faktoren eine entscheidende Rolle spielen. Dadurch kann das „Körperkapital" als vierte Kapitalsorte verstanden werden, welche die bereits beschriebenen drei universell konvertierbaren Kapitalsorten, also das ökonomische, das kulturelle und das soziale Kapital, ergänzt (Waldschmidt, 2011, S. 101).

Körperkapital lässt sich in der Regel mühelos durch die Privilegierung in Bildungsprozessen in kulturelles Kapital, beispielsweise durch prestigeträchtige Bekanntschaften oder Partnerschaften, in soziales Kapital oder auch durch eine Privilegierung bei Gehaltsverhandlungen oder Vorteile in der Anbahnung von Geschäftskontakten in ökonomisches Kapital konvertieren (Waldschmidt, 2011, S. 101; Cloerkes, 2007, S. 107). Konsequenterweise gibt es inzwischen zahlreiche Möglichkeiten, sein Körperkapital durch den Einsatz anderer Kapitalsorten zu steigern, wofür jedoch mitunter hohe Einsätze für Fettabsaugungen, Implantate, Haartransplantationen etc. oder die Einbringungen erheblicher zeitlicher Ressourcen in Fitnessstudios, auf Laufwegen, in Kosmetikstudios etc. erforderlich sind.

Offensichtlich steht die weithin akzeptierte Individualisierungsstrategie des „unternehmerischen Selbst" mit seiner Realisierungsform Karriere in unmittelbarer Beziehung zum kompetenzorientierten Bildungsideal und legitimiert dieses (Kap. 6.2). Konkrete fachspezifische Kompetenzen sind mit dem Paradigmenwechsel in den Hintergrund gerückt und wurden durch Kompetenzen verdrängt, die vor allem dazu dienen, seine Karriere weiter zu elaborieren, um letztendlich sein Selbst, in die schönsten Kleider gekleidet, bestmöglich durch eingeübte Posen, im wärmenden Scheinwerferlicht, mit immer wieder neuen fantastischen Selfies einzufangen.

Dazu gehören die bereits beschriebenen 4K, also Kompetenzen im Bereich der Kommunikation, Kollaboration, Kreativität und kritisches Denken. Außerdem lassen sich an dieser Stelle auch bestimmte methodische Kompetenzen auf der Metaebene nennen, die anderen angeboten werden können, um fremde Leistungen neu zu verpacken oder zu verfeinern, um damit sich selbst mit ins Rampenlicht zu rücken. Auch in der Wissenschaft werden solche sozialen Potenzen (Formulierung von Thimm, 2006, S. 31) rege eingesetzt, um beispielsweise die eigene Publikationsliste zu verlängern. In einem solchen Fall erkauft sich die forschende Person seine Mit-Autorenschaft nicht durch einen tatsächlichen substanziellen Beitrag zur wissenschaftlichen Arbeit, sondern durch die

Übernahme einfacher, sprachlicher, statistischer, technischer etc. Dienstleistungen, die in einem ausreichend finanzierten Wissenschaftsbetrieb an entsprechende Hilfskräfte ausgelagert werden würden.

Mit Sennett lässt sich diese Aufzählung relevanter Kompetenzen durch die sogenannten Lebenskompetenzen ergänzen, die es dem Individuum erlauben, sozial formbar zu sein (Cederström & Fleming, 2013, S. 73). Soziale Formbarkeit bedeute, sich in kürzester Zeit einer beliebigen Aufgabe uneingeschränkt und leidenschaftlich hingeben, sich ohne Anlauf in dynamische soziale Gefüge integrieren und sich dann aber auch wieder genauso schnell aus den so entstandenen Arrangements lösen und zurückziehen zu können. Entscheidend dabei ist nicht, ob die beizubehaltende Fassade des Interesses und der fachlichen Großartigkeit im Springen von einer zur nächsten Aufgabe aus echten Gefühlen und Kompetenzen gespeist wird, sondern lediglich, ob sie in der dargebotenen Form für nützlich gehalten wird (Cederström & Fleming, 2013, S. 73).

Von Bedeutung sind in diesem Zusammenhang auch die sogenannten Selbststeuerungskompetenzen, mit denen der Nachweis erbracht wird, dass das Individuum bereit ist, sich selbst mit seiner einzigartigen Kombination aus den vier Kapitalsorten bewusst zu vermarkten. Hierbei spielen gegenwärtig vor allem Kompetenzen im Umgang mit dem eigenen Körperkapital eine wesentliche Rolle. Es geht um den Nachweis der Bereitschaft an sich mit Ausdauer und Anstrengung zu arbeiten, der durch die selbstverständliche Präsentation eines fitten Körpers erbracht wird (Martschukat, 2019, S. 21). Menschen, die in der Wahrnehmung anderer über keinen fitten Körper verfügen, also auch ein wesentlicher Teil behinderter Menschen, werden nach dieser Denkart kurzerhand sämtliche Selbststeuerungskompetenzen abgesprochen, was sich dann auch auf alle anderen Kompetenzbereiche überträgt (Martschukat, 2019, S. 26).

Verändert hat sich aber nicht nur das Spektrum relevanter Kompetenzen, sondern auch das Verständnis von Leistung. Traditionelle Leistungsindikatoren wie hohe Produktivitätswerte oder die Erarbeitung praktisch relevanter Ideen, gehaltvoller wissenschaftlicher Einsichten, qualitätsvoller künstlerischer Produkte, optimierter Technologien (Ahrbeck, 2016, S. 75) dienen zwar nach wie vor als Treibstoff der Gesellschaftsmaschinerie, gelten aber nicht länger als Ausdruck von Genie oder Anstrengung, sondern als Ideen, deren Zeit gekommen ist (in Anlehnung an Victor Hugo). Facebook, Xing, Ritalin, Uber, Alexa etc. sind dieser Denkart nach keine Produkte adressierbarer, individueller, produktiver Leistung nach traditionellem Verständnis, sondern Ideen, die so lange immer wieder neu gedacht wurden, bis sie endlich an das gesellschaftliche Leben anschlussfähig waren und mit einem findigen wirtschaftlichen Verwertungskonzept verknüpft wurden.

Leistung ist demgemäß also vor allem das Ergebnis richtig getroffener Entscheidungen, bestmöglich genutzter Chancen oder auch der geschickte Einsatz von analogen und digitalen Kommunikationsstrategien, um das eigene Tun möglichst wirkungsvoll aufzublasen und zu potenzieren. Dementsprechend gelten Personen als leistungsstark, die durch erfolgreiche Investitionen am Aktienmarkt oder in Unternehmungen Anderer bemerkenswerte Gewinne eingefahren haben, die über prestigeträchtige soziale Netzwerke verfügen, in denen sie mediale Artefakte, Kunstwerke, Forschungsergebnisse etc. platzieren oder über hohe Werte bei Erfolgs- oder Beliebtheitsindikatoren wie Likes, Follower-Zahlen, Zitationen, Impacts etc. verfügen (Verheyen, 2018, S. 12; Wiesböck, 2018, S. 157).

Ein weiteres wesentliches Merkmal des Berufsbilds Karriere ist die Verschmelzung von Privat- und Arbeitsleben zu einer untrennbaren Sphäre (Cederström & Fleming, 2013, S. 19, 30, 34). Dies trage dem Umstand Rechnung, dass auch das Privatleben Ressourcen bereithält, die es im Interesse des „unternehmerischen Selbst" konsequenterweise zu instrumentalisieren gilt. Somit werden markante Attitüden, ausgeprägter Humor, gelebte Sexualität oder auch besondere persönliche Idiosynkrasien nicht länger als betriebsschädlich betrachtet, sondern ganz im Gegenteil als Bereicherung der Diversität im Betriebsgeschehen, als Möglichkeitsraum für das Marketing, als Zeichen für die persönliche Hingabe etc.

Während also der Mensch in der Vorstellung der traditionellen Erwerbsarbeit ein privates Individuum war, das regelmäßig für begrenzte Zeiträume seine Arbeitskraft in Form eines nachgefragten, gespielten, tätigkeitstypischen Rollenverhaltens verkauft hat, wird das „unternehmerische Selbst" zu seiner Karriere, indem es sein Privates mit den öffentlichen Rollen verschmelzt und sich selbstbestimmt mit Blick auf das eigene Vorankommen als Gesamtpaket vermietet. Arbeiten wird also zu einer ständigen Lebensweise und ist nicht länger etwas, was unter anderen Dingen hin und wieder getan wird (Cederström & Fleming, 2013, S. 32).

Dementsprechend können Unternehmen, während sie durch das Lied des Fachkräftemangels die Ausbildungsverantwortung gebetsmühlenartig delegieren, geruhsam darauf vertrauen, dass sich potenzielle Mitarbeitende in eigener Regie, aus eigenen Ressourcen und in ihrer „freien" Zeit selbst ausbilden und optimieren (Cederström & Fleming, 2013, S. 20).

Das neugefasste Verständnis von Kompetenz und Leistung, die überwundene Trennung zwischen Arbeits- und Privatleben und der hohe Anspruch an selbstverantwortlichem und -bestimmtem Handeln wurden längst mit der Arbeits- und Organisationsstruktur der meisten großen Unternehmen harmonisiert (Brinkmann, 2018, S. 12). Lernende Organisationsstrukturen, flache Hierarchien, umfassende Aufgabendelegationen oder selbstregulierte Teams schaffen die notwendigen Spielräume für die vielfältigen individuellen Stile und Idiosynkrasien, Ansprüche an Eigenverantwortung und Selbstbestimmung, gewünschten Routinen und sozialen Interaktionsformen etc. Dadurch wird es dem „unternehmerischen Selbst" möglich, die konkrete Tätigkeit für das beliebige Unternehmen als eine Art freiberufliches Projekt zu erleben, welches, wie auch die ganzen anderen nebenläufigen Tätigkeiten, als geschlossene Einheit in die eigene Karriere integriert werden kann.

Cederström und Fleming (2013, S. 32) exemplifizieren das „unternehmerische Selbst" auf bemerkenswerte Weise in seiner Realisierungsform in einer akademischen Karriere als Hochschullehrkraft, die in der Regel ohne die Überwachung und das Diktat einer unmittelbar vorgesetzten Person arbeitet und ihre Selbstbestätigung und -verherrlichung aus einem diffusen Gewirr aus Drittmittelzusagen, Anfragen für Autorenschaften und Vorträge, Zitationen, Studierendenzahlen etc. ableiten muss. In Ermangelung einer anweisenden, vorgesetzten und die eigene Leistung bewertenden Person, die geschätzt, verachtet oder ignoriert werden kann, und durch das Fehlen glaubhafter objektiver Parameter wie finanzielle Honorierung oder ernst gemeintes Lob, welche die eigene Leistung bestätigen könnten, verinnerlicht eine Hochschullehrkraft die regulative „Boss-Funktion" aus sich selbst heraus und wird sie dadurch nicht mehr los.

Das Ergebnis sind nicht lange Tage am Strand zwischen Palmen und Sonnenuntergängen, sondern dicht gefüllte Arbeitswochen nach dem Muster: „Der Akademiker heute schreibt pflichtbewusst seine Vorlesungen an einem Sonntagabend, erforscht noch todmüde neue Ideen, erscheint pünktlich zum Seminar, bildet sich selbst in der Kunst des Schreibens aus, liest und kommuniziert (und ja, es ist bitterironisch, dass einer der beiden Autoren diesen Satz an einem sonnigen Osterfreitag schreibt)." (Cederström & Fleming, 2013, S. 32).

7.2.2 Institutionell behinderte Karrieren

Aufgrund der hohen individuellen Orientierung von Karrieren stoßen behinderte Menschen zwar durchaus an einige behinderungsspezifische Barrieren, müssen sich aber zuallererst mit denselben Herausforderungen und Schwierigkeiten wie unbehinderte Menschen auseinandersetzen. Dementsprechend bietet eine Karriere auch für behinderte Menschen eine ganze Reihe von Chancen, die es in einem weitgehend offenen und harten Wettbewerb zu nutzen gilt.

Der Vorteil einer Karriere im Vergleich zur traditionellen Erwerbsarbeit besteht darin, dass der bereits beschriebene, fremdbestimmte Beweiszwang, dem sich behinderte Menschen ausgesetzt sehen (Kap. 7.1.1), durch das Motiv der Selbstoptimierung mit Sinn erfüllt wird. Genauso erleichtert die gefühlte Selbstbestimmung des „unternehmerischen Selbst" und das damit verbundene selbst festgelegte Referenzsystem zur Bewertung eigener Leistungen, die Bearbeitung der wiederkehrenden Verhaltensoriginalitäten Anderer im Umgang mit Behinderung, die ansonsten bei der traditionellen Erwerbsarbeit häufig mit Genügsamkeit und Dankbarkeit ertragen werden müssen.

Wie bereits beschrieben, ist ein beruflicher Aufstieg, nicht zuletzt aufgrund des fremden Referenzsystems, mit markanten Nachteilen für behinderte Menschen verbunden. Vor dem Hintergrund des „unternehmerischen Selbst“ und eines eigenen Referenzsystems sind diese Nachteile nicht kategorial behinderungsspezifisch, sondern subjektiv bestimmt. Somit muss noch mal betont werden, dass eine Karriere eben nicht nach objektiven Maßstäben definiert werden kann, sondern vor allem darin besteht, sich selbst innerhalb eines selbst geschaffenen Referenzsystems Ziele zu setzen, die dann selbstbestimmt erreicht werden und das Gefühl von persönlichem Erfolg erzeugen. Traditionelle Erwerbsarbeit steht also einer Karriere diametral entgegen, da Erfolg dort das Erreichen fremdbestimmter Ziele in einem fremdbestimmten Referenzsystem bedeutet.

Der Boden, auf dem Karrieren gedeihen, ist die Überzeugung, dass die vertikale und horizontale soziale Mobilität durch den Einsatz des verfügbaren ökonomischen, kulturellen, sozialen und körperlichen Kapitals bestimmt wird, das mit ausreichender Anstrengung auch selbst generiert werden kann. Diese Überzeugung ist vergleichsweise jung, da der Großteil der Menschen noch bis vor wenigen Jahrzehnten der Vorstellung folgte, dass das Individuum für sein eigenes Leben nicht selbst verantwortlich sei, was also auch bedeute, dass der eigene soziale Status als gegeben und nicht den Einflüssen des eigenen Handelns unterworfen betrachtet wurde (Welzer, 2013, S. 59; Winkler & Degele, 2009, S. 39f.).

Die meisten westlich-modernen Staaten betrachten sich selbst als sogenannte „Leistungsgesellschaften“ oder „Meritokratien“ und erheben damit den Anspruch, die ökonomische Produktivität dadurch zu steigern, dass sie berufliche Positionen und sozialen Status an individuelle Leistung und nicht an die Herkunft knüpfen (Verheyen, 2018, S. 8f.). Demgemäß erhielten alle Mitglieder der Gesellschaft ihre durch Anstrengung, Leistung und Risikobereitschaft verdiente, wirtschaftliche und soziale Position (Wiesböck, 2018, S. 88). Offenkundig beeinflussen aber, neben Glück und Zufall, auch zahlreiche weitere Faktoren systematisch die soziale Mobilität, auf welche die einzelne Person keinen Einfluss hat (Verheyen, 2018, S. 8f.). Dazu gehören beispielsweise die Familie, die Hautfarbe, das Geschlecht, die ethnische Zugehörigkeit, die Staatsangehörigkeit, der Familienname, das Alter, das äußere Erscheinungsbild und nicht zuletzt natürlich auch eine mögliche Behinderung.

Dies lässt sich ohne Aufwand mit unzähligen praktischen Beispielen sofort zeigen und dabei verwundert es, dass anscheinend genau die Mitglieder der Gesellschaft am stärksten an dieses meritokratische Prinzip glauben, die durch die soziale Ungleichheit benachteiligt sind (vgl. Bourdieu, 1992/2015, S. 15). Dem zuträglich ist das vorherrschende Alltagsverständnis von Leistung, das suggeriert, dass es eine Art messbare und linear steigerbare, objektive Größe gebe, die das Maß der individuell erbrachten Anstrengung auf der Grundlage der eigenen Kompetenzen abbilde, was dann auch noch gerecht von der Gesellschaft belohnt werde (Verheyen, 2018, S. 13).

Ein weiterer Faktor, der den Glauben an das meritokratische Prinzip stützt, ist das öffentliche Zeremonieren und Anpreisen „inspirierender" Karrieren oder trivialer und fremdbestimmter Erfolge prominenter Menschen, die das Gefühl vermitteln, dass sich das Leben kontrollieren lasse (Brinkmann, 2018, S. 113). Solche strahlenden Bilder werden dann durch die Bilder des Elends der angeblich leistungsunwilligen Vergessenen kontrastiert, die im öffentlichen, medialen Wohnzimmer für die Dauer der Drehzeit der Erbauung und Abgrenzung dienen (Kap. 7.1.2). Durch diese mediale Fokussierung erfolgsverwöhnter Karrieren und verwahrloster Almosenspielplätze kommt es zu einer systematischen Verkürzung unterschiedlicher Lebensbedingungen, da die Situation der zahlenmäßigen Mehrheit, also der Menschen, denen es nicht gelingt, ihre mühevolle Anstrengungen in Erfolg zu verwandeln, der öffentlichen Wahrnehmung entzogen bleibt (vgl. Thimm, 2006, S. 29, 172).

Das „meritokratische Prinzip" scheitert an der Tatsache, dass eben genau nicht die Anstrengung sowie Leistungs- oder Risikobereitschaft belohnt wird, sondern lediglich der realisierte Erfolg nach dem modernen Verständnis von Leistung (Verheyen, 2018, S. 13). Das bereits verfügbare ökonomische, kulturelle, soziale und körperliche Kapital im Karrierestreben trägt dazu bei, das notwendige Maß an Glück und Zufall zu kontrollieren und damit die Erfolgsaussichten zu stabilisieren. Da nun aber das verfügbare Kapital und somit die Chancen auf erfolgreiche Karrieren grundsätzlich ungleich verteilt sind, werden in der Regel auch genau die Menschen erfolgreich, die über genug mitgebrachte Ressourcen und ein ausreichendes Maß an Selbstwertgefühl verfügen, um Widerstände aussitzen und Niederlagen unbeschadet wegstecken zu können (Thimm, 2006, S. 28; Wiesböck, 2018, S. 100). In der sozialen Wirklichkeit des „meritokratischen Prinzips" werden vor allem jene belohnt, die bereits über eine umfassende Kapitalausstattung verfügen und diese Ausstattung durch den Abruf karriereorientierter Kompetenzen zu vermehren suchen, ergänzt durch einige wenige andere, die im richtigen Moment verblüffend viel Glück haben.

So negativ dies nun auch anmuten mag, lässt sich daraus durchaus eine positive Perspektive für behinderte Menschen ableiten. Ganz nach dem Sinnspruch von John F. Kennedy: „Das Leben ist ungerecht, aber denke daran: nicht immer zu deinen Ungunsten.", lassen sich die in der Regel schlechteren Startbedingungen behinderter Menschen ohne Mühe manipulieren.

Wenn behinderte Menschen im Sinne des „unternehmerischen Selbst" das Berufsbild Karriere wählen, setzen sie sich in ihrem eigenen Referenzrahmen genau die Ziele, die sie ihrer Selbstverwirklichung und -verherrlichung für zuträglich halten. Da es nun überhaupt keine Rolle spielt, wie diese Ziele erreicht wurden, ist es offenkundig vielversprechend und zudem auch noch verblüffend einfach, die Startbedingungen behinderter Menschen und damit die

Chancen auf Erfolg durch die Ausstattung mit konvertierbarem Kapital nachhaltig zu verbessern (Kap. 7.3.2).

Mit dem Vorschlag dieses Ansatzes lässt sich in der Regel ein leidenschaftlicher Abwehrreflex aufseiten einiger der Agierenden des Interventionssystems provozieren, was das institutionelle Festhalten am individuellen Modell von Behinderung entlarvt. Das Interventionssystem folgt nach wie vor dem Pathos sehr genau zu wissen, wie sich etwas Wirksames dem Problem Behinderung im Leben behinderter Menschen entgegensetzen lässt und legitimiert sich dadurch natürlich auch ein Stück weit selbst. Aus diesem Grund stellt die selbstbestimmte, undankbare und nicht ausreichend bescheidene behinderte Person, die sich selbst Ziele setzt und deren Erreichen auch selbst bewertet, eine Bedrohung dar, die dann am besten auch selbst scheitern soll.

Dies lässt sich auch mit den Ergebnissen der Studie von French (2017, S. 163ff.) untermauern. Erwartungsgemäß war ein Großteil der Teilnehmenden dem Interventionssystem im hohen Maße für die geleistete Unterstützung „dankbar". Auf der anderen Seite gab es aber auch Teilnehmende, die sich ausgesprochen kritisch und ablehnend gegenüber der standardisierten diagnostischen Verfahren und Angebote sowie der fehlenden Flexibilität zur Gestaltung zukünftiger beruflicher Perspektiven verhielten. Genau deshalb müssen Karrieren häufig gegen institutionelle Behinderungen durchgesetzt werden, während der Zugriff auf verfügbare Ressourcen verwehrt wird.

Die fehlende Fantasie des Interventionssystems ist in diesem Zusammenhang durchaus verblüffend, da die als Gegenargument angeführte Unbestimmtheit und fehlende Determinierung am Anfang einer Karriere die wesentliche Voraussetzung dafür ist, dass überhaupt ein eigenes Referenzsystem geschaffen werden kann. Eine Karriere ist eine sukzessive Entwicklung, die nicht durch Selbstsicherheit, sondern durch ein Abwägen zwischen Sicherheit und Weiterentwicklung geprägt ist (El-Mafaalani, 2014, S. 24). Außerdem finden sich in der biografischen Rekonstruktion vieler Karrieren einzelne Bezugspersonen aus einem meist höheren sozialen Milieu, die mit ihrem emotionalen und fachlichen Mentorat wesentlich zum Erfolg beigetragen haben (El-Mafaalani, 2014, S. 6). Eine dauerhafte mentorierende Unterstützung bei der individuellen Entwicklung der Karriere wäre also ein vielversprechender Ansatz und eine erfrischende Alternative zu den Bemühungen in der systematischen Anbahnung der Erwerbsarbeit, die nach dem Arbeitsantritt als erfolgreich abgeschlossen gelten.

7.3 Inklusive Karrieren

> „Ich werde für sie [das Unternehmen] in dem Moment nutzlos, da ich diesen ‚Kobold der Perversität', meine gegenkulturelle subversive Eigenheit verliere und anfange, mich wie ein normales erwachsenes Subjekt zu verhalten." (Slavoj Zizek zit. nach Cederström & Fleming, 2013, S. 78)

Am Ende dieser durchaus kritischen Betrachtungen steht die Frage, ob Erwerbsarbeit auch tatsächlich das hält, was sie verspricht und ihr zurecht die zentrale strukturierende Funktion des gesamten Erwachsenenlebens zukommt. Die meisten erwerbstätigen Menschen dürften zustimmen, dass die Erwerbsarbeit das gesamte bisherige Erwachsenenleben in irgendeiner Form strukturiert und mitbestimmt hat. Hinsichtlich der Frage, ob die ausgeübte Erwerbsarbeit tatsächlich das Selbstvertrauen gestärkt hat, sinnstiftend war, sich im Verhältnis der eingesetzten Lebenszeit finanziell gelohnt hat, Kontakte und Freundschaften geschaffen hat etc., dürfte zumindest eine bestimmte Skepsis vernehmbar sein (vgl. Becker, 2016, S. 20).

Davon abgesehen, würde aber auch die subjektiv geäußerte Zufriedenheit mit der beruflichen Situation ohne realistische Vergleichsmöglichkeiten, auf die behinderte Menschen beispielsweise in Werkstätten oder in kreierten Berufsbildern häufig nicht zurückgreifen können, wenig über die objektiven Charakteristika von Erwerbsarbeit aussagen (Thimm, 2006, S. 224). Das bedeutet, dass die Beschäftigung in einer Werkstatt oder in einem kreierten Berufsbild nur dann als Untersuchungsgegenstand für Erwerbsarbeit herangezogen werden kann, wenn die behinderte Person in ihrer beruflichen Rolle auch effektiv erwerbstätig ist und nicht einfach nur beschäftigt wird, während sie Erwerbsarbeit für unbehinderte Menschen schafft.

7.3.1 Dekonstruktion behinderter Erwerbsarbeit

Wie die Ausführungen gezeigt haben, lässt sich zusammenfassend festhalten, dass sich traditionelle Erwerbsarbeit nur sehr begrenzt eignet, um die berufliche Teilhabe behinderter Menschen anzubahnen und zu sichern. In einem System, das sich an der individuellen Leistung orientiert, die sich in einem Wettbewerb durchsetzen soll und durch die möglichst dauerhaft Mehrwert geschaffen werden kann, sind die unbehinderten und behinderten Menschen benachteiligt, deren angebotene Arbeitskraft aufgrund ihrer fehlenden Konkurrenzfähigkeit und minderen Produktivität für „wertlos" oder „nicht ausreichend wertvoll" gehalten wird. Behinderte Menschen sind hier mit dem zusätzlichen Handicap belastet, dass behinderungsbedingte Vorurteile und zugeschriebene Inkompetenz die Konkurrenzfähigkeit und Produktivität weiter demontieren und somit mögliche manifeste Nachteile potenzieren. Ohne staatliche Steuerung und ohne umfassende finanzielle Mittel der Beschäftigungsförderung haben demgemäß nur die wenigsten behinderten Menschen realistische Chancen auf Eingliederung in den Arbeitsmarkt nach traditionellem Verständnis (Becker, 2016, S. 54; Hilgers, 2017). Solchen negativen Gesamtbildern kann im Endeffekt lediglich mit diesen drei Verhaltensweisen begegnet werden: Fügsamkeit, Widerstand und Rückzug (vgl. Cederström & Fleming, 2013, S. 120), die Gegenstand der folgenden Betrachtungen sind.

Fügsamkeit und das Festhalten an einem selbstbewussten „Weiter so!" scheint nach wie vor das Gebot der Stunde zu sein, was sich am Beispiel sehbeeinträchtigter Menschen in Anschluss an die Ausführungen in Kap. 7.1.1 leicht exemplifizieren lässt. Bis in die Mitte des 19. Jahrhunderts hinein waren sehbeeinträchtigte Menschen fast ausschließlich und bis zur Mitte des 20. Jahrhunderts vorwiegend in der Einzelstückfertigung mit handwerklichen Tätigkeiten beschäftigt (Kap. 5.3.1; French, 2017, S. 15). Als dann das gesamte Berufsbild der handwerklichen Einzelstückfertigung von simplen Haushaltsartikeln den Konkurrenzkampf mit den Möglichkeiten zur Massenfertigung solcher Produkte verloren hatte (Shakespeare, 2018, S. 31), wurden sie vielerorts durch neu geschaffene Berufsbilder aus den Bereichen Telefonservice, Stenotypie und Phonotypie, Transkription oder Physikalische Therapie ersetzt. Vor allem die Berufsbilder, die genau erst durch die Einführung technischer Systeme wie Telefonanlagen, Transkriptions- und Aufzeichnungssysteme etc. geschaffen werden konnten, wurden dann wiederum durch technische Innovationen obsolet, indem sie die ausgeübten Tätigkeiten samt der Arbeitsplätze durch effizientere, automatisierte Lösungen ersatzlos verdrängten (Denninghaus, 2014, S. 4).

Historisch betrachtet ist es durchaus üblich, dass diese Nischen, die sich im Verlauf der Reorganisation der Arbeitsprozesse durch den technischen Fortschritt öffnen, von Menschen, deren Arbeitskraft weniger konkurrenzfähig erscheint, genutzt werden. So entstanden beispielsweise durch den Fortschritt in der Landwirtschaft oder der Industrialisierung für Menschen, deren Fähigkeiten für das unmittelbare Jagen und Sammeln bzw. für das Konzipieren und Bauen von Industriemaschinen nicht ausreichten, gute Möglichkeiten, ihr Überleben durch niedere Tätigkeiten zu sichern (Harari, 2013, S. 69).

Die entscheidende Besonderheit an diesen Tätigkeiten besteht jedoch darin, dass sich ihre Übernahme vor allem dadurch auszeichnet, dass sie Menschen mit nachgefragter Arbeitskraft aufgrund der geringen Entlohnung und der Eintönigkeit und Einfachheit, also der fehlenden Möglichkeit einer vertretbaren Zielorientierung, nicht übernehmen wollen. Die Übernahme erfolgt bis heute, wenn überhaupt, aus einer existenziellen Notwendigkeit heraus und mit der Aussicht, die Tätigkeit nur für einen absehbar begrenzten Zeitraum auszuüben, was beim Blick auf Berufsbilder in den Bereichen der manuellen Befeuerung von Lokomotiven, der Lumpensammlung, der Systemgastronomie oder der Paketzustellung schnell deutlich wird.

Mit Blick auf behinderte Menschen trifft dies nicht nur auf verstaubte Tätigkeiten in Werkstätten zu, die teilweise bis heute in Form von Zwangsarbeit auch in Justizvollzugsanstalten praktiziert werden, sondern auch auf neuere Berufskreationen beispielsweise im Bereich der Callcenter Dienstleistungen. Cederström und Fleming (2013, S. 26) nennen kurioserweise genau die „geistbetäubende, deprimierende und oft erniedrigende Tätigkeit" als „Callcenter-Sklave" als Beispiel für den entfremdenden Charakter von Erwerbsarbeit, in der einige Agierende des Interventionssystems dauerhafte und ansprechende Perspektiven für behinderte Menschen zu erkennen glauben.

Fügsamkeit bedeutet also, den versöhnenden Konsens zu verinnerlichen, dass Behinderung von allen Beteiligten beider Seiten soweit wie möglich ignoriert wird und sich alle bemühen, das fragile Netz, gesponnen zwischen den Polen der Behinderung und der Normalität, nicht zu zerreißen. Der behinderten Person obliegt es dann, den Widerspruch zwischen offizieller Entlastung durch berufliche Teilhabe einerseits und der fortbestehenden Diskreditierung durch die Zuweisung einer abweichenden Rolle andererseits in erträgliche und bearbeitbare Gefühle zu transformieren (Cloerkes, 2007, S. 166). Eine Reflexion und Durchdringung der hier zugrunde liegenden sozialen Mechanismen steht jedoch dem Erfolg dieses Vorhabens auf frappierende Weise im Weg.

Der Widerstand, beispielsweise realisiert als beruflicher Aufstieg, zeichnet sich leider auch nicht als vielversprechende Alternative zur Fügsamkeit in der traditionellen Erwerbsarbeit aus. Wie beschrieben, sind berufliche Aufstiege behinderter Menschen in ein ausgesprochen fragiles Bedingungsgefüge eingewoben und kosten unverhältnismäßig viel Anstrengung und Kraft.

Wie auch die Mitglieder der meisten anderen benachteiligten Gruppen stoßen behinderte Menschen häufig an unüberwindbare metaphorische gläserne Decken, die ihren Aufstieg behindern (Shakespeare, 2018, S. 83). Die gerne angeführten und medial wirksam vermarkteten leuchtenden Ausnahmen weisen hier nicht das Gegenteil nach, sondern bestätigen den motivierenden Mythos des American Dream, dass durch Leidenschaft, harte Arbeit und den Glauben an sich selbst alles erreicht werden kann (vgl. Wiesböck, 2018, S. 15). Bei den leuchtenden Sternen handelt es sich in der Regel um behinderte Menschen, die unmittelbar aufgrund ihrer Behinderung eine solche Position bekleiden, die karikiert von Raul Krauthausen als „Berufsbehinderte" bezeichnet werden oder um einige wenige behinderten Menschen, die in der „normalen" Gesellschaft, aufgrund ganz besonderer Begabungen, überraschend gut funktionieren, was vor allem dann attestiert wird, wenn die Vorurteile nicht bestätigt und sogar verkehrt werden.

Hinsichtlich beruflicher Aufstiege behinderter Menschen lässt sich eine deutliche Parallele zur von Eddo-Lodge (2019, S. 84) scharf pointierten Situation nicht-weißer Menschen ziehen. Die sich aus der fest verwurzelten Voreingenommenheit gegenüber dem Anderssein ergebende Dichotomie führt dazu, dass das gesamte System auf das Scheitern des Abweichenden ausgerichtet ist, da genau dieses Scheitern die Überlegungen der Konformität und das Streben nach ihr rechtfertigt. Ausnahmen bestätigen demgemäß lediglich das Funktionieren der Programme positiver Diskriminierung, die das Bewusstsein für die bestehende Ungerechtigkeit, die im Sinne der politischen Korrektheit nicht einfach hingenommen werden kann, symbolisch bestätigen.

Fügsamkeit oder Widerstand in der traditionellen Erwerbsarbeit sind für behinderte und natürlich auch für unbehinderte Menschen offenkundig nur dann zur Strukturierung von Lebensentwürfen geeignet, wenn innerhalb der beruflichen Rolle eine individuelle, befriedigende Sinn- und Zielorientierung möglich ist. Anders formuliert kann nicht hingenommen werden, dass das berufliche Leben behinderter Menschen aufgrund ihrer Behinderung systematisch mit Tätigkeiten verplant und gefüllt wird, die von unbehinderten Menschen nur infolge existenzieller Nöte und in der Regel auch nur für einen überschaubaren Zeitraum ergriffen werden.

Ohne die Erfüllung dieses Anspruchs steht die Erwerbsarbeit behinderter Menschen lediglich für die Durchsetzung hegemonialer Normen und Repräsentationen, die vor allem dazu dienen, hierarchisierende Bewertungen auf der Grundlage vielfältiger Differenzkategorien zu naturalisieren und damit Behinderung in gewohnter Manier fortzuschreiben (Winkler & Degele, 2009, S. 26).

Außerdem muss festgestellt werden, dass die exorbitante arbeitsmarktpolitische Kraftanstrengung zur Anbahnung und Sicherung von traditioneller Erwerbsarbeit für behinderte Menschen von begrenztem Erfolg ist, was verdeutlicht, dass es auch weiterhin eine große Zahl behinderter Menschen geben wird, denen es nicht gelingt, eine berufliche Rolle mit einem vertretbaren tätigkeitstypischen Rollenverhalten auszufüllen (Thimm, 2006, S. 219; Shakespeare, 2013, S. 90). Insbesondere für leistungswillige behinderte Menschen stellt dieses systeminduzierte Scheitern eine Zumutung dar, die ihnen in der Regel aufgrund ihrer Behinderung zugemutet wird.

Vor diesem Hintergrund stellt sich die Frage, ob der freiwillige Rückzug eine legitime Alternative im Vergleich zur unfreiwilligen Erwerbslosigkeit ist, bei dem durch eine konkrete finanzielle Umverteilung die Lebensbedingungen angenähert werden, ohne den Umweg über den Arbeitsmarkt zu nehmen (Shakespeare, 2013, S. 90). Bereits Cloerkes (2007, S. 317f.) hat in diese Denkrichtung postuliert, dass über ein explizites Gegenmodell für ein Leben ohne Arbeit für behinderte Menschen nachgedacht werden sollte, bei welchem die soziale Teilhabe, die Realisierung von Lebenschancen und die Entfaltung von Identität vor allem über eine sinnvoll erlebte Freizeitgestaltung erfolgen kann. Genau diesem Ansinnen ist der abschließende Abschnitt dieses Kapitels gewidmet.

7.3.2 Behinderte Alternativen

> „Produktion ist wichtig, weil sie die Grundlage für Glück schafft. Sie ist aber nur Mittel und nicht Zweck.“ (Harari, 2016, S. 56)

Betont sei an dieser Stelle, dass die geführte Dekonstruktion und die vorgeschlagenen Alternativen dazu dienen, die Angebote des bestehenden Systems zu reflektieren und mit Blick auf die laufenden sozialen und technischen Veränderungen weiterzuentwickeln. Wie bereits mit Bezug auf Bildungsbehinderungen beschrieben (Kap. 6.5), gilt es die merkwürdige Implikation zu durchbrechen, dass mit dem Öffnen neuer Türen alte Türen geschlossen werden müssten. Die Reduktion der Möglichkeiten vernichtet Freiheit und erzeugt manifeste und symbolische Gewalt, während zusätzliche Möglichkeiten Spielräume schaffen, um Freiheiten zu nutzen.

Das Ziel muss darin bestehen, behinderte Menschen dahingehend zu unterstützen, dass ihre Lebensbedingungen den Standards der Gesellschaft entsprechen und es ihnen gelingt, ihre individuellen Voraussetzungen in den eigenen Lebenszusammenhang zu integrieren (Thimm, 2006, S. 223). Realisiert werden kann dies aber sicher nicht über die unterstützte systematische Normalisierung isolierter sozialer Teilbereiche wie Schule, Arbeit, Kultur, Familie etc., da sich menschliche Lebensvollzüge im komplexen Zusammenspiel dieser kaum differenzierbaren, sozialen Gefüge vollziehen, die auf ganz unterschiedliche Weise von Behinderung mitbestimmt werden.

Aus diesem Grund sollte der Fokus vor allem auf das subjektive Erleben der einzelnen behinderten Lebensbedingungen einer einzelnen Person gerichtet werden und weniger auf objektiv messbare Maßstäbe, die entlang der Vorstellungen behinderter und unbehinderter Menschen an Konferenztischen ausgehandelt wurden. Teilhabe spannt ein situatives Kontinuum zwischen erlebtem Erfolg und Misserfolg auf und muss immer wieder neu als ergebnisoffene Herausforderung angenommen und unternommen werden.

Damit Alternativen jenseits traditioneller Erwerbsarbeit gedacht werden können, muss das Moratorium eingerissen werden, welches Erwerbsarbeit als unabdingbar für die Gestaltung eines guten Erwachsenenlebens verehrt. Innerhalb dieses Moratoriums wird – wie beschrieben – Erwerbsarbeit beispielsweise als ursächlich für die soziale Anerkennung, für Kooperationskompetenz und Solidarität und für das unverzichtbare Gefühl einen nützlichen Beitrag für die Gesellschaft zu leisten hochkristallisiert und idealisiert (Semmer & Udris, 2004). Erwerbslosigkeit führt dieser Denkart nach, in Ermangelung von Zukunftsperspektiven und durch die Angst „wertlos“ zu sein, zu Frustration und psychischen „Problemen“ (Wiesböck, 2018, S. 92; Verheyen, 2018, S. 27).

Mit Blick auf die Omnipräsenz dieses Moratoriums erscheint es durchaus bezeichnend, dass die Zahl der erwerbstätigen Menschen in den vergangenen

Jahren spürbar zugenommen hat, die nach einer psychiatrischen Diagnose verlangen, um sich von den Schuldgefühlen an den Anforderungen der Erwerbsarbeit aufgrund eigener Unzulänglichkeiten gescheitert zu sein, zu befreien (Brinkmann, 2018, S. 17). Dies lässt den an sich offenkundigen Schluss zu, dass Gefühle der Unzulänglichkeit, Frustration und Wertlosigkeit nicht kausal an die Verfügbarkeit und Ausübung von Erwerbsarbeit geknüpft sind, sondern von der subjektiven Bewertung und den individuellen Voraussetzungen abhängen und das Moratorium in erster Linie ein hegemoniales Machtinstrument ist. Der Zweck besteht also vor allem darin sicherzustellen, dass eine Welt der prekären Beschäftigung auch weiterhin subjektiv als sinnvoll erlebt werden kann, was kaum möglich wäre, wenn das Nichtstun glücklicher machen würde als die Erwerbsarbeit (Pfaller, 2015, S. 195).

Um dem Moratorium ein paar Risse zu versetzen, lohnt ein Blick in die Vergangenheit der feudalen Gesellschaftsordnung. Menschen sahen ihre soziale Position und ihren Status als Ausdruck einer unveränderlichen Naturordnung, weshalb es auch für selbstverständlich gehalten wurde, dass nicht alle Menschen mit gleichen Rechten, Pflichten und Chancen auf Selbstverwirklichung geboren wurden und sich diese auch nicht durch eine planvoll gestaltete Erziehung erarbeiten konnten, an der konsequenterweise auch nicht alle teilhatten (Jennessen, Kuhn, & Wagner, 2018; DeBotton, 2006, S. 66ff.).

Demgemäß war Armut, Arbeitslosigkeit, Bildungsferne etc. weder die Schuld der einzelnen Person noch Ausdruck seiner Unzulänglichkeit, was zwischen den sehr unterschiedlichen Lebensentwürfen eine Art wechselseitiges und duldsames Wohlwollen entstehen ließ. Aus materieller Sicht waren die damaligen Lebensbedingungen von frappierender Ungleichheit geprägt, aus emotionaler Sicht hingegen war ein Leben ohne die Scham und die seelische Entwürdigung des Scheiterns deutlich einfacher als heute (DeBotton, 2006, S. 65).

Wie bereits in Kap 7.2.2 im Zusammenhang mit dem meritokratischen Prinzip beschrieben, ist die Gesellschaft nach wie vor trotz umfassender Bildungs- und Selbstverwirklichungsmöglichkeiten weitgehend determiniert und legitimiert sich durch einen sehr schmalen Korridor, innerhalb dem effektive, vertikale, soziale Mobilität möglich ist. Die damit verbundene Vorstellung, dass grundsätzlich alle Menschen diesen Korridor nutzen können, ist eine Illusion, was dazu führt, dass Menschen, die an diese Illusion glauben, sich häufig selbst dafür verantwortlich machen, wenn ihre Bemühungen, trotz aller Anstrengung und Leistung, ins Leere laufen (Brinkmann, 2018, S. 17). Zusätzlich erschwert wird der Umgang mit dem eigenen Scheitern durch die allgegenwärtige Möglichkeit, sich und sein Tun mit anderen zu vergleichen, deren ungleiche Startbedingungen mit einer als authentisch und gewöhnlich inszenierten öffentlichen Präsenz im unmittelbaren Umfeld, in Medien und sozialen Netzwerken maskiert werden.

Zweifelsohne hat sich die Entwicklung der vergangenen Jahre auf die Lebensbedingungen behinderter Menschen erfreulich und vorteilhaft ausgewirkt. Hierbei sollte aber bedacht werden, dass diese gewonnenen Freiheiten durch Entscheidungszwänge, durch die Verlagerung der Verantwortung von der sozialen auf die individuelle Ebene, vor allem aber auch durch die Individualisierung der Konsequenzen im Guten wie im Schlechten erkauft wurden (vgl. Pauen & Welzer, 2015, S. 68).

Hierdurch haben sich die sozialen Konstruktionsprozesse der behinderten Identität grundlegend verändert. Behinderte Menschen müssen sich zwischen unzähligen Möglichkeiten entscheiden und das im Bewusstsein, dass die Möglichkeiten häufig mehr versprechen als sie halten. Bei der emotionalen Bearbeitung der erlebten Abwertungs- und Ausgrenzungsprozesse sind sie in einer Gesellschaft, die sich selbst in ihrer Diversitätssensibilität und Wertschätzung für Vielfalt überschätzt, häufig auf sich selbst zurückgeworfen und bleiben auch mit ihren Gefühlen des persönlichen Scheiterns allein.

Das Dilemma besteht schließlich darin, dass die gewählte Konformität mit dem traditionellen Bild behinderter Menschen als hilflose und bedauernswerte Einfaltspinsel von dieser neu gewonnenen Verantwortung entlastet, gleichzeitig aber das individuelle Modell von Behinderung fortschreibt. Der nonkonformistische Alleingang durch die bewusste Entscheidung für die hinzugewonnenen Möglichkeiten und die bewusste Ablehnung des traditionellen Bilds von Behinderung führen hingegen früher oder später in die Überforderung, die Orientierungslosigkeit und die Entfremdung.

Dementsprechend gilt es nun mutig zu sein und die Vorstellung über Bord zu werfen, dass eine behinderte Person qua Geburt zu einem sozialen Projekt wird, das durch die erfolgreiche Transition in irgendeine Form der Erwerbsarbeit zufriedenstellend und durch die Transition auf den ersten Arbeitsmarkt mit Exzellenz abgeschlossen wird.

Traditionelle Erwerbsarbeit ist und bleibt eine selbst zu ergreifende Möglichkeit für behinderte Menschen, steht aber gleichwertig neben Entwürfen der selbst gewählten Erwerbslosigkeit, zwischen denen ein hohes Maß an Durchlässigkeit realisiert werden muss. Rechtfertigen lässt sich dieser privilegierte Status behinderter Menschen durch ihre benachteiligte Situation im Konkurrenzkampf um Erwerbsarbeit, die nicht allein durch ihre individuellen Voraussetzungen entsteht, sondern maßgeblich von den sozialen Konstruktionsprozessen von Behinderung mitbestimmt wird, denen behinderte Menschen in der Regel fremdbestimmt und passiv unterworfen sind.

Entsprechend dem vergangenen und mancherorts bis heute fortdauernden Umgang mit dem Adel, dem qua Geburt aufgrund der zugeschriebenen Andersartigkeit ein besonderes Recht auf Individualität und Extravaganz eingeräumt wurde (vgl. Alegre, 2019, S. 89), könnten auch behinderten Menschen, die aufgrund einer Behinderung tatsächlich anders sind (Kap. 4.2.1), besondere

Privilegien, jenseits von Nachteilsausgleichen, zugeschrieben werden, die ihnen ein individuelles und extravagantes Leben ermöglichen und das Bemühen um Erwerbsarbeit bewusst in den Bereich der Freiwilligkeit verdrängen.

Solche Lebensentwürfe gibt es natürlich längst (Shakespeare, 2018, S. 81), allerdings beruhen diese in der Regel auf einem individuellen Entgegenkommen der Sachbearbeitenden vonseiten der sozialen Sicherungssysteme. Menschen mit dem zugeschriebenen Bestimmungsmerkmal „blind" genießen diesbezüglich nicht nur innerhalb der Gruppe sehbeeinträchtigter, sondern auch im Vergleich zu allen anderen Behinderungskategorien die besten Aussichten solche Lebensentwürfe zu realisieren, da sie nach wie vor in den meisten Ländern, abgesehen von einigen besonderen Formen der Mehrfachbehinderung, die finanziell am besten gestellte Gruppe behinderter Menschen sind (Thimm, 2006, S. 9f.).

Konkret geht es also darum, das bereits von einigen behinderten Menschen praktizierte und von den sozialen Sicherungssystemen geduldete Modell des Verzichts auf Erwerbsarbeit durch Ausschöpfung staatlicher Transferleistungen in einen legalen rechtlichen Rahmen zu transferieren und allen behinderten Menschen jenseits subjektiver Schuldgefühle zugänglich zu machen. Dies bezieht sich selbstverständlich nur auf die berufliche Tätigkeit selbst und lässt sämtliche persönliche Leistungen im Bereich der Nachteilsausgleiche unberührt, da diese sachlich anders legitimiert sind.

Die einzelne behinderte Person würde hierdurch die Möglichkeit erhalten, selbstbestimmt entscheiden zu können, bis zu welchem Punkt die ungleichen Anstrengungen im Konkurrenzkampf auf dem Arbeitsmarkt gerechtfertigt sind. Auf der anderen Seite müsste sich die behinderte Person nicht länger dem demütigenden Bemühen mit all seinen materiellen und emotionalen Restriktionen hingeben Sachbearbeitende davon zu überzeugen, endlich in der selbst gewählten Erwerbslosigkeit in Ruhe gelassen zu werden.

Realisiert werden könnte ein solches Modell durch eine, behinderten Menschen rechtlich zugesicherte Option, sich im Rahmen einer speziell geschaffenen Profession im öffentlichen Dienst in Vollzeit mit der Gewährleistung der üblichen Pflichtversicherungen und Rentenansprüche einstellen zu lassen. Die Profession selbst könnte dem in Kap. 7.2 beschriebenen Berufsbild Karriere entsprechen, innerhalb dem die behinderte Person die Freiheit genießt, sich in substituierenden, dauerhaften oder zeitlich klar begrenzten Teilzeit-Beschäftigungen, im Rahmen von Projektarbeit oder der Ausübung von Kunst, in ehrenamtlichen Tätigkeiten, in familiennahen Aufgaben etc. oder auch im dauerhaften oder vorübergehenden Nichtstun verwirklichen zu können.

Dieser Ansatz könnte idealerweise mittelfristig dazu führen, dass der Markt endlich von einem Teil der prekären Arbeitsverhältnisse behinderter Menschen und von einem Teil der obsoleten Angebote des Interventionssystems bereinigt wird, womit das angestrengte „Weiter so!" durchbrochen wäre.

Die durch die Verschlankung des Interventionssystems frei werdenden Mittel würden durch den Transfer in die neu geschaffene Profession unmittelbar behinderten Menschen zufließen, die sich selbstbestimmt, mit dem ihnen dann verfügbaren ökonomischen Kapital, die Teilnahme an Beschäftigungsprogrammen kaufen könnten, die in der umgekehrten Wettbewerbssituation sicher kreativer als ein Werkstattbetrieb wären.

Auch aufseiten behinderter Menschen kann durch die neu geschaffenen Freiräume von einem Innovationsschub ausgegangen werden. Bereits heute gibt es beispielsweise eine ganze Reihe von engagiert gestalteten YouTube Kanälen behinderter Menschen (Geimer & Capovilla, 2020), die sich durch eine solche Profession finanzieren könnten. Außerdem gibt es freizeitmäßig betriebene Blogs, Autorenschaften, Rezensionstätigkeiten etc. oder auch leidenschaftlich ausgeübte sportliche Aktivitäten, die zu einer professionellen Tätigkeit ausgebaut werden könnten.

Im Bereich freiberuflicher Tätigkeiten könnten sich punktuelle Potenziale entfalten, die im Regelbetrieb der traditionellen Erwerbsarbeit schwer realisierbar sind. Behinderte Menschen könnten beispielsweise selbstbestimmt und im gewünschten Umfang Dienstleistungen anbieten und ausführen, die mit den dann verfügbaren, ausreichenden zeitlichen Ressourcen für sie realisierbar sind und nach einer Akribie und Geduld verlangen, die in regulären Betriebsabläufen schwer abrufbar sind. Denkbar wären hier beispielsweise Aufgaben in der systematischen Prüfung der Richtigkeit und Vollständigkeit von Anträgen, die Berechnung von Steuergrundlagen in dynamischen Textstücken wie bei der Grunderwerbssteuer, der Erfassung von akademischen Leistungsnachweisen, die es mancherorts immer noch auf Papier gibt, wissenschaftliche Transkriptionsdienstleistungen oder Übersetzungsarbeiten etc.

Denkbar wären hier auch unternehmensähnliche Arbeitsstrukturen im Sinne kreativer Räume, in welchen sich behinderte und unbehinderte Menschen entsprechend ihrer Kompetenzen ergänzen, unterstützen, voneinander lernen oder einfach beisammen sind. Hier schließen sich natürlich unmittelbar innovative, gemeindeorientierte Wohnkonzepte an, die beispielsweise kooperativ geschaffen und jenseits von isolierten Behinderungskategorien konzipiert und selbst verwaltet werden.

Der Ansatz einer eigenen Profession für das Berufsbild Karriere mit Behinderung trägt der Tatsache Rechnung, dass die wesentlichen Teilhabemöglichkeiten an die Verfügbarkeit von konvertierbarem ökonomischem, kulturellem, sozialem und körperlichem Kapital geknüpft sind, weshalb sich über die Ausstattung mit dem besonders einfach konvertierbaren ökonomischen Kapital Teilhabemöglichkeiten nachhaltig erhöhen lassen. Um es mit der spitzen Zunge von Eddo-Lodge (2019, S. 95) zu formulieren, reicht Kapital nicht aus, um Vorurteile und Stereotypen hinter sich zu lassen. Ausreichend Kapital trägt aber wesentlich dazu bei, dass einem die Ungerechtigkeit und Abwertung weniger ausmacht.

8 Das behinderte Ich

> „Sometimes non-disabled people imagine what it must be like to be disabled, but their imagination gets it wrong." (Shakespeare, 2018, S. 78)

Im abschließenden Kapitel soll es um die schwer fassbare, aber im Endeffekt zentrale Frage der erlebten Identitätsbildung als behinderte Person gehen, was notwendigerweise eine deutliche, subjektive Färbung der Ausführungen impliziert. Fraglich ist, wie es gelingen kann, dass sich eine behinderte Person mit ihrer Behinderung selbst erträgt und damit zurechtkommt, dass sie noch mehr als andere um die Wertschätzung der anderen konkurrieren muss, sehr wahrscheinlich keine als sinnstiftend erlebte Erwerbsarbeit findet und wahrscheinlich auch bei der Suche nach einer erfüllenden Partnerschaft zu härteren Kompromissen genötigt wird, als viele andere. Das Alles gilt es mit dem neidvollen und frustrierenden Blick auf die Erfolgreichen und Schönen zu ertragen, die einem immer wieder bewusst machen, was sein hätte sein können, aber nicht ist. „Träger eines Stigmas leben ein schweres Leben: Sie werden abgelehnt, verbreiten Unbehagen, lösen Beklemmung aus bei den Gesunden, gefährden deren eigenes zerbrechliches Normal-Ich, soweit der Defekt für jeden erkennbar ist. Andere, mit einem geheimeren Stigma belastet, müssen verleugnen, täuschen, spielen, um weiterhin als normal zu gelten. Sie leben in Angst vor Entdeckung und Isolierung. Einsam sind beide." (Goffman, 1963/2010, S. 2).

Die gute Nachricht besteht darin, dass behinderte Menschen mit Sicherheit nicht derart passiv und ohnmächtig fremden Aus- und Abgrenzungsprozessen ausgesetzt sind und dass eine derartige Generalisierung bereits daran scheitert, dass Menschen soziale Interaktionen unterschiedlich erleben und bewerten. Behinderung wird definitiv, entgegen den zahlreichen alltagstypischen Vorstellungen, nicht als das alles bestimmende und von Hilflosigkeit geprägte Leid erlebt, sondern wie alle anderen persönlichen Merkmale auch, als situative Ursache für die unterschiedlichsten, vorübergehenden emotionalen Zustände. Auch hinsichtlich der kumulativen Bewertung möglicher, von Behinderung bestimmter Erlebnisse lässt sich dieses negative Bild nicht behaupten, denn nach dem sogenannten „disability paradox" bewerten behinderte Menschen im Vergleich zu unbehinderten Menschen ihre Lebensqualität überdurchschnittlich hoch (Shakespeare, 2018, S. 46). Behinderte und unbehinderte Menschen scheinen die besondere Gabe zu haben, sich letztendlich mit so gut wie allen Lebenswidrigkeiten abzufinden, ihre Erfahrungen und Erlebnisse in eine für sie selbst günstige Richtung umzudeuten und aus noch so komplexen familiären oder freundschaftlichen Strukturen, emotionale Befriedigung zu ziehen.

Die schlechte Nachricht besteht darin, dass ganz allgemein die durchschnittlich schlechteren objektiven Lebensbedingungen und manifesten Barrieren, die mit Behinderung einhergehen (Kap. 2.1), die Lebensgestaltung und die Entfaltung der Identität behindern. Dies ist aber, wie bereits beschrieben, kein rein passiver Prozess, dem behinderte Menschen unterworfen werden, sondern ein Prozess, den behinderte Menschen durchaus aktiv mitgestalten können. Demgemäß lassen sich institutionelle Behinderungen, welche behinderte Personen bei der Entfaltung ihrer Identität jenseits der klassischen pädagogischen Handlungsfelder von Bildung und Beruf behindern, durch die nähere Betrachtung ihres aktiven Zutuns bei der Identitätsbildung aufspüren. Dies soll im Folgenden anhand von zwei Ansätzen geschehen, was der Sache nach natürlich mit einem erheblichen Maß an Unschärfe verbunden sein wird.

Der erste Ansatz bezieht sich auf die Identitätsbildung selbst, der als andauernder Aushandlungsprozess begriffen werden kann, der in der Auflösung des Widerspruchs besteht, entweder in seinem Inneren geteilt oder von den anderen abgeteilt zu sein. Diesen Prozess, den Foucault (1994, S. 243) als Teilungspraktiken bezeichnete und der in Kap. 2.3 und Kap. 6.3.1 bereits tangiert wurde, hat Goffman (1963/2010, S. 2) mit seinen düsteren Ausführungen am Beginn dieses Kapitels charakterisiert. El-Mafaalani (2018, S. 115) bringt das Dilemma der Teilungspraktiken treffend auf den Punkt, indem er schreibt, „Wenn ich behindert bin, kann ich nicht dazugehören, wenn ich dazugehöre, kann ich nicht behindert sein.". Der zweite Ansatz folgt den unterschiedlichen Beziehungsmotiven, denen behinderte und unbehinderte Menschen gleichermaßen folgen, die aber bei behinderten Menschen häufig auf ähnliche Art und Weise frustriert werden.

Beide Ansätze legen typische, bis zu einem gewissen Grad systematisierbare und daher institutionalisierte, biografische Erschwernisse in Bildungs- und Erziehungsprozessen frei, welche bei behinderten Menschen ähnliche Reaktionsmuster provozieren können. Diese eingeübten Reaktionsmuster führen im ungünstigen Fall zur Ausbildung dysfunktionaler Selbstzuschreibungen, die mit erheblichen emotionalen Kosten verbunden sind.

8.1 Teilungspraktiken und dysfunktionale Selbstzuschreibungen

> „Ich finde es gut, dass Sie in Ihrer Abteilung alle so authentisch behindert sind."
> (Ernst gemeintes Kompliment einer Studentin)

Der Begriff „Selbst" wurde bereits in Kap. 1 definiert und an mehreren Stellen, beispielsweise im Kontext des „unternehmerischen Selbst" (Kap. 7.1.2) verwendet. Für die folgenden Betrachtungen ist jedoch eine weitere zweckdienliche Konkretisierung erforderlich. Der Begriff „Selbst" wird an dieser Stelle als die der Person eigene Vorstellung von sich und ihrem In-der-Welt-Sein verstanden (Glofke-Schulz, 2007, S. 86). Es umfasst die Selbstzuschreibungen hinsichtlich der Kompetenzen, Bewertungen der eigenen Person, Überzeugungen und Gefühle. Das „Selbst" ist dynamisch, da es über die gesamte Lebensspanne hinweg durch die erlebten Interaktionsprozesse, positiven und negativen Bewertungen, sozialen Erwartungen, Einsichten etc. geprägt und fortentwickelt wird.

Wesentlich für das Individuum ist das Selbstwertgefühl, welches als die affektiv-evaluative Komponente des zum Objekt gemachten Selbst, also als die Einstellung gegenüber der eigenen Person, verstanden werden kann (Kolaschinsky, 2011, S. 17). Menschen mit hohem Selbstwert schreiben sich in der Regel positive Attribute zu, begreifen sich als wertvoll, externalisieren Misserfolge, akzeptieren ihre Schwächen und kennen ihre Stärken, sind relativ unabhängig von fremden Bewertungen und widerstandsfähig gegenüber Selbstwertgefährdungen (Kolaschinsky, 2011, S. 28).

Ein hohes Selbstwertgefühl ist deshalb grundsätzlich wünschenswert, solange es nicht im diskrepanten Widerspruch zur Fremdwahrnehmung der eigenen Person steht. Eine solche Diskrepanz kann nicht nur die soziale Verträglichkeit hemmen, sondern auch für die Person selbst mit hohen emotionalen Kosten verbunden sein, um die ganzen Misserfolge zu bearbeiten, die im Selbstbild keine Bestätigung finden.

Als mindestens genauso kritisch, muss aber die fehlende Fähigkeit beurteilt werden, sich aktiv von Fremdbildern und damit verbundenen Erwartungen abzugrenzen, da Fremdbilder stets nur eine unsichere und verzerrte Quelle für die Selbstevaluation darstellen und eine Überbewertung von Fremdeinschätzungen mit Selbstentfremdung und der Beeinträchtigung des eigenen Motivsystems einhergeht (Kolaschinsky, 2011, S. 44).

Menschen, die mit einer Behinderung geboren werden, entdecken erst im Verlauf ihrer Sozialisation, dass sie auf unangenehme Art und Weise anders sind, was einen nachträglichen umfassenden Umbau des Selbst erfordert, der gegen den Versuch, das Selbst konsistent zu halten durchgesetzt werden muss (Cloerkes, 2007, S. 186; Brinkmann, 2018, S. 64). Dieser Prozess ist durchaus kurios. Zwar merken Kinder natürlich viel zu früh, dass bestimmte Teile ihres Soseins merkwürdige Reaktionen auslösen und unerwünscht zu sein scheinen. Die tatsächliche Erkenntnis, dass dieses Anderssein dauerhafter Teil der Identität sein wird und eben nicht nur ein Bündel fremder Verhaltensoriginalitäten darstellt, an die es sich anzupassen gilt, kann aber beispielsweise auch erst in der Pubertät reifen und dann diese ohnehin schon komplexe Lebensphase, erst recht zu einer emotionalen Geisterbahnfahrt machen.

Menschen mit erworbenen Behinderungen stehen hingegen vor der Aufgabe, das fremde Unvertraute an der neuen Lebenssituation, gegen den Widerstand der eigenen Vorurteile, in das Selbst zu integrieren, um so von einer Person mit Behinderung zu einer behinderten Person zu werden. Es handelt sich also nicht um eine Art introspektive, schleichende Entdeckungsreise, sondern vielmehr um eine martialische Usurpation.

Bei den meisten Menschen konvergiert die fortschreitende Entdeckung bzw. Integration der Behinderung in das Selbst in einen durchaus zufriedenstellenden, stabilen Zustand der Entlastung, der bietet und schützt, aber natürlich auch immer wieder durch neue Formen der Besonderung erschüttert wird.

Durch diese anhaltende Auseinandersetzung, haben behinderte Menschen einen Teil ihrer Lebenszeit damit zugebracht, die eigene Identität aus ganz unterschiedlichen Perspektiven zu beleuchten und immer wieder neu mit Behinderung in Relation zu setzen (vgl. aus den Queer Studies: Alegre, 2019, S. 96, 109). Im Unterschied zu vielen unbehinderten Menschen sind behinderte Menschen nicht einfach nur Statthalter ihrer Identität, da Veränderungen nicht als ganz normal und vorgezeichnet hingenommen werden können, sondern der bewussten Billigung bedürfen. Behinderte Menschen müssen also immer wieder ganz bewusst ihre Identität zum Objekt der eigenen Beobachtung und Bewertung machen, um das Wahrnehmbare zu akzeptieren, nicht vor sich selbst zu erschrecken und das Selbstwertgefühl gegen Selbsterniedrigung oder fremde Besonderung abzuschirmen (Sierck, 2011, S. 19; Goffman, 1963/2010, S. 16).

Diese für die behinderte Identitätsbildung typische innere Distanzierung, wird wesentlich durch wiederkehrende und anhaltende „Beleidigung“ bestimmt (vgl. aus den Queer Studies: Eribon, 2019, S. 25). Beleidigungen entfalten ihre Wirkung nicht nur als direkte Verletzung oder soziale Diskriminierung und Abwertung, sondern graben sich in das Selbst ein, wo sie irgendwann verkrusten können. Diese metaphorischen Verkrustungen können zwischenmenschliche Regulationsmechanismen stören und beispielsweise zu Schüchternheit, Befangenheit, Furcht, Unsicherheit oder Scham führen, aber auch in körperlichen Reaktionsweisen manifest werden (Eribon, 2019, S. 25).

Spuren solcher Beleidigungen finden sich bereits in mittelalterlichen Quellen dokumentiert, beispielsweise in einer Auflistung aus der Stadt Nürnberg: „buckleter Jackl“, „zahnlacketer Fritz“, „Der Schart“ (auffälliges Gesichtsmal), „Hans mit dem bösen Fuß“, „Achtfingerla“, „Ainhendlein“, „Dachs“ (Krumme Beine) oder „Hirnlos“ (Sierck, 2017, S. 33).

Im Unterschied dazu werden gegenwärtig vor allem appellative Beleidigungen verwendet, die nicht als maßgeschneiderter, abwertender Spitzname eine einzelne Person verunglimpfen, sondern eine bestimmte Kategorie diskreditierbarer Menschen adressieren, zu der die beleidigte Person offensichtig zu gehören scheint. Beispiele für solche appellativen Beleidigungen sind „Krüppel“, „Spast“, „Behindi“ oder „Spacke“ sowie „Gnom“, „Zwerg“, „Halbmann“ oder „Ogezwickter“ genauso wie „Kartoffel“, „Mongo“, „Freak“ oder „Großhonk“ oder auch „Brillenschlange“, „Maulwurf“ oder „Scheißageter“. Typisch sind aber auch beleidigende, assoziative Konstruktionen und Metaphern der Art: „Dich hat man wohl nicht rechtzeitig abgetrieben“ (Sierck, 2013, S. 39),

„Mit eurem Behindertensport verbraucht ihr nur unnötig Sauerstoff" oder auch die bereits genannten atemraubenden Beleidigungen aus dem Erlebnisfundus von Gehlhaar (2016, S. 208, 211).

Beleidigungen sind aber nicht nur unmittelbar effektiv, indem sie eine konkrete Person diskreditieren, sondern auch indirekt, indem sie ohne konkretes Objekt, die Kategorie diffamierend fortschreiben, was bis in das Leben aller durch die Kategorie potenziell diskreditierbaren Personen hineinwirkt (Eribon, 2019, S. 104). Solche nicht adressierten Kategorie-Distinktionen müssten nicht erst im Euthanasiediskurs bei Peter Singer (https://de.wikipedia.org/wiki/Peter_Singer (12.08.20)) oder in der Bibel, beispielsweise bei den Diskriminierungsgeboten von Levitikus oder bei den Wunderheilungen der nicht ausreichend bußwilligen, mit Behinderung bestraften, sündhaften Menschen im Neuen Testament, gesucht werden. Auf Schulhöfen sind Fragen wie „Bist Du behindert?" oder Bewertungen wie „voll behindert" gängig, während in den Medien bekräftig wird, „Ich bin doch nicht blind" (später „blöd") oder 2012 in London bei den Paralympics zum Staunen bei den „Spielen der Wunder" geladen wurde, was unweigerlich an traditionelle Freak-Shows denken lässt (Sierck, 2013, S. 78). Ein geradezu atemberaubendes Beispiel dieser Art steuerten die Betreibenden der Videoplattform TikTok Ende 2019 bei, indem sie bewusst die Reichweite von Videos behinderter Menschen eingeschränkt hatten, um sie angeblich vor Mobbing zu „schützen" (www.spiegel.de/netzwelt/web/tiktok-bremste-videos-von-menschen-mit-behinderungen-aus-a-1299490.html (11.07.20) oder www.faz. net/aktuell/feuilleton/medien/diskriminierung-tiktok-betreibt-selektion-16685047.html (11.07.20)).

Bei der behinderten Identitätsbildung geht es also idealerweise um den Versuch, im Trommelfeuer unterschiedlichster, wiederkehrender Beleidigungen, Behinderung möglichst unbeschadet in das Selbst zu integrieren, um sich mit diesem veränderten Selbst als behinderte Person im sozialen Umfeld mit einem möglichst realistischen und stabilen Selbstwertgefühl zu verankern. Damit durchbricht die behinderte Person die Fremdbestimmung im Versuch, unbehindert zu sein, kündigt ihre selbstbestimmte Autonomie an und zwingt das Gegenüber Stellung zu beziehen (vgl. Eribon, 2019, S. 87).

Vor diesem Hintergrund erscheinen die omnipräsenten, doxischen Mantras „Sei einfach Du selbst!" (Cederström & Fleming, 2013, S. 27) oder „Do what you love!" (Wiesböck, 2018, S. 21) geradezu grotesk und sarkastisch. Während offenbar Menschen angehalten sind, ihre individuellen Obsessionen, ihre sexuellen Eigenarten, ihre autoerotische körperliche Liebesbeziehung oder auch ihre Ernährungsgewohnheiten authentisch und penetrant in die Welt hineinzutragen und der Glaube verinnerlicht werden soll, dass es für ein gutes Leben ausreicht, durchgehend Spaß zu haben, müssen behinderte Menschen ihre wahrgenommenen Rollen neu erfinden, damit es ihnen gelingt, die unerwünschten, sozialen Reaktionen auf ihr authentisches Sosein dahingehend umzudeuten, dass sie diese möglichst unbeschadet wegstecken können. Im Ergebnis schämt sich dann die behinderte Person nicht nur für ihre erzwungene Devianz und die daraus resultierende fehlende soziale Passung, sondern auch noch wegen ihrer angeblich überflüssigen Schamgefühle nicht authentisch zu sein (vgl. Pfaller, 2012, S. 66).

8.2 Behinderte Beziehungsmotive

Dysfunktionale Selbstzuschreibungen sind naturgemäß nicht nur das Ergebnis von wiederholten Beleidigungen, sondern können beispielsweise auch eine Reaktionsbildung auf frustrierte Beziehungsmotive in unmittelbaren Interaktionsprozessen sein. In ihrer Wirkung sind sie dabei kaum voneinander zu trennen, da sie gleichermaßen zur kritischen oder ruminativen Selbstreflexion zwingen, die innere Distanzierung zur Identität vorantreiben und eben genau die Entstehung und Zementierung kostenintensiver und dysfunktionaler Selbstzuschreibungen begünstigen.

Der pragmatische Unterschied kann darin begriffen werden, dass Beleidigungen bei einer ausreichenden Reflexionstiefe von der beleidigenden Person durchschaut und vermieden werden können, was sie zu einem bewussten Akt macht. Die Frustration von Beziehungsmotiven stellt eher einen multifaktoriellen Komplex dar, der sich aus einem sozialen Bedingungsgefüge ergibt, indem tatsächliche Intentionen und Motive nur schwer erkannt und isoliert werden können, weshalb sie nur bedingt bewusst zugänglich und konsequent vermeidbar sind.

Die Elaboration einiger solcher frustrierter Beziehungsmotive soll entlang markanter individueller Stile mit ihren typischen, dysfunktionalen Selbstzuschreibungen erfolgen, die mit möglichen Behinderungen bei der Identitätsbildung behinderter Menschen verbunden werden.

Selbstzuschreibungen werden an dieser Stelle entsprechend dem Schemabegriff von Sachse (2019b, S. 19) als generalisierte Überzeugungen einer Person verstanden, die sich in ihrer Biografie durch Schlussfolgerungen und Erfahrungen bilden. Sie werden durch Situationsaspekte automatisch aktiviert und beeinflussen die laufende Informationsverarbeitung, Situationsinterpretation und Handlungsregulation einer Person. Dysfunktional sind Selbstzuschreibungen, wenn sie negative Annahmen über die eigene Person enthalten, die mit hohen emotionalen Kosten verbunden sind, in der Regel zu unerwarteten oder unangemessen Reaktionen auf einfache Stimuli führen und ein starkes Bedürfnis nach Kompensation wecken (Sachse, 2019b, S. 21).

Selbstzuschreibungen lassen sich u. a. anhand der zugrunde liegenden Beziehungsmotive ordnen, welche die einzelne Person zum sozialen Handeln antreiben. Sachse (2019a, S. 23) nennt in diesem Zusammenhang sechs zentrale

Beziehungsmotive, die im Folgenden als Richtschnur dienen sollen: Anerkennung, Wichtigkeit, Verlässlichkeit, Solidarität, Autonomie und Territorialität.

8.2.1 Anerkennung und Wichtigkeit

Die Beziehungsmotive Anerkennung und Wichtigkeit wurden bereits im Zusammenhang mit der individuellen Zielorientierung in der traditionellen Erwerbsarbeit (Kap. 7.1) und auch als Leitmotiv im Berufsbild Karriere (Kap. 7.2) diskutiert. Das Beziehungsmotiv Anerkennung besteht im Wesentlichen darin, dass sich eine Person positive Botschaften anderer Menschen wünscht, die es ihr ermöglichen, sich liebenswert, kompetent, mächtig, attraktiv, erfolgreich etc. zu fühlen (Sachse, 2019a, S. 23). Während Anerkennung eher auf messbaren, objektivierbaren Erfolg abzielt, bezieht sich das Beziehungsmotiv Wichtigkeit vor allem auf emotionalen und sozialen Erfolg. Die Person wünscht sich, dass sie im Leben anderer Menschen eine wichtige Rolle spielt und hofft auf Botschaften, die ihr das Gefühl geben, geschätzt, wahrgenommen und respektiert zu werden (Sachse, 2019a, S. 23). Dabei sei kurios, dass sich Menschen, die durch die Beziehungsmotive Anerkennung und Wichtigkeit angetrieben werden, kaum vorstellen können, dass es Menschen gibt, bei denen diese Motive eine sehr untergeordnete Rolle spielen.

Die Orientierung an den Beziehungsmotiven Anerkennung und Wichtigkeit hält eine Person am Gängelband der Bewertungen und Urteile der anderen (DeBotton, 2006, S. 19), womit auch eine egozentrische Grundhaltung und eine Neigung zur Selbst-Attribution in sozialen Interaktionen verbunden ist. Lacht oder lobt eine andere Person, wird die Ursache für diese Reaktion gierig im eigenen Handeln vermutet und inzidente Erklärungen ausgeblendet, was natürlich auch für negative Reaktionen wie fehlende Aufmerksamkeit oder Ungeduld unterstellt wird.

Dysfunktionale Selbstzuschreibungen durch das frustrierte Beziehungsmotiv Anerkennung und Wichtigkeit wie: „Ich bin inkompetent“, „Ich bin dumm“, „Ich werde nie erfolgreich sein“, „Ich bin unwichtig“, „Ich bin ein Nichts“ etc. können entstehen, wenn eine Person durch einen andauernden Lernprozess repetitiv weniger Anerkennung und Aufmerksamkeit erfahren hat, als sie gebraucht hätte (Sachse, 2019a, S. 63).

Eine Behinderung begünstigt offenkundig die Entstehung solcher dysfunktionalen Selbstzuschreibungen, da behinderte Menschen nicht die Macht der Normalität auf ihrer Seite haben und es ihnen deshalb besonders leicht fällt, durch die fehlende Erfüllung von Normen der Leistung, des Verhaltens und des Aussehens negatives soziales Feedback zu systematisieren (vgl. Sierck, 2011, S. 12).

Zur Konstruktion dysfunktionaler Selbstzuschreibungen trägt beispielsweise die unerschöpflich scheinende, medizinische und pädagogische Diagnostik bei (Kap. 5.4.3), mit der die behinderte Person regelmäßig, differenziert und fachlich autoritär die Bestätigung erhält, dass sie in ihrem Sosein nicht genügt und unzulänglich ist (Shakespeare, 2018, S. 52). Besonders perfide und sarkastisch trägt die sozialrechtliche Diagnostik zur Konstruktion dysfunktionaler Selbstzuschreibungen bei. Erfolgreich sein bedeutet in diesem Zusammenhang möglichst gut behindert zu sein, während eine oder mehrere Personen mit fachlicher Autorität und ausgeklügelter Finesse engagiert versuchen, die Unzulänglichkeit in diesem Unterfangen nachzuweisen. Ein Misserfolg im sozialrechtlichen Feststellungsverfahren bedeutet also für eine behinderte Person, dass sie nicht nur durch die Behinderung unzulänglich ist, sondern auch noch im behindert sein.

Dysfunktionale Selbstzuschreibungen können naturgemäß nicht nur bei behinderten Menschen durch regelmäßige negative Erfahrungen im Werben auf dem Markt für Sexualpartnerschaften und Beziehungen entstehen. Allerdings starten viele behinderte Menschen mit deutlich schlechteren Voraussetzungen, da sie zusätzliche negative Attributionen mitbringen und die objektiven Normen möglicherweise häufiger verfehlen als unbehinderte Menschen. Einige behinderte Menschen sind beispielsweise mit einer Art verweigerter Geschlechtszugehörigkeit konfrontiert, die sie zu sexuellen und geschlechtlichen Neutren degradiert (Raab, 2007), die nicht mal durch ein Beuteraster fallen können, da sie von Anfang an jenseits davon angeordnet werden. Goffman (1963/2010, S. 47) zitiert hier ein passendes Beispiel: „Ich lag auf dem Sand, und ich vermutete, die Jungs und Mädchen dachten, ich schliefe. Einer von den Jungs sagte: ‚Ich mag Domenica sehr, aber ich würde niemals mit einem blinden Mädchen ausgehen.' ". So harmlos diese Formulierung klingen mag, so endgültig ist die damit verbundene Zurückweisung, die Domenica in ihrer vollständigen Handlungsunfähigkeit zurücklässt.

Ein besonders frustrierender Faktor für die Beziehungsmotive Anerkennung und Wichtigkeit sind Erlebnisse, welche eben nicht nur als Implikation einer partikulären Situation verarbeitet werden können, sondern in ihrer Grundsätzlichkeit die gesamte behinderte Existenz in ihrem Sosein verwünschen. Eine diesbezüglich kaum zu übertreffende Unverschämtheit ist die häufig ganz selbstverständliche Unterstellung, nicht rechtzeitig erkannt worden zu sein, da Behinderung heute schließlich nicht mehr sein müsse, mit der sich Eltern und behinderte Menschen zunehmend konfrontiert sehen (Sierck, 2013, S. 39).

Solche Frustrationen können aber auch innerfamiliär entstehen, wenn Eltern engagiert versuchen, die Auffälligkeiten des Kindes zu verstecken, um sich und allen anderen die Vorstellung eines „gesunden" und „wohlgeratenen" Kindes glaubhafter zu machen (Sierck, 1989, S. 13, 18; Kolaschinsky, 2011, S. 54). Insbesondere das Beziehungsmotiv der Wichtigkeit kann frustriert werden, wenn sich beispielsweise ein Elternteil in seiner Unfähigkeit sich dem Bewältigungsprozess zu stellen, zurückzieht und die Behinderung samt dem Kind verleugnet.

Eine Besonderheit dieser beiden Beziehungsmotive besteht darin, dass die frustrierte Person häufig angestrengt Kompensations- und Profilierungsversuche unternimmt, um den dysfunktionalen Selbstzuschreibungen entgegenzuwirken. Krauthausen (2014, S. 108) bringt dies treffend auf den Punkt: „Okay murmelte ich widerstrebend, denn ich hasste Sonderrollen und tat alles dafür mit meinen nicht behinderten Mitschülern mitzuhalten.". Wenn dieser Versuch mitzuhalten gelingt und die Person im Laufe ihrer Biografie bemerkt, dass sie ihre dysfunktionalen Selbstzuschreibungen durch Leistung und Erfolg kompensieren und wohltuend entschärfen kann, entsteht eine konkurrierende, positive Selbstzuschreibung (vgl. Sachse, 2019b, S. 119).

Eine solche positive Selbstzuschreibung lässt sich beispielsweise bei Eddo-Lodge (2019, S. 99 im Kontext Racial Studies) zwischen den Zeilen erkennen: „Ich habe an einer Universität studiert, bin gesund, spreche und schreibe ähnlich wie die, die ich kritisiere. Ich bewege und unterhalte mich zum Teil wie sie und das erklärt zum Teil, warum ich überhaupt ernst genommen werde.". Diese engagierten Bemühungen, sich und dem Rest der Welt zu beweisen, dass Zweifel an der eigenen Person unangemessen sind, ist dann konsequenterweise vielfach mit substanziellem, finanziellem und sozialem Erfolg, sowie der Entwicklung von ausgeprägtem Interaktions- und Manipulationsgeschick, verbunden.

Schulisch begabten behinderten Menschen bieten insbesondere Bildungseinrichtungen einen fruchtbaren Boden für die Konstruktion solcher konkurrierender, positiver Selbstzuschreibungen. Kleege (2018, S. 206) stellt hierzu autobiografisch fest: „From the beginning I'd found being good in school to be the best way for me to earn attention and praise. Being good in school meant making it look easy [to be blind]." Dabei werden die behinderten Lernenden in der Regel von ihren, nach emotionaler Entlastung suchenden, Eltern intensiv durch unmittelbares Lob, Lobklatsch oder auch ganz praktisch durch zusätzlichen Nachhilfeunterricht, Sprachkurse, musikalische Angebote, Sportangebote etc. bestmöglich unterstützt und nicht selten auch überfordert (vgl. Sierck, 1989, S. 15). Dem Kind kommt dies in aller Regel sehr entgegen, da es endlich eine Möglichkeit gefunden hat, den Fluss negativer Reaktionen, welche die dysfunktionalen Selbstzuschreibungen formen, zu unterbrechen und ein Geflecht positiver Selbstzuschreibungen zu elaborieren.

Zur Generierung von positivem Feedback innerhalb der Peergroup scheinen sich sportliche Aktivitäten besonders gut zu eignen. Die hohe Differenziertheit der Klassifikationen zur Egalisierung der behinderungsspezifischen Voraussetzungen, bei einer vergleichsweise kleinen Population, bietet zudem bei geschickter Wahl exzellente Möglichkeiten, erfolgreich und wichtig zu sein. Das

Motiv der Anerkennung lässt sich beispielsweise durch Teilnahmen an prestigeträchtigen Sportveranstaltungen, Podiumsplätzen und Auszeichnungen fördern, während damit verbundene Nennungen in Lokalzeitschriften oder vielleicht sogar ein kurzes Interview mit Bild im Vorabendprogramm, das Motiv der Wichtigkeit befriedigen können.

Menschen mit ausgeprägten konkurrierenden Selbstzuschreibungen fallen häufig dadurch auf, dass sie in der Bewertung von Sachverhalten schlagartig und grundlegend ihre Meinung ändern, was das Umfeld sehr verunsichern kann (Sachse, 2019b, S. 119). Solche rapiden Meinungswechsel lassen sich wohl am besten dadurch erklären, dass durch bestimmte soziale Reaktionen oder situative Veränderungen das konträre Bündel an Selbstzuschreibungen das Ruder übernommen hat, was auch die als festgefahren empfundene Handlungsunfähigkeit ablöst. Die Folgen sind beispielsweise, dass mitreißende Größenfantasien, schlagartig in sich zusammenstürzen oder leidenschaftliche Phönixe, die sich plötzlich in einem neu entfachten Feuerwerk wieder aus der Asche erheben.

Dies macht deutlich, dass Menschen mit ausgeprägten Beziehungsmotiven in Anerkennung und Wichtigkeit über ein beachtliches Maß an Sensibilität und Empathie verfügen müssen, um erfolgreich positives Feedback zu provozieren und anderen zu gefallen. Vor diesem Hintergrund lässt sich erahnen, dass nicht ernst gemeinte, durchschaubare Komplimente, wie sie behinderte Menschen regelmäßig erleben (vgl. Felder, 2012, S. 204), ihren Effekt verfehlen.

Noch kritischer dürften aber Idealisierungen ankommen, die Leistung trotz Behinderung zu etwas Inspirierendem und Außergewöhnlichem verklären (Kleege, 2018, S. 12; Shakespeare, 2018, S. 77). Zum einen entlarven solche Idealisierungen die geringen Erwartungen, welche die andere Person mit der behinderten Person verbunden hatte, was das Referenzsystem für das Lob verfälscht. Zum anderen sucht die behinderte Person ja genau durch den Erfolg negatives Feedback aufgrund der Behinderung zu vermeiden, was durch die Bindung an die Behinderung offenkundig verfehlt wird. Die behinderte Person will also nicht auf großartige Art und Weise behindert sein, sondern schlicht und einfach großartig.

8.2.2 Verlässlichkeit und Solidarität

Der zweite Beziehungsmotivkomplex verweist auf das Bedürfnis nach Zugehörigkeit, welches bereits in Kap. 2.3 im Kontext der behinderten sozialen Teilhabe Gegenstand war. Das Bedürfnis nach Zugehörigkeit ist eines der wichtigsten menschlichen Handlungsmotive, welches die Anbahnung und Aufrechterhaltung von Beziehungen reguliert und offenbar auch wesentlich dazu beiträgt, dass sich der Mensch selbst ertragen kann (Baumeister, 2012, S. 97; DeBotton,

2006, S. 20). Davon abgesehen trägt das befriedigte Gefühl der Zugehörigkeit nicht nur zum emotionalen Wohlbefinden, sondern auch zur Aufrechterhaltung der Gesundheit bei und zeigt sich beispielsweise hinsichtlich der Senkung des Sterblichkeitsrisikos effektiver als Alkoholabstinenz, Sport oder Idealgewicht (Feeney & Collins, 2018).

Das Bedürfnis nach Zugehörigkeit lässt sich u. a. mit den beiden Beziehungsmotiven der Verlässlichkeit und der Solidarität verbinden. Angetrieben durch das Beziehungsmotiv Verlässlichkeit, möchte eine Person durch fremde Botschaften davon überzeugt werden, dass die Beziehung, innerhalb der die Botschaften gesendet werden, aktual und auch unter schwierigen Bedingungen stabil, belastbar und dauerhaft ist (Sachse, 2019a, S. 24). Während das Beziehungsmotiv Verlässlichkeit als beziehungsinterner Aushandlungsprozess begriffen werden kann, richtet sich das Beziehungsmotiv Solidarität auf die Abgrenzung der Beziehung nach außen. Die Person wünscht sich Botschaften, die davon überzeugen, dass in Konfliktsituationen oder bei Angriffen von außen, ihre Bezugspersonen nicht die Seite wechseln und sie somit nicht unerwartet schutzlos alleine dasteht (Sachse, 2019a, S. 24).

Dysfunktionale Selbstzuschreibungen durch die Frustration der Beziehungsmotive Verlässlichkeit und Solidarität sind beispielsweise mit der Überzeugung verbunden, die sozialen Erwartungen anderer aufgrund des eigenen Soseins nicht erfüllen zu können (Sachse, 2019b, S. 228). Typisch sind eine starke Betonung und Übertreibung der eigenen Defizite, negative Attraktivitätsannahmen, die Vorstellung den Menschen im eigenen Umfeld nichts bieten zu können und ausgeprägte Katastrophenfantasien darüber, was alles schief gehen könne.

Solche Selbstzuschreibungen entstehen und verfestigen sich beispielsweise durch das Erleben eines ausgeprägten Konformitätsdrucks, dem nicht zuletzt aufgrund der eigenen Anpassungsbereitschaft und -fähigkeit nachgegeben wird, was durch positives Feedback, Anerkennung und Freiheit belohnt wird (Sachse, 2019b, S. 279). Non-konformes Verhalten oder Widerstand werden hingegen heftig durch Zurückweisung, demonstratives Ignorieren, Liebesentzug, die Erzeugung von Schuldgefühlen etc. bestraft und durch emotionale Erpressung wieder auf Linie gebracht.

Dieses offenkundig pastorale Erziehungsmodell, das bereits unter dem Begriff „Vom Hilflosen zum Nützlichen“ in Kap. 5.3.2 ausführlich diskutiert wurde, ist vielen behinderten Menschen vertraut. Behinderungen manifestieren sich im Erleben behinderter Menschen situativ auch durch unerwünschte Hilflosigkeit, Abhängigkeit und ein unerträgliches Angewiesen-Sein. Dies ist beispielsweise dann der Fall, wenn alltägliche Dinge wie das Aufstehen, der Toilettengang oder das Essen nicht ohne fremde Hilfe gelingen oder komplexe Vorgänge oder Verträge nicht verstanden werden (Maskos, 2015a). Solche Gefühle können aber auch beim engagierten, erfolglosen Suchen der Ersatzhaltestelle oder des bestellten Taxis entstehen, sind manchmal aber auch deutlich subtiler, wenn beispielsweise eine blinde Person einen Sitzplatz in der Saunakabine sucht und dabei den anderen und sich selbst überflüssigen Körperkontakt ersparen möchte.

In ihrem Angewiesen-Sein wird die behinderte Person bereits sehr früh emotional zu Gefälligkeit und Dank verpflichtet und in dieser Rolle gehalten: „Du weißt, was du deiner Mutter zu verdanken hast. Die ganzen Behördengänge, zum Arzt, Gymnastik, zur Schule fahren, sie hat viel für dich aufgegeben.“ (Sierck, 1989, S. 89).

Dieser emotionale Druck bleibt hier aber in der Regel subtil und symbolisch, da er nicht explizit geäußert wird (Dorner, 2019, S. 68). In ihrer Hilflosigkeit handeln die meisten Bezugspersonen natürlich vollumfänglich wohlwollend, ohne jedoch zu wissen, was überhaupt das Beste sein könnte. Die emotionale Bestrafung ist also nicht notwendigerweise eine Sanktion der fehlenden Dankbarkeit und Gefälligkeit, sondern kann auch der Versuch sein, sich selbst vor der Überforderung und dem Schuldgefühl abzuschirmen, nicht zu wissen, was die behinderte Person wirklich benötigt und demzufolge möglicherweise das Unpassende getan zu haben.

Für die behinderte Person ist dies jedoch nur begrenzt von Belang. Erlebte Abhängigkeit von anderen Menschen, die an das emotionale Wohlwollen geknüpft ist, ist im hohen Maße geeignet, um die Beziehungsmotive Verlässlichkeit und Solidarität zu frustrieren und dysfunktionale Selbstzuschreibungen entstehen zu lassen und zu festigen.

Drastisch verschärft werden kann diese missliche Situation, wenn es den Bezugspersonen nicht gelingt, ihre Überforderung und ihre Schuldgefühle in bearbeitbare Emotionen umzudeuten und diese Nöte beispielsweise durch Rückzugsdrohungen, effektive Rückzüge, emotionale Zusammenbrüche oder auch durch partikuläre Phänomene wie der Parentifizierung (Kap. 7.1.3) nach außen dringen. Denkbar sind hier Drohungen eines Elternteils die Familie zu verlassen, was beispielsweise an bestimmte Rituale wie Kofferpacken geknüpft wird (Sachse, 2019a, S. 99) oder auch die Drohung mit dem Suizid, die durch das Spiel mit einer Schachtel Schlaftabletten bekräftigt wird (Capovilla, 2011, S. 3). Typische Muster für den effektiven Rückzug sind das Zerbrechen der elterlichen Beziehung, woraufhin meistens der Vater die Familie verlässt (Shakespeare, 2018, S. 54) oder die unerwartete Kündigung einer lieb gewonnenen persönlichen Assistenzkraft.

Die ständige erlebte Bedrohung der Beziehungen, auf welche die behinderte Person existenziell angewiesen ist, kann Gefühle wie Kontrollverlust und Handlungsunfähigkeit zementieren, Abwehrmechanismen außer Kraft setzen und dadurch weitere dysfunktionale Selbstzuschreibungen festschreiben.

Im Unterschied zu den Beziehungsmotiven Anerkennung und Wichtigkeit fällt es vergleichsweise schwer, kompensierende positive Selbstzuschreibungen zu entwickeln. Strategien, die vor dem beschriebenen Hintergrund dazu dienen, Beziehungen verlässlich und solidarisch zu gestalten, bestehen meistens darin, sich den Bezugspersonen möglichst pflegeleicht darzubieten, keine Konflikte zu provozieren, sich klar unterzuordnen und deren Wünsche und Erwartungen soweit wie möglich zu erfüllen (Sachse, 2019b, S. 207; Sierck, 1989, S. 23). Damit einher geht eine explizite Norm- und Regelkonformität nach den Vorstellungen der Bezugspersonen, was mit der Zurückstellung eigener Wünsche einhergeht und den Zugang zum eigenen Motivsystem zunehmend versperrt. Die behinderte Person erlernt hier also systematisch die eigene Abhängigkeit, was weitere dysfunktionale Selbstüberzeugungen reifen lassen kann, die beispielsweise darin bestehen, den Zustand des Alleinseins nicht aushalten zu können (Sachse, 2019b, S. 209).

Nun muss bei aller gebotenen Dramatik festgehalten werden, dass die Identitätsbildung sowohl bei behinderten als auch bei unbehinderten Menschen als ergebnisoffener Aushandlungsprozess zwischen Autonomiebestrebungen und Abhängigkeiten sowie emotionalen Befindlichkeiten, Selbstzuschreibungen etc. erfolgen und dass es für die „gute" Erziehung keine festgeschriebenen sozialen Drehbücher gibt. Für die beschriebenen, negativen Szenarien muss betont werden, dass die Bezugspersonen offenkundig ihr Bestes geben wollen, darin aber aus diversen Gründen scheitern. Auf der anderen Seite halten auch behinderte genauso wie unbehinderte Menschen, rein schon evolutionär bedingt, eine ganze Menge kolossal verfehlter, gut gemeinter Handlungen aus, da ansonsten der Fortbestand der Menschheit infrage stehen würde.

Was aber die behinderte Identitätsbildung vor allem hinsichtlich der Beziehungsmotive Verlässlichkeit und Solidarität so besonders macht, ist die Gegebenheit, dass alle Beteiligten die Behinderung nach Belieben als kausale Begründung und Rechtfertigung heranziehen können, wodurch sich eine Art Schleier zwischen die interagierenden Personen legt, der nur die isolierten Bedürfniskonturen betont und das dadurch umspannte Gesamtkunstwerk verwischt. Das Ziel muss also der Versuch auf beiden Seiten sein, die Behinderung als eine diffuse Menge situativer Bedürfnisse zu begreifen, die sich nicht zur Konstruktion sozialer Wirklichkeiten eignen. Entscheidend sind und bleiben die Gesamtkunstwerke auf beiden Seiten des Schleiers und diese gilt es auch auf beiden Seiten wahrzunehmen.

8.2.3 Autonomie und Territorialität

Der dritte hier behandelte Motivkomplex bezieht sich auf die Abgrenzungsmechanismen zum Schutz der eigenen Individualität, die als Folge der anhaltenden Frustration der Beziehungsmotive Autonomie und Territorialität verstanden werden können.

Das Beziehungsmotiv Autonomie ist mit dem Bedürfnis verbunden, selbst über die Gestaltung des eigenen Lebens zu bestimmen und weder bevormundet noch kontrolliert zu werden (Sachse, 2019a, S. 24). Dieses Beziehungsmotiv wird demgemäß durch Botschaften frustriert, die fehlenden Respekt und Akzeptanz für diese Autonomie signalisieren oder gar manipulativ intervenieren. Beim Beziehungsmotiv Territorialität hingegen, geht es im Unterschied zum Beziehungsmotiv Autonomie weniger um die Abwehr gegen inhaltliche Einmischungen, sondern vielmehr in einem abstrakten Sinn, um den Umgang mit den Grenzen selbst. Es geht also nicht darum, was an der Kleidung, an dem Zustand des eigenen Zimmers oder am Schreibtisch angeblich ausbaufähig oder optimierbar ist, sondern um das generelle unerlaubte Eindringen und unaufgeforderte Kommentieren.

Wie auch bei allen anderen Beziehungsmotiven gibt es im Kontext Behinderung bestimmte spezifische Bedingungskonstellationen, welche die Entstehung dysfunktionaler Selbstzuschreibungen im Bereich der Autonomie und Territorialität begünstigen. Offensichtlich fußt auch die Frustration der Beziehungsmotive Verlässlichkeit und Solidarität auf grenzverletzenden Bevormundungen und Eingriffen, die letztendlich durch Bedürfnisverzicht und Unterordnung harmonisiert werden. Die Frustration der Beziehungsmotive Autonomie und Territorialität geht hier aber deutlich weiter, da zum einen der zentrale, auf die behinderte Person bezogene, wohlwollende Aspekt kaum zu finden ist. Zum anderen sprechen dominante Kompensationsstrategien für dysfunktionale Selbstzuschreibungen in den Bereichen Autonomie und Territorialität eher dafür, dass Harmonisierungsversuche erfolglos blieben oder selbstbestimmt erst gar nicht unternommen wurden.

Hierbei muss bedacht werden, dass behinderte Kinder, insbesondere bei einer pflegerischen „Dauerbetreuung" in der Familie, in der Regel als Stressoren erlebt werden, welche die ökonomischen, emotionalen, sozialen und kognitiven Reserven aller Beteiligten angreifen (Cloerkes, 2007, S. 298; Shakespeare, 2018, S. 54; Jantzen, 2002). Deutlich wird dies bereits beim Gedanken an die regelmäßigen und zeitintensiven Pflegeleistungen, die unzähligen Antragsverfahren, die selbst zu finanzierenden Hilfsmittel, die Reaktionen und Bewertungen im Bekannten- und Freundeskreis, die es auch vor dem Hintergrund der gerade ausführlich beschriebenen Komplexität der behinderten Identitätsbildung zu ertragen gilt.

Zwischen berechtigter Wut, Überforderung oder Resignation aber auch schwer zu ertragender Ignoranz, Beschränktheit oder Beratungsresistenz kann sich ein instruktiver, übergriffiger und rigider Erziehungsstil herausbilden, mit dem erheblicher Schaden angerichtet wird (Sachse, 2019a, S. 175). Reaktionen der Ablehnung und Unerwünschtheit sowie das Gefühl, als Last im eigenen sozialen Umfeld wahrgenommen zu werden und dafür auch noch verantwortlich zu sein, bieten einen fruchtbaren Boden für die Ausbildung dysfunktionaler

Selbstzuschreibungen, die das Alleinsein als einzigen erträglichen Lebensentwurf konstituieren und das Vertrauen in andere Menschen nachhaltig beschädigen.

Um solche Schrecken nicht immer neu durchleben zu müssen, bietet sich der Ausweg des antizipatorischen, defensiven Rückzugs, indem Annäherungsversuche zunehmend abgewehrt werden (Sierck, 1989, S. 23; Goffman, 1963/2010, S. 27). Werden schließlich Beziehungen, infolge gewachsener, dysfunktionaler Selbstzuschreibungen als existenzielle Bedrohung erlebt, die emotional deutlich mehr kosten, als sie leisten, kann es zu einer „Selbstideologisierung" kommen, bei der unter einem, aus eigner Perspektive vertretbaren Bedürfnisverzicht, Autonomie und territorialer Schutz erreicht werden (Sachse, 2019b, S. 22; Sierck, 1989, S. 22).

Die hieraus resultierenden, fehlenden kommunikativen Trainingsmöglichkeiten können mit der Ausbildung ausgeprägter sozialer Kompetenzdefizite einhergehen, wie hyperallergische und vollkommen überzogene Reaktionen auf denkbar harmlose Vorkommnisse, welche die behinderte Person weiter isolieren (Sachse, 2019b, S. 263).

Die zweite Schwierigkeit besteht darin, dass sämtliche Aggressionen in Ermangelung einer externen Angriffsfläche auf das eigene Selbst gerichtet werden müssen, während die Wut auf die Behinderung wächst (Sierck, 1989, S. 23). Dies trägt auch dem bemerkenswerten Ausspruch von Goffman (1963/2010, S. 16) Rechnung, der formuliert hat: „Selbsthass und Selbsterniedrigung können auch stattfinden, wenn nur das stigmatisierte Individuum und ein Spiegel vorhanden sind.".

8.3 Epilog

> „Ich stehe definitiv nicht für eines dieser Inspirationsvideos zur Verfügung, welches mein alltägliches, mühsames ‚acting ability', durch das hier intendierte ‚acting disability' stört und karikiert." (Dino Capovilla)

Fraglich ist nun aber, wie mit dieser düsteren Wirklichkeit umgegangen werden kann und wie sich das passive, erwartungsvolle Aussitzen der Selbstreorganisation aktiv unterstützen lässt. Naturgemäß gibt es hier keine allgemeine, sondern lediglich viele individuelle Antworten, was auch der sozialen Realität Rechnung trägt, dass es natürlich auch behinderte Menschen gibt, die einfach nicht an Unzufriedenheit leiden, denen es genauso wie vielen unbehinderten Menschen gelingt, sich auf die Rolle des Statthalters ihrer Identität zu beschränken, um sich dem Leben geruhsam hinzugeben.

Die vermutlich interessanteste Antwort besteht darin, den Handlungsspielraum, der sich durch die Distanzierung von der eigenen Identität ergeben hat, tatkräftig zu nutzen. Die aus distanzierter Perspektive plakativ logische Erkenntnis, dass alle Menschen nur zeitlich begrenzte Rollen spielen (Kap. 2.3), scheint den gegenständlichen Agierenden in realen sozialen Interaktionen doch nicht ganz so einfach zugänglich zu sein, was sich bereits an der Relevanz von Emotionen im Interaktionsverlauf erkennen lässt. Gelingt es jedoch einer Person, die selbst Teil einer sozialen Interaktion ist, die Mitagierenden als Darstellende in guten oder schlechten Komödien, Tragödien, Action- oder Liebesfilmen zu interpretieren, kann ein beachtlicher Spielraum entstehen, in welchem das emotionale Erleben zugunsten der Bewertung des Plots, der Schauspielleistung und der tatsächlichen Folgen des gespielten Stücks, in den Hintergrund rückt.

Wie bereits in Kap. 6.3 und Kap. 8.1 beschrieben, haben viele behinderte Menschen in ihren andauernden Versuchen „normal" zu sein, beachtliche Erfahrungen im gezielten Rollenspiel gesammelt, um den normativen Ansprüchen einer unbehinderten Gesellschaft zu genügen. Da mit diesem Schauspiel Teile des eigenen Selbst maskiert werden sollen, muss es mit ausreichend Distanz betrachtet werden können, weshalb der Erfolg des „acting ability" gemeinsam mit der Möglichkeit zur Distanzierung zur eigenen Identität wächst.

Es geht also darum, die Unannehmlichkeit nicht authentisch sein zu können, zur Tugend zu machen, um sich bewusst in einer selbstbestimmten Selbstinszenierung zu erheben. Es soll also nicht länger darum gehen, das eigene Verhalten auf den Bühnen des sozialen Lebens an die eigenen Interpretationen der Regungen und Erwartungen des Publikums bestmöglich anzupassen, sondern darum, sich bewusst für eine eigene Inszenierung zu entscheiden. Es geht um eine selbstbestimmte Interpretation der absoluten Individualität, wie sie viele unbehinderte Menschen im Schatten des kompetenzorientierten Bildungsideals und des „unternehmerischen Selbst" längst leben.

Der Zuspruch zu solchen Lebensentwürfen hat zusammen mit der Verlagerung eines großen Teils der materiellen, emotionalen, sexuellen etc. Aushandlungsprozesse in digitale Märkte, zu einer sich ausbreitenden Wertungewissheit geführt (Illouz, 2018, S. 333). Diese Wertungewissheit ist durch eine deutliche Stärkung der Nachfrage nach subjektiven Werten wie Selbstachtung, Eigenliebe oder Selbstvertrauen ersetzt worden, für die erst Regulations- und Verteidigungsstrategien entwickelt werden mussten. Diese Transformation hin zu subjektiven Werten und Referenzsystemen, ist vermutlich der einzige Weg, um überhaupt die bis dahin kaum bekannte, befremdende und verletzende Unannehmlichkeit, aufgrund banaler und partikulärer Merkmale, auf einem visuell orientierten, digitalen und unerschöpflich wirkenden Angebotsmarkt ausgegrenzt zu werden, überhaupt aushalten zu können.

Faszinierenderweise zeigt sich hier eine frappierende Parallele zu Ab- und Ausgrenzungsprozessen behinderter Menschen aufgrund ihrer Behinderung in sozialen Situationen. Eine marginal übergewichtige Person mittleren Alters, mit weitgehend ansprechendem Aussehen, hoher finanzieller Sicherheit, einem prestigeträchtigen Job, Eloquenz und Charme, kennt nunmehr vermutlich die Frustration, durch die Raster digitaler Märkte zu fallen, in denen im Sekundentakt anhand eines ersten Eindrucks zu einer Fotografie und im besten Fall einiger zusätzlicher Eckdaten, entlang intersubjektiver Vorurteile etikettiert wird. Das Gefühl, nicht mal mehr mit der günstigsten fotografischen Pose mit nachträglicher Bildbearbeitung, einer digitalen Verjüngung und Erleichterung samt Verzierung mit den bildhaften Insignien der finanziellen Potenz genügen zu können, um in der eigenen sympathischen und charmanten Großartigkeit positiv wahrgenommen zu werden, kommt dem Gefühl, aufgrund einer Behinderung freundlich ignoriert und praktisch ausgeschlossen zu werden, vermutlich nahe.

Entscheidend für die positiv erlebte und selbstwertfördernde Selbstinszenierung ist die Freiwilligkeit im Sinne einer bewussten Entscheidung der Gestaltung des eigenen Soseins (Capovilla, Gebhardt, & Hastall, 2018). Der tatsächlichen Form sind hier weder attributiv, da offenkundig nicht nur die Selbstinszenierung mit positiv assoziierten Merkmalen als positiv erlebt werden kann, noch expressiv Grenzen gesetzt. Unaufgeforderte Explikationen eigener religiöser, politischer oder ernährungsbezogener ideologischer Überzeugungen, durch das Erscheinungsbild unmissverständlich ausgedrückte Zugehörigkeit zu einer Subkultur oder auch die durch das eigene Handeln verdeutlichte Ablehnung gesellschaftlicher Konventionen, sind somit genauso zur Selbstinszenierung geeignet, wie Inszenierung, die sehr wahrscheinlich ein breiteres Publikum begeistern.

Dabei geht es keineswegs darum, durch die Inszenierung die sichtbare Behinderung situativ oder vollständig zu maskieren, was im Unterschied zu schrillen Haartrachten, Tattoos, extravaganten Kleidungsstilen oder auch ideologischen Überzeugungen häufig auch nicht möglich ist. Die Selbstinszenierung soll es der behinderten Person ermöglichen, Kontrolle über den selbst gewählten Teil ihrer diskreditierbaren oder idealisierbaren Merkmale zu gewinnen, was zum einen selbstwertfördernd als Ausdruck der selbstbestimmten Autonomie erlebt werden kann und zum anderen Zugriff auf die damit verbundenen Regulations- und Verteidigungsstrategien unbehinderter Menschen bietet, die sich mit den entsprechenden Merkmalen auszeichnen.

Eine behinderte Person im Maßanzug, mit auffallendem Haarschnitt, geschmückt von hochwertigen und interessanten Tattoos, in Drag, mit schrillem Rollstuhl, mit einer auffallenden Bewegungsästhetik, in modischer Sportbekleidung, in einer mystischen, schwarzen Robe, im Muskelshirt mit ansprechendem Körper, stets einen typischen Hut tragend, auffallend ansprechend gestylt, duftend nach einem faszinierenden Parfüm etc. könnte beispielsweise Ausdruck einer solchen Selbstinszenierung sein, die aber natürlich nur zu einer solchen wird, wenn sie auch tatsächlich dem Selbst der Person entspringt.

In einer sozialen Welt, in der materielle, emotionale und sexuelle Bedürfnisse auf digitalen Märkten mit einem unerschöpflichen Überangebot ausgehandelt werden, sind auch weiterhin prächtige, sogenannte „innere" Werte erfreulich, in der digitalen Konkurrenz um die bestmögliche Befriedigung der Bedürfnisse, sind diese „inneren" Werte aber erst mal nachgeordnet. Noch konkreter bringt das Maskos (2015b) auf den Punkt, die sinngemäß feststellt, dass auf dem Beziehungsmarkt die Lebenschancen hinsichtlich einer Partnerschaft oder Familiengründung längst anhand der körperlichen Attraktivität, der Fitness und der Zeugungs- und Gebärfähigkeit verteilt werden.

Behinderung ist definitiv keine Entschuldigung, nicht an diesem Verteilungskampf teilzuhaben, bei dem eine behinderte Person rein schon wegen der unerschöpflich bunten Vielfalt eines scheinbar grenzenlosen digitalen Marktes deutlich mehr Einfluss auf ihren Marktwert hat, als das auf analogen Märkten jemals möglich gewesen wäre.

Vor diesem Hintergrund erscheint es durchaus sinnvoll, dass behinderte Menschen ihren Körper als bewusstes Instrument der Selbstinszenierung erkennen und nutzen. Gegenwärtig werden Bemühungen, die dafür sprechen, dass eine Person versucht, sich und ihren Körper fit zu machen und in diesem Zustand zu halten, besonders positiv bewertet (Martschukat, 2019, S. 21), was alle Menschen im Rahmen ihrer Selbstinszenierung nutzen können. Möglich wäre die Arbeit an der eigenen Bewegungsästhetik, wie es beispielsweise in einer brasilianischen Ballettschule für blinde Mädchen angeboten wird (www.wfilm. de/looking-at-the-stars (11.07.20)). In Italien erfreut sich das Theaterspiel als Experimentierfeld für soziale Drehbücher bei behinderten Menschen großer Nachfrage. Spannend sind, in diesem Zusammenhang auch Ansätze wie das „method acting" aus der Schauspielerei, bei dem sich Menschen dazu ausbilden lassen, Gefühle nicht nur zu spielen, sondern diese auch tatsächlich auf Abruf zu empfinden (Brinkmann, 2018, S. 86). Weitere Möglichkeiten bieten sich im Bereich Sport mit Behinderung in all seinen Facetten mit seinen ganz unterschiedlichen Profilierungs- und Selbstinszenierungsmöglichkeiten. Schließlich sei noch auf die bereits erwähnten, unzähligen Möglichkeiten im Kontext sozialer Netzwerke und Medienplattformen verwiesen, sich mit seinen selbst gewählten Eigenarten zu inszenieren.

Auch wenn das Referenzsystem selbst bestimmt werden kann, bleibt es dennoch in die soziale Welt eingebunden, was also auch bedeutet, dass eine endgültige Ablösung vom fremden Urteilen und Bewertungen nicht möglich ist (Goffman, 1963/2010, S. 16). Dies ist letztendlich auch nicht notwendig, da die einzelne Person in der Regel frei bestimmen kann, in welchem Teil der sozialen Welt, ihr Referenzsystem eingebettet wird.

Digitale Medien haben diese Landschaft erheblich bunter gemacht, was bedeutet, dass sich das soziale Handlungsfeld behinderter Menschen nicht mehr auf intime Gemeinschaften oder die Kernfamilie, lokale Vereinsstrukturen oder

Ähnliches beschränken muss. Unzählige Gemeinschaften mit geteilten Konsumvorlieben, Interessen, Begeisterungsfähigkeiten, Kulturneigungen, ideologischen Überzeugungen, sexuellen Vorlieben, Sportbegeisterungen etc. können sich digital formieren und kultivieren und sind grundsätzlich für alle Menschen zugänglich.

Die Macht der begrenzten Freiheit wurde also von der Macht der unüberschaubaren Verfügbarkeit von Möglichkeiten ersetzt, was mit dem Dilemma der Wahl einhergeht, vor dem behinderte genauso wie unbehinderte Menschen stehen (vgl. Illouz, 2018, S. 150). Die damit verbundene omnipräsente Wertungewissheit und Handlungsunsicherheit, die Ratgeberei und organisierte Selbsthilfe zu dominanten Kulturtechniken erhoben haben, sprechen klar dafür, dass die gegenwärtigen sozialen Drehbücher für Freundschaften, Liebe, Elternschaft oder auch Karriere erst noch geschrieben werden müssen.

Wenn hier Vorurteile auch weiterhin wirksam sind, entfalten sie im Angesicht der zahllosen Alternativen, bei Weitem nicht mehr den einstigen determinierenden und endgültigen Charakter. Behinderte Menschen sollten also diese neuen Spielräume nutzen, selbstbestimmt zur Feder greifen und ihre eigene Rolle mitschreiben, ohne darauf zu warten, dass dies andere für sie tun.

Zwischen all den Wahlmöglichkeiten könnte dies vielleicht am besten dadurch gelingen, indem bewusst an der Erzählbarkeit des eigenen Lebens gearbeitet wird (Illouz, 2018, S. 268). Das bedeutet, dass die eigenen Gefühle, Handlungen und Beziehungen als eine plausible narrative Struktur gefasst und zu einer logischen Reihenfolge zusammengefügt werden. Dadurch hat das Individuum eine Geschichte, die es zu dem macht, was es ist und eine Zukunft, die es idealisieren kann.

Literatur

Adrian, J. (2017). Inklusion braucht differenzierte Strukturen. In VBS e.V., Perspektiven im Dialog: Kongressbericht des XXXVI. Kongress für Blinden- und Sehbehindertenpädagogik Graz 2016. Würzburg: Edition Bentheim.

Aguayo-Krauthausen, R. (2014). Dachdecker wollte ich eh nicht werden (3. Aufl.). Reinbeck bei Hamburg: Rowohlt.

Ahrbeck, B. (2011). Der Umgang mit Behinderung. Stuttgart: W. Kohlhammer.

Ahrbeck, B. (2016). Inklusion – Eine Kritik. Stuttgart: W. Kohlhammer.

Alegre, L. (2019). Lob der Homosexualität. München: C. H. Beck.

Alicke, T., & Linz-Dinchel, K. (2012). Inklusive Gesellschaft -Teilhabe in Deutschland. Grundlagen und theoretischer Hintergrund. Frankfurt am Main: Institut für Sozialarbeit und Sozialpädagogik e.V.

Allman, C., & Lewis, S. (2014). ECC Essentials: Teaching the Expanded Core Curriculum to Students with Visual Impairments. New York: AFB Press.

Allport, G. (1954/1971). Die Natur des Vorurteils. Köln: Kiepenheuer & Witsch.

Altenschmidt, K., & Kotsch, L. (2007). „Sind meine ersten Eier, die ich koche, ja". Zur interaktiven Konstruktion von Selbstbestimmung in der Persönlichen Assistenz körperbehinderter Menschen. In A. Waldschmidt, & W. Schneider, Disability Studies, Kultursoziologie und Soziologie der Behinderung. Erkundungen in einem neuen Forschungsfeld (S. 225-247). Bielefeld: transcript.

Althusser, L. (1977). Ideologie und ideologische Staatsapparate. Aufsätze zur marxistischen Theorie. Hamburg: Verlag für das Studium der Arbeiterbewegung.

Bach, M., & Kommerell, G. (2002). Sehschärfebestimmung nach Europäischer Norm: Wissenschaftliche Grundlagen und Möglichkeiten der automatischen Messung. Abgerufen am 02.05.2019 von www.uniklinik-freiburg.de/?id=3713.

Bakewell, S. (2018). Das Café der Existenzialisten. München: C. H. Beck.

Baumeister, R. (1997/2013). Vom Bösen: Warum es menschliche Grausamkeit gibt. Bern: Verlag Hans Huber.

Baumeister, R. (2012). Wozu sind Männer eigentlich überhaupt noch gut?: Wie Kulturen davon profitieren, Männer auszubeuten. Bern: Hogrefe.

Beck, F.-J. (2017). Temporäre stationäre Beschulung im FöS-Sehen-Exklusion zur Vorbereitung auf die Inklusion. In VBS e.V., Perspektiven im Dialog: Kongressbericht des XXXVI. Kongress für Blinden- und Sehbehindertenpädagogik Graz 2016. Würzburg: Edition Bentheim.

Becker, U. (2016). Die Inklusionslüge: Behinderung im flexiblen Kapitalismus. Bielefeld: transcript.

Bender, C., & Schnurnberger, M. (2015). Ethnographische Erkundungen zwischen Sehen und Nicht-Sehen. In R. Hitzler, & M. Gothe, Ethnographische Erkundungen. Methodische Aspekte aktueller Forschungsprojekte (S. 103-123). Wiesbaden: Springer VS.

Blumenberg, H. (1979/2006). Arbeit am Mythos. Frankfurt: Suhrkamp.

BMAS. (2009). Versorgungsmedizin Verordnung mit den Versorgungsmedizinischen Grundsätzen (Broschüre). Berlin: BMAS.

Bohleber, W. (2012). Was Psychoanalyse heute leistet: Identität und Intersubjektivität, Trauma und Therapie, Gewalt und Gesellschaft. Stuttgart: Klett-Cotta.

Bonfranchi, R. (2011). Die unreflektierte Integration von Kindern mit geistiger Behinderung Verletzt ihre Würde (Leserbrief). Teilhabe, 50(2), S. 90-91.

Bossaert, G., Colpin, H., Pijl, S. J., & Petry, K. (2013). Truly included? A literature study focusing on the social dimension of inclusion in education. International Journal of Inclusive Education, 17, S. 60-79.

Bourdieu, P. (1992/2015). Die verborgenen Mechanismen der Macht. Hamburg: VSA.

Brecht, B. (1930/2012). Geschichten von Herrn Keuner. Berlin: Suhrkamp.

Brinkmann, S. (2018). Pfeif Drauf! Schluss mit dem Selbstoptimierungswahn. München: Knauer.
Bröckling, U. (2007). Das unternehmerische Selbst: Soziologie einer Subjektivierungsform. Berlin: Suhrkamp.
Brodkorb, M. (2013). Warum Inklusion unmöglich ist. Über schulische Paradoxien zwischen Liebe und Leistung. Abgerufen am 31.07.2018 von http://bildung-wissen.eu/wp-content/uploads/2013/05/brodkorb_warum_inklusion_unmoeglich-ist.pdf
Brown, K., Hamner, D., Foley, S., & Woodring, J. (2009). Doing disability: Disability formations in the search for work. Sociological Inquiry, 79(1), S. 3-24.
Bude, H. (2008). Die Ausgeschlossenen: Das Ende vom Traum einer gerechten Gesellschaft. München: Carl Hanser.
Bundesagentur für Arbeit. (2019). Situation schwerbehinderter Menschen. Abgerufen am 23.02.2020 von statistik.arbeitsagentur.de/Statischer-Content/Arbeitsmarktberichte/Personengruppen/generische-Publikationen/Brosch-Die-Arbeitsmarktsituation-schwerbehinderter-Menschen.pdf
Busche, H. (2003). Einleitung. In H. Busche, Gottfried W. Leibniz – Frühe Schriften zum Naturrecht (1663-1671) (S. XI-CXI). Hamburg: Felix Meiner.
Cacioppo, J. T., & Patrick, W. (2011). Einsamkeit: Woher sie kommt, was sie bewirkt, wie man ihr entrinnt. Heidelberg: Spektrum Akademischer Verlag.
Camus, A. (1938/2010). Hochzeit des Lichts. Hamburg: Arche.
Capovilla, D. (2011). Mein Name ist Toastbrot. Norderstedt: BoD.
Capovilla, D. (2012). So einfach funktioniert Inklusion nicht. blind – sehbehindert, 4(2012), S. 258-262.
Capovilla, D. (2015). Inklusion in der Informatischen Bildung am Beispiel von Menschen mit Sehschädigung (PhD thesis). München: TUM School of Education.
Capovilla, D. (2019). Informatische Bildung und inklusive Pädagogik. In A. Pasternak, Informatik für alle – 18. GI-Fachtagung Informatik und Schule (S. 35-48). Bonn: Köllen Druck + Verlag GmbH.
Capovilla, D., & Eulitz, E. (2016). Spielerische haptische Wahrnehmungsförderung bei Kindern mit Blindheit oder einer Beeinträchtigung des Sehens. Zeitschrift für Heilpädagogik, 1/2016, S. 77-83.
Capovilla, D., & Gebhardt, M. (2016). Assistive Technologien für Menschen mit Sehschädigung im inklusiven Unterricht. Zeitschrift für Heilpädagogik, 67(1), S. 4-15.
Capovilla, D., & Hubwieser, P. (2013). Soziale Inklusion als fachdidaktisches Problem der Informatik. blind – sehbehindert, 4/2013, S. 226-235.
Capovilla, D., & Hubwieser, P. (2013). Teaching spreadsheets to visually-impaired students in an environment similar to a mainstream class. In Proceedings of the ITiCSE 2013 (S. 99-104). New York: ACM.
Capovilla, D., & Zimmermann, R. (2020). Behinderte Teilhabe am Arbeitsleben in der digitalen Welt. Gemeinsam Leben, 28(1), S. 21-29.
Capovilla, D., Gebhardt, M., & Hastall, M. R. (2018). „Mach mal Platz, hier kommt ein Behinderter". Schulische Inklusion und problematische atypische Situationen am Beispiel von Lernenden mit einer Beeinträchtigung des Sehens – inklusive Fettnäpfchen. Vierteljahresschrift für Heilpädagogik und ihre Nachbargebiete (VHN), 87(1), S. 112-125.
Cederström, C., & Fleming, P. (2013). Dead Man Working: Die schöne neue Welt der toten Arbeit. Berlin: edition TIAMAT.
Cloerkes, G. (2007). Soziologie der Behinderten: Eine Einführung. Heidelberg: Universitätsverlag Winter.
Dawkins, R. (2007). Der Gotteswahn. Berlin: Ullstein Buchverlag.
DeBotton, A. (2006). Statusangst. Frankfurt a.M.: S. Fischer.
Deci, E. L., & Ryan, R. M. (1993). Die Selbstbestimmungstheorie der Motivation und ihre Bedeutung für die Pädagogik. Zeitschrift für Pädagogik, 2(93), S. 223-238.
Degenhardt, S. (2012). Der Weg zur Inklusiven Schule – Momentaufnahmen von Brückenschlägen und Grabenkämpfen und von Ansprüchen an die inklusive Beschulung blinder und sehbehinderter Kinder und Jugendlicher. blind – sehbehindert, 3/2012, S. 154-167.

Degenhardt, S. (2013). Spezifisches Curriculum – die klassische Diagnostik und Förderplanarbeit in neuem Gewand? In VBS e.V., Vielfalt & Qualität: XXXV. Kongress für Blinden- und Sehbehindertenpädagogik in Chemnitz 2012 (S. 174-180). Würzburg: Edition Bentheim.
Degenhardt, S. (2016a). Blinden- und Sehbehindertenpädagogik in universitärer Forschung und Lehre. In VBS, Positionen 2016 Sonderheft (S. 26-31). Würzburg: Edition Bentheim.
Degenhardt, S. (2016b). Das Spezifische Curriculum im System curricularer Vorgaben. In S. Degenhardt, G. Wiebke, & M.-L. Schütt, Spezifisches Curriculum für Menschen mit Blindheit und Sehbehinderung (S. 44-53). Norderstedt: Books on Demand.
Degenhardt, S., Wiebke, G., & Schütt, M.-L. (2016). Spezifisches Curriculum für Menschen mit Blindheit und Sehbehinderung. Norderstedt: Books on Demand.
Denninghaus, E. (2014). Die berufliche Teilhabe blinder und sehbehinderter Menschen. Abgerufen am 31.07.2018 von www.lwl-bbw-soest.de/media/filer.../070614denninghausdbsv-jahrbuch.pdf.
Doose, S. (2011). „I want my dream!" Persönliche Zukunftsplanung. Neue Perspektiven und Methoden einer individuellen Hilfeplanung mit Menschen mit Behinderungen. Kassel: Netzwerk People First Deutschland e.V. Abgerufen am 17.02.2019 von bidok.uibk.ac.at/library/doose-zukunftsplanung.html.
Dorner, M. (2019). Steht auf, auch wenn ihr nicht könnt. München: btb.
Drepper, T., & Tacke, V. (2010). Zur gesellschaftlichen Bestimmung und Fragen der Organisation 'personenbezogener sozialer Dienstleistungen. Eine systemtheoretische Sicht. In T. Klatetzki, Soziale personenbezogene Dienstleistungsorganisationen. Soziologische Perspektiven (S. 241-283). Wiesbaden: VS Verlag für Sozialwissenschaften.
Drolshagen, B. (2017). Berufsbild Schulbegleitung. In VBS e.V., Perspektiven im Dialog: Kongressbericht des XXXVI. Kongress für Blinden- und Sehbehindertenpädagogik Graz 2016. Würzburg: Edition Bentheim.
Dworschak, W. (2012). Schulbegleitung im Förderschwerpunkt geistige Entwicklung an der allgemeinen Schule. Ergebnisse einer bayerischen Studie im Schuljahr 2010/11. Zeitschrift Gemeinsam leben, 20(2), S. 80-94.
Eddo-Lodge, R. (2019). Warum ich nicht länger mit Weißen über Hautfarbe spreche. München: Tropen Cotta'sche Buchhandlung.
Elias, N. (1986). Was ist Soziologie? Weinheim: Juventa.
Elias, N., & Scotson, J. L. (1965/2016). Etablierte und Außenseiter. Berlin: Suhrkamp Taschenbuch.
El-Mafaalani, A. (2014). Vom Arbeiterkind zum Akademiker: Über die Mühen des Aufstiegs durch Bildung. Sankt Augustin: Konrad-Adenauer-Stiftung e.V. Abgerufen am 30.07.2018 von www.kas.de/wf/doc/kas_36606-544-1-30.pdf
El-Mafaalani, A. (2018). Das Integrationsparadox: Warum gelungene Integration zu mehr Konflikten führt. Köln: Kiepenheuer & Witsch.
Eribon, D. (2019). Betrachtungen zur Schwulenfrage. Berlin: Suhrkamp.
Feeney, B., & Collins, N. (2018). A new look at social support. Personality and social psychology review, 18, S. 113-147.
Felder, F. (2012). Inklusion und Gerechtigkeit – Das Recht behinderter Menschen auf Teilhabe. Frankfurt a.M.: Campus.
Felder, M., & Schneiders, K. (2016). Inklusion kontrovers: Herausforderungen für die Soziale Arbeit. Schwalbach: Wochenschau Verlag.
Feuser, G. (2011). Teilhabeforschung aus Sicht der Forschung und Lehre – (k)ein neuer Euphemismus?(!). Abgerufen am 31.07.2018 von www.georg-feuser.com/conpresso/_data/Feuser_-_Teilhabeforschung_aus_Sicht_von_Forschung_und_Lehre.pdf
Foucault, M. (1994). Das Subjekt und die Macht. In H. L. Dreyfus, & P. Rabinow, Michel Foucault. Jenseits von Strukturalismus und Hermeneutik (S. 241-261). Weinheim: Beltz.
French, S. (2017). Visual Impairment and Work – Experiences of Visually Impaired People. London and New York: Routledge by Taylor & Francis Books.
Fuchs, D., & Fuchs, L. S. (1994). What's „special" about special education? A field under siege. Abgerufen am 03.08.2018 von https://eric.ed.gov/?id=ED379817

Gebhardt, M. (2015). Gemeinsamer Unterricht von Schülerinnen und Schülern mit und ohne sonderpädagogischen Förderbedarf. Ein empirischer Überblick. In E. Kiel, Inklusion im Sekundarbereich (S. 39-52). Stuttgart: Kohlhammer.
Gehlhaar, L. (2016). Kann man da noch was machen? Geschichten aus dem Alltag einer Rollstuhlfahrerin. München: Wilhelm Heyne Verlag.
Geimer, A., & Capovilla, D. (2020). Being blind on camera – Über Charakteristika der international populärsten Kanäle und Videos von sehbeeinträchtigten YoutuberInnen. Gemeinsam Leben, 28(1), S. 54-62.
Geimer, A., Amling, S., & Bosnacic, S. (2018). Anliegen und Konturen der Subjektivierungsforschung. In A. Geimer, S. Amling, & S. Bosnacic, Subjekt und Subjektivierung – Empirische und theoretische Perspektiven auf Subjektivierungsprozesse (S. 1-18). Wiesbaden: Springer VS.
Gewinn, W. (2017). Individuelle Bildungspläne als Instrument zur Gestaltung inklusiver Bildungssettings für Lernende mit Beeinträchtigung des Sehens. In VBS e.V., Perspektiven im Dialog: Kongressbericht des XXXVI. Kongress für Blinden- und Sehbehindertenpädagogik Graz 2016. Würzburg: Edition Bentheim.
Giese, M. (2017). Inklusion – (k)eine Sache der Förderschule? In VBS e.V., Perspektiven im Dialog: Kongressbericht des XXXVI. Kongress für Blinden- und Sehbehindertenpädagogik Graz 2016. Würzburg: Edition Bentheim.
Giese, M., & Kohlstedt, T. (2016). Führt ein spezifisches Curriculum für seh-geschädigte Menschen zur Isolation? Eine Diskussionsanregung. blind-sehbehindert, 2016(4), S. 246-252.
Glofke-Schulz, E.-M. (1999). Erwachsenwerden mit Retinitis Pigmentosa: Einige Gedanken zur seelischen Entwicklung. In E.-M. Glofke-Schulz, & W. P. Rehmert, Die zerbrochene Kugel. Leben mit degenerativer Netzhauterkrankung (S. 32-66). Gießen: Psychosozial-Verlag.
Glofke-Schulz, E.-M. (2007). Löwin im Dschungel: Blinde und sehbehinderte Menschen zwischen Stigma und Selbstwerdung. Gießen: Psychosozial-Verlag.
Goffman, E. (1963/2010). Stigma: Über Techniken der Bewältigung beschädigter Identität. Berlin: Suhrkamp Taschenbuch Wissenschaft.
Grosche, M. (2015). Was ist Inklusion. Ein Diskussions- und Positionsartikel zur Definition von Inklusion aus Sicht der empirischen Bildungsforschung. In P. Kuhl, P. Stanat, B. Lütje-Klose, C. Gresch, H. Pant, & M. Prenzel, Inklusion von Schülerinnen und Schülern mit sonderpädagogischem Förderbedarf in Schulleistungserhebungen (S. 17-40). Wiesbaden: Springer VS.
Harari, Y. N. (2013). Eine kurze Geschichte der Menschheit. München: Deutsche Verlags-Anstalt.
Harari, Y. N. (2016). Homo Deus – Eine Geschichte von Morgen. München: C. H. Beck.
Harari, Y. N. (2018). 21 Lektionen für das 21. Jahrhundert. München: C. H. Beck oHG.
Hattie, J. (2013). Lernen sichtbar machen für Lehrpersonen. Hohengehren: Schneider.
Helsper, W. (2018). Lehrerhabitus: Lehrer zwischen Herkunft, Milieu und Profession. In A. Paseka, M. Keller-Schneider, & A. Combe, Ungewissheit als Herausforderung für pädagogisches Handeln (S. 105-140). Wiesbaden: Springer VS.
Herz, B. (2014). Pädagogik bei Verhaltensstörungen: An den Rand gedrängt. Zeitschrift für Heilpädagogik, 65(1), S. 4-14.
Heslinga, K. (1972). Über die lebenspraktische Erziehung blinder Kinder (Hrsg. W. Boldt). Berlin: Carl Marhold Verlagsbuchhandlung.
Hilgers, F. (2017). Ende der Schulzeit = Ende der Inklusion? In VBS e.V., Perspektiven im Dialog: Kongressbericht des XXXVI. Kongress für Blinden- und Sehbehindertenpädagogik Graz 2016. Würzburg: Edition Bentheim.
Hinz, A. (2006). Inklusion. In G. Antor, & U. Bleidick, Handlexikon der Behindertenpädagogik. Schlüsselbegriffe aus Theorie und Praxis (2. Auflage) (S. 97-99). Stuttgart: W. Kohlhammer.
Hinz, A., & Köpfer, A. (2016). Unterstützung trotz Dekategorisierung? Beispiele für Unterstützung durch Dekategorisierung. Vierteljahreszeitschrift für Heilpädagogik und ihre Nachbargebiete, 85, S. 36-47.
Hofer, U. (2008). Sehen oder Nichtsehen: Bedeutung für Lernen und aktive Teilhabe in verschiedenen Bereichen des Lernen und Lehrens. In M. Lang, U. Hofer, & F. Beyer, Didaktik des Unter-

richts mit blinden und hochgradig sehbehinderten Schülerinnen und Schülern – Band 1: Grundlagen (S. 17-67). Stuttgart: W. Kohlhammer.
Hoffmann, T. (2018). Inklusive Pädagogik als Pädagogik der Befreiung: Fünf Thesen. In T. Hoffmann, W. Jantzen, & U. Stinkes, Zur Kritik der Mechanismen gesellschaftlicher Ausgrenzung (S. 19-48). Gießen: Psychosozial-Verlag.
Hollenweger, J. (2003). Behindert, arm und ausgeschlossen. Bilder und Denkfiguren im internationalen Diskurs zur Lage behinderter Menschen. In G. Cloerkes, Wie man behindert wird – Texte zur Konstruktion einer sozialen Rolle und zur Lebenssituation betroffener Menschen (S. 141-164). Heidelberg: Universitätsverlag Winter.
Hölscher, U. (2016). Expanded Core Curriculum (ECC) – Erweitertes Kern-Curriculum. In S. Degenhardt, G. Wiebke, & M.-L. Schütt, Spezifisches Curriculum für Menschen mit Blindheit und Sehbehinderung (S. 27-43). Norderstedt: Books on Demand.
Homann, J., & Bruhn, L. (2016). Zur Kontroverse um das Soziale und Kulturelle Modell von Behinderung. Vortragsmanuskript. Abgerufen am 21.04.2019 von www.zedis-ev-hochschule-hh.de/files/homann_bruhn_260416.pdf
Horkheimer, M., & Adorno, T. W. (1969/1988). Dialektik der Aufklärung. Frankfurt: S. Fischer.
Hülscher, T., Wieneke-Kranz, J., & Zöllner, S. (2010). Unterrichtsentwicklung – Förderplanung im Team. Ludwigsfelde-Struveshof: Landesinstitut für Schule und Medien Berlin-Brandenburg.
Illouz, E. (2018). Warum Liebe endet: Eine Soziologie negativer Beziehungen. Berlin: Suhrkamp.
Jantzen, W. (1976). Zur begrifflichen Fassung von Behinderung aus der Sicht des historischen und dialektischen Materialismus. Zeitschrift für Heilpädagogik, 27(7), S. 428-438.
Jantzen, W. (1992). Allgemeine Behindertenpädagogik Band 1. Sozialwissenschaftliche und psychologische Grundlagen. Weinheim: Beltz.
Jantzen, W. (2002). Gewalt ist der verborgene Kern von geistiger Behinderung. Abgerufen am 16.02.2019 von www.basaglia.de/Artikel/Olten 2002.htm
Jantzen, W. (2015). Inklusion als Paradiesmetapher? Zur Kritik einer unpolitischen Diskussion und Praxis. Behinderte Menschen, 38(3), S. 13-16.
Jantzen, W. (2018). Sondereltern. Zur Situation von Familien mit sehr schwer geistig behinderten Kindern. Behinderte Menschen, 41, S. 39-46.
Jennessen, S., Kuhn, A., & Wagner, M. (2018). Produziert Pädagogik Exklusion? Eine Analyse von Theorie und Praxis im Hinblick auf Menschen mit schwerer Behinderung. Vierteljahresschrift für Heilpädagogik und ihre Nachbargebiete (VHN), 2018(1), S. 42-52.
Kahneman, D., & Deaton, A. (2010). High income improves evaluation of life but not emotional well-being. Proceedings of the National Academy of Sciences of the United States of America, 107(38), S. 16489-16493.
Keupp, H. (2015). Verworfenes Leben. Von den "Überflüssigen" in der Spätmoderne durch den alltäglichen Ausschluss. Soziale Psychiatrie, 147, S. 11-16.
Kleege, G. (1999). Sight Unseen. New Haven: Yale University Press.
Kleege, G. (2018). More than Meets the Eye: What Blindness Brings to Art. New York: Oxford University Press.
Klemm, K. (2013). Inklusion in Deutschland. Eine bildungsstatistische Analyse. Gütersloh: Bertelsmann Stiftung.
Klemm, K. (2015). Inklusion in Deutschland. Gütersloh: Bertelsmann Stiftung.
Klinkhammer, D. (2016). Behinderung und Inklusion in Star Trek: Mediale Längsschnittanalyse gesellschaftlicher Transformationsprozesse aus filmsoziologischer Perspektive. (E. Pilipets, & R. Winter, Hrsg.) MedienPädagogik – Themenheft Nr. 26: Neue Fernsehserien und ihr Potenzial für eine kritische Medienpädagogik, S. 13-30.
KMK. (1998). Empfehlungen zum Förderschwerpunkt Sprache – Beschluss der Kultusministerkonferenz vom 26.06.1998. Abgerufen am 01.12.2019 von www.km.bayern.de/download/2949_kmk_sprache.pdf
KMK. (2011). Inklusive Bildung von Kindern und Jugendlichen mit Behinderung in Schulen. Abgerufen am 04.12.2019 von www.kmk.org/fileadmin/veroeffentlichungen_beschluesse/2011/2011_10_20-Inklusive-Bildung.pdf

KMK. (2017). Ländergemeinsame inhaltliche Anforderungen für die Fachwissenschaften und Fachdidaktiken in der Lehrerbildung. Abgerufen am 02.01.2020 von www.kmk.org/fileadmin/Dateien/veroeffentlichungen_beschluesse/2008/2008_10_16-Fachprofile-Lehrerbildung.pdf

Köbsell, S. (2007). „Peers" und Integration – Behindertenbewegung und Bildungsdiskussion (Fassung: Visionen 2020). Abgerufen am 16.11.2018 von www.zedis-ev-hochschule-hh.de/files/koebsell_peers_und_integration_070607.pdf

Köbsell, S. (2012). Wegweiser Behindertenbewegung: Neues (Selbst-)Verständnis von Behinderung. Selbstverlag.

Köhler, H. (2015). Die Inklusion wird scheitern. Abgerufen am 31.07.2018 von www.erziehungskunst.de/artikel/kolumne/die-inklusion-wird-scheitern/

Kolaschinsky, D. (2011). Selbstwertgefühl sehbehinderter und blinder Kinder und Jugendlicher in sozialen Interaktionen. Frankfurt a.M.: Peter Lang.

Krug, H.-J. (1999). Über die Konstruktion von Wirklichkeit bei Usher-Betroffenen. In E.-M. Glofke-Schulz, & W. P. Rehmert, Die zerbrochene Kugel: Leben mit degenerativer Netzhauterkrankung (S. 76-94). Gießen: Psychosozial-Verlag.

Lang, M. (2008). Inhaltsbereiche und konkrete Ausgestaltung einer spezifischen Didaktik des Unterrichts mit blinden und hochgradig sehbehinderten Schülerinnen und Schülern. In M. Lang, U. Hofer, & F. Beyer, Didaktik des Unterrichts mit blinden und hochgradig sehbehinderten Schülerinnen und Schülern. Band 1: Grundlagen (S. 151-197). Stuttgart: W. Kohlhammer.

Lang, M. (2011). Mathematisches Lernen. In M. Lang, U. Hofer, & F. Beyer, Didaktik des Unterrichts mit blinden und hochgradig sehbehinderten Schülerinnen und Schülern. Band 2: Fachdidaktiken (S. 61-84). Stuttgart: Kohlhammer.

Lang, M., & Thiele, M. (2017). Schüler mit Sehbehinderung und Blindheit im inklusiven Unterricht – Praxistipps für Lehrkräfte. München: Ernst Reinhardt.

Länger, C. (2002). Im Spiegel von Blindheit. Stuttgart: Lucius & Lucius.

Leibniz, G. W. (1667/2003). Aus der Neuen Methode, Jurisprudenz zu lernen und zu lehren (1667). In H. Busche (Hrsg.), Gottfried W. Leibniz – Frühe Schriften zum Naturrecht (S. 27-90). Hamburg: Felix Meiner.

Leibniz, G. W. (1671/2003). Entwürfe zu den Elementen des Naturrechts (1669-1671). In H. Busche, Gottfried W. Leibniz – Frühe Schriften zum Naturrecht (S. 91-301). Hamburg: Felix Meiner.

Link, J. (2006). Versuch über den Normalismus. Wie Normalität produziert wird. Göttingen: Vandenhoeck & Ruprecht.

Locke, J. (1690/2007). Zweite Abhandlung über die Regierung – Über den wahren Ursprung, die Reichweite und Zweck der bürgerlichen Regierung. Frankfurt a.M.: Suhrkamp.

Lorenz, A., & Ruffing, R. (2012). Michel Foucault. München: Wilhelm Fink.

Markowetz, R. (2007). Inklusion und soziale Integration von Menschen mit Behinderungen. In G. Cloerkes, Soziologie der Behinderten: Eine Einführung (S. 207-278). Heidelberg: Universitätsverlag Winter.

Martschukat, J. (2019). Das Zeitalter der Fitness. Frankfurt a.M.: S. Fischer.

Marx, K. (1890/1979). Das Kapital. Kritik der politischen Ökonomie. Berlin: Dietz.

Maskos, R. (2015a). Ableism und das Ideal des autonomen Fähig-Seins in der kapitalistischen Gesellschaft. Zeitschrift für Inklusion, 2015(2). Abgerufen am 28.07.2019 von https://www.inklusion-online.net/index.php/inklusion-online/article/view/277

Maskos, R. (2015b). Vom Sorgenkind zum Superkrüppel – Menschen mit Behinderung in den Medien. In D. Domenig, & U. Schäfer, Mediale Welt inklusive! Sichtbarkeit und Teilhabe von Menschen mit Behinderung in den Medien (S. 69-84). Zürich: Seismo Verlag.

Moser, V. (2003). Konstruktion und Kritik: Sonderpädagogik als Disziplin. Opladen: Leske + Budrich.

Musenberg, O. (2016). Zum Verhältnis von Didaktik und Differenz. In O. Musenberg, & J. Riegert, Didaktik und Differenz (S. 11-32). Bad Heilbrunn: Julius Klinkhardt.

Musenberg, O., Riegert, J., & Lamers, W. (2015). Innovation und Reduktion: Zum Verhältnis von Bildung und Lebenspraxis in der Pädagogik für Menschen mit geistiger Behinderung. Teilhabe, 54(2), S. 54-60.

Nietzsche, F. (1886/2005). Jenseits von Gut und Böse. Abgerufen am 30.07.2018 von www.dominiopublico.gov.br/pesquisa/DetalheObraDownload.do?select_action=&co_obra=38825&co_midia=2

Pauen, M., & Welzer, H. (2015). Autonomie. Frankfurt a.M.: S. Fischer.

Pause, H. (2014). Die Validität augenärztlicher Befundberichte bei Begutachtungen nach dem Bayerischen Blindengeldgesetz. (PhD Thesis). München: LMU.

Pfaller, R. (2012). Zweite Welten Und andere Lebenselexiere. Frankfurt a.M.: S. Fischer.

Pfaller, R. (2015). Das schmutzige Heilige und die reine Vernunft. Frankfurt a.M.: Fischer Taschenbuch.

Phillips, G. (2004). The Blind in British Society: Charity, state and community 1780-1930. Farnham: Ashgate.

Postman, N. (1988). Die Verweigerung der Hörigkeit: Lauter Einsprüche. Frankfurt a.M.: Fischer Verlag GmbH.

Powell, J. J. (2007). Behinderung in der Schule, behindert durch Schule? Die Institutionalisierung der schulischen Behinderung. In A. Waldschmidt, & W. Schneider, Disability Studies, Kultursoziologie und Soziologie der Behinderung. Erkundungen in einem neuen Forschungsfeld (S. 321-343). Bielefeld: Transcript.

Prange, K. (2001). Pädagogik als Übergangswissenschaft. In S. Hellekamps, U. Kosa, & H. Sladek, Bildung, Wissenschaft, Kritik (S. 33-43). Weinheim: Beltz.

Preuss-Lausitz, U. (2016). Throughput instead of input: Herausforderungen beim Wegfall der Feststellungsdiagnostik in den Förderbereichen Lernen, Emotionale und soziale Entwicklung und Sprache. Zeitschrift für Heilpädagogik, 67(5), S. 204-214.

Raab, H. (2007). Intersektionalität in den Disability Studies. Zur Interdependenz von Behinderung, Heteronormativität und Geschlecht. In A. Waldschmidt, & W. Schneider, Disability Studies, Kultursoziologie und Soziologie der Behinderung. Erkundungen in einem neuen Forschungsfeld (S. 127-148). Bielefeld: transcript.

Rawls, J. (1971). A Theory of Justice. Harvard: Harvard University Press.

Riegler, C. (2011). Identität und Anerkennung. In C. Mürner, & U. Sierck, Behinderte Identität? (S. 20-33). Neu-Ulm: AG SPAK Bücher.

Rodney, P. (2011). Stolpersteine auf dem Weg zur Inklusion. blind-sehbehindert, 2011(4), S. 218-228.

Rubin, D., Rahhal, T., & Poon, L. (1998). Things learned in early adulthood are remembered best. Memory & Cognition, 26(1), S. 3-19.

Sachse, R. (2019a). Persönlichkeitsstile. Paderborn: Junfermann.

Sachse, R. (2019b). Persönlichkeitsstörungen – Leitfaden für die Psychologie Psychotherapie. Göttingen: Hogrefe.

Saerberg, S. (2007). Über die Differenz des Geradeaus. Alltagsinszenierungen von Blindheit. In A. Waldschmidt, & W. Schneider, Disability Studies, Kultursoziologie und Soziologie der Behinderung. Erkundungen in einem neuen Forschungsfeld (S. 201-223). Bielefeld: transcript.

Sander, A. (2004). Konzepte einer Inklusiven Pädagogik. Zeitschrift für Heilpädagogik (ZfH), 55(5), S. 240-244.

Sasse, A. (2013) Inklusion: Verankert in der eigenen Generation – auch für Kinder, die sozial benachteiligt sind. In Grundschule aktuell. Zeitschrift des Grundschulverbandes. Heft 123, S. 12-26.

Schadendorf, J. (2019). GaYmE Changer: Wie eine dynamische Minderheit die globale Wirtschaft verändert. München: Redline Verlag.

Schär, W. (2014). Wir sind bunt und frech – mutig und laut! (ISL e.V., Hrsg.) Abgerufen am 16.09.2018 von www.isl-ev.de/attachments/article/1075/NEUbunt%20und%20frech-mutig%20und%20laut_barrierefrei.pdf

Schmidt, R. (2014). Symbolische Gewalt (violence symbolique). In G. Fröhlich, & B. Rehbein, Bourdieu-Handbuch (S. 231-235). Stuttgart: J.B. Metzler.

Schoger, K. (2006). Reverse Inclusion: Providing Peer Social Interaction Opportunities to Students Placed in Self-Contained Special Education Classrooms. Teaching Exceptional Children Plus, 2(6). Abgerufen am 04.12.2019 von https://files.eric.ed.gov/fulltext/EJ967111.pdf

Semmer, N., & Udris, I. (2004). Bedeutung und Wirkung von Arbeit. In H. Schuler, Lehrbuch Organisationspsychologie (S. 157-195). Bern: Huber.

Sennett, R. (1998). Der flexible Mensch. Die Kultur des neuen Kapitalismus. Berlin: Berlin Verlag.

Shakespeare, T. (2013). Disability rights and wrongs revisited. London: Routledge.

Shakespeare, T. (2018). Disability (Basics). Abingdon, Oxon: Routledge.

Sherif, M., White, B. J., & Harvey, O. J. (1955). Status in experimentally produced groups. American Journal of Sociology, 60, S. 370-379.

Siep, L. (2007). John Locke: Zweite Abhandlung über die Regierung – Kommentar von Ludwig Siep. Frankfurt a.M.: Suhrkamp.

Sierck, U. (1989). Das Risiko nicht behinderte Eltern zu bekommen. München: AG SPAK Bücher.

Sierck, U. (2011). Goldener Käfig a.D. Identitätsfindung trotz Sonderschule. In C. Mürner, & U. Sierck, Behinderte Identität? (S. 8-19). Neu-Ulm: AG SPAK Bücher.

Sierck, U. (2013). Budenzauber Inklusion. Neu-Ulm: AG SPAK Bücher.

Sierck, U. (2017). Widerspenstig, eigensinnig, unbequem: Die unbekannte Geschichte behinderter Menschen. Weinheim: Beitz Juventa.

Solomon, A. (2013). Weit vom Stamm: Wenn Kinder ganz anders als ihre Eltern sind. Frankfurt a.M.: S. Fischer.

Somerville, L., Jones, R., Ruberry, E., Dyke, J., Glover, G., & Casey, B. (2013). The medial prefrontal cortex and the emergence of self-conscious emotion in adolescence. Psychological Science, 24(8), S. 1554-1562.

Sonntag, J. (2008). Verführung zu einem Blind Date. Leipzig: Edition PaperONE.

Speck, O. (2011). Schulische Inklusion aus heilpädagogischer Sicht: Rhetorik und Realität. München: Reinhardt.

Stichweh, R. (2009). Leitgesichtspunkte einer Soziologie der Inklusion und Exklusion. In R. Stichweh, & P. Windolf, Inklusion und Exklusion: Analysen zur Sozialstruktur und sozialen Ungleichheit (S. 29-42). Wiesbaden: VS Verlag.

Stinkes, U. (2000). Selbstbestimmung – Vorüberlegungen zur Kritik einer modernen Idee. In K. Bundschuh, Wahrnehmen, Verstehen, Handeln (S. 169-192). Bad Heilbrunn: Klinkhardt.

Stinkes, U. (2013). Ist es normal, verschieden zu sein? Eine Aufforderung zum Denken im Widerspruch. In M. Brodkorb, & K. Koch, Inklusion – Ende des gegliederten Schulsystems? (S. 89-103). Schwerin: Ministerium für Bildung, Wissenschaft und Kultur.

StMUK. (2013). Einsatz von Schulbegleitern an allgemeinen Schulen und Förderschulen bei der Beschulung von Schülerinnen und Schülern mit (drohender) seelischer Behinderung i.S.d. § 35a SGB VIII. Abgerufen am 02.01.2020 von www.km.bayern.de/download/7437_gem_empfehlungen_schulbegleiter_sgb_viii_final_dez_2013.2.pdf

Story, M. F., Mueller, J. L., & Mace, R. L. (1998). The Universal Design File: Designing for People of All Ages and Abilities. o.O.: Revised Edition. ERIC.

Sturm, T. (2014). Rekonstruktion der Herstellung und Bearbeitung von Differenz im inklusiven Unterricht mithilfe der Dokumentarischen Videointerpretation. In R. Bohnsack, B. Fritzsche, & M. Wagner-Willi, Dokumentarische Video- und Filminterpretation (S. 153-178). Opladen: Barbara Budrich.

Thimm, W. (1990). Das Blindness-System und die Weisen (1964-1989). In W. Düe, & C. Pluhar, Selbstbestimmung und Offenheit. Eine Festschrift für W. Rath zum 60. Geburtstag (S. 61-77). Hamburg: Hamburger Buchwerkstatt.

Thimm, W. (2006). Behinderung und Gesellschaft: Texte zur Entwicklung einer Soziologie der Behinderten. Heidelberg: Universitätsverlag Winter.

Turnbull, III, H. (1988). Fifteen Questions: Ethical Inquiries in Mental Retardation. In J. Stark, Mental Retardation and Mental Health. Classification, Diagnosis, Treatment, Services (S. 368-377). New York: Springer.

Vaughn, S., & Schumm, J. S. (1995). Responsible Inclusion for students with learning disabilities. Journal of learning disabilities, 28(5), S. 264-270.

VBS. (2011/2016). Bildung, Erziehung und Rehabilitation blinder und sehbehinderter Kinder und Jugendlicher in einer inklusiven Schule in den Ländern der Bundesrepublik Deutschland – Standards – Spezifisches Curriculum. In S. Degenhardt, W. Gewinn, & M. Schütt, Spezifisches Curriculum für Menschen mit Blindheit und Sehbehinderung (S. 169-204). Norderstedt: BoD.

Velden, M. (2016). Psychology – A study of a masquerade. Göttingen: V&R.

Vereinte Nationen. (2006). Übereinkommen der Vereinten Nationen über die Rechte von Menschen mit Behinderung. Abgerufen am 02.08.2019 von www.behindertenbeauftragte.de/SharedDocs/Publikationen/UN_Konvention_deutsch.pdf?__blob=publicationFile&v=2

Verheyen, N. (2018). Die Erfindung der Leistung. München: Hanser Berlin.

Waldschmidt, A. (2005). Disability Studies: individuelles, soziales und/oder kulturelles Modell von Behinderung? Psychologie und Gesellschaftskritik, 29(1), S. 9-31.

Waldschmidt, A. (2007). Macht – Wissen – Körper. Anschlüsse an Michel Foucault in den Disability Studies. In A. Waldschmidt, & W. Schneider, Disability Studies, Kultursoziologie und Soziologie der Behinderung. Erkundungen in einem neuen Forschungsfeld (S. 55-78). Bielefeld: transcript.

Waldschmidt, A. (2011). Symbolische Gewalt, Normalisierungsdispositiv und/oder Stigma? Soziologie der Behinderung im Anschluss an Goffman, Foucault und Bourdieu. Österreichische Zeitschrift für Soziologie, 36, S. 89-106.

Waldschmidt, A., & Schneider, W. (2007). Disability Studies und Soziologie der Behinderung. Kultursoziologische Grenzgänge – eine Einführung. In A. Waldschmidt, & W. Schneider, Disability Studies, Kultursoziologie und Soziologie der Behinderung. Erkundungen in einem neuen Forschungsfeld (S. 3-30). Bielefeld: transcript.

Wansing, G. (2007). Behinderung: Inklusions- oder Exklusionsfolge? Zur Konstruktion paradoxer Lebensläufe in der modernen Gesellschaft. In A. Waldschmidt, & W. Schneider, Disability Studies, Kultursoziologie und Soziologie der Behinderung. Erkundungen in einem neuen Forschungsfeld (S. 225-247). Bielefeld: transcript.

Weber, E. (2010). Selbstbestimmung. In V. Moser, Enzyklopädie Erziehungswissenschaften Online (S. 1-24). Weinheim: Juventa.

Welzer, H. (2013). Selbst denken. Frankfurt a.M.: S. Fischer.

Welzer, H. (2016). Die smarte Diktatur. Frankfurt a.M.: S. Fischer.

Wiesböck, L. (2018). In besserer Gesellschaft: Der selbstgerechte Blick auf die Anderen. Wien: Kremayr & Scheriau.

Wilson, E. O. (2014). Die soziale Eroberung der Erde. München: C. H. Beck.

Winkler, G., & Degele, N. (2009). Intersektionalität: Zur Analyse sozialer Ungleichheiten. Bielefeld: transcript.

Wittgenstein, L. (1921/2003). Tractatus logico-philosophicus. Frankfurt a.M.: Suhrkamp.

Wolf, K. (2000). Macht, Pädagogik und ethische Legitimation. Evangelische Jugendhilfe, 4, S. 197-206.

Wolf, K. (2015). Sozialpädagogische Interventionen in Familien. Weinheim: Beltz Juventa.

Zimmermann, K. (2014). Rechenschwierigkeiten erkennen und bewältigen. Weinheim: Beltz.

Zimmermann-Acklin, M. (2010). Bioethik in theologischer Perspektive. Freiburg: Herder.